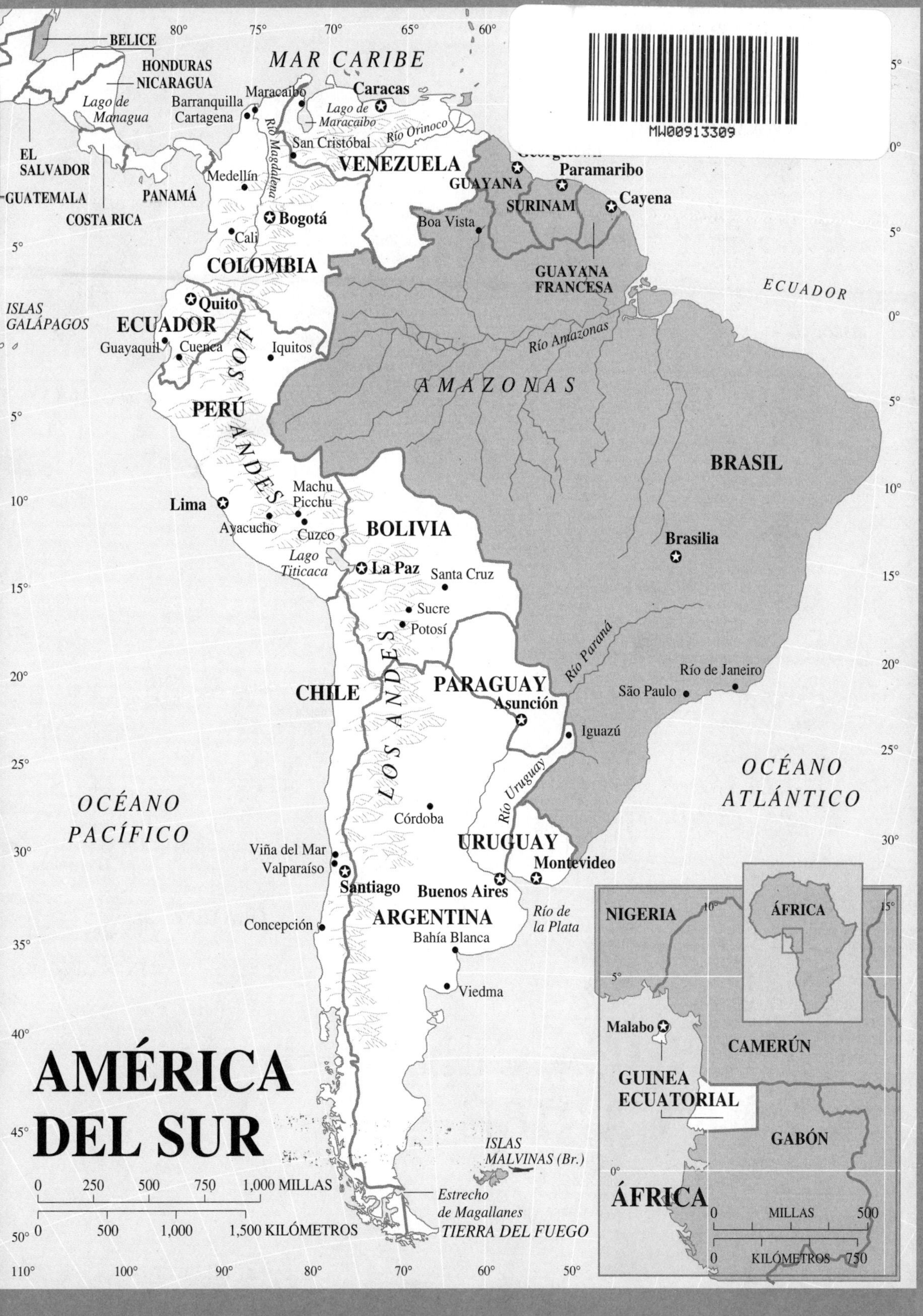
AMÉRICA DEL SUR
MAR CARIBE
OCÉANO PACÍFICO
OCÉANO ATLÁNTICO
BELICE
HONDURAS
NICARAGUA
EL SALVADOR
GUATEMALA
COSTA RICA
PANAMÁ
Lago de Managua
Barranquilla
Cartagena
Maracaibo
Lago de Maracaibo
Caracas
Río Orinoco
Río Magdalena
San Cristóbal
VENEZUELA
Medellín
Bogotá
Cali
COLOMBIA
GUAYANA
SURINAM
Paramaribo
Cayena
Boa Vista
GUAYANA FRANCESA
ECUADOR
ISLAS GALÁPAGOS
Quito
Guayaquil
Cuenca
Iquitos
Río Amazonas
AMAZONAS
LOS ANDES
PERÚ
BRASIL
Lima
Ayacucho
Machu Picchu
Cuzco
BOLIVIA
Lago Titicaca
La Paz
Santa Cruz
Brasilia
Sucre
Potosí
Río Paraná
Río de Janeiro
São Paulo
CHILE
PARAGUAY
Asunción
Iguazú
Río Uruguay
Córdoba
URUGUAY
Viña del Mar
Valparaíso
Santiago
Buenos Aires
Montevideo
ARGENTINA
Río de la Plata
Concepción
Bahía Blanca
Viedma
ISLAS MALVINAS (Br.)
Estrecho de Magallanes
TIERRA DEL FUEGO
0 250 500 750 1,000 MILLAS
0 500 1,000 1,500 KILÓMETROS
NIGERIA
ÁFRICA
Malabo
CAMERÚN
GUINEA ECUATORIAL
GABÓN
ÁFRICA
0 MILLAS 500
0 KILÓMETROS 750
MW00913309

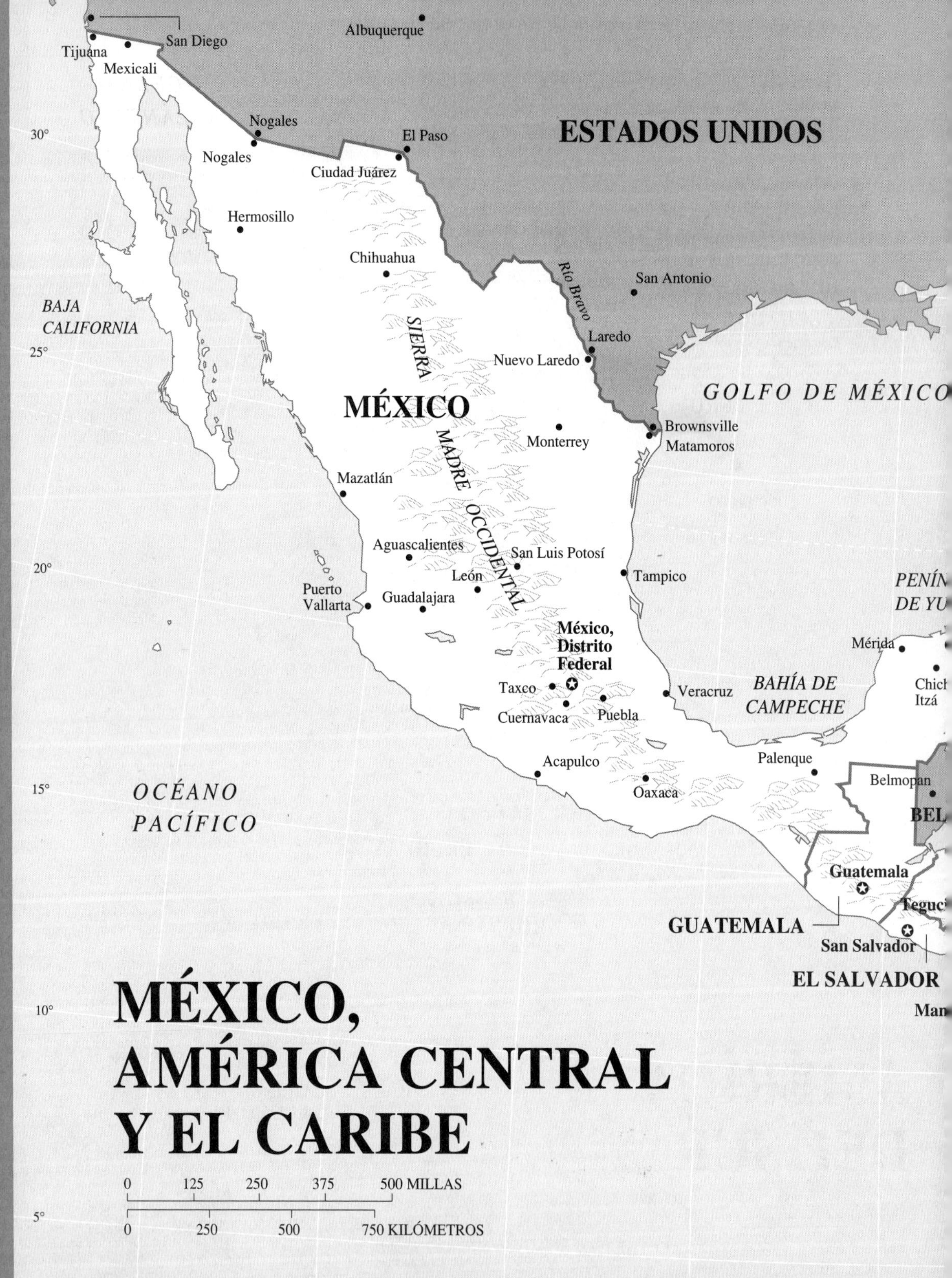

Albuquerque
San Diego
Tijuana
Mexicali
Nogales
Nogales
El Paso
Ciudad Juárez
ESTADOS UNIDOS
Hermosillo
Chihuahua
Río Bravo
San Antonio
BAJA CALIFORNIA
SIERRA MADRE OCCIDENTAL
Laredo
Nuevo Laredo
GOLFO DE MÉXICO
MÉXICO
Monterrey
Brownsville
Matamoros
Mazatlán
Aguascalientes
San Luis Potosí
Tampico
León
Puerto Vallarta
Guadalajara
México, Distrito Federal
Mérida
Taxco
Veracruz
BAHÍA DE CAMPECHE
Cuernavaca
Puebla
Acapulco
Palenque
Oaxaca
Belmopan
OCÉANO PACÍFICO
Guatemala
GUATEMALA
San Salvador
EL SALVADOR
MÉXICO, AMÉRICA CENTRAL Y EL CARIBE
0
125
250
375
500 MILLAS
0
250
500
750 KILÓMETROS
30°
25°
20°
15°
10°
5°
110°
105°
100°
95°
90°

75°
70°
65°
60°
55°
30°
OCÉANO
ATLÁNTICO
25°
Miami
Nassau
Habana
BAHAMAS
20°
REPÚBLICA
DOMINICANA
CUBA
Santiago
de Cuba
Puerto Príncipe
San Juan
MAR CARIBE
Santo
Domingo
Kingston
HAITÍ
PUERTO
RICO
GUADALUPE
ONDURAS
JAMAICA
15°
MARTINICA
ARAGUA
10°
Caracas
CANAL DE
PANAMÁ
Colón
Panamá
PANAMÁ
VENEZUELA
GOLFO
DE
PANAMA
COLOMBIA
Bogotá
80°

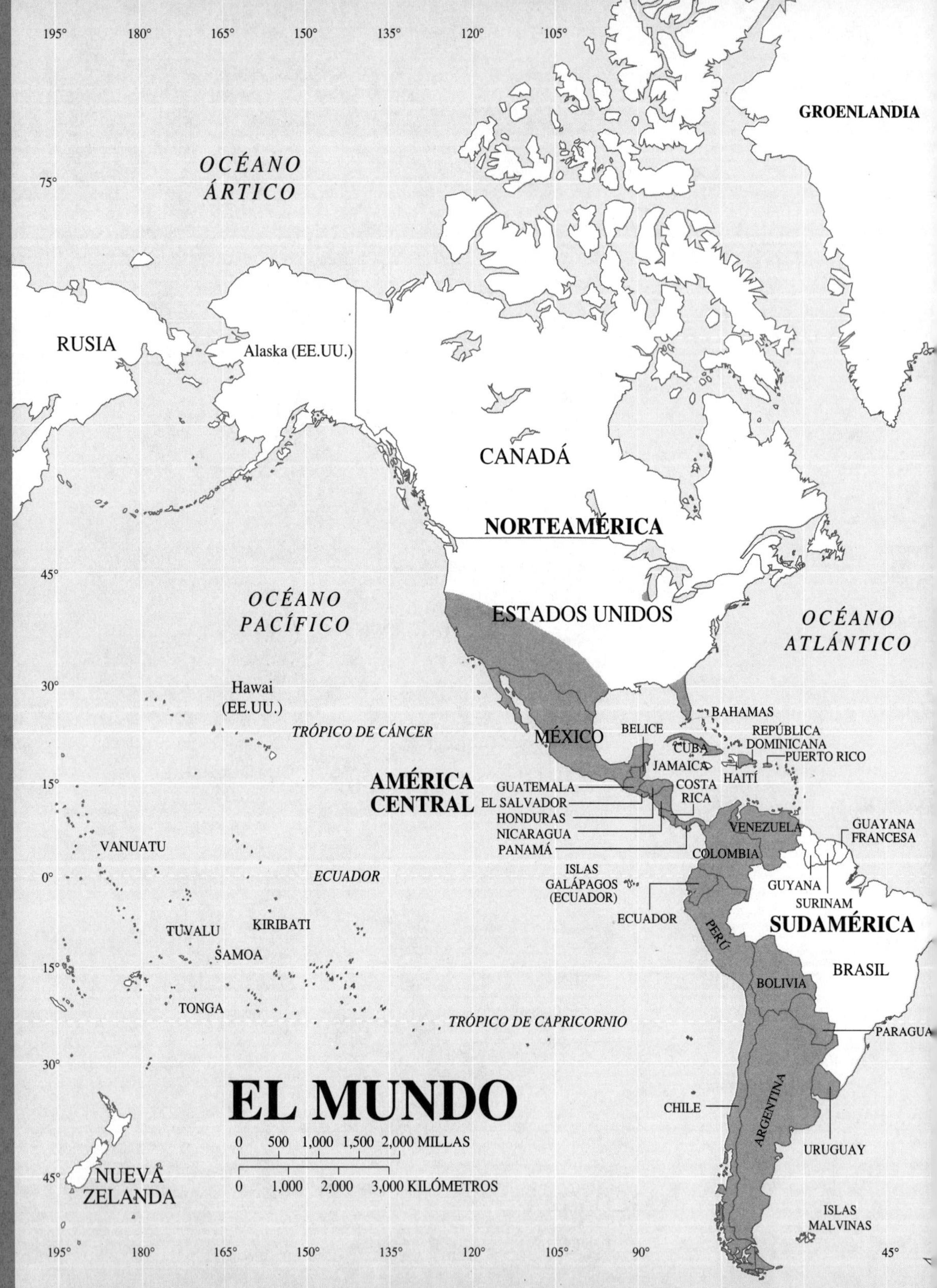
EL MUNDO
195°
180°
165°
150°
135°
120°
105°
90°
45°
75°
45°
30°
15°
0°
15°
30°
45°
GROENLANDIA
OCÉANO ÁRTICO
RUSIA
Alaska (EE.UU.)
CANADÁ
NORTEAMÉRICA
OCÉANO PACÍFICO
ESTADOS UNIDOS
OCÉANO ATLÁNTICO
Hawai (EE.UU.)
TRÓPICO DE CÁNCER
MÉXICO
BAHAMAS
BELICE
CUBA
REPÚBLICA DOMINICANA
JAMAICA
PUERTO RICO
HAITÍ
AMÉRICA CENTRAL
GUATEMALA
EL SALVADOR
HONDURAS
NICARAGUA
PANAMÁ
COSTA RICA
VENEZUELA
GUAYANA FRANCESA
COLOMBIA
GUYANA
SURINAM
VANUATU
ECUADOR
ISLAS GALÁPAGOS (ECUADOR)
ECUADOR
SUDAMÉRICA
TUVALU
KIRIBATI
SAMOA
PERÚ
BRASIL
BOLIVIA
TONGA
TRÓPICO DE CAPRICORNIO
PARAGUA
CHILE
ARGENTINA
URUGUAY
0 500 1,000 1,500 2,000 MILLAS
0 1,000 2,000 3,000 KILÓMETROS
NUEVA ZELANDA
ISLAS MALVINAS

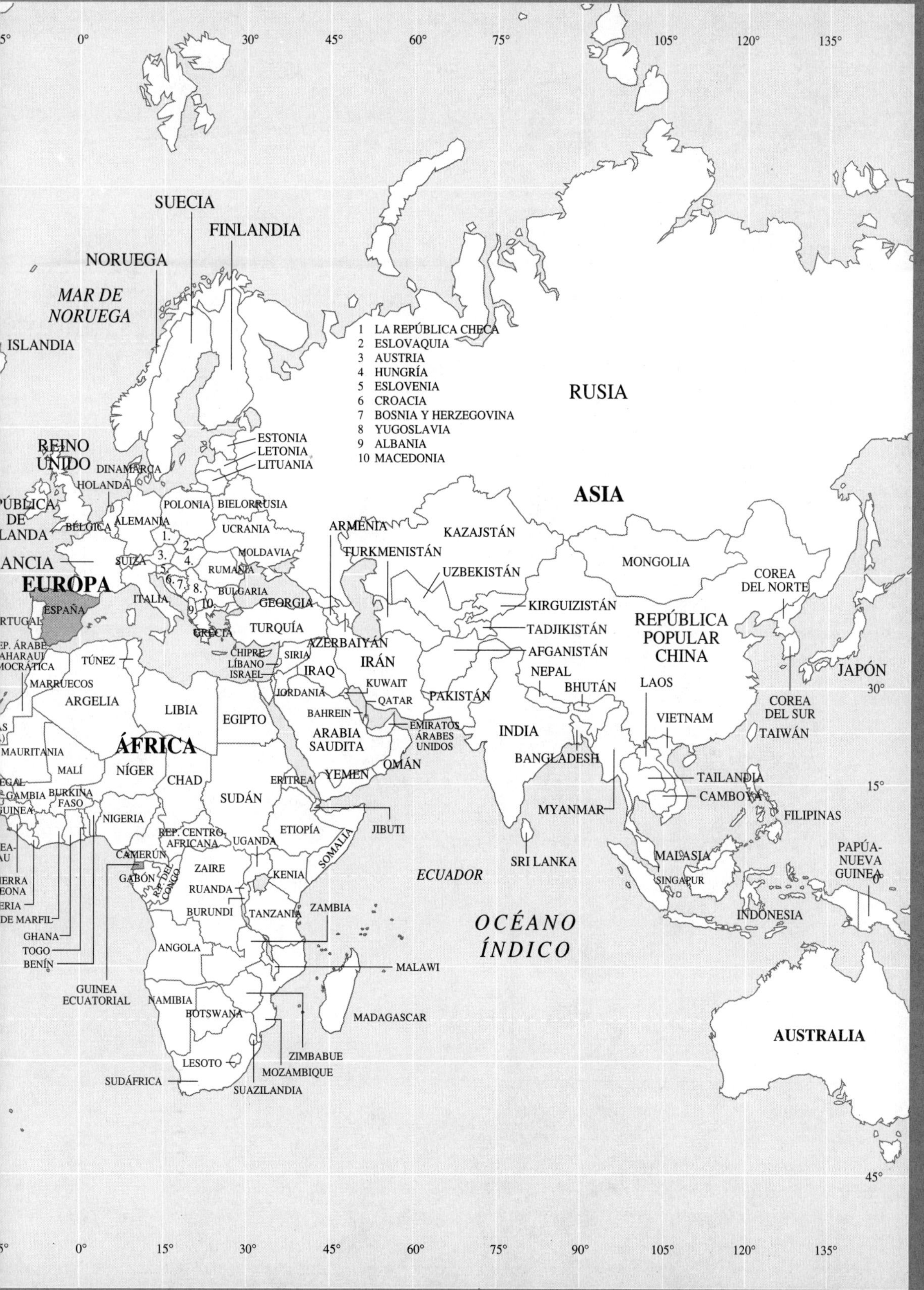
SUECIA
FINLANDIA
NORUEGA
MAR DE NORUEGA
ISLANDIA
1 LA REPÚBLICA CHECA
2 ESLOVAQUIA
3 AUSTRIA
4 HUNGRÍA
5 ESLOVENIA
6 CROACIA
7 BOSNIA Y HERZEGOVINA
8 YUGOSLAVIA
9 ALBANIA
10 MACEDONIA
RUSIA
ESTONIA
LETONIA
LITUANIA
REINO UNIDO
DINAMARCA
HOLANDA
POLONIA
BIELORRUSIA
ALEMANIA
BÉLGICA
UCRANIA
ASIA
ARMENIA
KAZAJSTÁN
MOLDAVIA
TURKMENISTÁN
SUIZA
MONGOLIA
RUMANIA
UZBEKISTÁN
EUROPA
COREA DEL NORTE
ITALIA
BULGARIA
GEORGIA
KIRGUIZISTÁN
ESPAÑA
REPÚBLICA POPULAR CHINA
TURQUÍA
TADJIKISTÁN
GRECIA
AZERBAIYÁN
AFGANISTÁN
CHIPRE
SIRIA
IRÁN
LÍBANO
ISRAEL
IRAQ
NEPAL
JAPÓN
TÚNEZ
KUWAIT
BHUTÁN
LAOS
MARRUECOS
JORDANIA
QATAR
PAKISTÁN
COREA DEL SUR
ARGELIA
LIBIA
BAHREIN
VIETNAM
EGIPTO
EMIRATOS ÁRABES UNIDOS
INDIA
TAIWÁN
ARABIA SAUDITA
MAURITANIA
ÁFRICA
BANGLADESH
OMÁN
MALÍ
NÍGER
ERITREA
YEMEN
TAILANDIA
CHAD
GAMBIA
BURKINA FASO
SUDÁN
CAMBOYA
NIGERIA
MYANMAR
FILIPINAS
REP. CENTRO-AFRICANA
ETIOPÍA
JIBUTI
UGANDA
SOMALIA
CAMERÚN
PAPÚA-NUEVA GUINEA
ZAIRE
MALASIA
SRI LANKA
GABÓN
KENIA
REP. DEL CONGO
ECUADOR
RUANDA
SINGAPUR
ZAMBIA
BURUNDI
TANZANIA
INDONESIA
GHANA
OCÉANO ÍNDICO
TOGO
ANGOLA
BENÍN
MALAWI
GUINEA ECUATORIAL
NAMIBIA
MADAGASCAR
BOTSWANA
AUSTRALIA
ZIMBABUE
LESOTO
MOZAMBIQUE
SUDÁFRICA
SUAZILANDIA
0°
15°
30°
45°
60°
75°
90°
105°
120°
135°

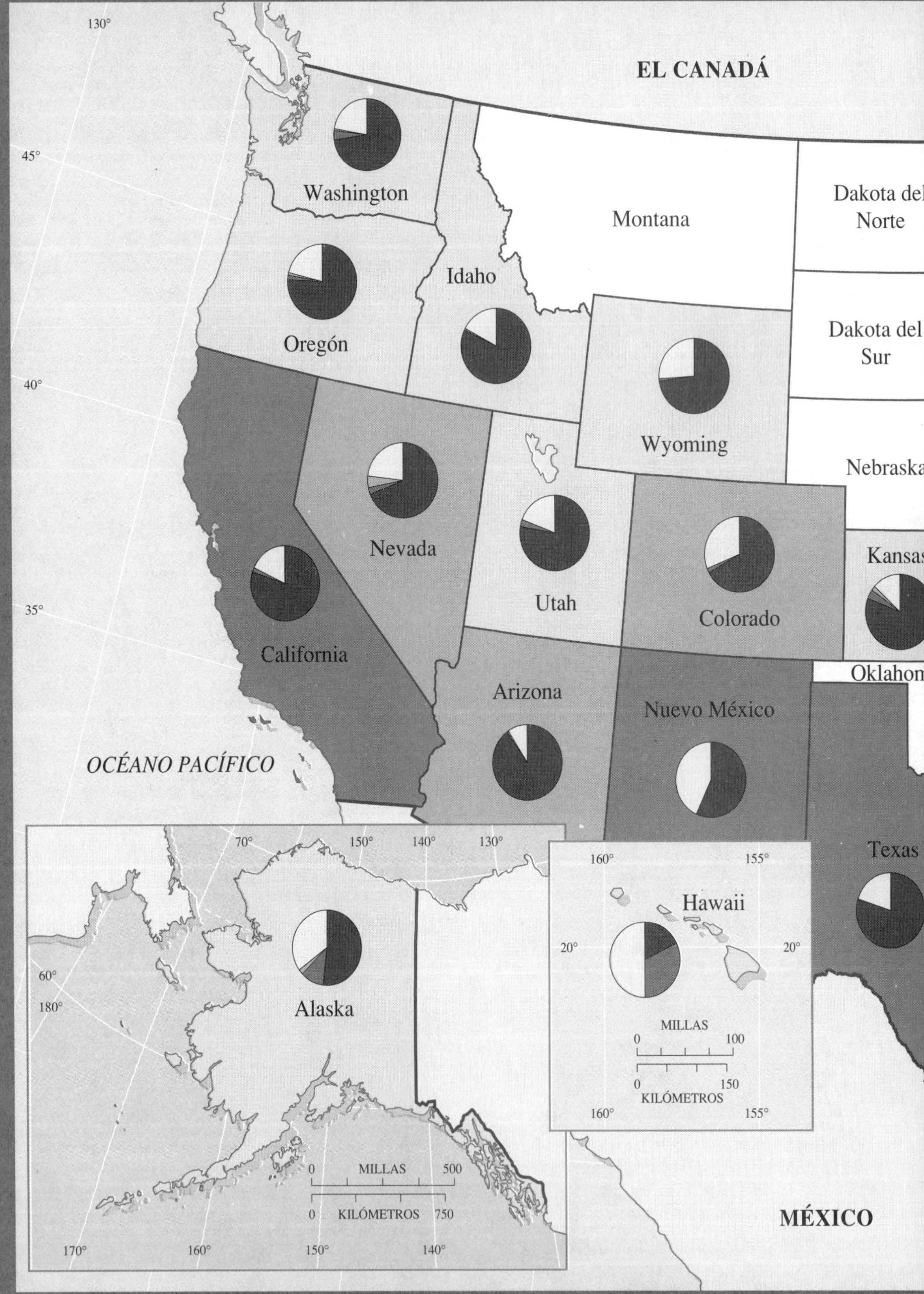
EL CANADÁ
Washington
Montana
Dakota del Norte
Oregón
Idaho
Dakota del Sur
Wyoming
Nebraska
Nevada
Utah
Colorado
Kansas
California
Oklahom
Arizona
Nuevo México
OCÉANO PACÍFICO
Texas
Alaska
Hawaii
MILLAS
KILÓMETROS
MÉXICO
130°
45°
40°
35°
70°
150°
140°
160°
155°
20°
60°
180°
170°
0
100
150
500
750

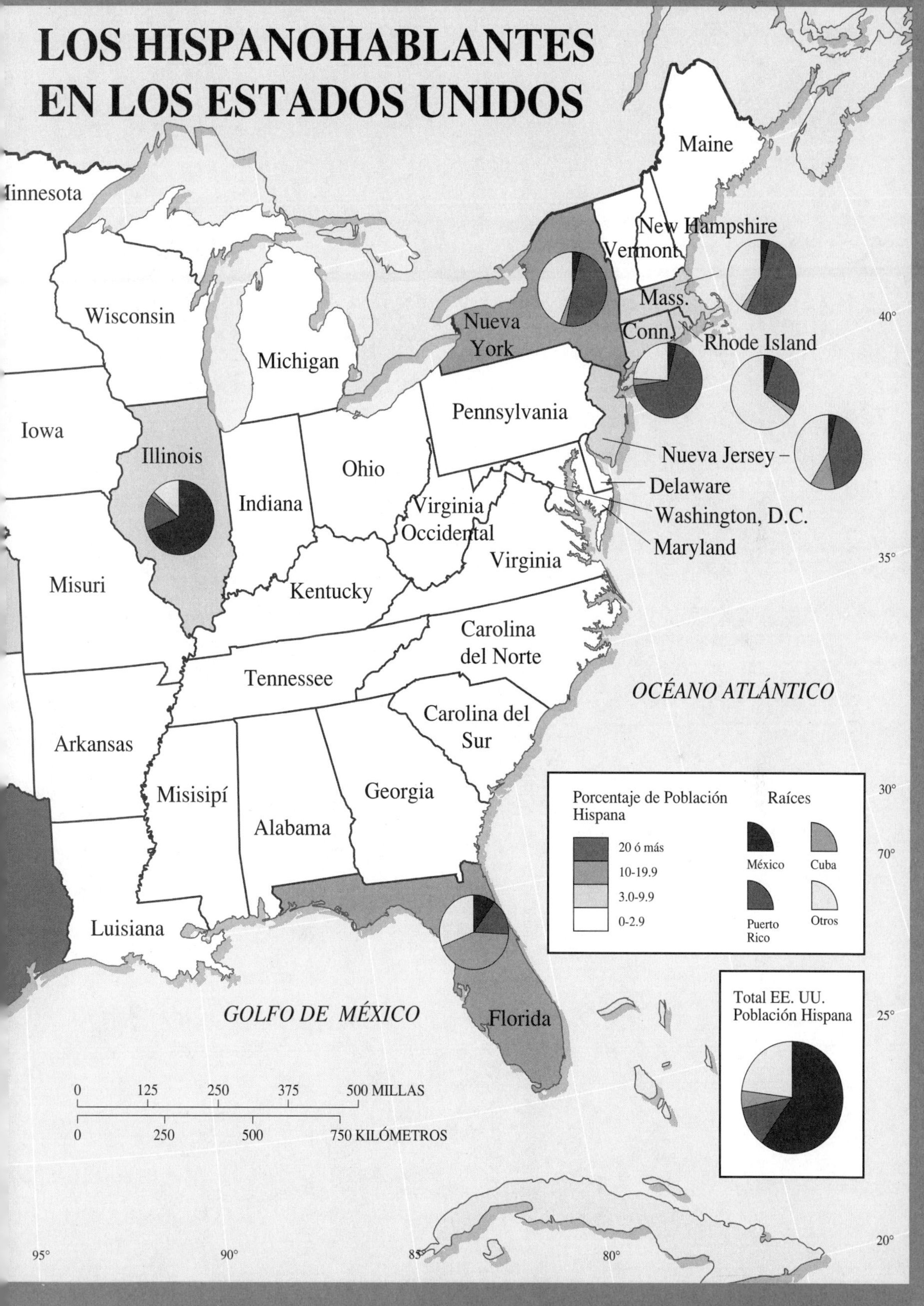
LOS HISPANOHABLANTES
EN LOS ESTADOS UNIDOS
Maine
innesota
New Hampshire
Vermont
Mass.
Nueva
York
Conn.
Rhode Island
Wisconsin
Michigan
Pennsylvania
Iowa
Illinois
Ohio
Nueva Jersey –
Delaware
Indiana
Virginia
Occidental
Washington, D.C.
Maryland
Virginia
Misuri
Kentucky
Carolina
del Norte
Tennessee
OCÉANO ATLÁNTICO
Carolina del
Sur
Arkansas
Misisipí
Georgia
Alabama
Luisiana
Florida
GOLFO DE MÉXICO
Porcentaje de Población
Hispana
20 ó más
10-19.9
3.0-9.9
0-2.9
Raíces
México
Cuba
Puerto
Rico
Otros
Total EE. UU.
Población Hispana
0
125
250
375
500 MILLAS
0
250
500
750 KILÓMETROS
40°
35°
30°
70°
25°
20°
95°
90°
85°
80°

ESPAÑA
0 50 100 150 200 MILLAS
0 100 200 300 KILÓMETROS
OCÉANO ATLÁNTICO
MAR CANTÁBRICO
FRANCIA
ANDORRA
PORTUGAL
Lisboa
PRINCIPADO DE ASTURIAS
Santiago
GALICIA
Santander
CANTABRIA
Bilbao
PAÍS VASCO
Pamplona
CORDILLERA CANTÁBRICA
CASTILLA Y LEÓN
NAVARRA
PIRINEOS
Río Ebro
Valladolid
LA RIOJA
Zaragoza
Lérida
Gerona
CATALUÑA
Barcelona
Segovia
Salamanca
SIERRA DE GUADARRAMA
ARAGÓN
Costa Brava
Madrid
MADRID
COMUNIDAD VALENCIANA
MENORCA
Río Tajo
Toledo
Palma
Valencia
MALLORCA
CASTILLA-LA MANCHA
EXTREMADURA
IBIZA
ISLAS BALEARES
Ciudad Real
MURCIA
Alicante
Río Guadalquivir
Murcia
Córdoba
Cartagena
MAR MEDITERRÁNEO
Sevilla
ANDALUCÍA
Granada
SIERRA NEVADA
Málaga
Cádiz
Estrecho de Gibraltar
Costa del Sol
GIBRALTAR (Br.)
CEUTA (Sp.)
MELILLA (Sp.)
Tanger
MARRUECOS
ISLAS CANARIAS
LA PALMA
TENERIFE
HIERRO
GOMERA
0 MILLAS 100
0 KILÓMETROS 150
GRAN CANARIA
Las Palmas
LANZAROTE
FUERTEVENTURA
ÁFRICA
10° 8° 6° 4° 2°
44° 42° 40° 38° 36°
18° 16° 14° 12° 28°

Perspectivas

Sexta edición

Temas de hoy y de siempre

Mary Ellen Kiddle
Boston College

Brenda Wegmann
University of Alberta Extension

Holt, Rinehart and Winston
Fort Worth Philadelphia San Diego New York Orlando Austin San Antonio
Toronto Montreal London Sydney Tokyo

Publisher	Chris Carson
Acquisitions Editor	Jeff Gilbreath
Project Editor	Kathryn Stewart
Art Director	Sue Hart
Production Manager	Debra Jenkin

Cover image of trash dump courtesy of Robert Frerck/Odyssey Productions/ Chicago.

ISBN: 0-03-024567-2

Library of Congress Catalog Card Number: 98-72150

Address for Orders:
Holt Rinehart & Winston, 6277 Sea Harbor Drive, Orlando, FL 32887
1-800-782-4479
Address for Editorial Correspondence:
Holt Rinehart & Winston, 301 Commerce Street, Suite 3700, Fort Worth, TX 76102

Web-site address
http://www.hbcollege.com

Holt Rinehart & Winston will provide complimentary supplements or supplement packages to those adopters qualified under our adoption policy. Please contact your sales representative to learn how you qualify. If as an adopter or potential user you receive supplements you do not need, please return them to your sales representative or send them to: Attn: Returns Department, Troy Warehouse, 465 South Lincoln Drive, Troy, MO 63379.

Printed in the United States of America

8 9 0 1 2 3 4 5 6 7 039 9 8 7 6 5 4 3 2 1

Holt Rinehart & Winston
Harcourt Brace College Publishers

We dedicate this book to two wonderful men
who have been very important in our lives.

Lawrence B. Kiddle
dear father
1907–1991

Tom Wegmann
intrepid scientist
beloved husband and father
companion of my heart
1941–1994

Perspectivas

Sexta edición

Temas de hoy y de siempre

Illustrations by

Ruth Gembicki Bragg

Preface to the Sixth Edition

In the sixth edition of *Perspectivas,* we have placed an emphasis on the positive accomplishments and contributions of Spanish and Latin American cultures, with their distinctive beauty, adventure, challenges, and successes. Although the text devotes discussion to the thorny problems of poverty, environmental destruction, and corruption, it also focuses on the larger, more complex, and potentially hopeful contexts, so as not to reinforce negative stereotypes or false "north-south/us-them" polarizations. Toward this goal, and following the suggestions of reviewers, we have chosen to highlight the unexpected dimensions of the history and cultures of Spanish-speaking countries.

As in previous editions, the sixth edition of *Perspectivas* uses a four-skill approach (reading, writing, speaking, listening) at the intermediate level to expand vocabulary and fluency, provoke discussion of open-ended ideas that do not have easy answers, increase cultural awareness, and develop critical thinking, and social skills through analysis, comparison, analogy, and group interaction.

Some General Changes

Overall, approximately 25-to-30 percent of the reading selections have been replaced or extensively updated, and most pre-reading and post-reading activities have been revised and expanded. One goal for this edition was to build on the concern for diversity and inclusion which characterized the fifth edition. We have maintained, and in some cases improved, the current percentage of female, indigenous and African-Hispanic authors and are extending the inclusion of themes and works from all areas of the Spanish-speaking world. Diversity and inclusion are important not just in reference to racial, gender, and cultural value discussions (with a new emphasis on integrating traditional and pop culture), but also with regard to more interactive and imaginative types of exercises appealing to the various multiple intelligences and learning styles.

Opening Up, Opening Out

As a corollary to the above, *Perspectivas,* Sixth Edition, is based on a general attitude of opening up and out to multiple Spanish and Latin American sources for selections. These diverse sources include art, photography, pop culture, biography, interviews, as well as activities involving music, video, television, surveys, possible field trips, and the Internet. By providing students with selections from many areas, *Perspectivas* establishes a real link between Spanish and the students' environment and extends the classroom into real life.

New to This Edition

- ***The* Perspectivas *Companion CD.*** For the first time, in this sixth edition, *Perspectivas* is accompanied by an audio compact disc that contains readings of certain poems, essays, and stories from all chapters. This companion CD allows students to enjoy the pleasure of hearing selections read aloud by skilled native speakers from many regions of Spain and Latin America. Instructors can use these models to point out intonation patterns, and national, regional, and individual differences among accents. Brief cues are included on the CD for specific listening tasks. CD selections are indicated with a headphone icon in the student text.

- ***¿Qué les parece?*** Each chapter contains one boxed paragraph with a sketch or photo, highlighting a thought-provoking or controversial fact or issue, along with an interactive exercise. This new feature offers an opportunity for a short activity or discussion and can be used at the instructor's discretion to break out of the normal class routine or fill a time gap at the end of a lesson.

- ***Contribuciones notables.*** This unique new boxed feature consists of a brief description of a Spanish or Latin American community or individual who has made an important contribution to world society. This section relates cultural diversity to specific themes in the readings and illustrates some positive aspects of the Spanish-speaking world that are often overlooked.

- ***Más allá del texto.*** Task-based activity lists suggest ways of exploring and expanding upon ideas from the readings through music, the Internet, films, video, television, advertising and other aspects of popular culture. Several of these exercises are included in each chapter. They provide options for students to personalize what they are learning, to connect their study of Spanish to the world beyond the classroom, and to report back on their findings.

- ***Improved Pre-Reading Sections.*** The pre-readings have been rewritten to form a bridge to selections taken directly from other sources (stories, poems, magazine articles, autobiography, essays) by providing background in the *Anticipación,* relating themes to daily life in *Para abrir el tema,* practicing key words in advance in the *Vocabulario,* and obliging students to preview the text in *El texto.* (Some of these steps are omitted before very short readings.)

Flexibility

Each chapter of *Perspectivas,* Sixth Edition contains more than enough material so that instructors may pick and choose from the readings the ones they find most appropriate to a particular group. For example, one instructor may prefer to finish up Chapter One with the Costa Rican short story about the comical Native healer, Bucho Vargas, and another may prefer the Mayan legend about the unusual relationship between people and animals in the mythical past. Chapter Five ends with four short stories of magical fantasy written by some of the most famous writers in the Spanish language. This permits the teacher to choose the piece or pieces best suited to the level and interests of a particular class or to alternate so as to maintain his or her own interest.

Instructors new to this book often begin by choosing several chapters and teaching all or most of the selections in each one. Students then progress according to the difficulty and sophistication of the materials, beginning with core vocabulary and simple introductory pieces, moving on to the journalistic selections and finally to the more demanding literary readings usually placed at the end.

There is sufficient material in *Perspectivas* for a complete one-semester course that concentrates on reading and conversation skills or for a year-long intermediate course that also uses a review grammar.

Acknowledgments

We would like to express our deep appreciation to the creative and generous Teaching Fellows of Intermediate Spanish at Boston College, who have contributed many imaginative exercises and ideas to this edition; to Doctora Aurora of the University of Costa Rica in San José and the staff of the Zamora/Tinoco Library for their generosity in enabling our access to their excellent research facilities; to Nidia González Araya for sharing her extensive knowledge with us about Costa Rican literature and culture; to Pam Bona of the International Department of the University of Texas for her guidance and perceptive insights relating to materials on art and culture; to Llanca Letelier for her unfailing support, linguistic advice, and aid in finding selections; to Professor Norberto James of The Cambridge School for his much-appreciated help in gathering materials by African-Hispanic writers, to Ingrid de la Barra of the University of Alberta Extension Department for her evaluation of pedagogy and student response, and to Elke Herbst, Kathryn Stewart, Jeff Gilbreath, and Terri Rowenhorst of Holt, Rinehart and Winston for their creative input and excellent supervision of the manuscript through its various stages of development and production.

We extend our sincere gratitude to the many excellent and experienced instructors who gave us the insightful suggestions and constructive criticisms that helped us this time, more than at any time in the past, to decide on the correct focus for our new edition. In this regard, our particular and special thanks go to the following reviewers: Geraldine Ameriks, *University of Notre Dame;* Melvin Arrington, *University of Mississippi;* Sara N. Coburn-Alsop, *Indiana University;* Kathryn Dwyer-Navajas, *Johns Hopkins University;* Donald B. Gibbs, *Creighton University;* Marie Dolores Goddard, *Xavier University;* Courtney Harrison, *University of North Texas;* Nina Ingrao, *Harvard University;* Eugenio Matibaz, *Iowa State University;* Alice A. Miano, *Stanford University;* Jo-Anne Murad, *University of Vermont;* Loknath Persaud, *Pasadena City College;* Philip B. Thomason, *Pepperdine University;* and L. Teresa Valdivieso, *Arizona State University.*

B.W. M.E.K.

Correlation of *Perspectivas* with the Holt, Rinehart and Winston Videocassette *Videomundo*

Videomundo, the Holt, Rinehart and Winston Spanish videocassette, can function as an adjunct to this book if time and facilities are available for video use during the course. Information on how to obtain this video and its accompanying Viewer's Manual may be obtained from a publisher's representative.

The following list contains suggestions for correlating materials according to theme:

Perspectivas Chapter	*Videomundo* Segment
1. La naturaleza	6. Comprando comida fresca en Valencia, España
	9. Puerto Rico
	10. México colonial
	20. La botánica Yoruba y una entrevista con Bobby Céspedes: Espiritista
2. Cambios sociales	2. Los gitanos de Cuenca
	8. Los paradores de España
	12. Algunas equivocaciones culturales
	18. Programa de intérpretes en el hospital Massachusetts General
	19. Salsarobics
	21. El día de Reyes
3. El hombre y la mujer	23. El papel de la mujer
	24. Las madres de la Plaza de Mayo
4. Cuestiones éticas	17. EL SIDA en la comunidad hispana
	20. La botánica Yoruba y una entrevista con Bobby Céspedes: Espiritista
	24. Las madres de la Plaza de Mayo
5. Arte y fantasía	1. Visiones del pueblo: Una exposición del arte folklórico de la América Latina
	2. Los gitanos de Cuenca
	3. Carlos Santana habla de su cultura
	4. El legendario Eddie Palmieri
	5. La conga de Mongo Santamaría
6. Los hispanos en los Estados Unidos	11. Los hispanos en Washington: Henry Cisneros
	12. Algunas equivocaciones culturales
	13. Univisión
	14. Carlos Santana y el Centro Cultural de la Misión
	15. Radiolandia
	16. Alfredo Estrada y la revista *Hispanic*

Índice

Capítulo 3 El hombre y la mujer 103

Capítulo 4 Cuestiones éticas 155

Capítulo 5 Arte y fantasía 209

capítulo 1

La naturaleza

Nuestro planeta: Peligro y promesa

Una perspectiva hispana

El nuevo milenio: ¿un buen momento para cambiar nuestro punto de vista con respecto a la Tierra? Este planeta es verde y azul, como se ve en las fotos sacadas por los satélites. ¿Es nuestro enemigo? ¿O es nuestra madre y la fuente de la vida?

Un gigante se despertó

En 1994, Popocatépetl, uno de los grandes volcanes de México, súbitamente se volvió activo y empezó a lanzar fumarolas y cenizas, provocando terror en los 21 millones de habitantes que viven cerca y recordándonos que todavía vivimos a la merced de la naturaleza.

Durante toda nuestra evolución como seres humanos, hemos convivido con peligros naturales: huracanes, terremotos (movimientos de la corteza de la tierra), tormentas... En tiempos antiguos la gente pensaba que estos fenómenos eran fuerzas misteriosas, pero con los avances de la ciencia, hemos ganado mayor comprensión y control de la naturaleza —hasta cierto punto. Hoy día los científicos estudian y vigilan los volcanes activos. Han aprendido mucho de la erupción en 1980 del volcán

Santa Elena (*Mount St. Helen*) en Estados Unidos, y del programa espacial, porque el vulcanismo existe también en la luna y en otros planetas. Pero hasta el momento nadie sabe predecir el momento exacto de una erupción. Y es lo mismo con los otros fenómenos. Tenemos datos y conocimientos sobre los terremotos y huracanes, pero esto no impide que sigan matando y destruyendo.

Comprensión:

1. ¿Qué pasó en México en 1994 para recordarnos que vivimos a la merced de las fuerzas naturales?
2. ¿Cuáles son dos fuentes (*sources*) recientes de información científica sobre los volcanes?

Interpretación:

¿Qué diferencia hay entre los conceptos de la tierra como enemigo y la tierra como madre?

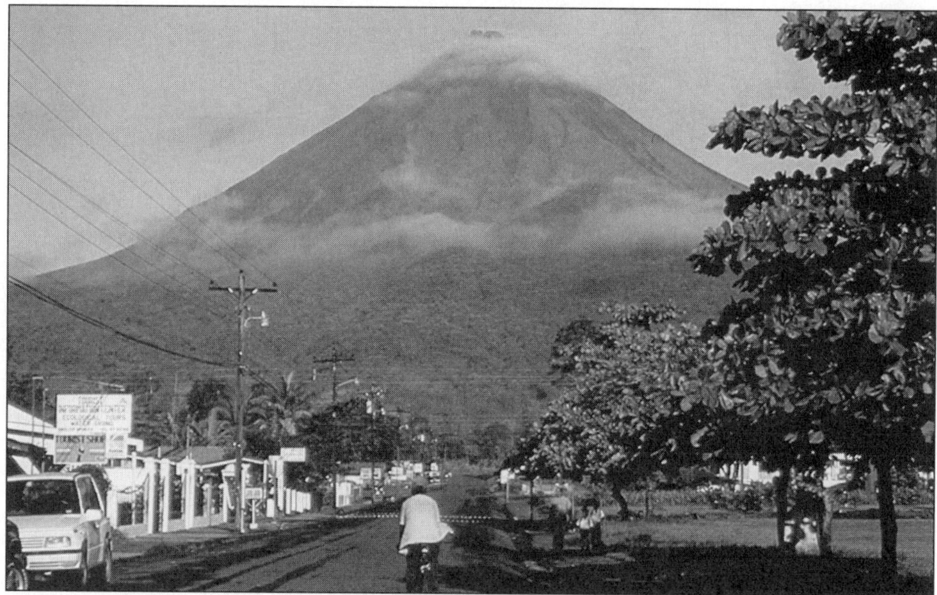

El volcán Arenal en Costa Rica es una atracción turística con sus erupciones regulares de sonido y luz que iluminan el cielo por la noche.

La fuerza de la naturaleza: Para mal y para bien

Sin embargo, «no hay mal que por bien no venga»*, y debemos reconocer que las erupciones volcánicas también traen beneficios: la formación de minerales y un suelo más fértil y propicio para la agricultura. Inclusive, en la parte central de México hay tres lugares que usan el vapor volcánico para la producción de la electricidad. En Costa Rica, se han convertido varios volcanes en atracciones turísticas, como el muy activo volcán Arenal que tiene elegantes hoteles y baños termales en su base.

Comprensión:

1. ¿Qué beneficios traen las erupciones de los volcanes?
2. ¿Cómo se usan los volcanes en México y Costa Rica?

Interpretación:

¿Hay beneficios a veces de los otros fenómenos, como los huracanes, tormentas o terremotos? Explique.

El último repositorio

Los grandes bosques lluviosos de Latinoamérica representan un rico tesoro de biodiversidad con un enorme potencial para la producción de medicamentos y otros productos útiles. Sin embargo, según estadísticas recientes, la deforestación allí prosigue a una velocidad mucho más alta que en cualquier otro continente. ¿Por qué? La razón es simple: en Asia y África ya se talaron (cortaron) los árboles. Latinoamérica queda, entonces, como el último repositorio de estos bosques tropicales que producen el oxígeno tan necesario para el equilibrio del planeta. Esta alarmante tasa (índice) de destrucción es más alta en Costa Rica donde, cada año, se pierde el 6,9% de los árboles, pero también se van destruyendo rápidamente los bosques de Ecuador, Brasil, Colombia, Paraguay, Venezuela y Chile.

* Un proverbio que sugiere que no hay nada que sea totalmente malo.

La selva amazónica, con sus dos millones de millas cuadradas de plantas y árboles; está en peligro.

Comprensión:

¿Por qué se talan más árboles en Latinoamérica cada año que en África o en Asia?

Interpretación:

¿Qué importancia tienen los bosques húmedos tropicales?

Un desafío (challenge) *para la humanidad*

Como consecuencia de la deforestación y la contaminación, nuestro planeta está enfermo. Muchos científicos creen que ha empezado el *efecto invernadero,* un gradual aumento en la temperatura global (¡como si la Tierra tuviera fiebre!). Este cambio puede tener resultados desastrosos para toda la humanidad, como inundaciones en las costas, bruscos cambios de clima y la extensión de los desiertos. Irónicamente, es el «progreso» científico-tecnológico de nuestra civilización el responsable de este peligro. Al mismo tiempo, son la ciencia y la tecnología las que nos ofrecen esperanza: la promesa de descubrir soluciones para conservar la tierra para las generaciones del futuro.

Comprensión:

¿Por qué dice mucha gente que nuestro planeta está enfermo?

Interpretación:

1. ¿Qué opina Ud. de la ciencia y la tecnología?
2. ¿Son amigas o enemigas de la humanidad?
3. ¿Qué desafío tenemos para el nuevo milenio?

Un vocabulario sobre los peligros de la naturaleza

las avalanchas de nieve
los deslizamientos de lodo (movimientos de tierra húmeda)
las erupciones de volcanes
los fuegos en los bosques
los huracanes (ciclones)
las inundaciones (desbordamientos de las aguas de los ríos)
los maremotos (enormes olas destructivas)
los terremotos (temblores)
los torbellinos (*twisters*)
las tormentas (tempestades)
las tormentas de nieve

Discusión

Los desastres naturales

✻Entreviste a un(-a) compañero(-a) con las siguientes preguntas, usando la forma de *tú*.

1. ¿Qué desastres naturales de la lista ocurren en la región donde vives tú? ¿Y en otras partes?
2. ¿Has tenido contacto directo con algún peligro? ¿Y tus amigos o parientes?
3. ¿Qué fenómeno le parece el más peligroso del mundo hoy? ¿Por qué? ¿Qué sabe Ud. de la corriente del mar llamado «el niño»? ¿Es peligrosa?

Actividades

¡Emergencia!

✻Trabaje con tres o cuatro otras personas. Escojan uno de los desastres de la lista. Imaginen que esto ocurre ahora y que Uds. están viviéndolo. Describa 1) lo que ven, 2) lo que escuchan, 3) lo que sienten y finalmente —y más importante— 4) lo que hacen Uds. para salvarse y para ayudar a otras personas.

Un vocabulario sobre la ecología

✻Aprenda estas palabras importantes para el capítulo. Si no comprende una palabra, búsquela en el **Vocabulario final** del libro.

Cosas o conceptos

el (medio) ambiente *environment*
el aumento
la basura *garbage*
la belleza *beauty*
el bosque *forest*
la contaminación
el desafío *challenge*
los desperdicios
la escasez *scarcity*
el paseo (la excursión)
el reciclaje

Acciones

aumentar *to increase*
contaminar
correr riesgos *to run risks*
desperdiciar *to waste*
disminuir (reducir)
pasear *to stroll or ride around for pleasure*
proteger
reciclar
sobrevivir *to survive*
talar (cortar, con referencia a los árboles)

Procesos globales

el efecto invernadero *greenhouse effect*
la explosión demográfica (el aumento exponencial de la población mundial)
la extinción de las especies (el fin de muchas clases de plantas y animales)

Expansión de vocabulario

Estudie el texto y las dos listas de vocabulario antes de hacer estos ejercicios.

1. *Antónimos*

Dé antónimos de la lista para estas palabras:

1. limpiar, purificar
2. atacar
3. disminuir
4. usar una vez y tirar en la basura
5. la fealdad
6. plantar (árboles)
7. extinguirse, desaparecer para siempre
8. la abundancia
9. preocuparse por la seguridad
10. conservar (recursos, materiales)

2. *Sinónimos*

Dé sinónimos para estas palabras o expresiones.

1. un gran conjunto de árboles
2. los temblores
3. el gradual calentamiento de la tierra
4. la clase, el tipo (de planta o animal)

5. los desbordamientos de las aguas de los ríos
6. volver a usar
7. movimientos de tierra húmeda
8. el crecimiento de la población
9. el incremento, la extensión

3. *El verbo exacto*

✻ Dé el verbo que corresponde a cada palabra.

1. desperdicio
2. reciclaje
3. reducción
4. contaminación
5. paseo
6. protección
7. supervivencia
8. disminución

Interpretación

✻ Mire la lista de los **Seis problemas ecológicos** con un(-a) compañero(-a) y decidan cuál de los problemas les parece el más urgente y por qué, y qué soluciones hay. Compartan sus opiniones con la clase.

Seis problemas ecológicos

1. La extinción de muchas especies de plantas y animales
2. El efecto invernadero
3. La destrucción de los grandes bosques húmedos tropicales
4. La acumulación de la basura y de los desperdicios tóxicos
5. La explosión demográfica
6. La escasez del agua potable

Hugo Díaz

Ecologistas desde casa*

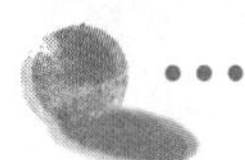

Anticipación

A veces pensamos en las condiciones de nuestro planeta y parece que no hay esperanza. Nos sentimos pequeños y sin poder ante la enormidad de la crisis ecológica. ¿Qué podemos hacer nosotros? El siguiente artículo de una revista española explica cómo debemos cambiar nuestro modo de vida, con ejemplos de acciones positivas que podemos hacer desde casa (*from home*).

1. *Para abrir el tema*

Trabajando solo(-a) o con otro(s), conteste estas preguntas.

1. ¿Qué hábitos tenemos que hacen mal al medio ambiente? Describa uno.
2. Escriba una recomendación para cambiar este hábito.

   hábito malo: ______________________________
   recomendación: ______________________________

2. *Vocabulario: Adivinar las definiciones*

Adivine la definición de los siguientes objetos comunes mencionados en el artículo. Mire el contexto de cada palabra, si es necesario.

vidrio (línea 12)	tapón (línea 15)	alimento enlatado (línea 23)
fregadero (línea 14)	grifo (línea 17)	tela metálica (línea 27)

1. lugar donde se lavan (y friegan) los platos y utensilios de la cocina
2. construcción de metal para proteger contra los insectos
3. pieza por donde sale o se interrumpe el agua
4. comida conservada en una lata
5. objeto que sirve como obstáculo para impedir que salga el agua
6. sustancia transparente usada para hacer botellas o ventanas

Ahora, lea el artículo para aprender qué podemos hacer nosotros para ser ecologistas en la vida diaria.

---

* De la revista española *Año cero.*

Ecologistas desde casa

Podemos tener una conducta respetuosa con la naturaleza sin abandonar nuestro modo de vida y recluirnos en el campo. La conciencia ecologista puede ser igual de efectiva si practicamos principios tan sencillos como los que aquí proponemos: •Consumir sólo lo imprescindible. Preguntarse si lo que va a comprar es, en realidad, indispensable. •Utilizar detergente y jabón biodegradable. •Reciclar papel, cartón y vidrio. •Apagar las luces innecesarias. •Lavar los platos en el fregadero cerrado con tapón, no a chorro abierto. •Enjuagarse los dientes en un vaso de agua, no hacerlo con el grifo abierto. •Utilizar la ducha en lugar del baño. Si la temperatura ambiente lo permite, cierre el grifo mientras se enjabona. •Viajar en transporte colectivo. Si necesita el coche, hable con vecinos o amigos para hacer juntos el recorrido en el mismo vehículo. Siempre que pueda, pasee o utilice la bicicleta. •Evitar los alimentos enlatados. Optar por los frescos y de temporada. •No arrojar basura en la calle. •No utilizar aerosoles: destruyen la capa de ozono. •Sustituir, si es posible, el uso de insecticidas por la instalación de telas metálicas en las ventanas. ■

F. L. FRONTÁN

El respeto a la naturaleza también se puede mantener desde un piso, en cualquier ciudad.

Comprensión

1. *Las buenas costumbres*

✻ Entreviste a un(-a) compañero(-a) sobre qué debemos hacer con los siguientes objetos, según el artículo, y por qué.

MODELO —¿Qué debemos hacer con las luces?

—Debemos apagar las luces innecesarias.

las luces	el coche	el cartón	la ducha	los alimentos
el jabón	los insecticidas	los platos	los dientes	el vidrio

2. *Preguntas*

1. En general, ¿qué cosas debe usar el ecologista?
2. ¿Qué cosas no debe usar?
3. ¿Cuántas recomendaciones del artículo se refieren a la conservación del agua? ¿Es importante conservar agua en la región donde vive Ud.? Explique.
4. En su opinión, ¿qué recomendación del artículo es la más importante? ¿Por qué?

Actividades

1. ¡Miren este objeto!

✻ Traiga Ud. un objeto a la clase y explique su importancia para el medio ambiente. Puede ser un objeto positivo o negativo con respecto a la ecología.

MODELO 1 Miren esta hoja. La hoja representa un árbol. Los árboles son importantes porque producen el oxígeno que respiramos. Debemos plantar más árboles.

MODELO 2 Miren esta bolsa de plástico. El plástico es malo para el medio ambiente porque no es biodegradable. No debemos usar bolsas de plástico. Es mejor usar bolsas de papel.

2. Dos puntos de vista

✻ Mire el dibujo con un(-a) compañero(-a). ¿Quién tiene razón: el conejo o la llama? ¿O creen Uds. que los dos tienen razón en parte? Explique.

Más allá del texto

Busque información sobre el estado actual de la ecología con una de estas tareas.

1. Lea un artículo sobre la ecología en un periódico o una revista y prepare un resumen en español para la clase.
2. Busque información en Internet sobre los problemas ecológicos de algún país hispano y dé un informe a la clase de lo que Ud. aprende. (Si es posible, hable directamente con personas del país indicado.)
3. Prepare tres preguntas sobre la ecología y úselas para entrevistar a alguien de España o Latinoamérica, o en directo (*in person*) o por teléfono o en Internet. Luego, lea la entrevista a la clase. [Si es posible, grábela (*record it*) y traiga la cinta a clase.]
4. Asista a una reunión o protesta local relacionada con la ecología y escriba un informe al respecto en español.

Comentario sobre el dibujo

Comillas

✻ ¿En qué piensa Comillas cuando contempla la naturaleza? ¿Y Ud.?

Comillas

*Navegar por los ríos veracruzanos**

Anticipación

México (también llamado «D.F.» por Distrito Federal), es una de las ciudades más grandes y estimulantes del mundo y —desgraciadamente— también una de las más contaminadas. Por lo tanto, muchos de sus habitantes salen de la ciudad los fines de semana en busca del aire puro y de la aventura. Un fin de semana, la reportera defeña (de D.F.) Andrea Ávila hizo un paseo en balsa (*raft*) por un río turbulento en Veracruz, y escribió el siguiente artículo sobre sus experiencias. Mire la foto de la página 17. ¿Qué le parece? ¿Le gustaría a Ud. remar (*to paddle*) en una balsa por rápidos como ésos? ¿Tendría Ud. el valor (*courage*)?

1. *Para abrir el tema*

¡La aventura en la naturaleza! Piense un momento en esta frase. ¿Qué ideas asocia Ud. con ella? ¿Por qué viajamos en la naturaleza? Trabajando solo(-a) o con otro(s), lea la siguiente lista y ponga una X delante de las tres razones más importantes para Ud. Explique por qué le importan estas razones. Compare su selección con la de sus compañeros. ¿Qué razones son las más comunes?

Razones para viajar en la naturaleza

_______ aceptar un desafío y conquistar el miedo

_______ adquirir nuevas habilidades (*skills*)

_______ aprender más sobre una cultura diferente

_______ disfrutar de la belleza natural (perfumes de las flores, canciones de aves...)

_______ gozar de la emoción (*excitement*) intensa

_______ hablar de la experiencia después y dar envidia a los amigos

_______ salir de la rutina y entrar en un ambiente totalmente distinto

_______ sentir un crecimiento en los lazos afectivos (*bonding*) con sus compañeros

---

* De la revista mexicana *Contenido*.

2. *Vocabulario: El uso de verbos más exactos*

✻Generalmente, los extranjeros que aprenden español usan siempre los mismos verbos ordinarios. Aprenda Ud. vocabulario nuevo, buscando en la selección otros verbos para reemplazar (*replace*) las palabras en bastardilla.

MODELO Después de realizar su sueño de *subir* el monte Everest...

Después de realizar su sueño de escalar el monte Everest...

1. Generalmente, a estos paseos *vienen* familias completas...
2. —Si alguien se cae de una balsa —*dijo* el estadounidense —tiene que tender su remo...*
3. Lo fundamental es no asustarse porque en realidad no hay peligro y le *tiraremos* cuerdas y lo *salvaremos* del agua en cosa de minutos.
4. Flotando sobre rápidos y remansos *llegamos* a las márgenes de la zona arqueológica...
5. *Cruzamos* numerosos rápidos menos turbulentos después...

3. *El texto: Buscar los detalles importantes*

✻La primera sección (líneas 1–34) describe los preparativos para el viaje en balsa. Busque allí los siguientes detalles.

1. El nombre de la agencia de viajes: ______________________________
2. El tipo de clientes que generalmente participan en estos paseos en balsa:

   ____
3. Dos prendas (*pieces of clothing*) necesarias en la balsa:

   ______________________________ ______________________________
4. En caso de emergencia, la recomendación fundamental: *No*

   ____
5. Lo que enseñó (a gritos) el guía Raúl Martínez:

   ____

Y ahora, ¡vamos al río y a la aventura! (Por lo menos, en la imaginación...)

---

* Es importante notar que en español muchas veces se usan guiones (*dashes*) y no comillas (*quotation marks*) para indicar las palabras exactas de una persona que habla.

Navegar por los ríos veracruzanos

Andrea Ávila

Después de realizar su sueño de escalar el monte Everest, el montañista defeño° Alfonso de la Parra Cubells decidió abrir la agencia de viajes *Río y Montaña,* especializada en clientes intrépidos. El pasado otoño, una reportera y un fotógrafo de esta revista dejamos un viernes por la tarde el contaminado D.F. y dormimos en Tlapacoya, Veracruz.

de D.F. (es decir, de la ciudad de México)

A las 9 de la mañana del sábado nos encontramos a orillas° del río Filos, junto a doce alumnos del *Colegio Americano* y a Robert Cudney, un estadounidense de 31 años —casado, padre de dos hijos— y experto guía de expediciones al servicio de *Río y Montaña.*

a... *on the banks*

Generalmente, a estos paseos acuden familias completas, desde° niños de primaria hasta° joviales abuelitos, y no se requieren preparación o previo entrenamiento en deportes acuáticos. Provistos de cascos° y chalecos salvavidas,° escuchamos las indicaciones de Cudney sobre la manera de empuñar° los remos,° afrontar los rápidos y remar duro y parejo,° mientras otros tres guías inflaban igual número de lanchas de hule.°

from / *to*
helmets / **chalecos...** *life preservers*
mover / *paddles*
regularmente
lanchas... *rubber rafts*

—Si alguien se cae de una balsa —advirtió el estadounidense —tiene que tender° su remo hacia los tripulantes° para que éstos lo jalen° a bordo. Si en la caída perdió el remo, debe dejarse llevar° por la corriente con los pies hacia adelante para evitar que su cabeza se golpee° contra alguna piedra. Lo fundamental es no asustarse,° porque en realidad no hay peligro y le arrojaremos° cuerdas y lo rescataremos del agua en cosa de minutos.

extender / *crew members*
para... *so they can pull him* / **dejarse...** *let himself be carried* / **que...** *that his head get hit*
tener miedo
we will throw

A nosotros nos tocó° una lancha dirigida por Raúl Martínez, un defeño de 28 años de edad, estudiante de física en el Poli° y dedicado a la exploración de ríos y montañas. A gritos, Martínez nos fue enseñando a remar más o menos coordinadamente. Aunque al atravesar° el primer rápido nos empapó° el agua helada, logramos sortear° la tumultuosa corriente sin mayores dificultades.

correspondió
Instituto Politécnico
al... mientras cruzábamos / *drenched*
pasar por

Rápidos, arqueología y cascadas°

waterfalls

Flotando sobre rápidos y remansos° arribamos a las márgenes de la zona arqueológica de Filo-Bobos, donde un par de camionetas° de la agencia de viajes nos esperaban con equipo para acampar y suculentos sándwiches de pepinos,° lechuga, queso y pan árabe. Los edificios de la zona arqueológica, en proceso de restauración, pertenecieron° a un centro ceremonial con dos pirámides. Hay también un espacio para el juego de pelota,° pero la pieza más característica del lugar y que los guías nos enseñaron orgullosamente, es un monolito que representa a una rana° sonriente.

secciones tranquilas
vans
cucumbers
belonged
juego... *ball game (ancient Mayan game similar to basketball)*
frog

Tras visitar las ruinas reemprendimos° la navegación hasta llegar a un paraje° llamado El Encanto y afrontar uno de los tramos° más difíciles del recorrido,° donde es preciso remar esforzadamente a contracorriente° para acercarse a una espectacular caída de agua de 25 metros de altura. Allí el estruendo° del torrente es ensordecedor.° Siempre vigilados por los guías, los muchachos más ágiles treparon° a las rocas para lanzarse° a la profunda alberca° natural, a nadar y retozar° en el agua helada. En cambio, los que optamos por sentarnos a la orilla a descansar, tuvimos el premio° de ver un águila° que surcó° el cielo sobre nuestras cabezas y cuyo áspero grito resonó° multiplicado por el eco entre los muros° de piedra.

empezamos otra vez
lugar
partes / paseo
a... contra la corriente
intenso ruido / *deafening*
subieron
para... *to dive in* / piscina / saltar y jugar
reward / *eagle* / cruzó
resounded
walls

Al alejarnos° del salto de agua eran casi las 6 de la tarde, por lo que nos alegramos de ver las seis tiendas de campaña° en el campamento que colaboradores de Cudney habían emplazado° a la orilla del río y donde nos esperaba apetitosa° comida caliente.

Al... Cuando dejamos atrás
tiendas... *camping tents*
puesto
deliciosa

Borrachos de sol

A las 8 de la mañana del día siguiente, después de desayunar quesadillas y frijoles instantáneos, reiniciamos° la navegación, esta vez por el río Bobos, a través de un paisaje° de planicies, entre riberas° pobladas por bellísimas garzas° blancas.

Empezamos a remar con entusiasmo y, creíamos, habilidad. Pero no pudimos evitar que, en el primer rápido, la balsa brincara° y pasamos casi rozando° las orillas, pero llegamos al otro lado sanos y salvos.° Atravesamos numerosos rápidos menos turbulentos después hasta llegar a la altura del río en que las camionetas nos esperaban para cargar con° las balsas ya desinfladas y con los exhaustos expedicionarios. Enfundados° en ropa seca, agotados° pero llenos de oxígeno y singulares recuerdos para contar y dar envidia,° emprendimos el regreso a México, sintiéndonos rudos aventureros, muy dados° a ver con desprecio° a los millones de capitalinos que ese mismo día se marchitaban° en la gran ciudad.

continuamos
landscape
orillas / *herons*
jumped up and down
scraping
sanos... *safe and sound*
cargar... llevar
Vestidos
muy cansados
recuerdos... *memories to tell about and make (people) envious*
inclinados / desdén
sufrían de contaminación

Comprensión

Completar las frases

1. En la zona arqueológica había un antiguo monolito que representaba...

   a. un juego de pelota. **b.** una rana sonriente. **c.** un águila. **d.** una pirámide.

2. La comida que se sirvió durante el viaje era básicamente...

   a. muy norteamericana. **b.** vegetariana. **c.** llena de carne y grasa. **d.** mala.

3. Cerca de un lugar llamado El Encanto, el grupo vio un fenómeno natural:

   a. una roca. **b.** un volcán. **c.** un arco iris. **d.** una cascada.

4. Los únicos animales que vio el grupo durante el paseo en el río eran...

   a. pájaros. **b.** serpientes. **c.** jaguares. **d.** monos.

5. El transporte que usaban para volver a D.F. era...

   a. un tren. **b.** un barco. **c.** camionetas. **d.** limosinas.

Discusión

Opinión

Comparta opiniones con un(-a) compañero(-a).

1. ¿Qué parte del paseo en el río te parece la más emocionante o inolvidable? ¿Por qué?
2. ¿Qué opinas tú de la práctica de *bungee jumping*? ¿Querrías hacerlo algún día?
3. «No hay aventura si no hay riesgo (*risk*). Una excursión totalmente segura no es una aventura.» ¿Estás de acuerdo o no?
4. ¿Cuál es la actividad o el deporte de tus sueños? ¿la actividad más linda y excepcional —sin poner ningún límite en la imaginación— que tú quisieras hacer si tuvieras todo el dinero del mundo y toda la habilidad física posible?

Quico

Actividades

1. *Un plan para la aventura*

Trabaje con un grupo para planear una excursión de aventura a algún país hispano. Primero hay que escoger una actividad de la lista. El secretario (la secretaria) del grupo la escribe en el cuadro bajo *Descripción*. Después se escriben opiniones y reacciones de todo el mundo bajo *Comentarios personales*. Luego, se llenan las otras secciones del cuadro y al final, una persona lee partes del cuadro a la clase. ¿Qué grupo ha planeado la aventura más emocionante (*exciting*)?

Lista de actividades

En el agua: el buceo (*scuba*), el buceo con snórquel, el surfear, el windsurf, el kayak de mar o de río, pasear en canoa, pasear en velero (*sailboat*) o en yate (*power boat*), la natación, la pesca (*fishing*) deportiva

En la tierra: el alpinismo (*mountain climbing*), caminatas (*hiking*) en las montañas, caminatas en el bosque o la selva, el biciclismo de montaña, montar a caballo, lanzarse con paracaídas (*skydiving*), el esquí alpinista, el esquí nórdico, la escala de rocas (*rock climbing*)

NUESTRA EXCURSIÓN DE AVENTURA

	Descripción	Comentario personal
Actividad		
¿Dónde? (país, región)		
La naturaleza (elementos necesarios o deseables, como *olas grandes, flores exóticas,* etcétera)		
¿Peligro? ¿Riesgos?		
La comida (¿qué tipo? ¿caliente o fría? ¿picante o suave? ¿alimentos frescos o conservados en paquetes?...)		
Transporte		
Los momentos más emocionantes		

2. *Juego imaginativo: ¡Vámonos a Costa Rica!*

✻ Trabajando solo(-a) o con otro(s), lea el anuncio sobre Camilo y Costa Rica en la página 21, y llene los espacios en blanco. Luego, escriba una carta según las instrucciones del ejercicio 3.

1. Entre las riquezas de Costa Rica para el turista hay bellezas naturales, volcanes, ______________ preciosas, deportes acuáticos y ______________ para los aventureros.

2. Camilo se preocupa porque cree que eso le va a costar una _____________.
3. La agencia Camino dice que el turista puede preparar su viaje a su gusto, estilo y _____________.
4. El transporte incluye aviones, barcos, buses públicos y _____________ de carros.

5. Se mencionan dos tipos de hospedaje: los hoteles de ______________ para los viajeros con mucho dinero y los ______________ para los viajeros con el presupuesto limitado.

3. *La carta de Camilo*

✻ Escriba una carta de Camilo a la agencia *Camino Travel*, explicando 1) qué «riquezas» le interesan, 2) qué quiere hacer en Costa Rica, 3) qué transporte, 4) qué tipo de hospedaje prefiere, y 5) cómo es su presupuesto. (Se puede empezar la carta: *Estimado señor García,* y terminar: *Con la esperanza de recibir una respuesta lo más antes posible, quedo de Ud., atentamente Camilo.*)

Los turistas y la contaminación: Dos ejemplos

Anticipación

✻ Todos los años, España y Latinoamérica les dan la bienvenida a un gran número de turistas que llegan, pálidos y cansados del norte, con deseos de tomar el sol y pasarlo bien. El siguiente ensayo examina algunas consecuencias de estas migraciones.

Para abrir el tema

✻ Piense Ud. un momento en la idea de un viaje a Latinoamérica. Trabajando solo(-a) o con otro(s), conteste estas preguntas. Luego, lea el ensayo.

1. ¿Adónde le gustaría ir? ¿Por qué?
2. ¿Qué actividades hay en ese lugar? ¿Qué haría Ud. allí?
3. ¿Cree Ud. que su presencia como turista dejaría un impacto? Explique.
4. En su opinión, ¿por qué van tantos viajeros a Latinoamérica?

Los turistas y la contaminación: Dos ejemplos

La paradoja del turismo es que los turistas suelen destruir en un lugar las mismas características que los atraen allí. Por una parte, el turismo trae consigo beneficios: desarrollo económico, empleos, amistades entre personas de diferentes países. Por otra parte, trae la contaminación del medio ambiente y lo que algunos sociólogos llaman la «contaminación cultural». Esto se manifiesta en el aumento de crímenes como el robo o la violación, bruscos cambios de costumbres y efectos psicológicos, como un complejo de inferioridad producido, a veces, en la gente nativa por su proximidad con grupos privilegiados de extranjeros. La contaminación cultural afecta especialmente a los jóvenes y contribuye a los conflictos entre las generaciones.

Comprensión:

1. ¿Qué es la paradoja del turismo?
2. ¿Qué beneficios trae el turismo?
3. ¿Qué problemas trae para la naturaleza? ¿para la gente?

Interpretación:

Si Ud. trabajara como camarero(-a), taxista o guía, ¿qué emociones sentiría al servir a los turistas extranjeros?

El buceo con tanques.

Cancún: Un paraíso mexicano

Cancún es un lugar de excepcional hermosura natural, situado en la costa del mar Caribe de la península de Yucatán en México. Las aguas cristalinas aquí son cálidas y de color turquesa. Las playas

son extensas y tienen una arena muy fina y blanca. Muchos turistas llegan para pasar sus vacaciones bañándose en la playa y visitando las ruinas de antiguas ciudades de la cultura maya. Encuentran muy cerca sitios ideales para practicar la natación con tubo (snórquel), el buceo con tanques (*scuba*), el esquí acuático, el windsurf y otros deportes. También pasean en auto, disfrutando del paisaje con sus pintorescas chozas rodeadas de flores, sus mercados al aire libre y las iguanas que toman el sol en medio del camino. Pero, ¿cuánto tiempo va a durar este paraíso? Recientemente, la UE (Unión Europea) ha invertido una gran cantidad de dinero para el desarrollo de Cancún como un centro de gran turismo. Cada día se construyen nuevas instalaciones: campos de golf, canchas de tenis, tiendas de lujo. Muchos temen que este paraíso se convierta en un feo centro comercial. ¿Es posible evitar esta destrucción, o es la evolución natural del turismo? Los buceadores de la foto en la página 23 contemplan los lindos peces multicolores, y quizás se pregunten si aún éstos estarán a salvo durante mucho tiempo.

Comprensión:

1. ¿Dónde está Cancún?
2. ¿Qué atracciones tiene para los turistas?
3. ¿Qué hizo la Unión Europea, y qué teme mucha gente como consecuencia?

Interpretación:

En su opinión, ¿en qué estarán pensando los buceadores de la foto (pág. 23)?

Las islas Galápagos: La lucha por la sobrevivencia

El ambiente es extraño. Sobre la arena negra caminan enormes iguanas de varios colores que parecen dragones prehistóricos. Hay tortugas gigantescas que viven por siglos, flamencos, muchas aves raras, y —¿cómo puede ser?— aquí, lejos de Antártida —¡pingüinos! Estas islas se llaman las Galápagos* y se encuentran en el Pacífico a 970 kilómetros de la costa de Latinoamérica. Son

* En español, el territorio formado por estas islas se llama el archipiélago de Colón.

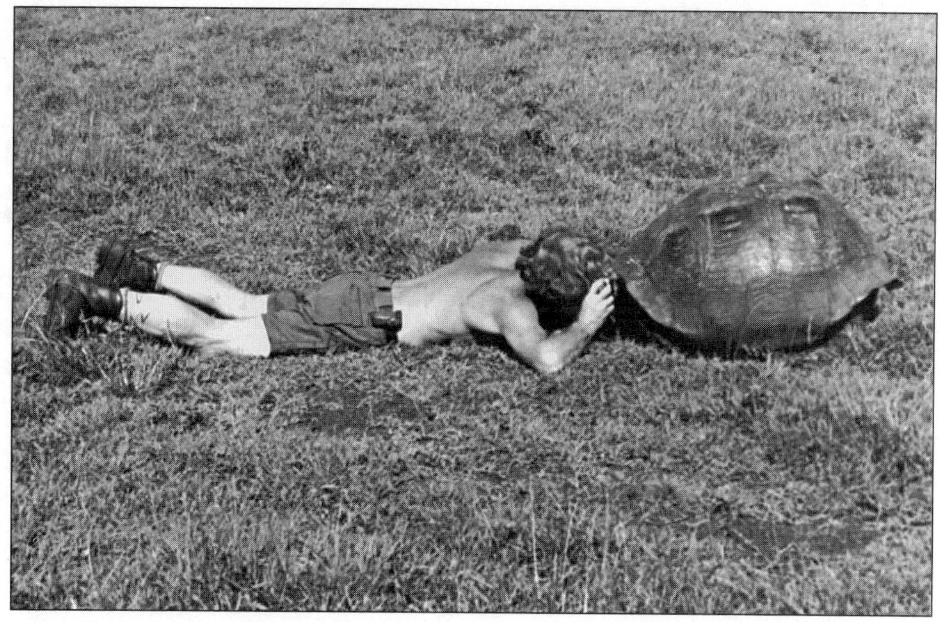

famosas en la historia natural como fuente de inspiración de Charles Darwin. Cuando Darwin llegó allí en 1835, encontró animales que no existían en ninguna otra parte del mundo. Esto lo llevó a formular la teoría de la evolución mediante la selección natural: todas las criaturas se adaptan a su medio ambiente y las más aptas sobreviven. Por ser remotas, las islas habían funcionado como «un laboratorio natural» que contenía especies, como las tortugas gigantescas, evolucionadas en un medio ambiente cerrado. Con el tiempo, el contacto con el ser humano ha sido fatal para muchas de estas especies. Las ratas y cabras que llegaron en los barcos se multiplicaron rápidamente y comieron la vegetación. Poco a poco el número de animales originarios empezó a bajar porque éstos no podían competir. Algunas especies desaparecieron para siempre. En 1959 la República del Ecuador, que es dueña de las islas, convirtió el sitio en Parque Nacional y empleó a científicos para matar las ratas y cabras en un esfuerzo por restablecer el delicado equilibrio natural. Actualmente, Ecuador sólo permite un turismo controlado: pequeñas expediciones dirigidas por biólogos. Pero mucha gente quiere visitar las islas. Ecuador es un país pobre y algunos creen que se debe construir un hotel allí para aumentar el turismo.

Comprensión:

1. ¿Dónde están las islas Galápagos?
2. ¿Por qué las visitan muchos viajeros?
3. ¿Cómo inspiraron a Darwin estas islas?
4. ¿Por qué podemos decir que las Galápagos eran como un «laboratorio natural»?
5. ¿Qué problemas ha causado el contacto con los seres humanos?

Interpretación:

1. ¿Qué le parece a Ud. la idea de construir un hotel en las islas?
2. ¿Qué le parece la foto?

Discusión

Opinión

✲ Con otra persona, conteste las siguientes preguntas, luego comparta sus respuestas con la clase.

1. ¿Cuál de estos lugares te interesaría más visitar? ¿Qué harías allí?
2. En tu opinión, ¿por qué ocurre la contaminación cultural? ¿Has visto tú ejemplos de esto?
3. ¿Crees que el turismo siempre destruye la belleza natural de un lugar, o no? Explica. ¿Qué otros ejemplos conoces tú de este tipo de destrucción?

Actividades

Minidebates

✲ Trabaje solo(-a) o con otra persona. En una o dos frases, explique por qué Ud. está de acuerdo o no con las siguientes opiniones.

1. Como el combustible de los aviones es una de las sustancias que más contamina el medio ambiente, se debe restringir el número de viajes permitidos para cada individuo.
2. En lugares turísticos, es malo dar dinero a los mendigos (las personas que piden dinero en la calle) aún cuando parecen tener hambre.

Composición

✻ Invente cinco reglas para un(-a) turista que no quiera hacer daños ni en la naturaleza ni en la cultura.

¿Qué les parece?

El ecoturismo en Costa Rica: ¿Solución o destrucción?

La idea del «ecoturismo» es usar la belleza natural de un lugar como un recurso sostenible (*sustainable resource*) para generar dinero y pagar su mantenimiento. Los problemas empiezan con el éxito. «La reserva biológica bosque nuboso Monteverde» es el largo nombre de uno de los sitios más hermosos del planeta. Miles de turistas pasean por este paraíso en Costa Rica cada año, tratando de ver

continuación

monos, mariposas, pájaros, quetzales y otros animales exóticos. Cerca de la reserva hay una comunidad de agricultores cuáqueres (*Quakers*) que llegaron en los años 50 de Estados Unidos y que viven en armonía con familias costarricenses dedicadas a la fabricación de queso. Todo suena idílico y perfecto. Así es... hasta cierto punto. ¿El problema? ¡La reserva se ha vuelto demasiado popular! En 1980 llegaron 3.100 visitantes; en 1990, 26.000, y en 1992, 64.000... El director de la reserva ha dicho que «nos sentimos realmente asustados». Por eso, tomó medidas: limitó el número de visitantes por día y subió el precio de la entrada para extranjeros. (Los costarricenses pagan mucho menos.)

Sin embargo, algunos piensan que no es suficiente. Según ellos, hay que cerrar la reserva y dejarla sólo para los científicos. Si no, opinan que en pocos años muchas especies de animales y plantas van a desaparecer. Claro, otros creen que se debe construir mejores caminos para facilitar el acceso porque los caminos actuales son peligrosos y pueden causar accidentes. ¿Qué opina Ud.?

Un plan para Monteverde:

Trabaje con otro(s) e inventen un plan para la reserva, para el Parque de *Yellowstone* o para otro lugar con problemas parecidos. Expliquen los siguientes puntos: 1) **el acceso:** quiénes deben tener acceso (¿científicos, estudiantes, todo el público, negociantes que quieren explotar el lugar por razones comerciales, extranjeros, nacionales, etc.?), cuándo y cuántas veces; 2) **trabajos:** qué trabajos son necesarios (¿nuevas facilidades, remiendos para los caminos, nuevos hoteles o casas especiales, laboratorios, etc.?); 3) **cuánto cobrar:** ¿un precio alto o bajo? (¿el mismo precio para todos o debe haber distinciones?). Después, compartan Uds. su plan con la clase.

Versos sencillos (Selecciones)

José Martí y la vida natural

Introducción

José Martí (1853–1895) es el héroe nacional de Cuba, admirado como poeta, profeta y libertador de la patria tanto por los castristas (los que están a favor de Fidel Castro) como por los anticastristas. Fue uno de los grandes pen-

José Martí: poeta, escritor y héroe nacional de Cuba. Murió el 19 de mayo de 1895.

sadores hispanos del siglo XIX, y supo combinar la actividad intelectual y literaria con la acción política. En sus ensayos, cuentos y poesías, aparecen muchas referencias a la vida natural: sencilla y espontánea. La influencia de la naturaleza empezó cuando Martí, siendo muy pequeño, pasó unos meses en el campo debido al trabajo de su padre. También desde muy niño se comprometió a la liberación de Cuba, que por entonces era una colonia de España. A los 17 años fue condenado como subversivo a seis meses de prisión en trabajos forzosos que dañaron para siempre su salud; luego fue deportado. Así empezó el largo exilio que pasó en España, Francia, México, Estados Unidos y otros países, trabajando como periodista y profesor, y batallando con la pluma para influir sobre la opinión pública a favor de la liberación de su patria. También escribió en contra de la esclavitud del negro, una institución que todavía existía en Cuba a pesar de su abolición a principios del siglo en la mayoría de los países latinos. Regresó allí en 1895 y murió luchando contra las tropas españolas. Nunca vio la tan deseada libertad que Cuba iba a obtener tres años después.

Comprensión

1. ¿Quién era José Martí?
2. ¿Qué dificultades tuvo en su adolescencia? ¿Y después?
3. ¿Cuáles eran las grandes pasiones de su vida?
4. ¿Cuándo y cómo murió?

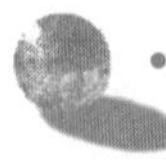

Anticipación

A continuación se presentan unas selecciones de la obra más famosa de José Martí, un poema que presenta el ideal de la vida natural y sencilla. Este poema se usó como la base de la canción «Guantanamera» que salió en los años 60 y sigue siendo popular en la música folklórica internacional.

1. *Para abrir el tema*

¿Ha oído Ud. la canción «Guantanamera»? ¿Qué le parece? En general, ¿qué prefiere Ud. —leer poemas o escuchar la poesía en la letra (*lyrics*) de canciones? ¿Qué poemas o canciones le gustan mucho? ¿Por qué?

2. *Vocabulario: Adivinar el significado de las palabras*

Verifique su conocimiento de las siguientes palabras del poema, escogiendo un antónimo, o palabra opuesta, para cada una. Si no reconoce una palabra, use su intuición o el proceso de eliminación para adivinar el sentido. (También la puede buscar en el **Vocabulario final.**)

	Antónimos
1. amo	_______ libertad, emancipación
2. bullicio	_______ verdad, realidad
3. dolor (pena, pesar)	_______ llanura, pampa
4. engaño	_______ país de exilio
5. esclavitud	_______ silencio
6. patria	_______ placer, goce
7. sierra	_______ esclavo, sirviente, criado

3. *El texto: Cómo leer un poema*

Antes de leer el poema, piense un momento en algunas diferencias entre la poesía y la prosa, y conteste las preguntas.

1. La prosa está dividida en párrafos, la poesía en *estrofas*. ¿Cuántas estrofas hay en el poema?
2. Las líneas de poesía se llaman *versos*. ¿Cuántos versos hay en el poema?
3. Generalmente, en un poema las emociones son tan importantes como las ideas. Los poetas tratan de influirnos emotivamente por medio de rimas, ritmos, repeticiones e imágenes. Por eso, es necesario *oír, ver* y *sentir* la poesía. En este poema, ¿hay rima? ¿Hay ritmo o repetición de versos? ¿Qué imágenes hay?
4. Para poder oír, ver y sentir la poesía, hay que leerla *despacio* y *en voz alta*. También, hay que leerla varias veces porque la poesía, como la música, necesita la repetición para ser apreciada.

Ahora, lea el poema y trate de captar las emociones.

Versos sencillos (Selecciones)

José Martí

Yo soy un hombre sincero
de donde crece la palma
y antes de morirme quiero
echar° mis versos del alma.° — expresar / *soul*

Yo vengo de todas partes,
y hacia todas partes voy:
arte soy entre las artes,
en los montes,° monte soy. — bosques, montañas

Yo sé los nombres extraños
de las yerbas° y las flores, — plantas
y de mortales engaños,
y de sublimes dolores.

Todo es hermoso y constante,
todo es música y razón,
y todo, como el diamante,
antes que luz es carbón.

Odio la máscara° y vicio — *mask* (hipocresía)
del corredor de mi hotel:
me vuelvo al manso bullicio
de mi monte de laurel.

Con los pobres de la tierra
quiero yo mi suerte echar:°
el arroyo de la sierra
me complace° más que el mar.

mi... *throw in my lot*
gusta

Busca el obispo° de España
pilares para su altar;
¡en mi templo, en la montaña,
el álamo° es el pilar!

alto oficial de la iglesia católica
poplar tree

Y la alfombra es puro helecho,°
y los muros abedul,°
y la luz viene del techo°
del techo de cielo azul.

fern
birch
roof

Estimo a quien de un revés°
echa por tierra° a un tirano:
lo estimo, si es un cubano;
lo estimo, si aragonés.°

de... con un solo golpe
echa... triunfa sobre
persona de Aragón, España

Yo sé de un pesar profundo
entre las penas sin nombres:
¡La esclavitud de los hombres
es la gran pena del mundo!

Yo quiero salir del mundo
por la puerta natural:
en un carro° de hojas verdes
a morir me han de llevar.

vehículo para el transporte

Yo quiero, cuando me muera,
sin patria, pero sin amo,
tener en mi losa° un ramo
de flores —¡y una bandera!

piedra de la tumba

Comprensión

1. ¿Por qué prefiere el poeta la vida de los montes a la vida urbana?
2. Describa el templo de Martí. ¿Por qué cree Ud. que ese lugar le parece un templo?

3. Según el poeta, ¿qué es la gran pena del mundo? ¿Qué experiencia tuvo de esta pena?
4. ¿En qué partes de *Versos sencillos* ve Ud. las siguientes características de Martí: a) su pasión por la libertad, b) su amor por la naturaleza, c) su optimismo?

Interpretación

Comentario

✻ ¿Puede Ud. explicar los siguientes versos del poema?

1. «arte soy entre las artes, / en los montes, monte soy.»
2. «el arroyo de la sierra / me complace más que el mar.»
3. «sin patria, pero sin amo....»

Actividad

Entrevista con José Martí

✻ Trabaje con otra persona. Una persona hará el papel de José Martí, que ha llegado a nuestro mundo en una máquina que viaja por el tiempo, y la otra persona lo entrevistará sobre algunos de los temas que aparecen abajo (u otros), usando la forma de *tú*. Después, los entrevistadores le informarán a la clase sobre las impresiones de Martí.

Temas

nuestra sociedad
las ciudades de hoy
las computadoras y los juegos de video
nuestra actitud hacia la naturaleza
la esclavitud
la situación actual de Cuba

MODELO —José, ¿qué piensas de nuestra sociedad y de su actitud hacia la naturaleza?

—Pues francamente no me gusta. Uds. no respetan la naturaleza y utilizan muchos productos malos.

—(*a la clase*) José cree que no tenemos respeto por la naturaleza y que usamos muchos productos malos.

Más allá del texto

Nuestro pueblo también es aficionado a la poesía, pero la poesía más popular está encerrada en la letra de las canciones. Trabajando solo(-a) o con otro(s), prepare uno de los siguientes proyectos.

1. Encuentre la canción «*¿Dónde jugarán los niños?*» o «*Cuando los ángeles lloran*» del grupo Maná y escuche bien la letra. Escriba la letra y preséntela a la clase. Luego, explique Ud. su interpretación de la canción que eligió.
2. Busque alguna otra buena canción en español. Escriba Ud. la letra y preséntela a la clase junto con su interpretación.
3. Traduzca del inglés al español una bella o interesante canción con un tema relacionado a la naturaleza. Lea su traducción y explique por qué le gusta.
4. Lea Ud. otra obra de José Martí y descríbala a la clase.

Bucho Vargas, curandero y saludador

Anticipación

*En este cuento el autor costarricense Mario González Feo presenta a una figura especial que recuerda de su niñez: Bucho Vargas. González Feo tenía seis o siete años y vivía con su familia en el campo cuando conoció a Bucho. Al niño pequeño le parecía un hombre de gran importancia, «todo un personaje» (*a real character*). Las últimas palabras del título nos describen el oficio (la profesión) de Bucho. ¿Qué significan las palabras *curandero* (curando + -ero) y *saludador* (salud + -ador)? ¿Por qué sería este hombre tan importante en su comunidad?

1. *Para abrir el tema*

*¿Qué relación hay entre la medicina y la naturaleza? ¿Cree Ud. que la medicina alternativa es mejor o peor que la medicina oficial? ¿Por qué? Trabajando solo(-a) o con otro(s), mire la lista de tratamientos y conteste estas preguntas.

1. ¿Qué tratamientos ha usado Ud.?
2. ¿Cuáles usaría si tuviera necesidad? ¿Por qué?
3. ¿Qué tratamientos le parecen peligrosos o malos? Explique.

Lista de tratamientos alternativos

el uso de yerbas (*herbs*) como medicamentos, la acupuntura o la acupresión, el masaje, la quiropráctica, las vitaminas, la curación en iglesias mediante la fe religiosa, el yoga o el tai chi, la meditación, la risa (*laughter*) y la actitud positiva, el toque curativo (*healing touch*), el ejercicio físico

2. *Vocabulario: Formación de adjetivos*

*Hay diferentes maneras de formar adjetivos en español. Lea las siguientes frases y escriba los adjetivos relacionados a las palabras en bastardilla. (Las frases están en el orden de su uso en el cuento.)

MODELO casa (del *campo*) ______________ = casa campestre [*country house*]

1. pelo oscuro de tintes (de *cobre*) ______________
2. remedios (de la *casa*) ______________
3. las telas de araña más oscuras y (que *pegan*) ______________
4. sus (como *milagros*) ______________ curaciones
5. una risa simpática y (que se *contagia*) ______________
6. la (imposible de *creer*) ______________ curación

3. *El texto: Identificación de los elementos narrativos*

*Es más fácil leer un cuento cuando tenemos una idea previa de tres elementos importantes: a) la situación (época y lugar), b) la trama (*plot*) y c) los personajes. Haga Ud. una mirada rápida (*quick scan*) de las líneas 1–52 y conteste estas preguntas.

1. **La situación.** Sabemos que el narrador cuenta una historia de su niñez. Entonces, la acción pasa hace más o menos 90 años. ¿Dónde?
2. **La trama.** Un cuento siempre empieza con un conflicto o problema que después se complica. ¿Cuál es el problema en este cuento?
3. **Los personajes.** El narrador es un niño pequeño que está jugando en el suelo cerca de su papá. Identifique con nombre y una breve descripción a los otros personajes.
   la muchacha con el problema
   los dos médicos que tratan de ayudar
   la persona que tiene la idea de traer al curandero
   el curandero

4. *El texto: Predicciones*

*Escriba una X delante de los elementos que Ud. cree que usará Bucho como parte de sus curaciones.

En mi opinión Bucho va a usar... para curar enfermos.

____ plantas ____ inyecciones ____ aspirinas ____ tierra ____ agua ____ acupuntura ____ antibióticos ____ psicología ____ cirugía ____ insultos ____ humor ____ ajo

Ahora, lea el cuento para ver si Ud. ha predicho bien y para conocer de cerca a un antiguo curandero y saludador.

Bucho Vargas, curandero y saludador

Mario González Feo*

Era yo muy niño y vivía en una finca° que poseía mi padre. Lo maravilloso de la pequeña finca era su sistema de regadío,° que mi padre instaló, él solo, pues había heredado de sus antepasados° árabes† el sentido de manejar el agua.

Pero voy al cuento.

Trabajaba en aquella casa campestre una muchacha —muy linda por cierto— la Challa: ojos verdes, pelo oscuro de tintes cobrizos, pícara e insinuante.°

Dio en padecer° esta linda criatura de diviesos.° Le salía uno, luego, cuando éste quería irse, le venían en compensación dos más y en progresión aritmética a los dos seguían cuatro... y así. La pobre padecía indeciblemente.° Se habían intentado todos los remedios caseros, en cuenta° las telas de araña° más oscuras y pegajosas.

Pero con ellas quedó agotada° la farmacopea° casera.

Se recurrió entonces al Dr. Fonseca Gutiérrez, que además de médico era escritor. Pero tampoco le hicieron mayor cosa° sus recetas.° Como último recurso, llevaron a Challa a donde el Dr. Elías Rojas, pontífice° de los médicos, perfecto clínico, caballero sin mengua° y sin tacha.° El Dr. Rojas la medio curó con depurativos° y pomadas,° pero a poco° volvió la infección con más fuerza.

farm
distribución del agua
ancestors
pícara... *lively and endearing* / **Dio...** Empezó a sufrir / *boils*
horriblemente
en... incluso / **telas...** *spider webs*
terminada / colección de medicamentos
tampoco... no ayudaron
prescriptions
el número uno
falta / defecto / laxante
cremas / **a...** en poco tiempo

---

* Mario González Feo (1897–1969), periodista y autor de geniales libros sobre Costa Rica. Este cuento es de *María de la Soledad y otras narraciones.* Aparece en forma abreviada.

† Los árabes llegaron a España en 711 d. de J. C. (después de Jesucristo; A.D.) y trajeron muchos conocimientos importantes, entre los cuales esteban las técnicas de la distribución del agua por la tierra para la agricultura.

Una tarde, sentado papá en la banca del corredor,° leía con toda calma. Yo jugaba a sus pies, en el suelo,° contemplando la velocidad inaudita° de unas arañas° rojas, que «volaban» por el piso.°

Ña° María (en aquel entonces todas las cocineras eran Ña María) apareció y se encaró° toda misteriosa con Papá:

—¿Por qué no traé usté a Bucho a curar a la Challa?

—¿Y quién es Bucho?

—Bucho Vargas es el hombre más *cónspis*° para curar toda clase de males. Al que no cura Bucho,° es que ya Dios quiere que se vaya. Mire, curó a...

(Y dio una larga lista de sus milagrosas curaciones).

—Bueno, bueno... —la interrumpió mi padre—. Pues si usted lo conoce y es tan *cónspis* como me dice, dígale que venga. «Que se haga el milagro y que lo haga el diablo.°»

La vieja, que esperaba el permiso con ansiedad, salió corriendo a través de un cafetal° en busca del milagrero,° que vivía cerca. Papá siguió leyendo. Yo no me moví del sitio en espera de grandes acontecimientos.°

A poco volvió la vieja con Bucho.

veranda

tierra

increíble / *spiders*

floor

«Señora» en dialecto rural / enfrentó

distinguido (en *slang*)

Al... *The one whom Bucho doesn't cure*

Que... *Let the miracle be done even if the devil does it.*

coffee plantation / hombre de milagros

eventos

Éste era un hombre acholado,° bajo, cuadrado, gordiflón,° con un enorme «güecho»° que se tapaba con un paño arrollado al pescuezo.° Sin duda que jamás había oído él aquello° de *«Medice, cura te ipsum»* (Médico, cúrate a ti mismo), pues aquel «güecho» fenomenal no le acababa de crecer.°

Llegó con su inmenso paraguas, pues estaba lloviendo. Tenía una risa° simpática y contagiosa, no la risa de un papanatas.° Con gracia natural y mucho ingenio,° era el primero en celebrarse cuanto decía.° De modo que reía de todo, y la verdad es que, oyéndole, acababa uno por encontrar que todo tenía gracia.°

Bucho curaba al «padeciente»° (como él llamaba más propiamente a su enfermo que «paciente» pues si hay algo que impaciente° es el no andar bien de salud) con procedimientos hijos° de su larga experiencia como saludador. A uno que estaba al borde del agotamiento° por motivo de un hipo° pertinaz, le hacía pararse° frente a una pared encalada° y estar una hora (reloj en mano) con la lengua pegada al repello blanco.° (Ahora pienso que seguro el cambio en la forma de respirar le curaba.)

La erisipela° la curaba pronto pasando un sapo° adulto contra las postemas.° Para el «cólico miserere» (el estreñimiento° severo) recetaba ingerir rodajas de anguila soazada.° Como sobraban° anguilas en los ríos nuestros, la receta era fácil y barata. Al insomnio le trataba fácil y alegremente: el «padeciente» debía pescar cien barbudos° en el río Torres, y comerlos crudos,° uno al día. O dos. Para el dolor de oído: quince días oyendo durante una hora cada vez, el rumor del mar enclaustrado° en un caracol.° Y así...

Bucho dio su dictamen° en el caso de Challa: se trataba de diviesos «perennes, humorales y efervescentes».

En cuanto vio a la Challa con su cara asustada° y sus verdes ojos asombrados,° le dijo:

—Vos tenés° ojos de cuita° de loro°.... —rompiendo a reír. Y los demás con él.

Después la examinó, sin mayor atención pero sin remilgos.°

—Bueno, pues, Bucho —dijo papá—, ¿qué le parece? ¿La cura, sí o no?

un poco mestizo / un poco gordo
goiter
paño... *scarf tied around the neck* / *the saying*
no... *didn't stop growing*
laugh / idiota
inteligencia
cuanto... *whatever he said*
acababa... *one wound up finding that everything seemed funny* / *"sufferer"*
provoque impaciencia
resultados
colapso / *hiccough*
le... *he made him stand* / *of limestone*
pegada... *stuck to the white wall*
infección de las piernas / *toad* / abcesos / *constipation*
recetaba... *he prescribed eating slices of roast eel* / abundaban
catfish / *raw*
encerrado
seashell
diagnóstico
llena de miedo
llenos de terror
Vos... Tú tienes (dialecto) / excremento / *parrot*
prudishness

—¡Claro que la curo! Y más antes° de lo que usté se imagina. Esto no es nada para mí. Mirá, Challa: agradecé que estamos en invierno, que si no, yo no «coopero». Cuando veás el agua de la lluvia corriendo por las calles del cafetal, te bebés mejor dos jarros. Pero ha de° ser agua que venga de lo sombrío y cogida del mismo suelo.° Y todos los días igual... Y después me contás° un cuento.

Papá sonreía debajo de sus bigotes,° como diciendo: «Ya sabía que este Bucho no era curandero ni era nada.»

Yo estaba boquiabierto.° La vieja María aprobaba, sin la menor duda de su parte. Todos los demás de la casa, estaban oráticos.°

La Challa, desde la noche lóbrega° de sus padecimientos,° adivinó una luz milagrosa.

Bucho no quiso ni aceptó nada por la visita y la consulta. Sólo admitió, porque papá insistió mucho y por lo tentadores° que eran, un par de puros° grandes y gordos. Riendo con su optimismo de siempre, su buen humor, su «güecho» y su paraguas, se fue.

Apenas llovía, la Challa corría al cafetal y bebía dos jarros de agua de la que venía de las marañas.°

Así se curó. Y en poco tiempo.

Digo y repito y lo aclaro enfáticamente que «se curó». Nunca más volvió a tener ni la sombra de un divieso. Con gran alegría de Ña María, gratitud de la Challa y estupefacción de toda la tribu, incluso de papá.

¡Aquello fue un milagro!... A nosotros nos daba la impresión de que el inteligente Bucho tenía pacto con Mefisto.° Ahora, con los años, recordando la increíble curación de la muchacha pienso que Bucho Vargas usó el principio de la terramicina,° ni más ni menos que como un anónimo antecesor de Sir Alexander Fleming...*

pronto

ha... tiene que

de... *from shaded places and taken right from the earth* / cuentas (dialecto) / *mustache*

con la boca abierta

en suspenso

triste / sufrimientos

tempting

cigarros

bogs

el diablo

terramycin (un antibiótico)

* Alexander Fleming (1881–1955) es el médico y bacteriólogo inglés que, con Chain y Florey, descubrió la penicilina. Más tarde se descubrieron otros antibióticos, como la terramicina, que se saca de hongos (*molds*) presentes en el suelo. El autor sugiere que posiblemente unos antibióticos naturales en la tierra hayan curado la infección de la Challa.

Comprensión

1. *¡Explica, explica!*

Trabaje con un(-a) compañero(-a) para explicar los siguientes puntos del cuento. Después, compare sus explicaciones con las del resto de la clase. ¿Quiénes tienen la explicación más clara y exacta?

1. la relación entre el padre del narrador y su finca
2. la Challa y su problema
3. la personalidad y actitud de Bucho Vargas
4. la diferencia entre un paciente y un «padeciente»

2. *Enfermedades y tratamientos*

Escriba la letra del tratamiento de Bucho delante de la enfermedad apropiada.

______ 1. oír el rumor del mar en un caracol	a. el hipo persistente
______ 2. pescar y comer cien barbudos (*catfish*) crudos, uno o dos al día	b. la erisipela (infección de piernas)
______ 3. beber dos jarros al día del agua que corre por el suelo del cafetal	c. el «cólico miserere» (estreñimiento)
______ 4. pegarle la lengua a una pared encalada (*limestone*)	d. el insomnio
______ 5. comer rodajas de anguila asada (*slices of roasted eel*)	e. el dolor de oído
______ 6. pasar un sapo (*toad*) por encima de los abscesos	f. los diviesos

Interpretación

Sacar conclusiones: ¿Mitos o medicina?

Se dice que la medicina es una ciencia pero que también es un arte. Discuta con un(-a) compañero(-a) los seis tratamientos de Bucho, y contesten estas preguntas:

1. ¿Cuáles de los seis tratamientos podrían ayudar al enfermo en algunos casos? Expliquen.
2. ¿Qué tratamientos les parecen a Uds. «pura fantasía» o mentira?

3. En su opinión, ¿por qué hace Bucho una referencia «un poco insultante» con respecto a los ojos de la Challa? ¿Creen Uds. que el optimismo y sentido de humor de Bucho eran parte de su tratamiento o parte de su carácter?
4. En fin, ¿qué curó a la Challa? ¿Fue una combinación de elementos? Expliquen.

Discusión

El lugar más saludable del mundo

¿A qué lugares va Ud. para sentirse bien? ¿Dónde se siente mejor? ¿en la costa del mar, en el bosque, en el centro de una gran ciudad, en el desierto, en las montañas? ¿En algún otro lugar? Trabaje con otro(s) para hacer una descripción de *El lugar más saludable del mundo*, explicando dónde está y por qué es tan bueno para la salud física y mental.

Actividades

1. ¡Uds. son los investigadores!

Después de recibir una queja, el municipio decide formar un comité para decidir si Bucho Vargas es un buen curandero o un embustero (*con man*). Trabaje Ud. en un grupo con tres o cuatro compañeros. Imagínense que Uds. son el comité y llenen el siguiente formulario.

DOCUMENTO: VALORIZACIÓN DE LA COMPETENCIA MÉDICA DE BUCHO VARGAS

1. apariencia: _______ excelente _______ adecuada _______ no adecuada
   comentario: ______________________________
2. conocimientos científicos: _______ excelentes _______ adecuados _______ no adecuados
   comentario: ______________________________
3. interacción personal con el paciente: _______ positiva _______ negativa
   comentario: ______________________________
4. ¿Cómo compara Ud. a Bucho con la mayoría de los médicos de hoy?
   _______ mucho mejor _______ mejor _______ más o menos igual _______ peor _______ mucho peor
   comentario: ______________________________
5. Y Ud., ¿qué opina de Bucho Vargas? ¿Es curandero o embustero? ¿Por qué?
   comentario: ______________________________

2. *Juego imaginativo: Bucho Vargas en un hospital de hoy*

*Bucho Vargas es transportado mágicamente a un hospital de hoy. ¿Qué le parece a él la práctica de la medicina moderna? Imagine que Ud. es Bucho y escriba una carta a su hermana, expresando sus opiniones positivas y negativas.

Contribuciones notables

La medicina de las civilizaciones antiguas

En tiempos antiguos, los médicos aztecas se llamaban *tlamatimini.* Sabían mucho de las hierbas que curaban enfermedades. Durante la conquista, esta tradición herbolaria fue introducida a los europeos. Un gran número de plantas medicinales fueron exportadas durante los siglos XVIII y XIX, y formaron la base de la farmacopea de Europa. Entre los medicamentos más conocidos eran la quinina para el uso contra el paludismo *(malaria)* y la cocaína, usada en las culturas andinas durante milenios para anestético.

El indio y los animales*

Anticipación

*La historia la aprendemos de los libros. Pero, ¿qué sabemos de la prehistoria? ¿Cómo eran los seres humanos que vivían hace miles de años? ¿Qué relación tenían con el mundo natural? Una manera de acercarnos a las culturas del pasado es a través de las leyendas que se trasmitieron oralmente durante siglos antes de ser escritas. La siguiente leyenda es de la antigua cultura de los mayas y fue escrita en español en este siglo por el escritor mexicano Luis Rosado Vega.

1. *Para abrir el tema*

*Antes de leer la leyenda, piense un momento en lo que Ud. ya sabe de los mayas y de los indios en general. (Mire las fotos en el Capítulo 4, de sus monumentos.) Luego, trabajando solo(-a) o con otro(s), conteste estas preguntas.

* De *El alma misteriosa del Mayab,* colección de leyendas de los indios mayas, antiguo pueblo de México y Centroamérica. El período clásico de los mayas fue de 300–900 d. de J. C.

1. ¿Cómo ven los indios la Tierra, las montañas, los ríos y los árboles?
2. ¿Qué simbolizan para ellos los animales? ¿Puede Ud. pensar en ejemplos específicos?
3. En su opinión, ¿cómo serán las relaciones entre el hombre y los animales presentadas en las leyendas mayas?

2. *Vocabulario: Sinónimos*

*Practique algunas palabras usadas en la leyenda, escogiendo el sinónimo apropiado para cada una. Use su conocimiento de cognados, su intuición o el **Vocabulario final** para las que no reconoce.

1. consejo	insecto / promesa / recomendación / camino
2. choza	río / cabaña / niña / desdén
3. daño	orgullo / compañero / rincón / detrimento
4. espanto	banco / fascinación / terror / chaqueta
5. provecho	comida / mente / piedra / beneficio

Ahora, lea la leyenda para ver el punto de vista de una cultura precolombina.

El indio y los animales

Una leyenda maya

Luis Rosado Vega

Antigua es esta tradición, tanto como la más antigua en esta tierra de indios. Acaso° sea la más antigua. Fue allá en los más lejanos° tiempos, en los más lejanos. Fue en el principio de los principios, cuando apenas la vida comenzaba en estas tierras.

Acaso: Tal vez, Quizás / lejanos: remotos

El Dios del *Mayab*,° que es como decir, el más grande de los dioses, había creado al indio. Formó su cuerpo del barro° rojo de la tierra, y por eso su piel° es del color de la tierra. Formado estaba el hombre, pero aún carecía de aliento.° Tomó entonces Dios aquel cuerpo y lo condujo a la boca de una cueva,° allí donde se siente salir de vez en vez una ráfaga° refrescante y pura. Esa ráfaga penetró en el cuerpo del hombre y así se le formó el alma. Por eso el indio ama las cavernas de sus bosques, porque sabe que en ellas está el Buen Espíritu.

Mayab: civilización maya / barro: *clay* / piel: *skin* / **carecía...** no podía respirar / cueva: caverna / ráfaga: viento fuerte

Entonces vivía el indio maya familiarmente con todos los animales, con todos, desde la más recia° de las bestias hasta el insecto más humilde.° Desde entonces también sabe el lenguaje de los animales de sus selvas y éstos saben igualmente el lenguaje del indio. Fue en aquel tiempo en que a las puertas de su choza, cuando el sol no sale aún, o a la hora del crepúsculo,° para charlar sobre las cosas de la jornada° diaria, el indio se rodeaba de todos los animales como si formaran una familia sola. Entonces todos los animales lo ayudaban en sus faenas,° y él los atendía a todos y cuidaba de todos.

El conejo con sus pequeños dientes desgarraba° los granos del maíz. Los pájaros bajaban los frutos que habrían de alimentar a todos. El pájaro carpintero trozaba° las ramas de los árboles para hacer las cercas.° El venado° era el mensajero que corría rápido de un lugar a otro para comunicar a los indios entre sí. La luciérnaga° era la encargada° de iluminar de noche los caminos. El ave *Xkokolché* que es la más canora° cantaba para adormecer a los polluelos° de las demás aves y el indio también se adormecía escuchándola.

Así todos y cada uno de los animales, en compañía del hombre que era el Señor de todos ellos, se dedicaban al oficio° que su Dios les había dado para hacerlos felices y para hacer feliz al hombre.

Entonces el indio se alimentaba de° granos y frutos solamente. El maíz, el frijol,° la calabaza° y el chile lo llenaban regiamente° y no sentía necesidad de otras cosas para satisfacerse.

Por eso los animales tenían confianza en él, conversaban con él y dormían cerca de su choza y en los árboles más próximos. Porque el Gran Dios hizo a los hombres y a los animales para vivir juntos y ayudarse mutuamente, pero el Genio del Mal° hizo la separación que hasta hoy subsiste.

Y fue así como llegó la hora inicua° según recuerda la vieja Tradición. Una noche el indio no dormía. Sin explicarse la razón se sentía inquieto.° Por primera vez en su vida sentía aquel malestar inexplicable. Se levantó de la cama, salió a la puerta de su cabaña para distraer° su inquietud y su ansia.° Todo estaba bañado en aquellos momentos por la claridad lunar. Vio a los animales que dormían cerca de su choza, oyó el leve° palpitar de

fuerte
modesto
twilight
trabajo
labores
abría
rompía
fences / deer
insecto que emite una luz / responsable / musical
pajaritos
ocupación
se... comía
kidney bean / squash / espléndidamente
Genio... Espíritu malo
mala
intranquilo
olvidar / agitación
delicado

sus corazones, vio las ramas de los árboles inclinadas sobre la tierra como si también durmieran. Sintió el airecillo° fresco de la noche, se creyó más tranquilo y entonces trató de penetrar° nuevamente a la cabaña. Pero en ese momento sintió que algo como una fuerza extraña le detenía los pies.

airecillo: viento pequeño
penetrar: entrar

Miró hacia el bosque lívido de luna, y vio como saliendo de la espesura° una sombra° que se adelantaba hacia él. Una sombra extraña y horrible, deforme de cuerpo y llena de pelos. Tenía órganos de distintos animales y distribuidos en forma tal que la hacían incomprensible. Sus ojos enormes y desorbitados° brillaban tan siniestramente que helaban° de espanto. Sintió miedo el indio y llamó a los animales que dormían más cerca, pero ninguno despertó como si por un maleficio° hubiesen quedado paralizados.

espesura / sombra: bosque denso / silueta
desorbitados: salidos de sus órbitas
helaban: paralizaban
maleficio: influencia mágica

La sombra llegó hasta él y entonces le habló con una voz horrible y ronca.° Y fue para decirle:

ronca: *hoarse*

—Es en vano que trates de despertar a tus compañeros. Esos animales no volverán a la vida hasta que yo me vaya. Tú eres un hombre cándido° y puro porque estás lleno del espíritu de aquél que es mi Enemigo. Pero es fuerza° que también conozcas al Espíritu del Mal, porque has de saber que de Bien y de Mal ha de vivir el hombre. Yo soy el *Kakazbal* o sea la Cosa Mala que reina° en la noche. Yo soy el que se alimenta de la carne del hombre igualmente que de la de los animales. Yo soy el que bebe la sangre de los niños. Yo soy el que da la mala savia a las plantas que envenenan.° Yo soy el que tuerce° las cosas y las rompe o las destruye. Yo soy el que detiene a las nubes para que no llueva y se pierdan las cosechas.° Yo soy el que da las enfermedades y da la muerte.

cándido: inocente
fuerza: necesario
reina: predomina
envenenan / tuerce: matan con veneno / deforma
cosechas: plantas cultivadas

—¿Y por qué haces tanto daño? —le dijo el indio tembloroso y con el espanto en el alma.

—Ya te lo he dicho porque es necesario que no sólo el Bien sino también el Mal reine sobre la Tierra. Además quiero enseñarte a ser menos cándido. Esos animales que ves y que están a tu alcance° pueden satisfacer tus gustos. Mátalos para devorar sus carnes y sentirás lo sabrosas° que son. Tú no sabías esto y vine a decírtelo en provecho tuyo. Prueba° y verás...

Comenzaba a amanecer° y el *Kakazbal* se fue como había venido, por miedo al día que se avecinaba.° De pronto el indio maya quedó perplejo. No sabía cómo explicarse aquella visita inesperada y menos entender los consejos que había oído. ¿Matar a los animales para devorarlos? ¿Y por qué si ellos no le hacían daño alguno, sino antes al contrario lo ayudaban en su vida? Sin embargo una como maligna curiosidad picó° su alma... ¿Por qué no probar? A punto de que el alba asomaba° se oyó el primer canto de algunas aves. Fue entonces cuando los animales despertaron volviendo a la vida, se aproximaron° al hombre para hablarle como era su costumbre, pero lo hallaron tan cambiado, vieron en su cara señales° de violencia y tuvieron miedo e instintivamente se fueron alejando° de él.

El hombre había perdido su pureza primitiva, había cambiado. El *Kakazbal* había infundido° en él el espíritu del Mal. Y se dice que desde entonces aprendió el indio la gula° y comenzó a comer carne, aunque siguió y sigue haciendo de los granos su alimento básico. Aprendió la crueldad y comenzó a matar a los animales. Aprendió la astucia y comenzó a ponerles trampas para atraparlos. Los animales le tuvieron miedo y comenzaron a retirarse de su lado y a ocultarse cada uno en su guarida.°

Fue en aquella noche nefasta° cuando por primera vez apareció el *Kakazbal* en la tierra maya, y desde entonces la sigue recorriendo, especialmente en las noches de luna en conjunción.°

Fue desde entonces cuando algunos pájaros comenzaron a imitar el gemido° en sus cantos, porque en efecto lloran.

Fue desde entonces cuando algunos animales gritan como con gritos lastimeros.°

a... en tu poder
deliciosas
Hazlo una vez
llegar la luz del día
se... llegaba
estimuló
alba... el comienzo del día se mostraba
se... llegaban
indicaciones
apartando
inspirado
exceso en la comida
refugio de animales
mala
en... cerca de otros planetas
lamento
dolorosos

Lloran y se lastiman de la separación del hombre para cuya compañía habían nacido todos.

Pero no importa. La Tradición concluye diciendo que todo esto es transitorio, porque el Espíritu maligno habrá de ser vencido en forma absoluta por el Espíritu del Bien, y que día vendrá en que todo vuelva a ser como fue en los principios.

Comprensión

Resumen de la acción

* Trabajando solo(-a) o con otro(s), haga Ud. un resumen de la leyenda, explicando estos puntos.

1. la creación del indio: el color de su piel y su amor por las cuevas
2. las reuniones que había todas las tardes delante de su choza
3. la distribución del trabajo
4. la comida del indio
5. el *Kakazbal* y su mensaje
6. los cambios que ocurrieron después

Opinión

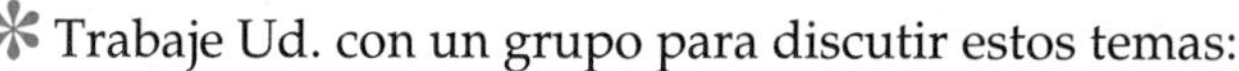

* Trabaje Ud. con un grupo para discutir estos temas:

1. ¿Qué comparación podemos hacer entre la leyenda maya y la historia de la Creación de la Biblia judeocristiana? Piense en las semejanzas y las diferencias con respecto a estos elementos: la manera de crear al primer ser humano, la descripción del Paraíso, la figura que representa el mal (*evil*), el momento de la tentación, las consecuencias. ¿Puede Ud. pensar en comparaciones entre la leyenda y otras versiones de la Creación?
2. Algunas personas insisten en que la única manera de salvar los elefantes africanos de la extinción es establecer un negocio legal del marfil (obtenido de los colmillos del elefante). Así, la gente tendrá interés y dinero para conservar el ambiente necesario para sostener el animal. Según este argumento, para salvar un animal hay que convertirlo en un «recurso sostenible». ¿Qué opina Ud.?
3. ¿Cree Ud. que el Buen Espíritu reina ahora en nuestro mundo, o el *Kakazbal?* ¿Por qué?

Actividades

1. *Minidebates*

Trabaje con otra persona. En una o dos frases, explique por qué Ud. está de acuerdo o no con las siguientes opiniones.

1. En nuestro planeta, el ser humano es el único animal inteligente.
2. En general nuestra sociedad trata mejor a los animales que a muchas personas.
3. Es ridículo tratar de salvar todas las especies de plantas y animales porque la extinción es una parte natural de la evolución.
4. La caza (*hunting*) de animales siempre es mala.

2. *Juego imaginativo: Un cambio de perspectiva*

Escriba una composición o prepare una presentación oral sobre la leyenda, contada en primera persona (usando el *yo*) desde el punto de vista del conejo, del venado o de otro animal, o del *Kakazbal*.

capítulo 2

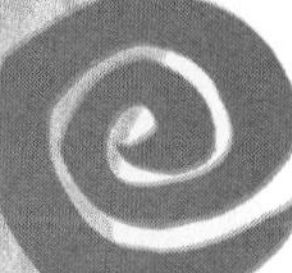

Cambios sociales

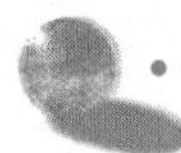

Vocabulario preliminar

✻ Estudie estas palabras y haga los ejercicios antes de leer el artículo sobre los incas. Luego, utilice este vocabulario durante su estudio de todo el capítulo.

1. **apoyar** favorecer, defender y sostener
2. **cambiar** variar, modificar, alterar
3. **cárcel, la** prisión
4. **castigar** imponer pena o sufrimiento a alguien
5. **estereotipo, el** imagen o idea simplificada y muchas veces falsa, usada para representar un grupo
6. **gobierno, el** administración, mando, control de una nación
7. **guerra, la** conflicto armado entre dos o más grupos
8. **igualdad, la** conformidad entre dos cosas iguales (idénticas o muy parecidas)
9. **libertad de palabra o de prensa, la** condición de poder hablar o escribir sin censura o represión
10. **lograr** llegar a obtener lo que se desea; realizar (un objetivo)
11. **mayoría, la** la parte más grande, más del 50 %
12. **mensaje, el** comunicación que envía una persona a otra
13. **minoría, la** la parte más pequeña, menos del 50 %
14. **pobreza, la** condición de ser pobre, falta de lo necesario
15. **poder, el** autoridad, dominio sobre otros, fuerza, capacidad
16. **riqueza, la** condición de ser rico, posesión de dinero y bienes
17. **seguridad, la** condición de estar seguro, sin peligro o riesgos, confianza

Antónimos

✻ Dé un antónimo de la lista para cada palabra o frase.

1. paz
2. castigar
3. minoría
4. pobreza
5. peligro, riesgo
6. desigualdad
7. anarquía
8. censura de periódicos y revistas
9. permanecer igual

Palabras relacionadas

✻ Ver las relaciones entre palabras de la lista y otras palabras puede ampliar nuestro vocabulario. Escoja la palabra relacionada para reemplazar en el párrafo cada sección en cursiva.

segura	minoritario	encarceladas	cambio
poderoso	guerreros	castigos	libre
pacíficos	estereotipar	enriquecen	

El doble ideal: Libertad y seguridad

Las sociedades humanas pasan por un proceso continuo de *transformación*. Ciertos grupos se empobrecen y otros grupos se *ponen ricos*. Hay pueblos que durante un largo período son *aficionados a la guerra*, y luego se vuelven *aficionados a la paz*. A veces un gobierno *fuerte* quiere mantener el orden y limita demasiado la libertad del individuo; entonces, hay personas inocentes que sufren *penas* y son *metidas en prisión*. Por otra parte, a veces un gobierno débil permite demasiada libertad sin los controles necesarios, y entonces la mayoría escoge a un grupo *de una minoría* para *representar como estereotipo* y perseguir. El ideal es un perfecto equilibrio entre la libertad y la seguridad, pues la gente quiere ser *independiente* y estar *sin riesgo* al mismo tiempo, pero lograr este ideal es muy difícil.

Vida y costumbres en el imperio «socialista» de los incas

El colapso de la Unión Soviética y del comunismo en los países de la Europa oriental ha sido una de las grandes sorpresas de la historia. Mucha gente se pregunta por qué se cayó tan

Las ruinas de Machu Picchu, una antigua cuidad incaica en los Andes de Perú.

bruscamente este sistema a principios de los 90 del siglo veinte. Por lo tanto, es interesante examinar una antigua sociedad que practicaba una forma de socialismo que en algunos aspectos se parecía al sistema comunista: el imperio de los incas (1100–1533 d. de J. C.). Este imperio logró extenderse 2.500 millas de norte a sur, ocupando gran parte de lo que hoy es Colombia, Ecuador, Perú, Bolivia, Argentina y Chile.

Lea la siguiente descripción de la sociedad incaica para poder compararla después con las sociedades comunistas y con la nuestra.

Organización

El gobierno de los incas era centralizado y autoritario. Su capital era Cuzco, que en el idioma quechua quiere decir *ombligo del mundo.* La propiedad no era privada. Cada parcela de tierra era cultivada por un *ayllu,* un grupo de familias que compartían el trabajo y los animales domésticos (llamas, alpacas y vicuñas). Al final del año, un tercio de los cultivos le correspondía al *ayllu,* un tercio a los sacerdotes y un tercio al Estado. El Estado mantenía a las personas viejas o enfermas, a los artesanos y a los militares. También ayudaba al pueblo en tiempos de escasez o emergencia. Por eso había una gran seguridad. Todo el mundo tenía dónde vivir y casi no había hambre. Pero por supuesto la gente tenía que pagar un impuesto, aunque no en moneda, como el dinero no existía en aquella sociedad, sino en trabajo. Cada hombre tomaba su turno en la *mita,* el servicio del Estado, luchando en las guerras o trabajando en las minas o en la construcción de obras públicas. Se ha calculado que el gobierno de los incas disponía anualmente de más de un billón de horas de mano de obra.

Comprensión

1. ¿Dónde y cuándo existió el imperio de los incas?
2. ¿Cómo era el gobierno?
3. ¿Por qué podemos decir que el sistema de los incas se parece al sistema socialista o comunista?

Logros

Los indios de estas regiones eran excelentes ingenieros, aunque no conocían la rueda. Construyeron magníficos templos, fortalezas, acueductos y muros de piedras inmensas cortadas con precisión por métodos que aun hoy no comprendemos. Disfrutaban de un eficaz sistema de correos, usando a los *chasquis,* mensajeros rápidos que recorrían las 10.000 millas de caminos. Como no conocían la palabra escrita, el mensaje era oral o en forma de *quipu,* un grupo de cordones con nudos, que representaban números y conceptos para ciertas personas instruidas.

Se practicaba la agricultura con gran éxito, empleando terrazas, fertilizante y la distribución de agua por medio de canales. Se cultivaban alimentos que no se conocían en la Europa de esos tiempos: maíz, camotes, cacahuates, calabazas, tomates, papayas, piñas, aguacates y, principalmente, papas —una multitud de diferentes especies de papas.

En los campos de la medicina y de la artesanía, sus conocimientos eran también avanzados. Practicaban la cirugía del cerebro y curaban con drogas no conocidas en otras partes del mundo. Por ejemplo, la coca (de la cual se deriva la cocaína) se utilizaba como anestesia en las operaciones, un uso que sigue ahora en muchos hospitales del mundo. Artesanos tejían ropa y

adornos de algodón y lana y fabricaban objetos metálicos con gran habilidad. El oro, que se llamaba «el sudor del sol», era especialmente apreciado.

Comprensión

1. ¿Qué construyeron los incas?
2. ¿Cómo era su agricultura?
3. ¿Qué hacían sus médicos y artesanos?

Ventajas (Beneficios)

Debido a la abundancia y a la eficiencia del imperio, no existía generalmente ni el hambre ni la pobreza ni la falta de vivienda ni el desempleo. El crimen era infrecuente quizás porque el castigo a los actos criminales era rápido y severo. Tampoco había muchas guerras, pues los militares usualmente mantenían la paz, excepto cuando conquistaban nuevos territorios. Aunque el trabajo era duro, de vez en cuando se rompía la rutina con fiestas que duraban dos o tres días. Entonces la gente bailaba, tocaba música, comía y bebía libremente la chicha, un tipo de cerveza hecha del maíz. El alcoholismo y el abuso de drogas eran casi desconocidos.

Desventajas (puntos negativos)

«Mucha seguridad, poca libertad». Esta frase describe brevemente la situación de la gente común. El individuo tenía que obedecer reglas sobre casi todos los aspectos de la vida: hasta sobre su manera de vestirse. No podía viajar sin permiso, ni escoger su residencia, ni cambiar de trabajo. Ni siquiera tenía derecho a vivir sin esposo(-a), porque los que no estaban casados a la edad de 25 años tenían que casarse, a veces en ceremonias colectivas. El estado no toleraba a los desobedientes. Los perezosos eran considerados criminales; los ponían en la cárcel o los condenaban a muerte.

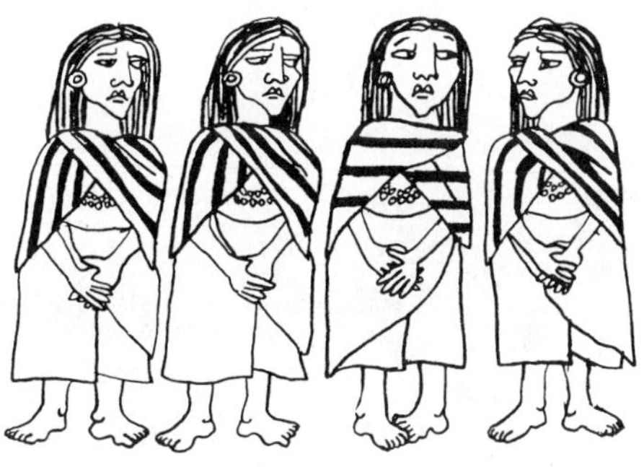

Comprensión

1. ¿Qué ventajas había para la gente común en la sociedad incaica?
2. ¿Qué desventajas había?

Interpretación

¿Qué desventaja le molestaría más a Ud.?

La clase noble

En el imperio de los incas había una minoría de nobles, un pequeño grupo, que no vivía como la mayoría. Según la religión oficial, el dios supremo era el sol, y el gran jefe, que se llamaba el «Inca», era su descendiente. El Inca se casaba con sus hermanas y era adorado por el pueblo como un ser divino. Él, su familia y los otros nobles vivían en medio de una gran opulencia y riqueza material. Tenían privilegios exclusivos, casas elegantes, escuelas especiales y sirvientes. Los hombres de esta clase tenían el derecho a vivir con muchas mujeres. Naturalmente, la gran desigualdad de oportunidades entre la clase noble y la clase común aparta mucho a esta sociedad del ideal de la teoría socialista.

Comprensión

1. ¿Cómo era la vida del Inca y de los otros nobles?
2. Y el sistema comunista, ¿es diferente del sistema incaico en este aspecto, o parecido? Explique.

Interpretación

¿Cree Ud. que hay también en nuestra sociedad una clase «noble» con privilegios especiales?

Comprensión

Explicación de términos

✻ Trabaje Ud. con un(-a) compañero(-a). Alternándose, expliquen Uds. en español el significado de las siguientes palabras y su importancia para los incas.

1. la mita
2. el quipu
3. Cuzco
4. los chasquis
5. la vicuña
6. el ayllu
7. la coca
8. el «sudor del sol»

Discusión

Comentario sobre las ilustraciones

La clase se divide en grupos y cada grupo prepara un comentario sobre una de las cinco ilustraciones, explicando qué aspectos de la vida y cultura de los incas se representan. Luego, una persona de cada grupo lee el comentario a la clase.

Actividades

1. *Romper mitos y estereotipos falsos*

Rompa Ud. los siguientes «mitos» y estereotipos falsos. Explique con ejemplos por qué cada frase es falsa. (Si, por el contrario, Ud. cree que alguna de las frases es verdadera, explique por qué.)

1. Los indios de las Américas eran primitivos y no tenían grandes conocimientos.
2. Los indios de las Américas llevaban una vida mucho más libre que la nuestra.
3. Históricamente, la primera sociedad que se podría llamar «socialista» fue la Unión soviética después de 1917.

2. *Juego imaginativo: Los incas y nosotros*

¿Qué sociedad produciría mayor felicidad para la gente, la antigua sociedad de los incas o la nuestra? La clase se divide en grupos pequeños. Cada grupo toma una o dos de las siguientes identidades e inventa una breve respuesta a esta pregunta desde el punto de vista de ese grupo.

1. los adolescentes
2. los viejos
3. los artistas y artesanos
4. los agricultores
5. las personas ambiciosas
6. los criminales
7. los alcohólicos
8. los pobres

Más allá del texto

El sistema político de México está pasando por cambios dramáticos ya que en 1997 el partido dominante permitió elecciones libres. Trabaje solo o con otros y busque información sobre la situación actual en México, en Nicaragua, en Chile o en algún otro país de habla española. ¿Hay democracia? ¿Hay libertad? Comparta su información con la clase.

Introducción

La vida contradictoria de Eva Perón

Hay personas que dejan un gran impacto en la historia. Por el poder de su personalidad, sus ideas y acciones, o simplemente por la suerte de encontrarse en cierta posición en un momento crítico, estos individuos se convierten en símbolos o mitos. Generalmente, su imagen es una paradoja: una mezcla de contradicciones. Así es el caso de Eva Perón.

Siempre es difícil separar el mito de la verdad. La vida de Eva Perón ha inspirado películas, programas de televisión, una obra musical y muchos libros. A veces la presentan como ángel y otras veces como demonio. ¿Quién fue, realmente, Eva Perón? A continuación veamos un breve resumen de su vida para tratar de comprender por qué inspiró emociones tan contradictorias.

La vida contradictoria de Eva Perón

Niñez

Eva Perón nació en 1919 en un pequeño pueblo de las pampas de Argentina. Su madre Juana era amante de un estanciero,° Juan Duarte, padre de Eva y de sus cuatro hermanos. Juan tenía su familia legítima en otro lugar pero visitaba y ayudaba a su «segunda familia» con dinero y cariño, un tipo de arreglo° que era común en aquellos tiempos. Juan murió y la familia se mudó a un pueblo más grande, donde doña Juana trabajó como costurera.° La familia era pobre y en la escuela Eva, por ser hija natural,° sufrió los insultos de sus compañeros. A los quince años, salió de su casa y se fue a Buenos Aires para realizar su sueño de ser actriz.

estanciero: *owner or manager of a cattle ranch (Arg.)*
arreglo: *arrangement*
costurera: *seamstress*
hija... nacida fuera del matrimonio

Los primeros años en Buenos Aires

La joven provinciana llegó a la gran ciudad. Al principio vivió en pensiones° pobres y trabajó en el cine y en la radio en papeles menores. Tuvo amoríos° con actores y productores. Empezó a tener éxito en las radionovelas y su situación económica mejoró. En 1944, llegó el día que cambiaría su vida: conoció al coronel Juan Domingo Perón. Según la leyenda, alguien los presentó, Perón le estrechó la mano° y Eva le dijo: «Coronel, gracias por existir.» Fue el flechazo.° La linda actriz (de 26 primaveras) y el poderoso militar (de 48 otoños) se casaron al año siguiente.

boarding houses

aventuras amorosas

le... *shook her hand*

love at first sight (Cupid's arrow wound)

La nueva política de Juan y Eva Perón

En 1946, Juan Perón llegó a ser presidente de Argentina, un país rico pero muy dividido. Según algunas fuentes,° menos de 2.000 personas eran dueñas° de casi toda la tierra. La oligarquía° vivía en gran lujo de las rentas de sus estancias,° pasando seis meses en Buenos Aires y seis meses en París. En contraste, la mayoría de la gente vivía en la miseria.° Antes, el gobierno había estado en manos de la clase alta, pero Perón triunfó con el apoyo de la clase

sources

owners / grupo de gente rica / haciendas (en Argentina)

pobreza abyecta

baja. Eva colaboró con su marido y se hizo muy popular. El programa peronista era una mezcla° de ideas fascistas (su gran héroe era Mussolini) y socialistas. Perón creía en el poder absoluto del gobierno y tenía poco respeto por la libertad de palabra o de prensa. Por otra parte, nacionalizó los bancos y los ferrocarriles y apoyó los sindicatos° y los derechos de los «descamisados°», logrando así cierta redistribución de la riqueza. También, concedió por primera vez el voto a las mujeres argentinas.*

combinación / *labor unions* / *trabajadores pobres*

El trabajo con los pobres

Eva creó la Fundación Eva Perón para apoyar a los pobres. Durante los seis primeros meses de 1951, su Fundación donó a los más necesitados 25.000 casas y tres millones de paquetes que contenían ropa, muebles, medicamentos, bicicletas y juguetes. Gente que nunca había tenido nada de repente se encontró con una casa. Se construyeron asilos para huérfanos,° escuelas, hospitales, estadios de fútbol. Los pobres la adoraban y todos los días llegaban a su oficina. Eva trabajó largas horas y practicó la ayuda social directa, regalando zapatos, máquinas de coser y muchas otras cosas. Abrazó y besó a la gente, aun a los leprosos y sifilíticos y por eso se empezaba a correr la voz° de que Eva era santa.

niños sin padres / *rumor*

Por otra parte, como primera dama, Eva se vistió con gran lujo, usando pieles,° joyas carísimas, y ropa de Christian Dior. A menudo, usaba la policía para asustar o castigar a sus críticos y exigía donaciones «voluntarias» para su Fundación. No llevaba cuentas° ni de sus gastos° ni de sus obras de caridad. En pocos años el gobierno argentino iba a pasar del estado económico de superávit° a la bancarrota.°

furs / *accounts* / *expenditures* / *surplus* / *bankruptcy*

Enfermedad y muerte

Eva no estaría allí para ver la bancarrota ni la rebelión militar que vendría en 1955, mandando a Perón al exilio. En 1951, Eva se enfermó de cáncer. Al principio, se negó a descansar y siguió trabajando. Enflaqueció° y sufrió mucho en los últimos meses.

puso flaca

---

* Perón no tenía gran interés en darles el voto a las mujeres, pero Eva lo convenció, señalando que así el partido peronista ganaría la mitad de todos los votos en las próximas elecciones y su triunfo estaría asegurado.

El suntuoso entierro de Eva Perón, Buenos Aires 1952.

El 26 de julio de 1952, se murió. En Uruguay, miles de refugiados argentinos bailaron de alegría en las calles. En Buenos Aires, a puertas cerradas, mucha gente de la clase media y alta sintió alivio.° Pero en millones de hogares humildes, lloraban en un duelo° profundo las multitudes argentinas que tanto querían a «Evita», su santa y protectora.

relief
grief

Comprensión

1. *Cierto o falso*

✻Escriba **C** *(cierto)* o ***F*** (falso) para cada frase. Corrija las frases falsas.

1. ______ Eva Perón nació en 1919 en Buenos Aires.
2. ______ Su madre era la esposa de un estanciero rico.
3. ______ En la capital Eva trabajó como costurera.

4. _____ En 1944 conoció al coronel Juan Perón.
5. _____ Perón llegó a ser presidente con el apoyo de la oligarquía.
6. _____ Las argentinas ganaron el voto por primera vez bajo el gobierno peronista.
7. _____ La Fundación Eva Perón donó muchas cosas a los pobres.
8. _____ Eva gastó mucho dinero en ropa y joyas.
9. _____ Se puso enferma en 1951 y dejó de trabajar en seguida.
10. _____ Se murió a los 33 años, y todos los argentinos entraron en duelo.

2. *Opiniones*

1. ¿Por qué fue Eva Perón tan querida por los pobres?
2. ¿Por qué fue tan odiada por la clase alta y la clase media?
3. ¿Qué contradicciones hay en su personalidad y en sus acciones?
4. ¿Cree Ud. que necesitamos crear mitos sobre las personas famosas? ¿Por qué sí o no?

3. *Mitos y realidades*

* Trabajando con otro(s), piense en algunas figuras históricas sobre las cuales se han desarrollado mitos (como Abraham Lincoln, Che Guevara, Jacqueline Kennedy, Elvis Presley, Mae West, Mao Tse Tung, etc.). Llene el cuadro de evaluación sobre dos de estas personas. Después, comparta sus opiniones con la clase. (El ejemplo de George Washington está puesto como modelo.)

CUADRO DE EVALUACIÓN

NOMBRE	MITOS	¿POR QUÉ ERA IMPORTANTE?
George Washington (ejemplo)	Taló un árbol de su papá pero era tan honesto que lo admitió después. Nunca mintió.	Fue el primer presidente de EE. UU. Sirve como modelo de la persona honesta.
1.		
2.		
etcétera		

La razón de mi vida (Selecciones)

Anticipación

Estas cuatro selecciones son de *La razón de mi vida*, la «autobiografía» de Eva Perón, publicada en Argentina en 1951. En realidad, Eva Perón no la escribió, aunque lleva su nombre. Como muchas autobiografías de personas famosas, el libro fue escrito por autores anónimos (*ghost writers*).* Sin embargo, *La razón de mi vida* tiene un papel importante en la imagen y leyenda de Evita. Durante años, era lectura obligatoria en las escuelas de Argentina.

Para abrir el tema

¿Qué estereotipos tenemos de Eva Perón? Trabajando solo(-a) o con otro(s), mire las fotos de las páginas 59 y 64, y conteste las siguientes preguntas antes de leer las selecciones.

1. Cuando Ud. oye el nombre Eva Perón, ¿en qué piensa? ¿En las fotos que ha visto de ella? ¿En ciertas modas (*fashions*)?
2. ¿Cree Ud. que Eva dejó un impacto en la historia por sus ideas y acciones? ¿O quizás por su aspecto físico? ¿Habría tenido el mismo impacto una mujer vieja, fea o mal vestida? Explique.
3. ¿Qué piensa Ud. en general de las «autobiografías» de personas famosas? ¿Qué podemos aprender de ellas?

El vocabulario: Detective de palabras

Busque las palabras en cada selección, según los indicios (*clues*), y escríbalas en los espacios en blanco.

MODELO (1. «Evita») un verbo que empieza con la letra *s* y quiere decir *están acostumbrados a* suelen

1. (Evita) una palabra que empieza con la letra *p* y se usa en Argentina para hablar de un niño o una niña ________
2. (Demasiado peronista) un adjetivo que empieza con la letra *c* y es sinónimo de *instruido o erudito* ________

* La primera versión de *La razón de mi vida* fue escrita en 1950 por el periodista español Manuel Penella da Silva quien recibió 50.000 pesos por ella. Dicen que una parte conmovió tanto a Evita que se echó a llorar de emoción. Pero, a Perón no le gustó el manuscrito y se lo pasó a su amigo Raúl Méndez quien lo cambió mucho.

3. (Además de la justicia) una palabra que se refiere a los hombres pobres que no tienen ni una camisa (los) ______________
4. (El dolor de los humildes) otra manera de decir *no se preocupe,* usando un verbo que empieza con *a* ______________

El texto: Vista previa de la organización

La razón de mi vida está escrita en forma de monólogo, como si Eva hablando estuviera. El estilo es personal porque la narradora revela sus sentimientos y emociones. Mire rápidamente las cuatro selecciones y encierre (*circle*) el número de la selección que incluye el detalle indicado de la vida íntima de Eva.

MODELO las razones que tenían Eva y su marido para casarse	1	(2)	3	4
1. una referencia sarcástica a sus «eternos críticos»	1	2	3	4
2. la descripción de la «corazonada» (*impulse*) que empezó su obra social	1	2	3	4
3. una lista de títulos honoríficos y pretenciosos que no le gustaron a Eva	1	2	3	4

Ahora, lea Ud. el texto con mayor atención y conteste las preguntas que siguen cada selección.

Eva Peron, 1947.

La razón de mi vida (Selecciones)

Eva Perón

*(1) *«Evita»*

Cuando elegí ser «Evita» sé que elegí el camino de mi pueblo.

Nadie sino° el pueblo me llama «Evita». Solamente aprendieron a llamarme así los «descamisados». Los hombres de gobierno, los dirigentes° políticos, los embajadores,° los hombres de empresa,° profesionales, intelectuales, etc., que me visitan, suelen llamarme «Señora»; y algunos incluso me dicen públicamente «Excelentísima o Dignísima° Señora» y aun, a veces, «Señora Presidenta».

Los descamisados, en cambio°, no me conocen sino como «Evita».

Cuando un pibe me nombra «Evita» me siento madre de todos los pibes y de todos los débiles y humildes° de mi tierra.

Cuando un obrero° me llama «Evita» me siento con gusto «compañera» de todos los hombres que trabajan en mi país y en el mundo entero.

Cuando una mujer de mi Patria° me dice «Evita» yo me imagino ser hermana de ella y de todas las mujeres de la humanidad.

- sino: excepto
- dirigentes / embajadores: líderes / *ambassadors*
- empresa: negocios
- Dignísima: muy honrada
- en cambio: contraste
- humildes: *humble people*
- obrero: trabajador manual
- Patria: *Fatherland*

Comprensión

1. ¿Quiénes usaban el nombre «Evita»?
   a. los intelectuales **b.** los hombres de empresa **c.** los embajadores **d.** los descamisados
2. A Eva Perón le gustó que la gente la llamara «Evita» porque se sentía:
   a. muy joven, como todos los pibes. **b.** como una «Dignísima Señora». **c.** conectada con la gente por lazos de familia y amistad. **d.** superior a todas las otras mujeres de la humanidad.

Interpretación

¿Qué le parece a Ud. el uso de los apodos (*nicknames*) para las personas importantes? ¿Cuándo los usamos? ¿Por qué? ¿Tiene Ud. apodo?

* Los números han sido agregados para facilitar la referencia. Estas selecciones están presentadas aquí en forma ligeramente abreviada.

(2) Demasiado peronista°

Peronist (referring to the political party)

A veces suele decirme cariñosamente el mismo Líder que soy «demasiado peronista»...

Sí, soy peronista, fanáticamente peronista.

Demasiado no, demasiado sería si el peronismo no fuese como es,° la causa de un hombre que por identificarse con° la causa de todo un pueblo tiene un valor infinito. Y ante° una cosa infinita no puede levantarse la palabra demasiado.

no... *weren't what it is* / **por...** *because he is identified with* / delante de

Pero no solamente soy peronista por la causa de Perón. Soy peronista por su persona misma y no sabría decir por cuál de las dos razones más...

Aquí tal vez sea conveniente que den vuelta la página° quienes° piensan que entre Perón y yo pudo darse un «matrimonio político».

que... *that (they) should turn the page* / las personas que

Quienes lo crean así no verán en esta página sino° literatura o propaganda.

anything but

Nos casamos porque nos quisimos y nos quisimos porque queríamos la misma cosa. De distinta manera los dos habíamos deseado hacer lo mismo: él sabiendo bien lo que quería hacer; yo, por sólo presentirlo;° él, con la inteligencia; yo, con el corazón; él, preparado para la lucha; yo, dispuesta° a todo sin saber nada; él, culto y yo, sencilla; él, enorme, y yo, pequeña; él, maestro, y yo, alumna. Él, la figura y yo, la sombra.

¡Él, seguro de sí mismo,° y yo, únicamente segura de él!

por... porque tenía la intuición de esto / preparada

de... *of himself*

Comprensión

1. ¿Quién llamaba a Eva «demasiado peronista»?
   a. su hermano **b.** su marido **c.** el vicepresidente **d.** un profesor.
2. El texto dice que el valor de Perón es:
   a. poco importante. **b.** demasiado grande. **c.** limitado. **d.** infinito.
3. Según Eva, Juan Perón y ella se casaron porque:
   a. era conveniente. **b.** deseaban un «matrimonio político». **c.** querían la misma cosa. **d.** tenían dos razones secretas.

Interpretación

¿Qué cualidades diferentes tienen Eva y Juan? ¿Qué piensa Ud. de la descripción de su matrimonio? ¿Le parece una relación entre dos iguales o entre jefe y subordinado?

(3) Además de la justicia

Desde el día que me acerqué° a Perón advertí° que su lucha por la justicia social sería larga y difícil...

> puse cerca / noté

Yo sabía por el mismo Perón, que la justicia no se realizaría en todo el país de un día para otro.° Y los argentinos, sin embargo, los «descamisados», los humildes, creían tanto y tan ciegamente en su Líder que todo lo esperaban de él,° y todo «rápidamente», incluso aquellas cosas que sólo pueden arreglarse con milagros.

> **de...** *overnight*
>
> **que...** *that they were expecting everything from him*

Era indudable que mientras Perón se disponía a trabajar con alma y vida en su empresa justicialista° había que hacer algo más.°

> **empresa...** programa de justicia / **algo...** *something more*

Yo sentía que ese algo más me tocaba a mí,° pero francamente no sabía cómo hacerlo.

> **me...** era mi responsabilidad

Por fin un día me animé°... me animé a hacer... ¡una corazonada!°

> **me...** tuve el valor
> acto impulsivo

Me asomé° a la calle y empecé a decir más o menos esto:

> **Me...** Salí

—Aquí estoy. Soy la mujer del Presidente. Quiero servir a mi pueblo para algo.°

> **para...** *in some way*

Los descamisados que me oyeron fueron pasándose la noticia unos a otros.°

> **fueron...** *went around spreading the news*

Empezaron a llegar hasta mí; unos, personalmente y otros, por carta.

En aquellas cartas ya empezaron a llamarme «Evita».

Entonces les dije:

—Prefiero ser Evita a ser la mujer del Presidente de la República, si ese «Evita» sirve para algo a los descamisados de mi Patria.

Así empezó mi obra de ayuda social.

No puedo decir que nació en mí.°

> **que...** *that it was born inside of me*

En cambio me parece más exacto decir que nació de un entendimiento mutuo y simultáneo entre mi corazón, el de Perón y el alma grande de nuestro pueblo.

Es una obra común.

Y así la sentimos: obra de todos y para todos.

Comprensión

1. Eva decidió hacer «algo más» porque:
   a. la minoría rica no creía en su Líder. **b.** la gente pobre esperaba todo y rápidamente. **c.** la justicia iba a realizarse muy pronto. **d.** necesitaba ganar dinero.
2. Un día ella se animó a:
   a. escribir una carta al Servicio Social. **b.** abrir una oficina. **c.** dar un discurso en el Teatro Colón. **d.** salir a la calle y hablar con la gente.

Interpretación

Imagine Ud. a la esposa del presidente de EE. UU. (o del primer ministro de Canadá) en las circunstancias descritas por Eva. ¿Qué pasaría si ella anduviera por las calles, hablando con la gente de sus necesidades? ¿Cree Ud. que el papel de la esposa de un político (o del esposo de una mujer política) debe limitarse a las ceremonias? Explique.

(4) El dolor de los humildes

Pero una cosa quiero repetir aquí antes de seguir adelante.

Es mentira de los ricos eso de que los pobres no tienen sensibilidad.°

sensitivity

Yo he oído muchas veces en boca de «gente bien», como ellos suelen llamarse a sí mismos, cosas como éstas:

—No se aflija tanto por sus «descamisados». Esa «clase de gente» no tiene nuestra sensibilidad. No se dan cuenta de lo que les pasa. ¡Y tal vez no convenga del todo que se den cuenta!°

no... *it wouldn't be convenient if they did become aware*

Yo no encuentro ningún argumento razonable para refutar esa mentira injusta.

No puedo hacer otra cosa que decirles:

—Es mentira. Mentira que inventaron ustedes los ricos para quedarse tranquilos. ¡Pero es mentira!

Si me preguntasen por qué yo tendría solamente algo que decirles, muy poca cosa. Sería esto:

—Yo he visto llorar a los humildes° y no de dolor, ¡que de dolor lloran hasta los animales! ¡Yo los he visto llorar por agradecimiento!°

Yo... *I have seen humble people cry*

gratitude

¡Y por agradecimiento, por agradecimiento sí que no saben llorar los ricos!

Comprensión

1. Según los ricos, los pobres no sufren mucho porque no tienen:
   a. dolor. **b.** sensibilidad. **c.** cuentas. **d.** argumentos.
2. Eva cree que los ricos inventaron esta mentira para:
   a. estar tranquilos. **b.** ayudar a los pobres. **c.** tener algo que decir. **d.** llorar de agradecimiento.

Interpretación

¿Cree Ud. que los pobres tienen las mismas expectativas de la vida que los ricos?

Discusión

Colaboraciones para el análisis

✱ Trabajando con tres o cuatro compañeros(-as), analice Ud. una de las cuatro selecciones de *La razón de mi vida* y llene el formulario. Cada grupo debe analizar una selección diferente. Después, algunos leerán su análisis a la clase.

FORMULARIO DE ANÁLISIS DE *LA RAZÓN DE MI VIDA*

1. Nombres de las personas en nuestro grupo: ______________________
2. Título de la selección para analizar: ______________________
3. ¿Qué partes de esta selección les habría gustado a los «descamisados»? Escriba tres citas (*quotes*).
   a. ______________________
   b. ______________________
   c. ______________________
4. ¿Qué habrán pensado de estas partes los argentinos de la clase alta?
   ____
   ____
5. Piensen un momento en estas selecciones como propaganda. En su opinión, ¿qué tipo de imagen de Evita querían proyectar los autores anónimos del libro? ¿Qué cualidades querían mostrar en ella?
   ____
6. Juzgando de las selecciones y del resumen de su vida, ¿qué piensan Uds. de Eva Perón? Pongan una **X** delante de las frases (en la página 69) que la describen mejor.

FORMULARIO DE ANÁLISIS DE *LA RAZÓN DE MI VIDA* *continuacíon*

_______ la esperanza de los desafortunados
_______ una idealista ignorante pero con buenas intenciones
_______ una inspiración para la humanidad
_______ una mujer frívola y extravagante
_______ una oportunista que manipuló al pueblo
_______ una fuerza más positiva que negativa
_______ otra descripción: ____________________

7. ¿Por qué tienen Uds. esta opinión?

____

____

Más allá del texto

1. Busque en Internet o en la biblioteca información sobre uno de los siguientes temas: a) la desaparición del cadáver de Evita después de su muerte; b) la influencia de Evita en la moda, la ropa y el peinado (*hairstyle*); c) la vuelta a Argentina de Juan Perón en los años 70 —por qué volvió y qué hizo allá; d) la tercera esposa de Juan, Isabel Perón. Prepare un breve resumen de la información para la clase.
2. Traiga a la clase fotos de Eva Perón y explique cada foto a la clase en español.
3. Encuentre la versión española de una de las canciones de la obra musical *Evita* y haga una copia de la letra en español para leérsela a la clase.
4. Lea un libro sobre Eva Perón y escriba un informe sobre su contenido.

Mafalda

Guernica de Pablo Picasso: Una pintura de protesta

Anticipación

* *Guernica* del pintor español Pablo Picasso es uno de los cuadros más famosos del arte moderno. (Mírelo Ud. en la página 76.) Muestra un momento dramático de la Guerra Civil Española (1936–1939), una guerra que resultó en cambios sociales muy profundos. Miles de personas llegan todos los años a Madrid para verlo. Casi todas se llevan un choque rudo, pues el cuadro es violento y perturbador. Para comprenderlo, hay que saber un poco sobre la historia.

El texto: Localización de datos importantes

* ¿Cuánto sabe Ud. de la historia militar de este siglo? Llene los espacios en blanco con los datos apropiados. Busque en el artículo los datos que no sabe.

1. Las fechas de la Guerra Civil Española: de 19______ hasta 19______
2. Los dos bandos que se oponían en la guerra: los ______________ y los ______________
3. Dos países extranjeros que intervinieron de manera decisiva en la Guerra Civil Española: ______________ y ______________
4. El nombre del dictador que gobernó España por muchos años después de la guerra: ____________________________
5. El tipo de gobierno en España hoy: ____________________________

Guernica *de Pablo Picasso: Una pintura de protesta*

La España actual

La España actual es una nación democrática y moderna que, desde 1986, pertenece a la UE (Unión Europea, inicialmente la Comunidad Europea). Su gobierno es una monarquía constitucional con un rey popular y un primer ministro. Todo esto representa un enorme progreso, pues durante los años 40 y 50 de siglo XX España era un país pobre y atrasado: Mucha gente no se da cuenta de la pobreza y represión en que vivieron los españoles por muchos años, una situación que tuvo sus raíces en tres años horrorosos de guerra civil.

A quí se ve Plaza de España. La España actual es un país moderno y próspero.

La Guerra Civil Española

La Guerra Civil Española fue un preludio militar y político a la Segunda Guerra Mundial. También fue un conflicto cruel que dividió a familias cuando hermano luchaba contra hermano y padre contra hijo. Irónicamente la guerra tuvo sus orígenes inmediatos en la fundación en 1931 de un gobierno liberal: La Segunda República. Este gobierno reformista pronto fue atacado por conservadores y radicales, y durante cinco años España pasó por una época de terrorismo y caos. En 1936 se levantó un grupo de militares que querían restablecer el orden, la seguridad y las tradiciones. Su bando se llamaba «los nacionales», e incluía los militares, la Iglesia católica, los monárquicos y un número pequeño de seguidores de la Falange, el partido fascista español. El otro grupo, «los republicanos», estaba compuesto de personas que, por diversas razones, deseaban mantener una república: liberales, socialistas, anarquistas y un número pequeño de comunistas. Muchos vascos (un grupo étnico del norte) lucharon al lado republicano, a pesar de ser muy católicos, porque la República les había prometido la independencia de su región.

Las influencias externas

Trágicamente, la intervención de Hitler y de Stalin produjo una gran polarización e hizo que el conflicto se convirtiera en una lucha entre el fascismo y el comunismo, a pesar de que pocos españoles profesaban esas ideologías. El resultado fue un aumento astronómico en la potencia destructiva, pues los nacionales obtuvieron armas y ayuda técnica de Alemania, y los republicanos recibieron apoyo moral y técnico de Rusia. Voluntarios de todas partes del mundo acudieron a combatir, sumándose al número de las víctimas.

Durante la guerra, los dos bandos cometieron atrocidades. Una de las más horrorosas fue el bombardeo por los nacionales en 1937 de Guernica, un pequeño pueblo sin ninguna importancia militar en el norte de España. Por tres horas los aviones alemanes de la *Luftwaffe* bombardearon Guernica, destruyendo gran parte del pueblo más antiguo de los vascos y el centro de su tradición cultural. Este bombardeo, el primero contra una población civil indefensa que utilizara métodos de guerra moderna, produjo gran consternación en el mundo entero. Ese mismo año Picasso pintó en París su cuadro *Guernica,* que se convirtió en un símbolo de protesta contra los métodos de la guerra moderna y un homenaje a las víctimas inocentes.

Del franquismo a la democracia

En 1939, la guerra terminó con el triunfo de los nacionales y se estableció en España una dictadura militar bajo el general Francisco Franco que iba a durar casi cuarenta años. Había un solo partido, La Falange, y una sola religión oficial: el catolicismo. Durante y después de la Segunda Guerra Mundial, el «generalísimo» controló una sociedad profundamente herida por la guerra civil, con represión y censura. Sin embargo, a partir de los 60, se logró cierto nivel de industrialización y un notable progreso económico.

Después de la muerte de Franco en 1975, empezó la transición a la democracia y monarquía parlamentaria que existe hoy. Se promulgó una nueva constitución que concedió la autonomía a la región vasca y a cualquier otra región que la quisiera. Esto calmó la mayoría de los problemas regionalistas, pero el grupo vasco ETA sigue pidiendo la independencia completa, y comete actos de violencia con el fin de obtenerla. Muchos otros cambios han ocurrido, y la España de hoy es una sociedad liberal que permite el divorcio, el aborto, la existencia de partidos políticos de diversas tendencias y la libertad de palabra y de prensa.

El cuadro y su mensaje universal

Durante los años de Franco, *Guernica* estuvo en Nueva York en el Museo de Arte Moderno. Luego, en septiembre de 1981, se la envió a España, donde ahora se exhibe en un edificio especial al lado del Museo del Prado de Madrid. Así, los EE. UU. cumplió con los deseos del gran pintor ya difunto, quien había pedido que se enviara la pintura a su patria en cuanto se volviera a establecer allí la democracia.

Hay muchas interpretaciones posibles del cuadro, sobre todo con respecto al simbolismo que tienen las varias figuras, pero no cabe duda de que Picasso ha captado para siempre la agonía y el terror de una familia rural y de todo pueblo que haya sufrido la guerra.

Comprensión

Los dos bandos

✻ Trabaje con un(-a) compañero(-a) y escriba en la columna apropiada las siguientes palabras para mostrar las grandes divisiones que existían durante la guerra.

anarquistas	la Falange	socialistas	militares
fascistas	la Iglesia	liberales	marxistas
monárquicos	comunistas	vascos	rojos

Republicanos	**Nacionales**
izquierda	derecha

Discusión

Opiniones

1. Trabajando con tres o cuatro compañeros(-as), discutan los siguientes temas.
   a. *Las guerras civiles.* ¿Por qué son especialmente horribles, en comparación con otras clases de guerra?
   b. *La intervención de Hitler y de Stalin en la Guerra Civil Española.* ¿Qué consecuencias tuvo? ¿Es siempre malo intervenir en la guerra de otra nación? Expliquen.
   c. *El pueblo Guernica.* ¿Qué pasó en este pueblo en 1937? ¿Qué simbolismo tiene *Guernica* hoy?
   d. *El triunfo de Franco.* ¿Fue bueno o malo para España la victoria militar de los nacionales en 1939? ¿Por qué?
2. ¿Qué otras pinturas de protesta conoce Ud.? ¿Qué otras obras de arte, piezas de música, literatura o películas conoce Ud. que se hayan creado como protesta social? ¿Qué opina Ud. de este método de protestar?

Actividad

Interpretación de un cuadro

*Trabajando solo(-a) o con otra persona, mire Ud. el cuadro en la página 76 y trate de interpretarlo. Recuerde que no hay una sola interpretación definitiva.

1. ¿Cuáles son sus primeras impresiones del cuadro? ¿Qué emociones le comunica a Ud.?
2. ¿Por qué cree Ud. que Picasso pintó el cuadro en colores oscuros?

Pablo Picasso, *Guernica* (mayo–junio, 1937). El cuadro mide 7,82 metros (25′5¾″) de ancho por 3,50 metros (11′5½″) de alto. En 1981 fue enviado a España por el Museo de Arte Moderno de Nueva York. Ahora está en un edificio separado, cerca del Museo del Prado, Madrid.

3. ¿Qué evidencias de guerra hay?
4. ¿Dónde ocurre la escena, dentro o fuera de una casa? ¿Cómo sabemos que es un ambiente rural?
5. Para Ud. ¿qué representa la figura que entra desde afuera? ¿la mujer con el niño? ¿la figura en pedazos (*pieces*) sobre el suelo?
6. La figura más enigmática y la única no herida es la del toro. Picasso mismo ha dicho: «El toro es un toro... El público puede ver [en el toro] lo que quiera ver». ¿Qué ve Ud.?
7. Brevemente, ¿qué cree Ud. que es el mensaje del cuadro?

Vocabulario auxiliar

las armas *weapons*
el bien y el mal *good and evil*
el caos
los civiles *civilians*
los colores oscuros, sombríos *dark, somber colors*
destruir, la destrucción
la espada *sword*
el fascismo
la fuerza *strength*
la gallina *hen*
gritar, los gritos *to scream, screams*
la guerra mecanizada
indefenso *defenseless*
la inutilidad (*adj.* inútil) *futility (futile)*
la invencibilidad
las llamas *flames*
la luz
la maternidad
el miedo, el terror
el mundo externo
el soldado *soldier*
sufrir, el sufrimiento
el susto *scare, shock*
la tragedia (*adj.* trágico)
la tristeza (*adj.* triste)
la vida familiar, doméstica
la vulnerabilidad (*adj.* vulnerable)

Poesía de identidad de la República Dominicana (Selecciones)

Anticipación

✻En años recientes, uno de los grandes cambios ha sido el *multiculturalismo*, la gradual integración en la cultura dominante de grupos minoritarios que antes estaban excluidos. Este fenómeno ha ocurrido, y está ocurriendo en muchos países, siempre con repercusiones políticas, económicas, psicológicas y artísticas.

Blas R. Jiménez es un poeta afrodominicano quien ha vivido una profunda evolución espiritual con respecto a su identidad en una sociedad donde participan principalmente tres grupos culturales: negros, indios y españoles. Jiménez nació en 1949 en Santo Domingo. Fue educado hasta la edad de ocho años por los abuelos paternos en Bayona, una comunidad negra en las afueras de la ciudad. Los estudios básicos fueron en las escuelas del sistema público, el nivel secundario en agricultura en una escuela experimental, el nivel universitario en Texas A&M y el postgrado en Ciencias Políticas en la Universidad Nacional Pedro Henríquez Ureña en la República Dominicana.

Además de ser un excelente poeta y ensayista, Jiménez es gerente de negocios y periodista. Tiene una columna semanal en el periódico *Hoy*, en la que trata de dar una visión afrocéntrica a la realidad dominicana. Los tres poemas que se dan a continuación son de sus libros *Aquí otro español* y *Exigencias de un cimarrón (en sueños)*.

1. *Para abrir el tema*

✻ Piense un momento en el concepto de la identidad personal. ¿Cómo respondería Ud. a la pregunta: «¿quién soy yo?» Trabajando solo(-a) o con otro(s), conteste estas preguntas.

1. ¿Se identifica Ud. más con su nación, con una región particular o con una comunidad? Explique.
2. ¿Qué otros factores son importantes para determinar quiénes somos? ¿La familia? ¿El trabajo? ¿La religión? ¿La escuela? ¿La raza? ¿El aspecto físico? ¿Los deportes, pasatiempos o clubes? ¿Los gustos y preferencias? En su opinión, ¿cuál es el factor más importante? ¿Por qué?

2. *Vocabulario: Adivinar los antónimos*

✻ Antes de leer los poemas, aprenda estas palabras claves. Use sus conocimientos de cognados, su intuición o el proceso de eliminación para escoger un antónimo para cada uno.

Antónimos

1. esclavo	_______	adelante
2. fuera	_______	esperanzado
3. atrás	_______	dentro
4. servil	_______	libre
5. desesperado	_______	orgulloso

3. *El texto: Identificación de las emociones principales*

✻ En la poesía, las emociones importan tanto como las ideas. Mire rápidamente los tres poemas y diga cuál de las siguientes frases describe las emociones de cada poema.

_______ 1. «Tengo» _______ 2. «Lamentos» _______ 3. «Letanía No. 1»

a. desprecio y compasión por una persona que está cambiando su aspecto físico
b. el deseo y la esperanza de tener mejores condiciones en el futuro
c. orgullo y afirmación de una parte de la identidad personal que antes se había escondido

Poesía de identidad

Blas R. Jiménez

Tengo

Tengo que sentirme negro
por las tantas veces° que fui blanco   ocasiones
tengo que sentirme negro

por las tantas veces que fui indio
tengo que sentirme negro
porque soy negro.
Soy la contradicción de mi historia
soy el llamado a re-escribirla
re-escribir la historia de esta tierra
y si me llaman racista
le diré que soy racista
le diré que no soy.
Tengo que sentirme negro
aunque sea por un tiempo
tengo que sentirme negro
porque soy negro
ahora que soy hombre
tengo que sentirme negro
ahora que conozco la verdad
la verdad de la historia presente
presente en la presencia de mi ser
presente en un diario padecer.° — sufrir
Entre cañas° — *sugar cane (fields)*
en el café
en las calderas° — *boilers* (industria)
en cárceles
encarcelado dentro de una realidad que
hay que echar° fuera — *throw out*
para ser.
Tengo que sentirme negro
porque soy el trabajo
soy el sudor° — *sweat*
soy la esperanza
soy el amor
tengo que sentirme negro
porque soy negro-humano
que siente
que crea
que crece.
Tengo que sentirme negro
vivir la negritud° — identidad negra

vivir, vivir, vivir
hasta dejar atrás° el ser negro — **dejar...** *(I) leave behind*
y ser
para ello, tengo que sentirme negro
por las tantas veces que fui blanco
por las tantas veces que fui indio
por las tantas veces que dejé de ser° — **dejé...** *I stopped being*

Comprensión

1. Según los cuatro primeros versos, ¿cómo ha escondido el poeta su origen afrodominicano?
2. ¿Qué quiere hacer con la historia de su tierra? ¿Por qué?
3. ¿Cuáles son los cuatro lugares que menciona el poeta con relación al «diario padecer» de su raza? ¿Qué representan?
4. ¿Cuándo podrá «dejar atrás el ser negro»? ¿Cómo interpreta Ud. esta idea?

Lamentos

Negra rubia
negra rubia
desfigurada de mi tierra
te crearon
te obligaron
negra rubia
negra rubia
con Lafier*
con tenazas° — *curling irons*
con Silueta*
robándote la belleza
negra rubia
negra rubia
sufro por lo que refleja tu espejo° — *mirror*
sufro porque tienes que soportarte° — tolerarte
sufro por ti

*Lafier y Silueta son productos que se usan para cambiar el color y la textura del pelo.

Comprensión

1. En este poema, el poeta le habla a una mujer afrodominicana que se ha teñido (cambiado del color) y relajado el pelo. ¿Qué opina de esta mujer?
2. ¿Qué usaron para cambiar la apariencia de la negra rubia?
3. ¿Qué piensa Ud. de la crítica del poeta? ¿Es justa? ¿Es apropiada?
4. ¿Qué podría decir la mujer para defender sus acciones? («Yo... porque....»)

Letanía No. 1

Por los hijos de quienes tenían miedo
hijos que no tienen miedo.
Por los hijos de quienes fueron esclavos
hijos que no son esclavos.
Por los hijos de mujeres que fueron violadas° *raped*
hijas que no son violadas.
Por los hijos de negros serviles
negros que no son serviles.
Por los hijos de quienes tenían complejos de inferioridad
hijos sin complejos.
Por los hijos de los desesperados
hijos que esperan trabajar.
Por los hijos de quienes no tenían historia
hijos que hacen historia.
Por los hijos de quienes no tenían patria
hijos que son la patria.
Por los hijos de quienes no tenían orgullo
hijos orgullosos.

AMÉN.

Comprensión

1. ¿Qué problemas del pasado se mencionan en el poema? ¿Cuáles existen todavía?
2. Tradicionalmente, una letanía es una forma de oración repetitiva en la cual se le hacen a Dios peticiones. En «Letanía», ¿qué se le pide a Dios, básicamente?

Discusión

* Discuta las siguientes preguntas con otra persona o en grupos pequeños. Luego, compartan sus ideas con la clase.

1. ¿De qué secciones de la sociedad estaban excluidos varios grupos en el pasado? ¿Por qué? ¿Y ahora?
2. ¿Qué grupos sufren discriminación y exclusión ahora? ¿Por qué?
3. ¿Qué piensas de la idea de «pasar» por alguien distinto, como, por ejemplo, por una persona más vieja o más joven, más rica o más pobre, o de otra raza o grupo? ¿Por qué lo hacen algunas personas?
4. En tu opinión, ¿es fácil o difícil formar buenas amistades con gente de otras razas y nacionalidades? ¿Es posible? Explique.

Composición

* Trabajando solo(-a) o con otro(s), haga Ud. una lista de los problemas y crisis en el mundo de hoy. Escriba un poema en forma de letanía, siguiendo el modelo de «Letanía No. 1» e incluyendo referencias a algunos de estos problemas.

Contribuciones notables

La primera abolición de la esclavitud en América

En Morelia, capital del estado de Michoacán, México, el 19 de octubre de 1810, el alcalde publicó esta declaración:

> «A todos los dueños de esclavos y esclavas que inmediatamente que llegue a su noticia esta orden superior, los pongan en libertad otorgándoles las escrituras, para que puedan tratar y contratar, comparecer en juicio y hacer las demás cosas que hacen las personas libres; y no haciéndolo así los citados dueños de esclavos y esclavas, sufrirán la pena capital, y la confiscación de todos sus bienes...»

Esta es la declaración que abolió la esclavitud por primera vez en América, 53 años antes de la *Emancipation Proclamation* del presidente Lincoln de Estados Unidos.

Más allá del texto

Prepare Ud. un informe oral o escrito sobre la situación de uno de estos grupos: los gitanos en España, los afrohispanos en Colombia o Costa Rica, los vascos, los mulatos en el Caribe, los indígenas en Latinoamérica u otro grupo de interés. Para obtener información, se puede consultar la sección de referencia de la biblioteca o Internet.

Impase

Anticipación

*Este cuento empieza con un momento tenso en el mundo de los negocios internacionales: el agregado (*attaché*) comercial chino y el agregado comercial español llevan tres horas tratando de negociar un convenio (*agreement*), pero, ¡no hay progreso! Parece que la situación ha llegado a un momento de dificultad insuperable, un *impase.* ¿Por qué? La causa parece ser las diferencias culturales.

El experto en análisis de culturas, Edward T. Hall, ha explicado la diferencia entre las culturas de «bajo contexto» donde los mensajes están expresados directamente y las culturas de «alto contexto» donde los mensajes están expresados indirectamente, a veces en frases de cortesía.* Hall ha mostrado numerosos ejemplos de malentendidos a causa de esta diferencia. En general, la cultura de Estados Unidos es una de las más bajas de contexto y por eso los comerciantes norteamericanos suelen parecer bruscos cuando hacen tratos en España y Latinoamérica. Sin embargo, todo es relativo, y el cuento nos muestra que, en comparación con el diplomático chino, el diplomático español es mucho más directo.

* Es importante comprender que la distinción entre culturas de alto contexto y culturas de bajo contexto no se trata de «mejor» o «peor», sino de diferente.

1. *Para abrir el tema*

✻ La verdad es que en todas las culturas hay ocasiones cuando se emplea un lenguaje indirecto y cortés. Trabajando solo(-a) o con otro(s), lea Ud. las siguientes frases indirectas en inglés y en español, y escriba una versión directa.

1. *If it isn't too much trouble, could you possibly be so kind as to lower the window just a bit, please?*
   Versión directa: ______________________________
2. ¿Pudiera Ud. tener la bondad de darme el libro azul, por favor?
   Versión directa: ______________________________
3. Con el permiso de la concurrencia, debiera excusarme de esta agradable conversación para atender a algunas obligaciones urgentes que exigen mi presencia en la oficina.
   Versión directa: ______________________________

¿Qué opina Ud. de la manera indirecta de hablar? ¿Cuándo es necesaria o eficaz?

2. *El vocabulario: Adjetivos para describir*

✻ Escoja el adjetivo apropiado de la lista para completar cada frase tomada del cuento, usando la definición entre paréntesis. (Sobra un adjetivo en la lista.) ¡Cuidado con la concordancia (*agreement*) de los adjetivos variables!

adecuado	incómodo	infructuoso
benevolente	inconfundible	telepático
cercano		

MODELO un destino (fastidioso y desagradable) incómodo

1. un (típico e imposible de confundir) sonido ______________________
2. una palabra justa y (apropiada y conveniente) ______________________
3. una discusión (ineficaz y sin resultados) ______________________
4. un gesto (bondadoso y generoso) ______________________
5. un fenómeno (paranormal de transmisión de pensamientos)
   ____

3. *El texto: Saltar las palabras, frases o párrafos que no son necesarios*

✻ ¿Saltar (*Skipping*) palabras? ¡Qué barbaridad! A primera vista, parece un consejo malo. Pero, saltar las secciones no necesarias es una de las técnicas esenciales para la buena lectura. Es importante leer con un propósito (*purpose*) y *no* leer palabra por palabra.

El cuento de Sepúlveda sirve para practicar esta técnica porque contiene ocho secciones muy complicadas que son simplemente ejemplos de la cortesía y la expresión indirecta de la cultura china. Cada vez que habla el agregado chino o el intérprete chino, hay siempre una sección «impenetrable» y Ud. debe saltarla. El mensaje de estas secciones está expresado en las breves frases del agregado español o del intérprete español.

Trabajando solo(-a) o con otro(s), lea Ud. las líneas 1–27. Identifique los tres pasajes «impenetrables» y déles una ojeada (*give them a quick skim*) sin buscar el significado de ninguna de las palabras desconocidas. Después, haga este ejercicio. (Las líneas de la primera sección se dan como ejemplo.)

1. (La primera sección que debemos saltar es de la línea 5 a la línea 8.) El mensaje de esta sección es: a. las termitas devoran las bases. b. la hiedra cubre los muros y las ventanas. c. las frases tienen éxito. d. creo que estamos en un *impase.*
2. (La segunda sección que debemos saltar es de la línea _______ a la línea _______ .) El mensaje de esta sección es: a. también tienen éxito las mesuradas palabras. b. también creo que estamos en un *impase.* c. los hombres no pueden hablar con los dioses. d. Chang Po es el Viejo Sabio de las montañas.
3. (La tercera sección que debemos saltar es de la línea _______ a la línea _______ .) El mensaje de esta sección es: a. no hay *impase* que valga. b. ¿dónde empieza el arco iris? c. las culebras son mejores que los gusanos. d. necesitamos mayores garantías.

Siga Ud. con el mismo método en el resto del cuento (que tiene cinco otras secciones para saltar). Recuerde Ud.: no es necesario comprender el significado de todas las palabras en una lectura. Lo importante es comprender el significado general.

Impase

Luis Sepúlveda

Luego° de tres horas sentado frente al agregado° comercial chino, al agregado comercial español se le ocurrió una frase que siempre tuvo éxito diplomático:

Después / *attaché*

—Creo que estamos en un *impase** —dijo.

* La palabra *impase* está en cursiva porque ha entrado recientemente en español en imitación de la palabra inglesa *impasse.* Esta palabra va reemplazando expresiones más tradicionales como *atolladero* (*mire, bog*) o *callejón sin salida* (*alley with no exit*) que antes se usaban con un significado similar. Es interesante notar que la palabra *impasse* entró hace unos años en inglés del idioma francés.

—«La hiedra° se encarga de cubrir los muros y tapia las ventanas. Malvadas termitas devoran las bases de los puentes. El río desborda° su caudal ante la consternación de los cerezos° en flor» —tradujo° el intérprete chino.

El agregado comercial chino escuchó moviendo la cabeza en señal de afirmación° y dijo:

—Hubo una vez dos hombres que querían hablar con los dioses. Cada uno estaba seguro de poseer la verdad. Pero los dos hablaban al mismo tiempo y los dioses no podían entenderlos. Entonces Chang Po, el Viejo Sabio° de las Montañas que pasaba por ahí, se dirigió a ellos con mesuradas palabras. Necios,° empezó diciéndoles. Písense° la lengua con los talones.° Aquel que no sienta dolor será el primero en hablar. Los dos hombres lo hicieron y supieron que el peso de sus verdades era tan diferente como el peso de sus cuerpos.

—«También creo que estamos en un *impase*» —tradujo el intérprete español.

—Necesitamos mayores garantías —indicó el agregado comercial español.

ivy
overflows
cherry trees
translated
señal... *a sign of agreement*
Viejo... Wise Old Man
Idiotas / *Step on*
heels

—«Queremos saber en cuál de los dos lados empieza el arco iris,° si el ruiseñor canta porque empieza el día o se alegra por el fin de las sombras, acaso la culebra° por ser más larga alcanzará la meta antes que el pudoroso gusano° de la seda» —tradujo el intérprete chino.

El agregado comercial chino lo escuchó todo con nuevos movimientos de cabeza y respondió sin perder la sonrisa:

—La vergüenza° de la mujer infiel no termina en sus futuras vidas. La alondra° pondrá sus huevos sin pensar en los dientes del zorro. Por muy largo que tenga el cuello, la jirafa no probará la dulce leche de los astros.°

—«Ya tiene nuestras garantías» —tradujo el traductor español.

Llevaban° tres horas en eso. El agregado comercial español veía con preocupación su futuro diplomático. Si no firmaban° el convenio, los empresarios de la comunidad europea pedirían su cabeza.

El agregado comercial chino tenía idénticas preocupaciones. De fracasar la iniciativa° le aguardaba un destino incómodo en los territorios cercanos al Tibet. Además odiaba profundamente los quinquenios° de la reeducación en el campo.

Un *impase*. Qué palabra tan justa y adecuada. Los dos diplomáticos sentados frente a frente la medían° en sus diferentes significados. El español tenía la pelota en su campo de juego.° Debía responder, tender° un puente, y buscaba y rebuscaba° los argumentos precisos.

De pronto, desde un costado° de la sala se escuchó el inconfundible sonido de un encendedor.°

Los intérpretes y los diplomáticos miraron en esa dirección y vieron a un camarógrafo° de la televisión fumando con absoluta displicencia,° tan aburrido como ellos mismos de esas tres horas de discusión infructuosa.

El hombre, al verse sorprendido,° comprendió de inmediato que había violado normas° sagradas de comportamiento y se apresuró a apagar° el pitillo.° El problema era que no veía ningún cenicero° y aplastarlo° sobre la alfombra le significaría ser expulsado del club de prensa. Sudaba° el camarógrafo y los dos diplomáticos comprendieron que un gesto° benevolente ayudaría a reanudar° el diálogo.

Al parecer° los fenómenos telepáticos no son ajenos° a los diplomáticos, pues tanto el chino como el español realizaron° al

arco... *rainbow*
serpiente
worm
shame
lark
estrellas
They had spent
Si... *If they didn't sign*
De... *If the initiative failed*
sentencias de cinco años
contemplaban
pelota... *ball in his court*
extender / buscaba otra vez
lado
lighter
cameraman
indiferencia
al... cuando notó que lo miraban / restricciones
put out / cigarrillo
ashtray / *to step on it*
(He) was sweating
gesture
empezar otra vez
Al... Aparentemente / imposibles / hicieron

mismo tiempo el gesto de indicarle que todo estaba bien y que podía fumar en paz.

Los dos diplomáticos sonrieron y para relajar más la atmósfera echaron mano a sus pitilleras.° La del español era de fino cuero,° joya de talabartería salmantina,° y la del chino de bambú forrada° en pergamino° verde.

Una diligente mano anónima se apresuró° en depositar un cenicero de porcelana entre los diplomáticos.

—¿Desea uno hecho con tabaco canario?° —ofreció el español.

—«Tres generaciones de cultivadores se avergüenzan de su dudoso producto. Sé que debiera tenderle una alfombra conducente al país de los sueños. El humo que merecen sus pulmones° ha de ser tan sutil como el rocío° que engalana las espinas de la rosa y tan suave como el vuelo de las nubes en Primavera. Sin embargo, me atrevo a ofrecerle de mi oprobioso placer» —tradujo el intérprete chino.

El agregado comercial aceptó el cigarrillo y estiró° su pitillera.

—El cielo prodiga las lluvias y los labriegos° alzan sus cabezas en un llanto agradecido. Todo lo que se da nos es devuelto. El panda responde a nuestra generosidad escondiendo las garras° y el zorro que devora nuestros pollos termina abrigándonos el cuello. Indigno de mí que me atrevo a ofender su paladar con el fruto oscuro de censurables plantaciones.

—«Acepte uno de mis negros°» —tradujo el intérprete español.

Encendieron° los cigarrillos y dieron las primeras chupadas.° El español contuvo la tos° y cerró los ojos para disimular las lágrimas.

—Bueno. Muy bueno —dijo.

—«El cielo tiene siete puertas. Infame° de mí que recién lo comprendo. La casa del placer me recibe con sus mejores frutos y jubiloso dejo mis lamentables costumbres a la entrada. No merecen otro destino que ser pisadas° por los pordioseros. Dichoso de mí. Ocho generaciones venerarán este glorioso momento» —tradujo el intérprete chino.

El agregado comercial chino dio la tercera chupada sin llegar al sabor del tabaco canario.

—Ignorante de tal gusto, mi criticable boca sólo supo del sabor del estiércol.° Jamás una caricia tan certera se paseó por su cavidad tendiente a la calumnia. Nunca mis dientes, que sólo disfrutaron del lacerante zumo de los cardos,° fueron

paquetes de cigarrillos / *leather* / **de...** *of Salamancan leatherwork* / *lined* *parchment* / aceleró

de las islas Canarias

lungs / *dew*

ofreció

trabajadores

claws

cigarrillos de tabaco negro / *They lighted up* / *puffs*

contuvo... *held back his cough*

Unworthy

stepped upon

fertilizante

thistles

adormecidos con la ensoñación azul y placentera de tal inconmensurable placer. Arrogante de mí. Fanfarrón° de mí, que me atrevo a suponer que el tabaco fue regado con lágrimas de colibrí° y segado con espadas matadoras de dragones.

Luego del intercambio de frases sinceras, los dos diplomáticos aplastaron las colillas° en el cenicero y se dispusieron a reanudar las conversaciones.

El aroma de los diferentes tabacos presagiaba° un buen final para ambos° bandos y muy cerca, el camarógrafo encendía un segundo pitillo con la seguridad de haber contribuido a superar° el *impase.*

Boastful
hummingbird
aplastaron... *put out the cigarette butts*
daba indicaciones de
los dos
terminar con

Comprensión

¿Cierto o falso?

✻Diga si las siguientes frases sobre el cuento son ciertas o falsas. Corrija las frases falsas.

_______ 1. Los dos agregados creían que estaban en un *impase.*
_______ 2. El agregado español no estaba preocupado porque su futuro diplomático era seguro.
_______ 3. El agregado chino estaba preocupado porque temía las consecuencias de un fracaso.
_______ 4. De repente se escuchó el sonido inconfundible de una pistola.
_______ 5. Un camarógrafo de la televisión fumaba un cigarrillo pero no tenía cenicero.
_______ 6. Los dos agregados le indicaron que podía fumar en paz.
_______ 7. Cada uno de los dos agregados aceptó y fumó un cigarrillo del otro.
_______ 8. Los cigarrillos eran muy similares.
_______ 9. Al final, es casi seguro que los dos diplomáticos van a firmar el convenio.

Discusión

✻Trabajando con un(-a) compañero(-a), conteste Ud. las siguientes preguntas.

1. El cuento acaba con un tono optimista. Pero, ¿por qué? ¿Exactamente, qué ha pasado para cambiar la atmósfera y romper el *impase?*
2. Hoy mucha gente deja de fumar. ¿Qué opina Ud. de este habito? ¿Puede pensar en otra solucíon al impase del cuento?
3. Algunos dicen que siempre es mejor «ir al grano» (*to get right to the point*) en una conversación. ¿Estás de acuerdo o no? ¿Por qué?

¿Qué les parece?

¿De qué conquista hablamos?

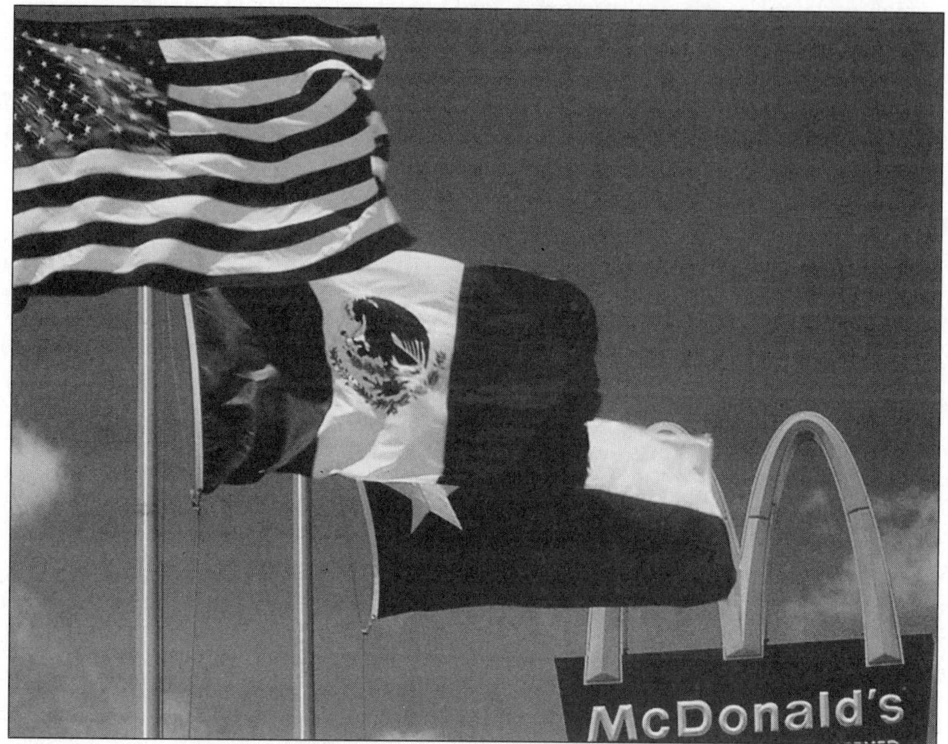

Mire Ud. esta foto de la fotógrafa mexicana Lourdes Grobet y piense en qué representa. Trabajando con otros discuta estos temas:

1. **El título de la serie.** *¿De qué conquista hablamos?* ¿Creen Uds. que se refiere a una conquista militar, cultural, artística o comercial? Expliquen.
2. **Las tres banderas.** ¿Pueden Uds. identificarlas? ¿Qué representan?
3. **Las transnacionales.** ¿Qué opinan Uds. de las compañías transnacionales y su impacto en las diversas culturas del mundo? ¿Es buena o mala esta influencia? ¿Por qué?
4. **El mensaje de la foto.** ¿Qué opinan Uds. de la foto? En palabras sencillas, ¿cuál es su mensaje?

El boom de Internet*

Anticipación

Internet ahora está por todas partes y muchos creen que representa una revolución en la comunicación humana. Desde las junglas de Chiapas, México, los revolucionarios zapatistas han transmitido mensajes políticos en su «sitio de web» *Ya basta*. También hay sitios feministas, como *Hermanas cibernéticas* o *Mujeres-araña*. Los arqueólogos usan Internet, los cocineros, los monjes... hasta el Dalai Lama tiene su sitio en el ciberespacio. El siguiente artículo describe la participación en Internet de los costarricenses.

Una niña ciega usa su computadora.

1. *Para abrir el tema*

Internet es un fenómeno que está cambiando nuestra vida. Pero, ¿para bien o para mal? Trabajando solo(-a) o con otro(s), conteste las siguientes preguntas.

1. ¿Usa Ud. Internet? ¿Cómo, cuándo y para qué?
2. ¿Qué peligros hay en Internet? ¿Qué oportunidades hay?

* De la revista costarricense *Actualidad económica*.

3. ¿Cree Ud. que es bueno para los negocios o no? Y en general, ¿para la sociedad? Explique.

2. *El vocabulario: ¿Quiénes son?*

✻ Busque Ud. los nombres de los siguientes grupos mencionados en el artículo. Las frases están en el orden de su uso en la selección.

MODELO *Personas que exportan productos o servicios* en el mundo pueden colocar su catálogo en una vitrina virtual. (Exportadores)

1. Esta red une a científicos, artistas, políticos y *los dueños o representantes de una empresa* sin distingo de raza, nacionalidad o ideología.
2. Por ahora Internet está en más de 3 millones de computadores, con más de 40 millones de *personas que lo usan.*
3. En los 60, algunos *ciudadanos de Estados Unidos* pretendieron crear una red de computadores con fines militares en caso de un ataque nuclear.
4. Pronto se comprendió que tenía potencial para ser aprovechado por los *individuos que hacen investigaciones.*

3. *El texto: Prever la organización de ideas*

✻ Identifique las cuatro secciones del artículo, y complete los títulos de las secciones. Luego, haga una lectura rápida del artículo y escriba en la línea apropiada la letra de la idea central de cada sección. (Hay una idea en la lista que *no* está en el artículo.)

1. Títulos de las secciónes

I. (Introducción, sin título)
II. El mundo se « internatiza »
III. Herramienta infalible
IV. Fiebre por Internet

2. Idea central

I. b
II. a
III. e
IV. b

Lista de ideas

a. su evolución y la historia de su origen
b. usos y beneficios para la sociedad
c. problemas, crímenes y peligros
d. definición y descripción general
e. nombres y explicaciones de servicios

Ahora, lea el artículo con mayor atención para aprender más sobre estos cuatro temas.

El boom de Internet

Kattia Bermúdez y José Luis Mora

Navegar.* Este es el nuevo verbo que se emplea en el lenguaje de la red° de información más grande del mundo: Internet. Una red interactiva que le permite adentrarse° a un nuevo mundo, mágico, lleno de color y de entretenidos ambientes.

net, network
entrar

En Internet usted puede ingresar° sin complicaciones y, al son del «clic», navegar por cualquiera de las rutas. Esta red transita por computadores†, fibras ópticas, modems y líneas telefónicas del mundo, uniendo a científicos, artistas, políticos y empresarios sin distingo de raza, nacionalidad o ideología.

entrar

Internet se ha convertido en la herramienta° tecnológica de la globalización económica. Por ahora Internet está en más de 3 millones de computadores, con más de 40 millones de usuarios y en al menos 146 países.

tool

El mundo se «internatiza»

Cuenta la historia que Internet comenzó como un proyecto financiado por la Agencia de Proyectos Avanzados de Investigación (ARPA), del Departamento de Defensa de Estados Unidos a finales de la década del 60. Los estadounidenses pretendieron° crear una red de computadores con fines militares que fuera infalible, para que en caso de un ataque nuclear se mantuviera alguna forma de comunicación a través de ARPAnet.

tuvieron la intención de

Pronto se comprendió que tenía mucho potencial para ser aprovechado° por los investigadores científicos y académicos. La Fundación Nacional de Ciencia fue la primera en descubrir que el ritmo de trabajo podría acelerarse si se implementaba una red de computadores que conectara a ARPAnet a todas las universidades y centros de investigación de Estados Unidos. Esta red pasó a ser

utilizado

---

* *Navegar* quiere decir «ir por el agua o el aire en un vehículo» y se traduce al inglés como *sailing, piloting, navigating, drifting, driving, riding*. En su uso en Internet, *navegar* corresponde a *surfing*.

† Es de notar que en Costa Rica y algunos otros países se usa *el computador*, pero en general la forma femenina, *la computadora*, predomina.

conocida como NSFnet. Tiempo después el Departamento de Defensa dejó el control de la red y a partir de 1983 comenzó a llamarse Internet, que se expandió por todo el mundo en tres campos: comercial, gubernamental y académico.

Por eso hoy, en segundos y sin límites, usted puede comunicarse con cualquier parte del mundo.

Herramienta infalible

Internet también se ha convertido en un útil instrumento de mercadeo° y apoyo intelectual. Es sorprendente la capacidad que tiene para crear negocios nuevos, e inclusive, para hacer más atractivos los existentes.

marketing

La red incluye servicios como el *E-Mail* (correo electrónico), el Telnet (acceso a máquina remota), el FTP (*File Transfer Protocol*), la búsqueda° de información y el WWW (*World-Wide Web*). En Costa Rica, uno de los sistemas de mayor uso es el *E-Mail,* el cual permite enviar y recibir correspondencia desde y hacia° cualquier parte del mundo.

search

con destino a

El FTP permite bajar o subir información, o sea, que es un protocolo de transferencia de archivos entre dos máquinas, por lo

cual se podrá extraer información, generalmente de manera gratuita,° de muchos lugares como bibliotecas.

sin costo

Mediante la WWW se obtienen gráficos, videos y hasta se puede escuchar música.

Fiebre por Internet

La fiebre por Internet es hoy una realidad. Instituciones de educación, bolsas de valores,° empresas e individuos reconocen su utilidad. Varias compañías se han dedicado al desarrollo de despliegues° gráficos para este ambiente con fines publicitarios. Tal es el caso de Cool Interamericana o Ticonet.* Otros negocios surgen amparados° a esta red, como la posibilidad de ganar dinero dando capacitación° sobre el uso y acceso de Internet; las ventas de computadores o modems; soportes técnicos o asesorías,° etc.

bolsas... *stock markets*
displays
apoyados
instrucción especializada
consulting services

El sector financiero también se ha visto beneficiado. A la Bolsa Electrónica de Valores, por ejemplo, Internet le permite conocer precios de acciones° que se están negociando en la Bolsa de Nueva York, además de otros servicios.

stocks

La mayor parte de los bancos de Estados Unidos, Europa y Japón están enlazados° a Internet. Otras instituciones financieras en el mundo reclutan° su personal a través de esta red. Pronto se enlazarán los ministerios y otras instituciones gubernamentales.

conectados
recruit

Exportadores en el mundo pueden colocar su catálogo en una vitrina° virtual y lograr que clientes de todo el planeta soliciten sus encomiendas,° que pueden ir desde libros, flores y, más adelante, hasta comida. ¡Imagínese el ahorro° que implica para su empresa esta campaña publicitaria a nivel mundial!

shop window
soliciten... *may place their orders* / *savings*

A nivel individual usted también puede beneficiarse si participa en los foros° de discusión electrónicos. Sólo basta con accesar a Internet, inscribirse en una de las listas según el tema de su predilección° y esperar a que alguien desde cualquier rincón° del mundo le pregunte algo.

grupos
preferencia / *corner*

* Es común referirse a los costarricenses como «ticos».

Sin duda, Internet actúa como una fuerza tecnológica que está rompiendo barreras geográficas y, a cambio, está uniendo a la Humanidad en una red donde se privilegia la comunicación.

Comprensión

1. *Selección de datos*

Escoja la mejor manera de completar cada frase.

1. En inglés el verbo para moverse en Internet es *surfing*, y en español es...

   a. activar. **b.** adentrarse. **c.** navegar. **d.** volar.

2. La red de Internet consiste en computadores, fibras ópticas, modems y...

   a. radios. **b.** líneas telefónicas. **c.** motores. **d.** máquinas de fax.

3. Internet empezó en Estados Unidos en los 1960 como ARPAnet, un proyecto financiado por el Departamento de...

   a. Educación. **b.** Tecnología. **c.** Bienestar. **d.** Defensa.

4. En 1983, este Departamento dejó el control, y la red (ahora llamada Internet) se expandió por todo el mundo en tres campos: gobierno, universidades y...

   a. comercio. **b.** arte. **c.** publicación. **d.** biología.

5. Ticonet es una compañía costarricense que...

   a. hace publicidad con gráficos. **b.** enseña el uso y acceso de la red.
   c. arregla computadores. **d.** vende modems y soportes técnicos.

6. En el momento cuando se escribió el artículo, estaba enlazada a Internet la mayor parte de los bancos de...

   a. Latinoamérica y América Central. **b.** Asia y África.
   c. Estados Unidos, Europa y Japón. **d.** el mundo entero.

2. *Crucigrama de verbos*

Complete el crucigrama, llenando las casillas (*boxes*) con las letras de verbos del artículo, según las indicaciones. La primera letra se da para cada verbo.

Horizontales

2. quebrar, separar con violencia las partes de una cosa (R)
6. ganar acceso a algo (por ejemplo, a Internet) (A)
7. ir por el agua, por el aire o por Internet (N)
8. sacar, quitar (algo) de su sitio (E)

Verticales

1. obtener beneficio con cierta cosa (B)
2. buscar o reunir gente para trabajar en una empresa (R)
3. poner (algo) en el lugar correcto (C)
4. entrar (I)
5. tratar de hacer, intentar (Este verbo es un cognado falso.)* (P)

Discusión

1. *Foros de discusión*

Trabaje con otros compañeros en *uno* de los siguientes foros. Conteste las preguntas y tome apuntes de las respuestas de los otros. Después de cierto tiempo, alguien le dará un resumen a la clase de las opiniones del grupo.

A. Usos de hoy y de mañana

- *Usos para los negocios.* ¿Cómo usan la red los accionistas de la Bolsa de Valores, las instituciones financieras, los exportadores? ¿Qué negocios existen gracias a Internet? ¿Qué negocios han sufrido a causa de Internet?
- *Usos académicos y gubernamentales.* ¿Cómo se usa Internet en las universidades? ¿en el gobierno? ¿Sería bueno reducir el número de escuelas y de profesores en el futuro y ofrecer cursos en la red?
- *Internet del futuro.* ¿Qué nuevos servicios habrá en el futuro?

B. Abusos y crímenes

- *La juventud.* ¿Pierden los niños y los jóvenes tiempo en la red? ¿Leen menos libros que antes? ¿Practican menos deportes? En fin, ¿es una mala influencia? ¿Es posible ser adicto(-a) a Internet?
- *La libre distribución.* Se circulan libremente literatura, canciones, programas de computación y videos a veces sin compensar a la gente con los derechos

* Un *cognado falso* es una palabra que se parece a otra palabra en un idioma diferente pero que tiene un significado totalmente distinto. En español, el ejemplo clásico es la palabra *embarazada:* se parece a *embarrassed*, pero significa *pregnant*.

(*copyright*). También hay pornografía e instrucciones peligrosas, como el método de fabricar una bomba o de suicidarse. ¿Necesitamos más control o censura? ¿Por qué sí o no?

- *Las estafas (con games).* ¿Es fácil engañar a los inocentes en Internet?

C. ¿Igualdad o elitismo?

- *La invisibilidad y el anonimato.* Los usuarios de Internet son invisibles y, si quieren, anónimos. ¿Creen Uds. que por eso hay más igualdad en la red que en la vida diaria? ¿Hay más mentiras? ¿Por qué sí o no?
- *El dinero y la instrucción.* ¿Es elitista la red porque se necesita dinero para conectarse y cierto nivel de instrucción e inteligencia? Expliquen.
- *Las personas con incapacidades.* ¿Qué impacto tiene Internet en la vida de los ciegos, los sordos o las personas con otras incapacidades?
- *Las amistades.* ¿Es posible tener amigos íntimos en Internet o son siempre superficiales estas amistades?

2. *Minidebates*

*Trabaje Ud. con otra persona y prepare argumentos a favor o en contra de las siguientes opiniones.

1. Internet es un buen modo de conocer al amor de tu vida.
2. La red es una droga y es posible ser adicto(-a) a ella.
3. El mundo sería mejor si no existieran los computadores y la red.

3. *Juego imaginativo: Mi publicación cibernética*

*En una hoja de papel invente Ud. su propia página personal (*home page*) en español para Internet, indicando el texto, gráficos, dibujos, fotos, video o sonido que quisiera incluir.

Más allá del texto

Haga una de las siguientes tareas y comparta los resultados con la clase.

1. Póngase en contacto en español con alguien en España o Latinoamérica, y pregúntele su opinión de Internet, o entre en un foro de discusión en español.
2. Busque en la red información sobre Costa Rica (o algún otro país hispano) con respecto a la literatura, el cine, la meteorología (*weather*), la política u otro aspecto de la sociedad.
3. Infórmese sobre una de las comunidades de habla española en el lugar donde Ud. vive, y verifique cómo la gente de esta comunidad usa Internet.

Apocalipsis*

Anticipación

La siguiente selección es un «microcuento», una historia muy breve, escrita por un autor famoso por su habilidad de sugerir mucho con pocas palabras.

Para abrir el tema

¿Cómo imagina Ud. el fin de la humanidad? ¿la última guerra atómica? ¿la colisión cósmica con un asteroide? ¿o tal vez una epidemia causada por un microbio superresistente? Explique cuál de estos fines le parece más probable y por qué. Aquí se presenta una versión diferente.

Apocalipsis

Marco Denevi†

La extinción de la raza de los hombres se sitúa aproximadamente a fines del siglo XXXII. La cosa ocurrió así: las máquinas habían alcanzado tal perfección que los hombres ya no necesitaban comer, ni dormir, ni hablar, ni leer, ni escribir, ni pensar, ni hacer nada. Les bastaba° apretar° un botón y las máquinas lo hacían todo por ellos. Gradualmente fueron desapareciendo las mesas, las sillas, las rosas, los discos con las nueve sinfonías de Beethoven, las tiendas de antigüedades, los vinos de Burdeos,° las golondrinas,° los tapices flamencos,° todo Verdi, el ajedrez,° los telescopios, las catedrales góticas, los estadios de fútbol, la *Piedad* de Miguel Ángel, los mapas, las ruinas del Foro Trajano,° los automóviles, el arroz, las sequoias gigantes, el Partenón. Sólo había máquinas. Después los hombres empezaron a notar que ellos mismos iban desapareciendo paulatinamente° y que en cambio las máquinas se multiplicaban. Bastó poco tiempo para

Les... Era suficiente / *push*

Bordeaux

swallows / **tapices...** *Flemish tapestries* / *chess*

Foro... *Trajan's Forum (in Rome)*

gradualmente

---

*El último libro del Nuevo Testamento. Muchas veces se usa el término para significar una revelación o «advertencia» (*warning*).

†Marco Denevi (*n.* 1922), novelista y cuentista argentino de gran originalidad.

que el número de los hombres quedase reducido a la mitad y el de las máquinas se duplicase.° Las máquinas terminaron por ocupar todos los sitios disponibles.° No se podía dar un paso ni hacer un ademán° sin tropezarse con° una de ellas. Finalmente los hombres fueron eliminados. Como el último se olvidó de desconectar las máquinas, desde entonces seguimos° funcionando.

se... se multiplicase por dos / utilizables

movimiento pequeño / **tropezarse...** encontrar

continuamos

Preguntas

1. ¿Por qué se extinguió la raza humana en el siglo XXXII?
2. ¿Qué objetos desaparecieron gradualmente? ¿Qué pasó con los hombres? ¿Por qué?
3. Al final, ¿qué descubrimos de la identidad del «autor» del cuento?
4. ¿Qué peligro se muestra aquí con respecto al poder creador humano?

Composición

✻ *Apocalipsis* significa *advertencia.* Escriba Ud. una advertencia basada en el cuento, y compártala con la clase.

Don Gregorio

capítulo 3

El hombre y la mujer

Vocabulario preliminar

✻Estudie estas palabras y haga el ejercicio antes de empezar esta sección sobre las semejanzas y diferencias entre los hombres y las mujeres. Luego utilice este vocabulario como medio de consulta durante su estudio del capítulo.

1. **capacidad, la** habilidad, aptitud de una persona para hacer algo; *adj.* **capaz,** *pl.* **capaces**
2. **cerebro, el** parte superior de la cabeza que sirve para controlar y coordinar las acciones mentales y físicas
3. **competencia, la** rivalidad entre varias personas que aspiran a obtener la misma cosa; *adj.* **competitivo**
4. **criar, se** educar, cuidar en la niñez; desarrollarse, hacerse hombres o mujeres, *s.* **crianza (la)**
5. **distinto** diferente, no semejante
6. **escoger** elegir, optar por
7. **hembra, la** persona o animal del sexo femenino; mujer
8. **jerarquía, la** organización en categorías de personas o cosas; orden
9. **machista, el, la** & *adj.* sexista, persona que practica o defiende **el machismo** o discriminación sexual basada en la superioridad del hombre
10. **macho, el** animal del sexo masculino; *adj.* fuerte, viril
11. **papel, el** *fig.* función, empleo, rol; **hacer el papel,** ***e.g.*** ¿Qué papel hace la mujer en la sociedad moderna?
12. **semejanza, la** similitud, analogía, afinidad; *adj.* **semejante**
13. **tarea, la** obra, trabajo; deber
14. **varón, el** hombre

Sinónimos

✻Busque un sinónimo para las palabras en cursiva.

Los científicos han encontrado muchas *similitudes* entre el *hombre* y la *mujer,* pero al mismo tiempo han observado que somos *diferentes* desde muy jóvenes. Por ejemplo, en algunos estudios se ha confirmado que muchas niñas prefieren jugar con muñecas o charlar, mientras que los niños *optan por* juegos o actividades en que hay más *rivalidad* o en que se puede establecer *un orden de categorías.* En otros estudios, se ha notado que los dos sexos demuestran distintas *habilidades* basadas en su utilización de los hemisferios de *la parte superior de la cabeza.* Los hombres parecen poseer más aptitud para *trabajos* visuales-espaciales, mientras que las mujeres demuestran mayores talentos verbales. ¿Pero qué o quién influye más en determinar nuestra *función o rol* en la vida? ¿Es nuestra composición genética o es la sociedad en que nos *educamos?* ¿O son las dos cosas? Quizás algún día se halle una respuesta definitiva. Por ahora, ¡viva la diferencia!

El hombre y la mujer: ¿Semejantes o diferentes?

El hombre y la mujer. ¿Cuáles son las semejanzas entre nosotros y cuáles son las diferencias? Estas preguntas son —y han sido— los temas de investigación y discusión entre psicólogos, biólogos, feministas, lingüistas, poetas... ¡incluso nosotros! ¿Se pueden atribuir las diferencias completamente a factores biológicos o también contribuye el ambiente (los factores socioculturales)? No hay ninguna respuesta cierta, pero sí hay muchas opiniones al respecto.

La teoría sociocultural

Hasta hace muy poco estaba de moda la teoría sociocultural, en que se atribuyen las distintas características en parte al papel en que se coloca al niño o a la niña desde que nace. Los padres educan a sus hijos esperando cosas distintas de cada sexo.

Rius

Comprensión

1. ¿Qué es la teoría sociocultural?
2. ¿Qué ejemplos de esto ofrece el dibujo de Rius?

Opinión

1. ¿Está Ud. de acuerdo con lo que dicen los personajes del dibujo? ¿Por qué?
2. ¿Todavía es relevante la teoría sociocultural o es cosa del pasado?

*Dos sexos, dos formas de pensar diferentes**

Estas dos fotografías han causado sensación en todo el mundo. Las imágenes por resonancia magnética (IRM) demuestran por primera vez que el hombre y la mujer no utilizan su cerebro de la misma forma, sobre todo cuando leen.

Los científicos presentaron a dos grupos de hombres y mujeres una serie de palabras y les pidieron que las hiciesen rimar. Lógicamente, al ser todos diestros (de mano derecha), fue la zona

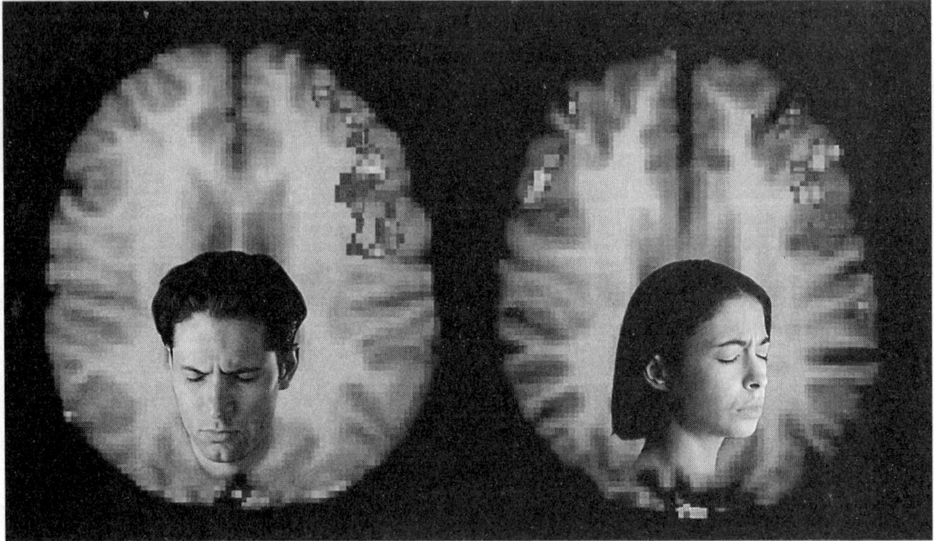

¿Qué partes distintas del cerebro utilizan el hombre y la mujer al hacer la misma tarea?

---

* Fotografías y texto de la revista *Muy interesante*.

izquierda la que se activó. Sin embargo, apareció una diferencia: en la mayoría de las mujeres se encendió otra región en el lado derecho, prueba que la mujer tiene la capacidad de utilizar información de varias regiones del cerebro simultáneamente. A la actividad del hemisferio izquierdo, sede (base) del lenguaje y de la lógica analítica, las mujeres añadieron una zona derecha, en la que predomina el campo de lo visual, de lo espacial, el tratamiento de la información y quizás, el de la emoción. Es decir, al carácter racional del lenguaje, la mujer añadiría un velo de emoción, de sensibilidad, lo que puede ayudarla a «leer» o interpretar los motivos y emociones de otras personas, en fin, a «intuir». ¿Una conclusión machista o un experimento controvertido?

Por otra parte, los hombres, con su mayor capacidad de usar un sólo hemisferio (sin la distracción del otro), realizan con más éxito tareas visuales-espaciales, como leer un mapa sin necesidad de moverlo según cambios de dirección. ¿Pero no hay mujeres capaces de hacer tareas visuales-espaciales, y hombres comprensivos y sensibles que entiendan los motivos de otros? ¿Cómo influye el proceso de socialización en determinar las diferencias entre los sexos?

Comprensión

1. ¿Qué tuvieron que hacer los hombres y las mujeres que participaron en un experimento científico?
2. ¿Qué partes distintas del cerebro utilizaron? ¿Qué demuestra esto, según algunos científicos?

Opinión

¿Cree Ud. que el hombre y la mujer piensan de una manera distinta o más o menos de manera igual? Dé algunos ejemplos de su experiencia personal.

Los juguetes infantiles: ¿Cuestión de biología?

¿Por qué prefieren los niños jugar con coches, camiones y juguetes mecánicos? ¿Y las niñas con muñecas y artículos de hogar? Los investigadores teorizan que la hormona masculina, la testosterona, produce una personalidad agresiva y que por eso los niños optan

por juegos activos y competitivos. Es interesante que en un estudio de niñas con niveles abnormalmente altos de testosterona (recuerde que cada sexo produce pequeñas cantidades de la hormona del sexo opuesto), estas niñas también escogieron los coches y camiones como juguetes. Naturalmente otros estudios en el pasado han demostrado una gran influencia social en la selección de juguetes por niñas y niños. Los padres, los amigos, los programas de televisión, los anuncios comerciales —todos influyen en las preferencias del niño y la niña, según esta perspectiva.

Comprensión

Según algunos estudios, ¿por qué prefieren los niños jugar con camiones y juguetes mecánicos?

Opinión

1. ¿Está Ud. de acuerdo con estos estudios? ¿Por qué? Cuando Ud. era pequeño(-a), ¿qué juguetes prefería?
2. Si Ud. fuera padre o madre, ¿le compraría muñecas a su niño o camiones a su niña? Explique.

Comentario sobre el dibujo

¡*Atención,* hombres de la clase! ¿Se identifican con el hombre del dibujo? ¿Por qué? Y las mujeres de la clase, ¿están Uds. de acuerdo con la mujer? Expliquen.

¡*Atención,* los dos sexos! Hagan un nuevo dibujo, con un hombre que dice: «En verdad, no exijo mucho de una mujer: sólo que sea...» Completen el comentario del hombre.

Actividades

1. *¿Semejantes o diferentes?*

Trabaje con otra persona para contestar estas preguntas. ¿Es más probable que el hombre o la mujer haga las siguientes cosas? ¿Son factores biológicos los responsables de estas diferencias o semejanzas? ¿O es el ambiente?

	Hombre	Mujer	Los dos iguales
1. hablar (participar) en clase	______	______	______
2. escuchar en una conversación	______	______	______

	Hombre	Mujer	Los dos iguales
3. cometer actos agresivos y antisociales	_______	_______	_______
4. dormir en un lugar incómodo	_______	_______	_______
5. ser fiel en una relación amorosa	_______	_______	_______
6. hacer cálculos matemáticos	_______	_______	_______
7. ayudar a un desconocido	_______	_______	_______
8. cumplir con responsabilidades/ tareas desagradables	_______	_______	_______
9. defender su patria (nación)	_______	_______	_______
10. someterse a la cirugía cosmética	_______	_______	_______

2. *Juego imaginativo: El desempleo en dos barrios*

* Trabajando con otro(s) estudiante(s), prepare dos descripciones o dibujos (*drawings*) distintos, uno de Barrio A, otro de Barrio B, según las instrucciones.

Barrio A. Imaginen que Uds. están en un barrio en que la mayoría de *las mujeres* no trabajan fuera de casa.

1. ¿Qué ven Uds. en las calles y las casas/los apartamentos?
2. ¿Qué hacen las mujeres?

Barrio B. Ahora, imaginen que están en un barrio en que la mayoría de *los hombres* no trabajan fuera de casa.

1. ¿Qué ven Uds. en las calles y las casas/los apartamentos?
2. ¿Qué hacen los hombres?

¿Qué diferencias existen entre las dos escenas? ¿Por qué?

3. *Entrevistas espontáneas*

* Tres o cuatro miembros de la clase trabajan para el canal 5, WESP(añol). Entrevistan a dos o tres compañeros de clase cada uno, y luego preparan un informe para presentar a la clase en forma de las noticias del día en la televisión.

¿Cree Ud. que...? ¿Por qué?

1. los medios (*the media*) exageran todo? ¿Cree Ud. que los hombres y las mujeres son más semejantes que distintos?
2. los programas de Estudios Femeninos son intelectualmente débiles y una pérdida de tiempo?
3. los hombres necesitan desarrollar sus cualidades «femeninas» y las mujeres sus cualidades «masculinas»?
4. los niños (varones) que no tienen padres en casa deben asistir a una escuela especial, con maestros y otros hombres que sirvan como modelos?
5. ¿ ?

¿Qué les parece?

¿Moda o mutilación?

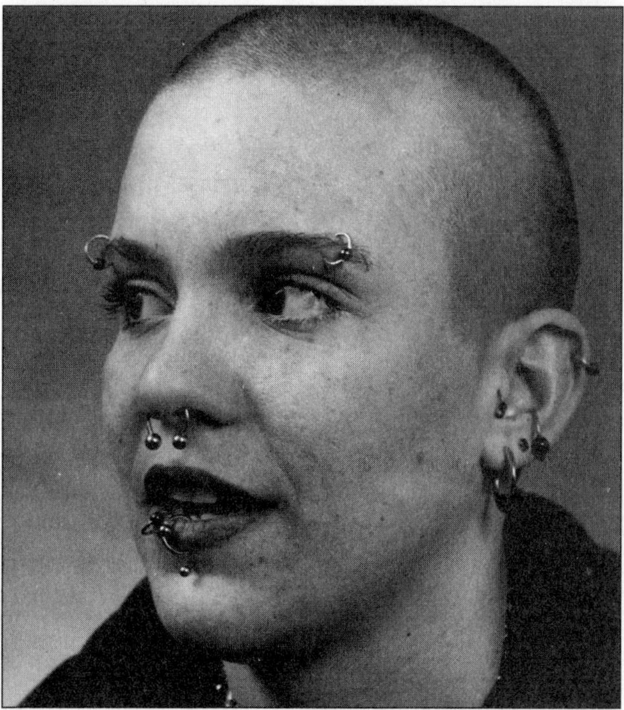

Esta joven se puso tantas arracadas en la cara y las orejas que fue despedida de su trabajo en una librería. ¿Es justo o injusto esto?

Trabajando en grupos pequeños, miren y discutan Uds. la foto y el texto.

Algunos dicen que la moda de ponerse arracadas (perforarse el cuerpo) es simplemente otro ejemplo de la mutilación femenina que se ha practicado en muchas sociedades durante siglos. Otros creen que es una buena manera de expresar el valor y el individualismo de la mujer (¡y también del hombre!). ¿Qué opinan Uds.? ¿Se pondrían Uds. arracadas? ¿Por qué?

La ventaja de ser mujer

Anticipación

Uno de los cambios más significativos en las últimas décadas es la creciente participación de la mujer en la fuerza laboral. Sin embargo, aunque casi el 60% de las mujeres en Estados Unidos y Canadá trabajan fuera de casa (y en América Latina, el 32%), sólo el 10% de ellas (y menos del 2% de las latinoamericanas) ocupan puestos de alto mando (*top management*).* ¿Por qué? Según el artículo que sigue, es en parte debido al predominio de los valores «masculinos» —basados en el modelo militar y los deportes masculinos— en el mundo de los negocios. Pero, como el título implica, los tiempos están cambiando y hoy día es cada vez mejor ser mujer. Vamos a ver las razones.

1. *Para abrir el tema*

¿Piensa Ud. trabajar después de terminar su educación? Trabajando solo(-a) o con otro(s), explique sus planes particulares. ¿Qué cualidades necesita una persona en

Cada día estas arquitectas toman decisiones sobre la estructura de edificios nuevos.

* Según *The World's Women*, United Nations, 1991; *Statistical Abstract of the United States*–1997, Bureau of the Census; *Boston Globe*, Oct. 1996.

su empleo futuro? ¿Le gustaría a Ud. ser ejecutivo(-a) en su profesión? ¿Por qué? ¿Qué atributos necesita un(-a) buen(-a) gerente o ejecutivo(-a), en su opinión? ¿Cuál cree Ud. que es «la ventaja de ser mujer» en el mundo de los negocios? Explique.

2. *Vocabulario: Sinónimos en contexto*

✻Complete Ud. las frases, escogiendo el término en paréntesis que es un *sinónimo* de la palabra en cursiva.

En el mundo de los negocios es verdad que...

1. Las *empresas* (compañías, clubes) establecen *reglas* (historias, regulaciones) para el funcionamiento de los distintos departamentos: márketing, finanzas, producción, etc.
2. Los *conductores* (subalternos, ejecutivos) efectivos saben motivar y *conducir* (liderar, obedecer) al *personal* (los miembros de la junta directiva, los demás empleados).
3. Si una empleada siempre *logra* (obtiene, pospone) sus objetivos, probablemente *ascenderá* (recibirá una promoción, bajará de categoría) a una posición de *liderazgo* (inferioridad, superioridad).

3. *El texto: Buscar información*

✻Lea Ud. rápidamente, sin consultar el diccionario, el segundo y tercer párrafos (líneas 12 a 36) del artículo. Busque la siguiente información.

Según la perspectiva de la autora:

1. Tres características de las organizaciones/compañías de hace 20 años
   a) ______________________________
   b) ______________________________
   c) ______________________________
2. Tres características de las organizaciones/compañías más modernas
   a) ______________________________
   b) ______________________________
   c) ______________________________

¿En qué tipo de organización cree Ud. que preferiría trabajar la autora? ¿Cómo sabe Ud. esto?

4. *Enfoque*

✻Al leer el artículo, concéntrese en los siguientes puntos.

- Penélope como mujer modelo
- el rol fundamental del líder de hoy versus el modelo tradicional masculino
- ejemplos del énfasis más humanista en los negocios

*La ventaja de ser mujer**

María Eugenia Estenssoro

¿Nena° o varón? A lo largo de la historia, y hasta el día de hoy, el nacimiento de una niña no siempre ha recibido la misma bienvenida que la llegada de un varón. Decepcionado° al comprobar° que había tenido una hija, Icario, rey de Esparta y padre de Penélope, la arrojó° al mar.† Obviamente creía que una mujer no era apta ni para sobrevivir por sus propios medios ni para batirse° sola en la política o la guerra. Penélope —tenaz,° fogosa,° paciente, amante— hizo todas estas cosas y mucho más. Pero la idea de que la mujer es inadecuada para la cosa pública siguió latente en nuestra civilización.

Niña
Desilusionado / confirmar
threw
combatir
perseverante / apasionada

Inclusive hace tan sólo veinte años, varios pensadores —hombres y mujeres— sostenían que el mundo público y más específicamente el de los negocios eran un terreno «no apto para mujeres». Las organizaciones, explicaban, eran estructuras basadas en el modelo militar y respondían a las reglas de la competencia que los hombres habían aprendido desde la infancia, practicando deportes como el fútbol. Para las mujeres ésta era una cultura extraña porque de niñas habían «perdido» el tiempo jugando con muñecas y leyendo novelitas rosa,° actividades inapropiadas para el mundo de la acción. Si una mujer quería triunfar en los negocios, había que familiarizarse con la estrategia militar y los deportes masculinos. Es decir, actuar de acuerdo a los códigos de los hombres.

románticas

Por suerte, eso ya es historia vieja. A medida que° más y más mujeres llegan a posiciones de liderazgo en la sociedad, se comprueba que no es necesario travestirse° para triunfar en la vida pública. Y en la medida en que la era post-industrial descarta° las organizaciones piramidales, autoritarias y rígidas

A... *As*
vestirse como hombre
elimina

---

* De *Mujeres & Compañía,* una revista para mujeres profesionales de Argentina. María Eugenia Estenssoro, directora de la revista, es ahora candidata a diputada (congresista) de la nación.

† Penélope se salvó y se convirtió en una heroína de la mitología griega. Es conocida por su fidelidad a su esposo Odiseo, quien estuvo ausente durante veinte años. Penélope sobrevivió por su propia cuenta, exhibiendo inteligencia, lealtad e inventiva al resistir los avances de otros hombres.

por modelos más flexibles y horizontales, valores femeninos como el cuidado de las relaciones humanas y el ambiente de trabajo, el diálogo, la participación, el espíritu de equipo° y hasta la intuición son conceptos muy frecuentes entre los expertos y expertas en *management.* Aseguran éstos que las empresas más exitosas serán aquéllas que den un lugar primordial a las mujeres y aprovechen° sus valores y talentos naturales.

grupo que trabaja junto
usen

Hay un elemento clave° que permite comprender por qué si antes la mujer parecía tan inadecuada para la acción hoy resulta muy apropiada. Es el hecho de que ella conduce de acuerdo a un arquetipo maternal o docente,° sumamente eficaz en la era de conocimiento, ya que el rol fundamental del líder, conductor o gerente° de hoy es ser un transmisor de información y un motivador por excelencia. El modelo tradicional masculino, basado en el modelo militar, del jefe que da órdenes y subalternos que obedecen sin pensar, está perimido.°

importantísimo
educativo
director
obsoleto

Desde hace varios años, las empresas han reducido sus niveles jerárquicos dramáticamente, tratando de armar° estructuras más horizontales, donde la información fluya en todas las direcciones. En un estudio de casos de ejecutivas exitosas, se demuestra que las mujeres lideran armando organizaciones planas° y circulares, en lugar de las viejas pirámides. La líder generalmente se instala en el centro del círculo y se ve a sí misma como el núcleo de esta estructura orbital, no como la cabeza. El círculo no encajona° a

put together
horizontales
encierra

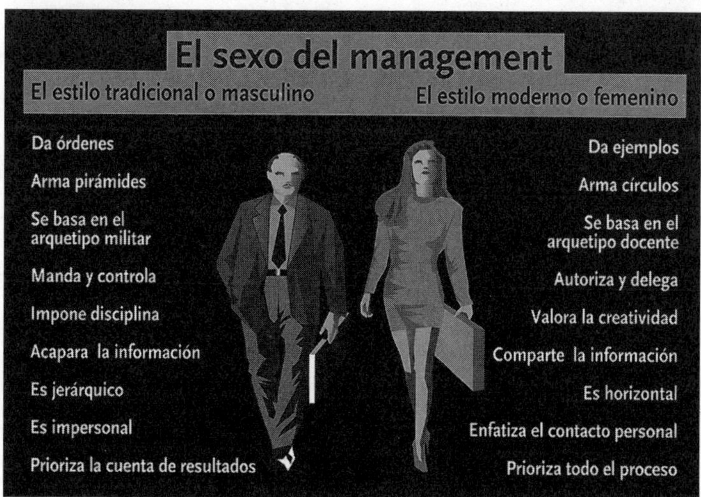
El sexo del management
El estilo tradicional o masculino
El estilo moderno o femenino
Da órdenes
Arma pirámides
Se basa en el arquetipo militar
Manda y controla
Impone disciplina
Acapara la información
Es jerárquico
Es impersonal
Prioriza la cuenta de resultados
Da ejemplos
Arma círculos
Se basa en el arquetipo docente
Autoriza y delega
Valora la creatividad
Comparte la información
Es horizontal
Enfatiza el contacto personal
Prioriza todo el proceso

nadie. Ni la jefa está aislada, ni el personal queda distanciado. Al contrario, la autoridad de la líder deviene de su estrecha vinculación° y comunicación directa con todo el grupo.

estrecha... *close ties*

En la Argentina las nuevas empresarias desechan° las jerarquías por el trabajo en equipo. Rosita Drescher, vicepresidente de «Caro Cuore», explica que ella trabaja «con» sus empleados y que si bien conducir desde el centro «es más difícil porque a veces uno tiene que marcar el límite, así logro que todos den lo mejor de sí.»

eliminan

Este enfoque no utilitario y más humanista en la relación con el personal es otro de los aportes° que las mujeres están introduciendo en el mundo de los negocios. Conciliar la eficiencia con los valores humanos es particularmente importante en una economía competitiva como la actual,° en donde la inteligencia, el compromiso° y el entusiasmo del personal son más decisivos para el éxito de una empresa de lo que fueron en el pasado. Uno de los casos más elocuentes en este aspecto es, sin duda, «The Body Shop», una empresa inglesa de cosméticos naturales que utiliza sus tiendas para hacer proselitismo en favor del medio ambiente, los derechos humanos y los desprotegidos. Los empleados deben dedicar horas de trabajo semanales a alguna causa humanitaria, como cuidar ancianos o enfermos de Sida,° o visitar presos. La compañía está reinventando el paradigma empresario al servir como un poderoso vehículo para el cambio social.

contribuciones

presente

commitment

AIDS

En el mundo de hoy se le presenta a la mujer una oportunidad única como líder y conductora. Las mujeres tienen

Cork

su propia forma de liderar y en esa identidad hay enormes ventajas. ¡Señores, si quieren mantener sus empleos, presten atención!

Comprensión

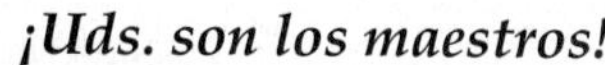

¡Uds. son los maestros!

La clase se dividirá en cinco grupos. Cuatro grupos se encargarán de dos párrafos del artículo cada uno, y un grupo del gráfico «El sexo del management» (pág. 115). Cada grupo preparará preguntas de comprensión: dos de tipo Verdadero/Falso y uno que utilice una palabra interrogativa (*qué, cómo, dónde, por qué,* etc.). Después, cada grupo hará sus preguntas a la clase y corregirá las respuestas erróneas.

Discusión

Trabajando con otro(s) estudiante(s), comente los siguientes temas. Luego, compare sus comentarios con los de otro grupo.

1. ¿Estás de acuerdo que los hombres y las mujeres tienen diferentes formas de liderar? Explica. Si las mujeres son ejecutivas tan efectivas, ¿por qué existe el techo de cristal (*glass ceiling*), en tu opinión? (Primero, define «el techo de cristal».)
2. La autora compara una empresa jerárquica y rígida con otra más decentralizada y flexible. ¿Cuál sería la diferencia entre una familia autoritaria y otra más egalitaria? ¿entre una religión de estructura piramidal y otra de organización horizontal? ¿entre una clase de español (historia, economía, etc.) centralizada y otra decentralizada? (Pueden dibujar o representar dramáticamente las diferentes estructuras, si prefieren.)

Actividades

1. *¿Mujeres liberadas?*

En una encuesta sobre las ventajas de ser mujer en el mundo laboral para la revista argentina *Mujeres & Compañía,* las mujeres entrevistadas dieron respuestas sorprendentes. Más de la mitad (el 64%) escogió la seducción, la intuición y la astucia, cualidades tradicionalmente atadas a la femineidad. ¿Qué opina Ud.? Trabajando con otro(s) estudiante(s), estudie los gráficos abajo, luego dé su opinión: Para Ud., ¿cuáles son las tres ventajas más notables? ¿Y las tres desventajas principales? En su opinión, ¿cuáles son algunas ventajas y desventajas de ser hombre en el mundo laboral?

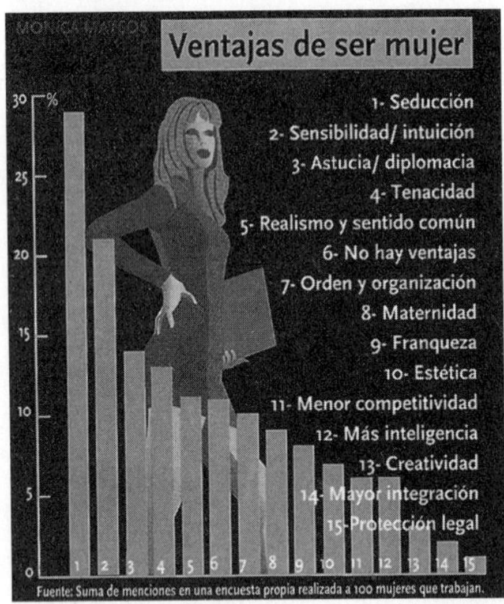

2. *Encuesta*

¿Qué opina Ud. sobre el hombre y la mujer de hoy? Después de participar en la encuesta, explique sus respuestas a otra persona y trate de determinar si hay una diferencia entre las respuestas de los hombres y las mujeres de la clase.

	ESTOY DE ACUERDO	*NO ESTOY DE ACUERDO*	*NO ESTOY DECIDIDO/A*
1. La mujer que tiene hijos pequeños no debe trabajar fuera de casa.	☐	☐	☐
2. El esposo debe compartir las tareas domésticas y el cuidado de los hijos aun cuando su esposa no trabaja fuera de casa.	☐	☐	☐
3. La mujer recibe trato preferencial en el mundo laboral. Los programas de discriminación positiva (*affirmative action*) deben ser eliminados.	☐	☐	☐
4. El acoso (*harassment*) sexual es un problema menor en el mundo laboral.	☐	☐	☐
5. No importa que una mujer gane más dinero que su marido.	☐	☐	☐

Contribuciones notables

La mujer en la política

Loretta Sánchez, la primera congresista hispana en representar Orange County, California, con su hermano Ignacio.

Aunque las mujeres forman la mayoría de la población de algunos países, su representación en la política no corresponde a su predominio demográfico. En EE.UU., gracias a las contribuciones de mujeres como Loretta Sánchez, las perspectivas están mejorando. Hija de inmigrantes mexicanos, es la primera mujer y la primera persona de ascendencia hispana en representar a los habitantes de un distrito de Orange County de Los Ángeles, California. Los hispanos componen más de la mitad de la población del distrito y con la elección de Sánchez, ya tienen una voz.

Más allá del texto

¿Cuál es el estatus de la mujer en España y Latinoamérica? ¿Hay movimientos feministas? ¿mujeres de especial interés en los negocios, la política, el cine, etc.? Busque Ud. información y prepare un informe oral o escrito. Algunas fuentes:

- Internet
- revistas: España: *Cambio 16, Actualidad económica, Muy interesante;* América Latina: *Visión, fem.* (México), *Qué pasa* (Chile), *Brecha* (Uruguay), *Cromos* (Colombia), *Istmos* (México), *Perspectiva* (Bolivia), *Areito* (Cuba)
- periódicos:
  El Tiempo (Colombia), *El País* (España), *El Nacional* (Venezuela), *Excélsior* (México), *La Prensa* (Argentina), *La Nación* (Costa Rica), *El Mercurio* (Chile), *La República* (Perú), *El Salvador Hoy*

El ausente

Anticipación

¿Cuál es la relación más intensa entre el hombre y la mujer? ¿El noviazgo? Quizás. ¿El matrimonio? No se sabe, pero es cierto que el contacto diario entre una pareja que comparte una casa, hijos y varias esperanzas y pérdidas da lugar a emociones profundas, a veces conflictivas. El cuento que sigue es la historia de un matrimonio, desde el punto de vista de la mujer. Es una historia de amor y de odio, de indiferencia y de pasión, de estancamiento (*stagnation*)... y de crecimiento.

1. *Para abrir el tema*

¿Piensa Ud. casarse algún día o está casado(-a) ya? ¿Cómo es el (la) esposo(-a) ideal? Trabajando solo(-a) o con otro(s), explíquese un poco. ¿Qué es lo más importante en un buen matrimonio? ¿Cuál es un síntoma de un matrimonio malo, en su opinión? ¿Se debe casar sin amor? ¿Por qué?

2. *Vocabulario: Emociones conflictivas*

En el cuento abundan palabras que se asocian con emociones o estados de ánimo (*moods*). Busque los siguientes términos en los dos primeros párrafos, luego indique si tienen una connotación positiva o negativa para Ud. ¿Puede encontrar otras dos palabras en estos párrafos que describan emociones?

	¿CONNOTACIÓN POSITIVA...?	*¿O NEGATIVA?*
r e n c o r	☐	☐
d e _ g _ _ c i _ _ _	☐	☐
_ r g _ l l _ s _	☐	☐
e _ _ m _ r _ _ a	☐	☐
l _ g _ i m _ _	☐	☐
_ r r e p _ _ t i _ _ e _ t _	☐	☐
________________	☐	☐
________________	☐	☐

Mientras lee el cuento, fíjese Ud. en otras emociones o estados de ánimo en el texto.

3. *El texto: Encontrar la idea central*

✻ Lea Ud. rápidamente los dos primeros párrafos, sin consultar el diccionario. ¿Cuál es la idea más importante de cada párrafo?

Del párrafo 1:

1. Luisa se acuesta pero queda despierta mientras duerme su esposo.
2. Luisa está infeliz en su matrimonio.

Del párrafo 2:

1. Luisa nunca ha amado a Amadeo porque no se ha olvidado de su primer amor, Marcos.
2. Luisa ha sido pobre toda su vida pero ha mantenido su delicadeza y cortesía.

✻ Ahora combine Ud. las dos frases centrales. ¿Qué cree Ud. que les va a pasar a Luisa y Amadeo en el cuento?

El ausente

Ana María Matute*

or la noche discutieron.° Se acostaron llenos de rencor el uno por el otro. Era frecuente eso, sobre todo en los últimos tiempos. Todos sabían en el pueblo —y sobre todo María Laureana, su vecina—

° argumentaron

* Ana María Matute (n. 1926 en Barcelona) es una de las mejores y más traducidas escritoras de España. Sus novelas y cuentos combinan temas sociales con una sensibilidad expresiva y poética. Ha ganado varios premios prestigiosos de las letras españolas y ha sido propuesta para el Premio Nóbel.

que eran un matrimonio mal avenido.° Esto, quizá, la amargaba° más. «Quémese la casa y no salga el humo°», se decía ella, despierta, vuelta de cara° a la pared. Le daba a él la espalda, deliberada, ostentosamente. También el cuerpo de él parecía escurrirse como un anguila° hacia el borde opuesto de la cama. «Se caerá al suelo» se dijo, «en más de un momento». Luego, oyó sus ronquidos° y su rencor se acentuó. «Así es. Un salvaje, un bruto. No tiene sentimientos.» En cambio ella, despierta. Despierta y de cara a aquella pared encalada,° voluntariamente encerrada.

Era desgraciada.° Sí: no había por qué negarlo, allí en su intimidad. Era desgraciada, y pagaba su culpa de haberse casado sin amor. Su madre (una mujer sencilla, una campesina) siempre le dijo que era pecado° casarse sin amor. Pero ella fue orgullosa. «Todo fue cosa de orgullo. Por darle en la cabeza° a Marcos. Nada más.» Siempre, desde niña, estuvo enamorada de Marcos. En la oscuridad, con los ojos abiertos, junto a la pared, Luisa sintió de nuevo el calor de las lágrimas entre los párpados.° Se mordió° los labios. A la memoria le venía un tiempo feliz, a pesar de la pobreza. Las huertas,° la recolección de la fruta... «Marcos». Allí, junto a la tapia° del huerto, Marcos y ella. El sol brillaba y se oía el rumor de la acequia°, tras el muro°. «Marcos». Sin embargo, ¿cómo fue?... Casi no lo sabía decir: Marcos se casó con la hija mayor del juez:° una muchacha torpe,° ruda, fea, ya entrada en años por añadidura°. Marcos se casó con ella. «Nunca creí que Marcos hiciera eso. Nunca.» ¿Pero cómo era posible que aún le doliese, después de tantos años? También ella había olvidado. Sí: qué remedio. La vida, la pobreza, las preocupaciones, le borran° a una esas cosas de la cabeza. «De la cabeza, puede... pero en algún lugar queda la pena. Sí: la pena renace, en momentos como éste...» Luego, ella se casó con Amadeo. Amadeo era un forastero,° un desgraciado obrero de las minas. Uno de aquéllos que hasta los jornaleros° más humildes miraban por encima del hombro. Fue aquél un momento malo. El mismo día de la boda sintió el arrepentimiento.° No le° amaba ni le amaría nunca. Nunca. No tenía remedio. «Y ahí está: un matrimonio desavenido.° Ni más ni menos. Este hombre no tiene corazón, no sabe lo que es una delicadeza. Se puede ser pobre pero... Yo misma, hija de una familia de

mal... en discordia / causaba disgusto, resentimiento / **Quémese...** proverbio para indicar que no se debe hablar de los problemas familiares fuera de casa / **vuelta...** *her face turned toward* / **escurrirse...** *slip away like an eel* / *snores* / pintada de blanco

desafortunada

transgresión moral

darle... *to get back at*

eyelids

She bit

orchards

pared

irrigation ditch / pared

judge / inepta

por / *besides*

erase

persona de otro lugar

trabajadores

regret / *him* (En España)

discordante

aparceros.° En el campo tenemos cortesía, delicadeza... Sí: la tenemos. ¡Sólo este hombre!» Se sorprendía últimamente diciendo: «este hombre», en lugar de Amadeo. «Si al menos hubiéramos tenido un hijo...» Pero no lo tenían, y llevaban ya cinco años largos de matrimonio.

los que cultivan la tierra y reparten beneficios con el dueño

Al amanecer le oyó levantarse. Luego, sus pasos por la cocina, el ruido de los cacharros.° «Se prepara el desayuno.» Sintió una alegría pueril: «Que se lo prepare él. Yo no voy.» Un gran rencor la dominaba. Tuvo un ligero sobresalto°. «¿Le odiaré acaso?» Cerró los ojos. No quería pensarlo. Su madre le dijo siempre: «Odiar es pecado, Luisa». (Desde que murió su madre, sus palabras, antes oídas con rutina, le parecían sagradas, nuevas y terribles).

pots and pans

ligero... pequeño temor

Amadeo salió al trabajo, como todos los días. Oyó sus pisadas° y el golpe de la puerta. Se acomodó en la cama y durmió.

footsteps

Se levantó tarde. De mal humor aseó° la casa. Cuando bajó a dar de comer a las gallinas la cara de comadreja° de su vecina María Laureana asomó por el corralillo.°

limpió

weasel

asomó... apareció en el corral pequeño

—Anda, mujer: mira que se oían las voces anoche.

Luisa la miró, colérica.

—¡Y qué te importan a ti, mujer, nuestras cosas!

María Laureana sonreía con cara de satisfacción.

—No seas así, muchacha.... si te comprendemos todos, todos... ¡Ese hombre no te merece, mujer!

Prosiguió en sus comentarios, llenos de falsa compasión. Luisa, con el ceño fruncido°, no la escuchaba. Pero oía su voz, allí, en sus oídos, como un veneno° lento. Ya lo sabía, ya estaba acostumbrada.

el... *a frown*

poison

Déjale,° mujer... déjale. Vete con tus hermanas, y que se las apañe° solo.

Abandónale / **que...**agitaba

Por primera vez pensó en aquello. Algo le bullía° en la cabeza: «Volver a casa.» A casa, a trabajar de nuevo la tierra. ¿Y qué? ¿No estaba acaso acostumbrada? «Librarme de él.» Algo extraño la llenaba: como una agria° alegría de triunfo, de venganza. «Lo he de° pensar», se dijo.

let him manage things

bitter

he... voy a

Y he aquí que ocurrió lo inesperado. Fue él quien no volvió.

Al principio, ella no le dio importancia. «Ya volverá», se dijo. Habían pasado dos horas más desde el momento en que él solía°

acostumbraba

entrar por la puerta de la casa. Dos horas, y nada supo de él. Tenía la cena preparada y estaba sentada a la puerta, desgranando alubias.° En el cielo azul pálido, brillaba la luna, hermosa e hiriente°. Su ira se había transformado en una congoja° íntima, callada. «Soy una desgraciada. Una desgraciada.» Al fin, cenó sola. Esperó algo más. Y se acostó.

desgranando... *shelling beans*
injuriosa
angustia

Despertó al alba,° con un raro sobresalto.° A su lado la cama seguía vacía. Se levantó descalza° y fue a mirar: la casucha° estaba en silencio. La cena de Amadeo intacta. Algo raro le dio en el pecho, algo como un frío. Se encogió° de hombros y se dijo: «Allá él.° Allá él con sus berrinches.°» Volvió a la cama, y pensó: «Nunca faltó de noche.» Bien, ¿le importaba acaso? Todos los hombres faltaban de noche en sus casas, todos bebían en la taberna, a veces más de la cuenta. Qué raro: él no lo hacía nunca. Sí: era un hombre raro. Trató de dormir, pero no pudo. Oía las horas en el reloj de la iglesia. Pensaba en el cielo lleno de luna, en el río, en ella. «Una desgraciada. Ni más ni menos».

primera luz del día / miedo, preocupación
sin zapatillas / casa rústica
Se... *she shrugged*
Allá... *The heck with him.* / *tantrums*

El día llegó. Amadeo no había vuelto. Ni volvió al día siguiente, ni al otro.

La cara de comadreja de María Laureana apareció en el marco° de la puerta.

frame

—Pero, muchacha... ¿qué es ello? ¿Es cierto que no va Amadeo a la mina? ¡Mira que el capataz° lo va a despedir!

jefe

Luisa estaba pálida. No comía. «Estoy llena de odio. Sólo llena de odio», pensó, mirando a María.

—No sé —dijo. —No sé, ni me importa. Le volvió la espalda y siguió en sus trabajos.

—Bueno —dijo la vecina—, mejor es así, muchacha... ¡para la vida que te daba!

Se marchó y Luisa quedó sola. Absolutamente sola. Se sentó desfallecida°. Las manos dejaron caer el cuchillo contra el suelo. Tenía frío, mucho frío. Por el ventanuco° entraban los gritos de los vencejos°, el rumor del río entre las piedras. «Marcos, tú tienes la culpa... tú, porque Amadeo...» De pronto, tuvo miedo. Un miedo extraño, que hacía temblar sus manos. «Amadeo me quería. Sí: él me quería.» ¿Cómo iba a dudarlo? Amadeo era brusco, desprovisto de° ternura, callado, taciturno. Amadeo —a medias palabras ella lo entendió— tuvo una infancia dura, una juventud

débil
ventana pequeña
tipo de pájaro
desprovisto... sin

amarga. Amadeo era pobre y ganaba su vida —la de él, la de ella y la de los hijos que hubieran podido tener— en un trabajo ingrato que destruía su salud. Y ella: ¿tuvo ternura para él? ¿Comprensión? ¿Cariño? De pronto, vio algo. Vio su silla, su ropa allí, sucia a punto de lavar. Sus botas, en el rincón, aún llenas de barro.° Algo le subió, como un grito. «Si me quería... acaso ¿será capaz de matarse?»

mud

Se le apelotonó la sangre en la cabeza.° «¿Matarse?» ¿No saber nunca nada más de él? ¿Nunca verle allí: al lado, las manos grandes enzarzadas° una en otra, junto al fuego, pensativo, el pelo negro sobre la frente, cansado, triste? Sí: triste. Nunca lo pensó: triste. Las lágrimas corrieron por sus mejillas. Pensó rápidamente en el hijo que no tuvieron, en la cabeza inclinada de Amadeo. «Triste, estaba triste. Es hombre de pocas palabras y fue un niño triste también. Triste y apaleado.° Y yo: ¿qué soy para él?»

Se... *Blood rushed to her head.*

covered with brambles

golpeado

Se levantó y salió afuera, jadeando°. Corriendo, cogió el camino de la mina. Llegó sofocada y sudorosa.° No, no sabían nada de él. Los hombres la miraban con mirada dura y reprobativa. Ella lo notaba y se sentía culpable.

panting

sweaty

Volvió llena de desesperanza. Se echó sobre la cama y lloró, porque había perdido su compañía. «Sólo tenía en el mundo una cosa: su compañía». ¿Y era tan importante? Buscó con ansia pueril la ropa sucia, las botas embarradas°. «Su compañía. Su silencio al lado. Sí: su silencio al lado, su cabeza inclinada llena de recuerdos, su mirada.» Su cuerpo allí al lado, en la noche. Su cuerpo grande y oscuro pero lleno de sed, que ella no entendía. Ella era la que no supo: ella la ignorante, la zafia,° la egoísta. «Su compañía.» Pues bien, ¿y el amor? ¿No era tan importante, acaso? «Marcos...» Volvía el recuerdo; pero era un recuerdo de estampa,° pálido, frío, desvaído.° «Pues, ¿y el amor? ¿No es importante?» Al fin, se dijo: «¿Y qué sé yo del amor? ¡Novelerías!°»

muddy

crude one

ilustración / descolorido

Trashy reading

La casa estaba vacía y ella estaba sola.

Amadeo volvió. A la noche le vio llegar, con paso cansino.° Bajó corriendo a la puerta. Frente a frente, se quedaron como mudos, mirándose. Él estaba sucio, cansado. Seguramente hambriento. Ella sólo pensaba: «Quiso huir de mí, dejarme, y no ha podido. No ha podido. Ha vuelto.»

cansado

—Pasa, Amadeo —dijo, todo lo suave que pudo, con su voz áspera de campesina—. Pasa, que me has tenido en un hilo°...

Amadeo tragó° algo: alguna brizna,° o quién sabe qué cosa, que mascullaba° entre los dientes. Pasó el brazo por los hombros de Luisa y entraron en la casa.

en... *hanging on a thread*
swallowed / *blade of grass*
he was chewing

Comprensión

1. *Expansión de vocabulario: Antónimos*

✻ Encuentre Ud. los antónimos en la segunda columna para los adjetivos en la primera columna que describen a Luisa y a Amadeo.

_______	1. cortés (delicado)	a. afortunada
_______	2. colérico	b. altruista (generoso)
_______	3. desgraciado	c. tranquilo
_______	4. taciturno	d. salvaje
_______	5. egoísta	e. hablador

2. *Opciones múltiples*

1. Cuando era más joven, Luisa...

   a. trabajaba en las minas. **b.** estaba enamorada de Marcos. **c.** se casó con el hijo mayor del juez.

—*Siempre juntos, hasta que el matrimonio nos separe.*

2. Luisa y Amadeo...

   a. llevaban 5 años de matrimonio sin hijos. **b.** se casaron muy enamorados el uno del otro. **c.** venían del mismo pueblo y se consideraban personas corteses y bien educadas.

3. Al comienzo de la historia, Luisa...

   a. siente disgusto, enojo, quizás odio por su esposo Amadeo. **b.** quiere hablar de sus problemas matrimoniales con su vecina María Laureana. **c.** vuelve a la casa de sus hermanas para trabajar la tierra y librarse de Amadeo.

4. Cuando Amadeo no volvió a casa por varios días, ...

   a. Luisa lo encontró en las minas. **b.** Luisa evaluó de nuevo a su esposo y empezó a apreciar sus cualidades especiales. **c.** es porque había decidido abandonar a Luisa para siempre.

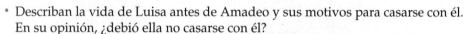

Interpretación: A trabajar con el texto

* La clase se dividirá en pequeños grupos para las siguientes tareas.

- Describan la vida de Luisa antes de Amadeo y sus motivos para casarse con él. En su opinión, ¿debió ella no casarse con él?
- Preparen una lista de palabras que Luisa usa para describir a Amadeo y a sí misma. ¿Por qué creen Uds. que Luisa no puede apreciar a Amadeo?
- Describan la transformación de Luisa y lo que piensa de Amadeo ahora. En la opinión de Uds., ¿por qué cambió ella?
- Piensen en Amadeo. ¿Por qué dejó la casa y por qué regresó? ¿Creen Uds. que es posible conocer a alguien por muchos años sin realmente conocerlo? En un matrimonio infeliz, ¿es mejor divorciarse o perseverar?
- Contesten/reaccionen ante el comentario final de Luisa: «¿Y el amor? ¿No es importante? ...¿Y qué sé yo del amor? ¡Novelerías!» ¿Están Uds. de acuerdo con ella?

Actividades

1. Dramatización

Vamos a darles a Luisa y a Amadeo la oportunidad de expresarse libremente. Trabajando en parejas, un(-a) estudiante adoptará la identidad de Amadeo, y otro(-a) estudiante, la identidad de Luisa. Cada pareja preparará un diálogo para presentar a la clase. Los temas pueden incluir:

- lo que me gusta, disgusta de ti y de mi vida
- cambios necesarios
- nuestro futuro

2. *Carta en una botella*

✻ Ud. encuentra una botella en la playa con un mensaje adentro. ¡Es de Amadeo! ¿Qué ha escrito? Imagine que Ud. es Amadeo y escriba un mensaje explicando su versión de los sucesos (eventos). Puede incluir: dónde está ahora, cómo se siente, qué quiere.

3. *Juego imaginativo: Una nueva vida*

✻ Use su imaginación para escribir sobre uno de estos temas.

- un nuevo fin para el cuento
- Luisa y Amadeo en diez años

4. *El matrimonio*

✻ Aquí tiene Ud. dos interpretaciones del matrimonio*. ¿Son parecidas o diferentes? ¿Cuál le gusta más? Explique.

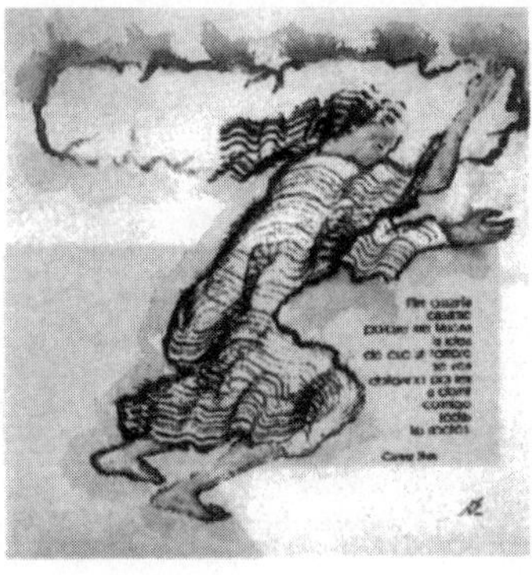

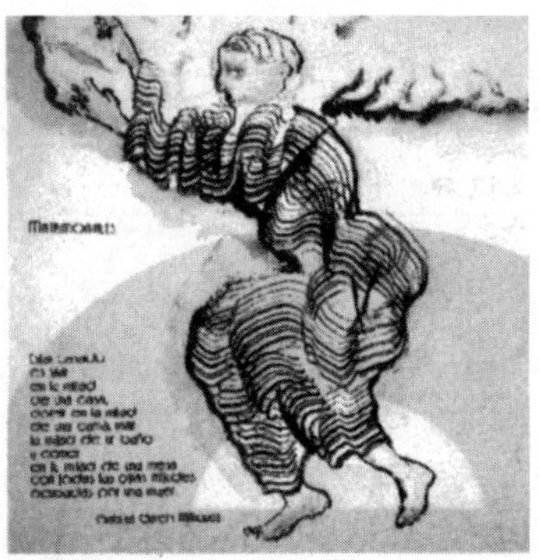

Estar casado
es vivir
en la mitad
de una casa,
dormir en la mitad
de una cama, usar
la mitad de un baño
y comer
en la mitad de una mesa
con todas las otras mitades
ocupadas por una mujer

Gabriel García Márquez

Me gustaría
casarme
porque me fascina la

de que un hombre
se vea
obligado por ley
a dormir
conmigo
todas
las noches

Carnie Shaw

---

* Textos de la revista argentina *Mujeres & Compañía*.

Más allá del texto

¿Cómo son las familias hispanas? Hable con una persona hispana (o directamente o via Internet) sobre las costumbres, actividades, celebraciones, valores, recuerdos, etc. de su familia. ¿Es distinta o semejante su familia a la de Ud.? Explique. Si no es posible ponerse en contacto con hispanoparlantes, busque información en la biblioteca.

Underwood

Anticipación

Se ha dicho que la salud, el dinero y el amor —en ese orden— son las tres cosas más importantes de la vida. ¿Está Ud. de acuerdo? Algunos dirían que el amor es lo más esencial y que sin él, uno no puede existir. La siguiente historia explora los extremos a los que un individuo llega para preservar una relación amorosa. La historia se cuenta desde la perspectiva del hombre, y nos ofrece una gran sorpresa —¡prepárese ahora!— al final.

1. *Para abrir el tema*

¿Es muy importante para Ud. tener un(-a) novio(-a)? Trabajando solo(-a) o con otro(s), explique por qué sí o no. ¿Qué hace Ud. para conocer a gente nueva? Si rompe con alguien en una relación amorosa, ¿cuál de las siguientes reacciones es más típica de Ud. y por qué?

a. Participo en muchas actividades para siempre estar ocupado(-a).
b. Trato de restablecer la relación con mi amado(-a), y a veces hago cosas un poco locas.
c. Me deprimo, no tengo energía para nada, no salgo de casa.
d. Juro (*I swear*) nunca más en esta vida enamorarme de nadie.

2. *Vocabulario: Sinónimos en contexto*

✻ Estudie la lista, y luego diga qué palabra o frase de la lista es un sinónimo para las palabras en cursiva en el párrafo.

1. **amar(se)** querer(se)
2. **angustiado(-a)** en un estado nervioso o preocupado
3. **esposos** personas que están casadas, la una con la otra
4. **la hoja** una página, un papel para escribir
5. **el (la) mentiroso(-a)** la persona que dice mentiras (falsedades)
6. **la relación** conexión entre dos personas; e.g. relaciones amorosas
7. **sonriente** con una sonrisa
8. **teclear** escribir a máquina
9. **la vergüenza** humillación, deshonor
10. **volver a** + *infinitivo* hacer algo otra vez

María Luisa tiene un empleo fascinante. Escribe guiones para las telenovelas, guiones de dramas emocionantes. Todos los días ella pone *un papel* en su máquina de escribir y *teclea* furiosamente de niños *con grandes sonrisas,* de mujeres *nerviosas y preocupadas,* de *personas casadas* y amantes que *se quieren,* de gente honrada y de *los que dicen mentiras,* de *conexiones entre personas* escandalosas y bondadosas. Las historias se repiten día tras día. Mañana María Luisa *escribirá otra vez* un drama con los mismos personajes.

3. *El texto: Buscando pistas (clues)*

✻ Trabajando solo(-a) o con otro(s), conteste estas preguntas.

1. Mire Ud. el dibujo en la página 131. ¿Qué es? ¿Qué usamos hoy? ¿Qué cosas escribimos con esta máquina?
2. Mire la línea 12. ¿Cuál es el mensaje de la carta? ¿Cuántas personas cree Ud. que figuran en el cuento? ¿Cuál es su relación? (Mire Ud. la última palabra del primer párrafo.) ¿Están juntos ahora? ¿Cree Ud. que es una relación pacífica o conflictiva? ¿Por qué?
3. Lea rápidamente los dos primeros párrafos. ¿Quién lee la carta —el esposo o la esposa? ¿Quién escribió la carta —él o ella? ¿Quién llega el viernes?
4. ¿Dónde podría llegar ella? Encuentre los dos lugares mencionados en el tercer párrafo. ____________________ y ____________________

Ahora, en sus propias palabras, haga un resumen de lo que sabe de la historia hasta ahora. ¿Qué cree Ud. que va a pasar?

Underwood

Enrique Jaramillo Levi*

La carta había demorado° en llegar. La tenía ahora frente a los ojos, desdoblada,° convulsa entre sus dedos. No lograba iniciar la lectura. Las letras se desdibujaban° fundiéndose° unas con otras como si el llanto° las hubiese escurrido.° Pero no lloraba. Hacía mucho tiempo que no se daba esa satisfacción. En cambio vacilaba,° temoroso de la respuesta que había guardado° en secreto durante lo que ya parecía una vida. Se concentró, haciendo un esfuerzo enorme, y las letras fueron recuperando sus pequeñas estaturas, la separación breve y nítida° que caracterizaba a la Underwood portátil que él mismo le había comprado poco después de la boda.

tardado mucho tiempo
unfolded
se... *blurred* / uniéndose
lloro, lágrimas / *dripped on*
he hesitated
retenido
limpia

Todo el contenido podía resumirse en la última línea:

TE AMO AÚN.° LLEGO EL VIERNES.

todavía

Arrugó° la hoja. Casi en seguida volvió a estirarla.° Sus ojos recorrieron ávidos las disculpas, los ruegos,° el esbozo° de planes

He crumpled / *smooth it out* / peticiones / *outline*

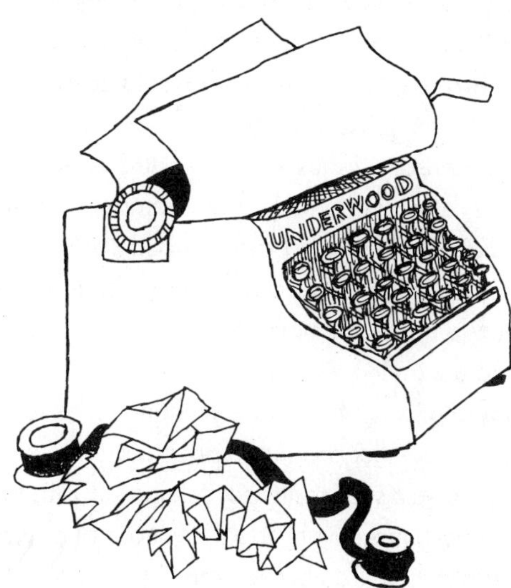

---

* Enrique Jaramillo Levi (1944), nacido en Panamá, es escritor y profesor. Escribe en sus cuentos de las posibilidades fantásticas que esconde la realidad y del desarraigo del hombre contemporáneo que lucha inútilmente por encontrarse.

que habrían de realizar juntos. Ella había tenido la culpa de todo, aseguraba. Pero no volvería a ocurrir. Y luego venía la reafirmación de lo que él había rogado° todas las noches. Y el anuncio escueto° de su llegada. Al buscar la hora en su reloj, notó sorprendido que ya era viernes. Corrió hasta el auto anticipando el abrazo, sintiendo contra su cuerpo el arrepentimiento° de ella, su vergüenza. Amanecía.°

pedido con fervor
conciso
regret
Rompía el día

Esperó largas horas en la estación. Sus ideas se perdían en las más enmarañadas° conjeturas. Recordó de pronto que no sabía a qué hora llegaría. Ni cómo viajaría hasta él. Hasta podía llegar en avión, nada tendría de° raro. Entonces, ¿por qué estaba él en la estación, esperando quién sabe qué autobús? Sin darse cuenta manejó hasta allí, guiado quizá por la forma que había tomado tantas veces aquel sueño. Siempre la miraba bajar sonriente, buscándolo con la vista, hasta que lo veía de pie junto a° la columna que ahora sostenía su peso. Se dijo, angustiado, que era un imbécil.

confusas
nada... no sería
junto... al lado de

Por suerte traía la carta. La desdobló presuroso.° No había ningún indicio de cómo se transportaría hasta la ciudad. Pasaron los minutos y la incertidumbre se iba espesando° en sus jadeos.° ¿Cómo no se le ocurrió explicar claramente la hora y el lugar de su arribo? No había cambiado. Sigue siendo tan irresponsable como siempre. Tendrá que tomar un taxi hasta la casa porque él no puede hacer nada más. Allá la esperaría.

rápido
se... *was thickening* / respiraciones sofocantes

La noche se hizo densa y angustiosa. De nada le sirvió° leer durante el día las revistas que lo rodeaban. Tampoco se distrajo escuchando la radio ni saliendo al balcón a cada rato. Pronto serían las doce y entonces la llegada del sábado se encargaría° de probar° otra vez lo que él siempre sospechó: era una mentirosa, la más cruel de las farsantes.°

De... Era inútil
se... trataría
demostrar con convicción / mentirosas

A la una de la mañana confirmó que ya nunca más le creería una sola palabra. Aunque llegaran mil cartas pidiéndole perdón o volviera a escuchar su voz suplicante por teléfono. Caminó hasta la pequeña Underwood, insertó un papel, tecleó a prisa. Las letras salían débiles, destintadas.° Cambió la cinta.° Escribió:

faint / *ribbon*

Querido Ramiro:

Tienes que perdonarme. Perdí el avión el viernes. Iré la próxima semana, sin falta.° Ya te avisaré. Te amo. Debes creerme...

fail

Comprensión

Recapitulación de la historia

✻Para resumir la historia, complete las oraciones con sus propias palabras.

1. Ramiro había esperado ansiosamente la carta _______.
2. Él y su esposa habían tenido dificultades en su matrimonio y ella _______.
3. Según la carta, su esposa admite _______.
4. Al recibir la carta, Ramiro fue a la estación de autobús para _______.
5. Ramiro cree que ella no llegó porque _______.
6. Él vuelve a su casa y _______.
7. Pero ella _______.
8. Las dos cartas en el cuento fueron escritas por _______.

Discusión

✻Trabajando solo(-a) o con otro(s), conteste estas preguntas.

1. ¿Qué tipo de relación tienen Ramiro y su esposa, en su opinión? Y Ud., ¿qué piensa? ¿Por qué habrá escrito Ramiro las cartas?

2. ¿Es posible que no exista la esposa? Explique.
3. ¿Existen hombres o mujeres como Ramiro? ¿Puede Ud. pensar en algunos ejemplos de películas, libros o la vida real?

Actividades

1. *Juego imaginativo: ¡Somos autores!*

Por lo que *no* dice, este cuento deja mucho a la imaginación. Entonces, Uds. también pueden ser autores, creando las partes del cuento que faltan. La clase se dividirá en tres grupos. Cada grupo escogerá uno de los siguientes temas y preparará algo para compartir con la clase.

1. Según Ramiro, su mujer tiene la culpa de todo y cuando ella vuelva, todavía lo amará y tendrá vergüenza por lo que ha hecho. Pero nunca tenemos la perspectiva de ella. ¿Qué diría ella de Ramiro?
2. Es obvio que la esposa de Ramiro lo dejó porque algo había ocurrido o porque había problemas en la relación. ¿Qué habría pasado antes de que comenzara la historia? Invente un párrafo para dar un fondo (*background*).
3. Cuando termina la historia, Ramiro está escribiendo otra carta. ¿Pero qué le pasa a él después? ¿Escribe más cartas? Invente un párrafo para terminar el cuento.

2. *Ud. es consejero(-a)*

Imagine que Ud. es consejero(-a) para la agencia *Estamos contigo*. Un día llama Ramiro y le explica su situación personal. Trabajando con un(-a) compañero(-a), invente una conversación telefónica entre Ramiro y Ud., luego preséntela a la clase.

Más allá del texto

Vea Ud. una de las siguientes películas en español: *Camila* (Argentina); *De eso no se habla* (*I Don't Want to Talk About It*, Argentina); *Fresas y chocolate* (*Strawberry and Chocolate*, Cuba); *Como agua para chocolate* (*Like Water for Chocolate*, México); *Mujeres al borde de un ataque de nervios* (*Women on the Verge of a Nervous Breakdown*, España); *Carmen* (España). Explique a la clase: ¿qué tipo de relación amorosa se describe en la película? ¿Qué circunstancias especiales hacen difícil el crecimiento de este amor? ¿Está Ud. contento(-a) con el fin? Explique. ¿Qué aprendió Ud. de la sociedad o la cultura que se presenta en la película?

Composición

El correo electrónico (e-mail) de su amante

*Ud. ha pasado todo el día en el aeropuerto esperando la visita de su amante que vive en San Francisco. Hace varios meses que Uds. no se ven. Supuestamente él/ella iba a llegar hoy, pero nunca aparece. Cuando por fin vuelve Ud. a casa, hay un mensaje esperándolo/la en su computadora. Lo lee:

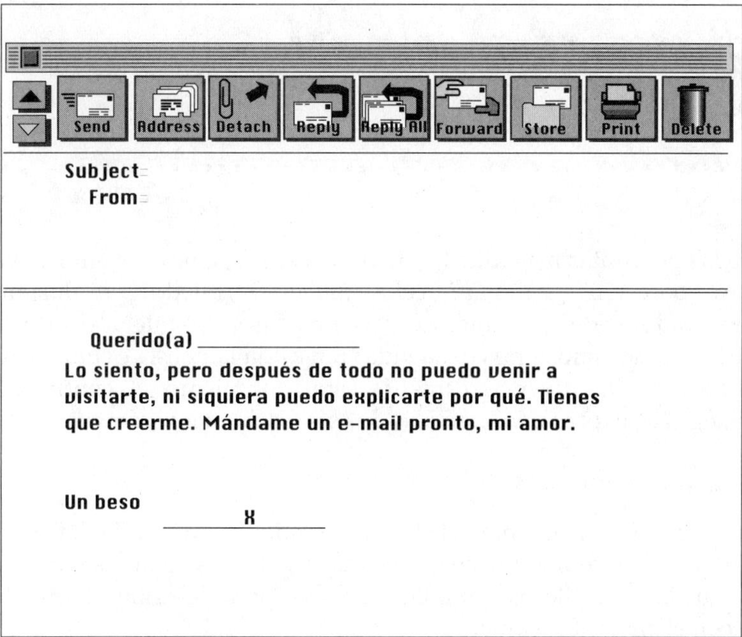

*Escriba su respuesta aquí.

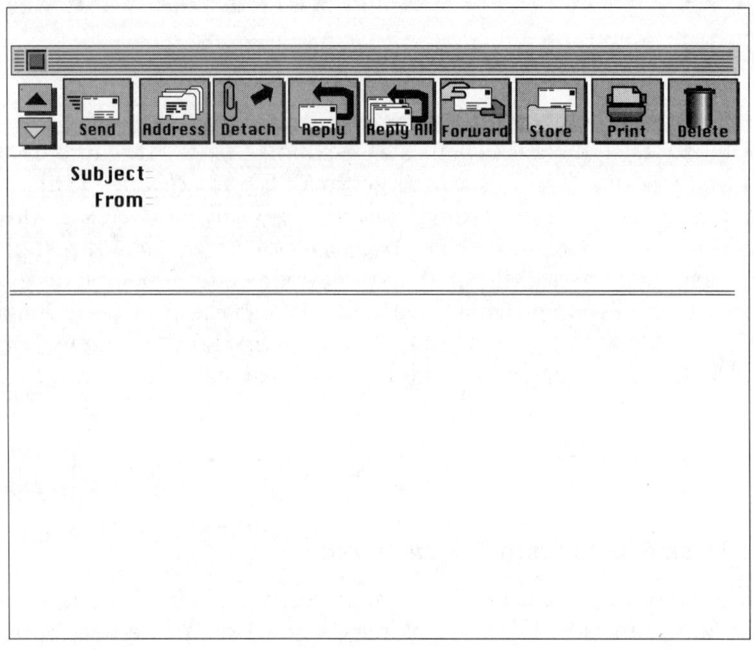

Las diversas caras del amor

Anticipación

*Una de las preguntas más difíciles de contestar es: ¿Qué es el amor? ¿Es obsesión? ¿pasión? ¿posesión? ¿armonía? ¿celos (*jealousy*)? ¿miedo? ¿desilusión? ¿belleza? ¿tristeza? ¿adoración? ¿la unión de dos almas (*souls*)? ¿alegría? O, ¿sigue siendo uno de los grandes misterios de la vida? Sin duda la poesía es una de las máximas expresiones de las diversas caras de este sentimiento. A continuación encontramos algunas expresiones poéticas de este fascinante fenómeno.

1. *Para abrir el tema*

*¿Se enamora Ud. fácilmente? ¿Está enamorado(-a) ahora? Trabajando solo(-a) o con otro(s), amplifique un poco sus respuestas. De las palabras mencionadas en el párrafo arriba, ¿cuál le parece a Ud. la mejor para describir el amor? ¿Y cuál *no* asocia con el amor? Explique.

2. *El texto: Predicción*

Los poemas que siguen fueron escritos por tres hombres y dos mujeres. ¿Cree Ud. que hay diferencias esenciales entre lo que quieren las mujeres y los hombres del amor? Trabajando solo(-a) o con otro(s), escriba abajo sus opiniones.

Las mujeres quieren ____

____

Los hombres quieren ____

____

Compare sus respuestas con las de otros estudiantes. Ahora, mientras lee los poemas, verifique si el poeta o la poetisa ha expresado los deseos o esperanzas que Ud. ha anticipado. También, mire los dibujos y los títulos de los poemas antes de leerlos y trate Ud. de inferir o predecir los temas principales.

3. *Vocabulario: La poesía*

Para hablar de la poesía, estudie bien los siguientes términos.

la estrofa (*stanza*)	la imagen	el poema	el poeta, la poetisa
la rima	simbolizar	el símbolo	el verso (*line*)

Con la ayuda de su profesor(-a), prepare una lista de otras expresiones útiles para expresarse mejor sobre los poemas a continuación.

Rima XXIII

Gustavo Adolfo Bécquer*

Por una mirada, un mundo:
por una sonrisa, un cielo;
por un beso... ¡yo no sé
qué te diera por un beso!

* Gustavo Adolfo Bécquer (1836–1870), el más famoso de los poetas románticos de España. En sus *Rimas* evoca con fina sensibilidad el mundo íntimo del hombre, sus amores, sus sueños y su búsqueda del ideal.

Comprensión

1. Trabajando solo(-a) o con otro(s), encuentre Ud. referencias a lo finito (pequeño) y lo infinito (grande) en el poema. ¿Qué progresión ve?
2. ¿Son novios ya el poeta y la mujer? Explique. ¿Qué emociones expresa él hacia ella?
3. ¿Cree Ud. que es una visión idealista o realista del amor? Explique.

El amor y el deseo

Judith Guzmán Vea*

El amor y el deseo,
son sentimientos hermanos
que no van siempre de la mano,
y causan confusión al humano.
El deseo es una flama,
que arrasa° todo a su paso,
obstinado y caprichoso,°
cree que muy dentro ama...
El amor, que nace dentro,
es apacible° y hermoso,
tiene paciencia y su gozo
es hacer feliz al amado...
Cuando estos dos se conjugan,
se oyen sonidos divinos,
y se amalgama el destino
de dos almas en una sola.

arrasa: arruina, aplasta
caprichoso: sin razón o lógica
apacible: tranquilo

Comprensión

1. Trabajando solo(-a) o con otro(s), explique cómo se diferencian el amor y el deseo, según la poetisa. ¿Está Ud. de acuerdo?
2. ¿Por qué cree Ud. que estos dos sentimientos «causan confusión al humano»?
3. ¿Es posible una verdadera relación amorosa entre dos personas con sólo uno de estos sentimientos? Explique.

---

* Judith Guzmán Vea, escritora contemporánea que nació en Guadalajara, México. Su afición por la poesía empezó a una edad temprana, pues escribió su primer verso a la edad de diez años.

Viceversa

Mario Benedetti*

Tengo miedo de verte
necesidad de verte
esperanza de verte
desazones° de verte

tengo ganas de hallarte°
preocupación de hallarte
certidumbre° de hallarte
pobres dudas de hallarte

tengo urgencia de oírte
alegría de oírte
buena suerte de oírte
y temores de oírte

o sea
resumiendo
estoy jodido°
y radiante
quizá más lo primero
que lo segundo
y también
viceversa.

desazones: ansiedades
hallarte: encontrarte
certidumbre: *certainty*
jodido: arruinado (expresión vulgar en algunos países)

Comprensión

1. En cada estrofa el poeta usa palabras de contraste. Trabajando solo(-a) o con otro(s), identifique estas palabras y explique el contraste.
2. ¿Cómo explica estas palabras el título (y el último verso)?
3. En su opinión, ¿son palabras que describen el amor? ¿Por qué?

* Mario Benedetti, que nació en Uruguay en 1920, es uno de los más destacados escritores de nuestra época. No sólo es poeta, sino también novelista, dramaturgo, ensayista y cuentista.

Qué más da

Luis Cernuda*

Qué más da° el sol que se pone o el sol que se levanta
La luna que nace o la luna que muere.

Mucho tiempo, toda mi vida, esperé verte surgir° entre las nieblas° monótonas,
Luz inextinguible, prodigio° rubio como la llama;°
Ahora que te he visto sufro, porque igual que aquéllos
No has sido para mí menos brillante
Menos efímero° o menos inaccesible que el sol y la luna alternados.°

Más yo sé lo que digo si a ellos te comparo,
Porque aun siendo brillante, efímero, inaccesible,
Tu recuerdo, como el de ambos astros,°
Basta° para iluminar, tú ausente, toda esta niebla que me envuelve.°

Qué... What difference does it make if it's
aparecer
nubes
marvel, wonder / fuego
transitorio
que aparecen por turnos
cuerpos celestes
Es suficiente
cubre, encierra

Comprensión

1. ¿Qué objetos en el cielo menciona el poeta? ¿Qué cualidades tienen estos objetos? (Busque unos adjetivos que los describen.)
2. ¿Qué cualidades tiene el amado? (Busque unos adjetivos.) ¿Cuál es el único aspecto del amado que le queda al poeta al final del poema?
3. ¿Puede Ud. completar esta analogía?: El sol y la luna dan luz o iluminan temporalmente el cielo nublado. De la misma forma, el hombre amado... del poeta. ¿Es lindo el poema, en su opinión?
4. El poeta amó, pero luego perdió su amor. Para Ud., ¿es mejor amar y perder que nunca amar? ¿Por qué?

* Luis Cernuda (1902–1963), poeta y crítico español cuya obra expresa el abismo entre lo que uno desea y lo que uno puede conseguir o realizar. El poema «Qué más da» es de su colección *Los placeres prohibidos*, que describe sus encuentros amorosos con otros hombres.

Ya no°

No longer

Idea Vilariño*

Ya no será
ya no
no viviremos juntos
no criaré° a tu hijo
no coseré° tu ropa
no te tendré de noche
no te besaré al irme.
Nunca sabrás quién fui
por qué me amaron otros.
No llegaré a saber por qué ni cómo nunca
ni si era de verdad
lo que dijiste que era
ni quién fuiste
ni qué fui para ti
ni cómo hubiera sido
vivir juntos
querernos
esperarnos
estar.
Ya no soy más que yo
para siempre y tú ya
no serás para mí
más que tú. Ya no estás
en un día futuro
no sabré dónde vives
con quién
ni si te acuerdas.
No me abrazarás nunca
como esa noche
nunca.
No volveré a tocarte.
No te veré morir.

no... *I will not raise*

no... *I will not sew*

* Idea Vilariño (n. 1920), poetisa uruguaya que ha escrito ocho libros de poemas. Escribe con sencillez y emoción sobre lo efímero de esta vida con sus placeres pasajeros, incluso el amor.

Comprensión

1. Trabajando solo(-a) o con otro(s), explique lo que perderá la poetisa. (Busque unos verbos en el tiempo futuro.)
2. ¿Cree Ud. que el amante del poema se fue o que la amante lo abandonó? Explique.
3. ¿Qué visión del amor presenta el poema?
4. ¿Cómo se siente Ud. después de leer este poema? ¿Por qué?

Actividades generales

Sus ideas sobre el amor

*Con otra persona, comente las siguientes preguntas, luego comparta sus respuestas con la clase.

Estoy enamorada de otro, pero eso no cambia las cosas... Tú puedes seguir saliendo conmigo y haciéndome regalos como antes.

1. ¿Cuál de los poemas te gustó más? ¿Por qué?
2. ¿Crees que es posible el amor romántico hoy día? ¿Es algo positivo o no? ¿Qué películas recientes presentan una historia de amor romántico? ¿Te gustan estas películas? Elabora un poco.

Más allá del texto

Trabajando solo(-a) con otro(s), encuentre Ud. canciones de amor en español en la radio o la televisión y descríbalas a la clase. [O si es posible, traiga una cinta (*tape*) o disco compacto.] ¿Quién es el/la cantante o el conjunto (*band, group*)? ¿Cuál es el tema de la canción? ¿Son diferentes estas canciones de otras canciones de artistas populares en Estados Unidos y Canadá? Explique. Ahora bien, ¿por qué no escribe Ud. una canción de amor en español? ¡Ándele!

Composición

*Escriba un poema sobre cualquier aspecto del amor o de la persona amada. Puede inventar su propia forma o seguir una de las formas a continuación.

a. *¿Por qué, oh, por qué?*
   Este tipo de poema se dirige a un individuo, una idea o un objeto y plantea muchas preguntas.

   Verso 1 la preposición *a* y un sustantivo
   Verso 2 *¿Por qué?* seguido de una pregunta
   Verso 3 *¿Por qué?* seguido de una pregunta
   Verso 4 *¿Por qué?* seguido de una pregunta
   Verso 5 *¿Por qué?* seguido de una pregunta
   Verso 6 *¿Por qué?* repetido tres veces
   Verso 7 espacio en blanco
   Verso 8 una pregunta final (sin el *¿Por qué?*) que resuma los sentimientos o contenido de las otras preguntas.

   Ejemplo: Al amor
   ¿Por qué te escondes de mí por tanto tiempo?
   ¿Por qué no te reconozco a veces?
   ¿Por qué de repente llegas como un huracán?

¿Por qué luego desapareces?
¿Por qué? ¿Por qué? ¿Por qué?

¿No sabes que te necesito todos los días?

b. *Un poema concreto*
Escoja cualquier sujeto/objeto y escriba un poema usando la forma concreta del objeto como bosquejo (*outline*).

¡Qué misterio! Mi corazón es fascinante. ¡Abre y cierra y abre!

c. *Un poema con aliteración* (Cada palabra empieza con el mismo sonido.)

Verso 1 un nombre
Verso 2 el nombre extendido
Verso 3 el nombre extendido con un verbo
Verso 4 el nombre extendido, verbo y un adverbio

Ejemplo: Betina
Betina Benítez
Betina Benítez besa
Betina Benítez besa bien.

El machismo en México

Anticipación

✻Todo el mundo ha oído mencionar el *machismo.* Es un fenómeno que afecta no sólo las relaciones entre hombres y mujeres sino que representa toda una filosofía de vida, según muchos sociólogos y psicólogos.

En el siguiente artículo, un escritor mexicano analiza el machismo en su país. Presenta las ideas del famoso poeta y ensayista mexicano Octavio Paz (Premio Nóbel, 1990), quien cree que el machismo tiene sus orígenes en la historia, específicamente en la conquista de México por los españoles en el siglo XVI. Para facilitar la comprensión del artículo, está dividido en tres partes, con ejercicios de prelectura y comprensión para cada parte.

Pero antes de explorar la historia, hablemos del machismo en general.

1. *Para abrir el tema*

✻ Para Ud., ¿qué significa la palabra *macho?* Trabajando solo(-a) o con otro(s), explique su definición. ¿Qué hombres famosos —actores, atletas, personajes de la tele— considera Ud. muy machos? ¿y poco machos? Entonces, ¿qué es el machismo? ¿Cómo afecta las relaciones entre los hombres y las mujeres? ¿Cuál es su causa, en la opinión de Ud.?

2. *Vocabulario: Adivinar el sinónimo*

✻ De la lista a continuación, escoja el sinónimo que corresponde a las palabras en cursiva en las oraciones.

dominada	el combate	provocan furia en	beber
comprar	abuelos	libre	compañeros
alegran	exclusivo	la reconciliación	mostrar su propia importancia o fuerza

En el artículo leemos que...

1. El machismo no es *privativo* de México.
2. El machista es muy hombre a la hora de *ingerir* licores y en el momento de *la pelea.*
3. Las acciones del machista *enfadan* a las mujeres.
4. El machista quiere que la mujer se encuentre *sometida.*
5. El machista trata de *autoafirmarse* delante de sus *prójimos.*

✻ Ahora lea para aprender más sobre el machismo mexicano y para ver cómo la historia puede influir en la psicología.

*El machismo en México**

Salvador Reyes Nevares

* De *Mundo Nuevo,* revista argentina publicada en París durante los años 60.

Parte I ¿De qué se trata?

✻Trabajando solo(-a) o con otro(s), estudie el dibujo y el texto abajo, luego conteste las preguntas.

Con la conducta machista, el hombre intenta probar que es superior y libre con respecto a la mujer. En realidad, sospecha que es débil y dependiente.

1. ¿Qué hacen los hombres en el dibujo?
2. ¿Qué reacciones distintas demuestran las mujeres?
3. En realidad, ¿qué dudas tiene el machista?

I. La conducta y psicología del machista

El machismo es una característica de ciertos mexicanos. No vale para definir a toda la población del país. Por otra parte, esta singular obsesión no es privativa de México. Puede sospecharse que ciertos españoles o griegos, o franceses o italianos están poseídos de ella.°

se refiere a la obsesión

¿Qué es el machismo? ¿Cómo es el individuo contaminado de machismo?

El machista es un hombre que se da importancia, pero no de cualquier modo: su importancia proviene° de su poderío° sexual.

viene / poder

Puede conceder que intelectualmente no descuella gran cosa,° puede estar de acuerdo en que no tiene una habilidad en el trabajo, en que es mediocre para todo, menos en su papel de macho.

descuella... se distingue mucho

El machista es muy hombre con las mujeres, pero también es muy hombre a la hora de ingerir licores y en el momento de la pelea. La borrachera° del varón despierta en las mujeres reacciones: las aterroriza, las escandaliza, las enfada. Lo que hay en el fondo de la conducta machista es una frase: «Para que vean que no me importa lo que ella quiera. Yo hago lo que me da la gana°». Hay un propósito° obsesivo de probar que se es libre respecto a° la mujer y que ésta se encuentra absolutamente sometida.

estado que resulta de tomar mucho alcohol

me... deseo hacer / intención

respecto a *with regard to*

El machista pretende autoafirmarse. ¿Delante de quién? Delante de sus prójimos que lo contemplan. ¿Respecto a quién? Respecto a una mujer.

Ahora bien, ¿cuál es el tipo de reacción que se establece entre el hombre y la mujer, para que aquél se convierta en un machista? Por debajo de las autoafirmaciones es fácil distinguir una radical conciencia de debilidad. Ese hombre que bebe para demostrar que es muy macho y que hace lo que le da la gana, en realidad tiene serias dudas. Sospecha que es débil y que está a merced° de la mujer. El machista se percata° de esa realidad pero no quiere confesarse a sí mismo que se ha percatado. Él es el fuerte. Es el macho, el jefe, el que manda. Y entonces monta su rudimentario mecanismo de prueba: hace lo que a la mujer no le gusta que haga.

a... *at the mercy*

se... está consciente

El machista puede tener muy mal gusto, pero logra° lo que se propone: la derrota lacrimosa° de la hembra. Se consuma° con esa derrota, una especie de venganza° oscura. Voy a explicarme con más rigor.

obtiene

derrota... *tearful defeat* / **Se...** Se completa

vengeance

Comprensión

1. ¿Qué es un machista? ¿Qué poderío superior cree tener?
2. ¿Qué acciones son típicas del machista?
3. ¿Qué no quiere confesarse?

Parte II ¿De qué se trata?

✻ Trabajando solo(-a) o con otro(s), estudie el dibujo y el texto abajo, luego conteste las preguntas.

Según Octavio Paz, la conquista fue para los mexicanos una violación de su tierra y de sus mujeres. El símbolo de esta violación es una mujer, la Malinche, la amante indígena (india) del jefe español Hernán Cortés, que luego de ayudarlo, se casó con uno de sus soldados y se fue a España. La contraparte de ella es Cuauhtémoc, el joven y heroico emperador azteca que prefirió morir torturado antes de cooperar con los españoles. El mexicano contemporáneo siente ambivalencia hacia la parte india de su ser: vergüenza por la capitulación de la traidora (*traitor*) Malinche; orgullo por el heroismo de Cuauhtémoc.

Al mismo tiempo, la figura del español tiene una doble cara: por un lado, el mexicano odia al conquistador por invadir su tierra; por otro, admira la fuerza y agresividad de los españoles victoriosos. El resultado de todos estos sentimientos conflictivos da origen al machismo, que es una combinación de orgullo y duda, amor y furia, victoria y derrota (conquista).

1. La indígena la Malinche...
   a. cooperó con los españoles.
   b. era amante de Cuauhtémoc.
   c. se quedó con el español Hernán Cortés toda su vida.
2. El joven Cuauhtémoc...
   a. cooperó con Hernán Cortés.
   b. era emperador maya.
   c. murió torturado por los españoles.

3. El mexicano contemporáneo siente...
   a. total admiración y orgullo hacia la parte india de su ser.
   b. emociones contradictorias —positivas y negativas— hacia las dos partes de su ser.
   c. sólo odio y rencor hacia la parte española de su pasado.

II. El origen histórico del machismo: El papel femenino y masculino

La Historia de México se inicia con un acto de fecundación entre los españoles y los indígenas.* De esta conjunción surgió° un nuevo pueblo.° Lo curioso del caso es que nosotros en México hemos elegido a uno de los troncos° de nuestra ascendencia° para atribuirle nuestro cariño y nuestro respeto. Nos hemos declarado indígenas. A pesar de esto, tenemos sentimientos ambivalentes hacia nuestro pasado indio, igual que hacia los españoles.

surgió: nació
pueblo: gente
troncos / ascendencia: *branches / ancestry*

Experimentamos° rencor hacia lo ibérico° por haber invadido nuestra cultura indígena. «...la conquista —dice Octavio Paz— fue también una violación,° no solamente en el sentido histórico, sino en la carne misma° de las indias.» Como consecuencia de esta violación original, el mexicano siente un temor enfermizo, violento por todo lo que pueda mancillar° la integridad de sus mujeres: su madre, su esposa, su hermana, su hija. La modestia femenina llega a constituirse en centro de la vida del hombre.

Experimentamos / ibérico: Sentimos / español
violación: *rape*
carne... *very flesh*
mancillar: deshonrar

Por otro lado, lo ibérico reside también en nosotros. Lo español fue el elemento activo y predominante en la conquista, así representando la parte masculina. Lo indígena hace la parte femenina en aquel trance° de fecundación. El mexicano de hoy, pues, se ve compelido a probar su masculinidad, para no asociarse con la parte femenina de la conquista. Dedica todos sus actos a ese propósito fundamental de no permitir que se dude de él.

trance: momento crítico

Aunque el mexicano siente cariño y respeto por lo indígena, también experimenta vergüenza.° En la figura de la Malinche, la madre universal del mexicano, Octavio Paz ve «el símbolo de la entrega°». Dice que repudiamos a la Malinche, pero es un repudio a medias.° Al renegar° de la Malinche, en realidad renegamos a la parte india de nuestro ser. Pero, no obstante, en Cuauhtémoc la

vergüenza: *shame*
entrega: capitulación
a... parcial / renegar: negar vigorosamente

---

* Aquí se refiere a la conquista española. La combinación de españoles e indios creó una raza nueva: los mestizos.

reverenciamos y la admiramos. El mexicano oscila entre estos dos sentimientos —repudio y admiración— siempre que vuelve la cara hacia su pasado indígena.

Amor contrariado° es, pues, el primer motor° del machismo. Amor y vergüenza y una rabia° de siglos. El machismo implica un acto de afirmación de la masculinidad. El acto erótico constituirá la prueba por antonomasia.° Mi conducta al volante° de un automóvil, o al frente de un grupo de subordinados, o en una reunión de condiscípulos,° o en una fiesta será siempre una conducta machista. Con ese fin gritaré y reiré más que los otros, y provocaré alguna riña° para que reparen en mí;° y sobre todo, mantendré uncida° a mi mujer a una disciplina que la preserve a ella y a mí me reafirme en mi condición de jefe de la casa.

frustrado / *motivating force*
furia
por... por excelencia / *steering wheel*
compañeros
combate, pelea / **reparen...** me observen
yoked

Comprensión

1. ¿Por qué siente rencor por los españoles el mexicano? ¿Cómo ha afectado la conquista su actitud hacia las mujeres?
2. Por otra parte, ¿cómo se identifica el mexicano con el español de la conquista? ¿Qué acciones o actitudes provoca esto?

Parte III ¿De qué se trata?

✻ Trabajando solo(-a) o con otro(s), estudie y el texto abajo, y el dibujo en la página 151 luego conteste la pregunta.

El machista necesita una mujer con cualidades exageradamente femeninas. ¿Qué cualidades ve Ud. en la hembrista?

III. La contrapartida: El hembrismo°

El machismo supone el otro lado de la medalla,° el hembrismo. Los rasgos° de la feminidad son normalmente pasivos: la paciencia, la fidelidad, la resistencia ante los infortunios,° la dulzura°...

Pues bien, la «abnegada° mujer mexicana» es una suma de tales virtudes, pero llevadas a lo alto° que acaban° por ser ridículas. El hombre machista necesita una mujer así. Para los alardes° de virilidad insaciable, la mujer que resiste todas las

exaggeratedly feminine actions and attitudes
coin
características
adversidad / *sweetness*
sacrificada
a... a tal extremo / *end up*
boasts

infidelidades es ideal; para exabruptos,° y demás actos de tiranía, una mujer inmensamente pasiva, sumisa° y resistente es indispensable.

grandes descortesías
obediente

Es posible avizorar una curación.° Se trata de atenerse a° la dualidad que nos preside.° En el momento en que no subsistan ni la noción del indio ni la del español, sino solamente la del mexicano, en ese momento México se sentirá de una sola pieza, y el machismo se habrá quedado entonces sin base.

avizorar... ver una solución / **atenerse...** aceptar / **nos...** existe en nosotros

Comprensión

1. ¿Qué características tiene la mujer hembrista?
2. ¿Cómo se complementan el machismo y el hembrismo?

Comprensión

Opciones múltiples

1. El machista cree que es muy importante mostrar su habilidad...

   a. intelectual. **b.** amorosa. **c.** económica.

2. El machista se emborracha y pelea para probar que tiene...

   a. gran respeto por la mujer. **b.** miedo de otros hombres.
   c. libertad absoluta de acción.

3. En realidad el machista...

   a. no trata de autoafirmarse. **b.** duda de su fuerza.
   c. obedece a su mujer.

4. A causa de la violencia que sufrieron los indios durante la conquista española, el mexicano de hoy está obsesionado con...

   a. la pureza de las mujeres de su familia. **b.** la cultura española.
   c. el miedo de entrar en peleas.

5. ¿Qué siente el mexicano contemporáneo hacia la parte india de su ser?

   a. admiración sin límites. **b.** indiferencia absoluta.
   c. emociones contradictorias.

6. Como prueba de su masculinidad, el machista *no*...

   a. grita en las fiestas. **b.** permite que su mujer tenga libertad.
   c. maneja el auto rápidamente.

La historia mexicana

✻ Trabajando con otro(s) estudiante(s), busque en el artículo palabras o frases que indican actitudes o sentimientos de los mexicanos contemporáneos hacia los dos

ASCENDENCIA	ACTITUDES/EMOCIONES	
	POSITIVAS	NEGATIVAS
la parte india (lo indígena)		
la parte española (lo ibérico)		

troncos de su ascendencia: la parte india (lo indígena) y la parte española (lo ibérico). Luego complete el gráfico para entender mejor la ambivalencia que experimenta el mexicano moderno hacia su pasado.

1. En palabras sencillas, explique a otro estudiante por qué el mexicano contemporáneo siente emociones contradictorias. ¿Cree Ud. que los norteamericanos sienten ambivalencia hacia su pasado? Explique.
2. ¿Qué curación sugiere el autor para el machismo mexicano? ¿Cree Ud. que es posible erradicar el machismo o el hembrismo? ¿Por qué?

Actividades

En pareja o en grupo: Su opinión

Con otra persona o en un grupo de tres o cuatro, discuta las siguientes preguntas. Luego, compare sus respuestas con las de otro grupo.

1. ¿Conoces personalmente a personas machistas o hembristas? Describe sus acciones o actitudes típicas.
2. ¿Está relacionado el machismo con la violencia contra las mujeres, en particular la violencia doméstica (de parte de los novios o esposos)? ¿Por qué? ¿Qué soluciones hay para este problema?
3. ¿Puede una mujer ser hembrista y feminista al mismo tiempo? Explícate.

Más allá del texto

1. ¿Qué evidencia hay del machismo o del hembrismo en los anuncios comerciales de las revistas y los periódicos —publicados en inglés y en español— en este país? Explique cómo son y dé su reacción. Ud. puede consultar la biblioteca, Internet, los quioscos (*newstands*) para conseguir algunos ejemplos que ilustren sus puntos.
2. Hable con una persona de habla española (o de otro grupo étnico) —por Internet o en persona— sobre el machismo/hembrismo de su cultura. Haga una comparación con su propia cultura y prepare un informe oral para la clase.

Composición

* Algunas personas opinan que sin el machismo y el hembrismo, la vida pierde mucho de su emoción y romanticismo. ¿Cree Ud., como consecuencia, que la vida norteamericana es menos interesante y feliz que la de las culturas latinas?

capítulo 4

Cuestiones éticas

Vocabulario preliminar

Estudie el vocabulario antes de empezar esta sección sobre dos cuestiones éticas difíciles. Luego utilice este vocabulario como medio de consulta durante su estudio del capítulo.

1. **apoyar** favorecer, defender, sostener; *s.* **apoyo, el**
2. **crear** producir, hacer, establecer
3. **derecho, el** autoridad de actuar o pedir algo; **tener derecho a** *to have a right to*
4. **ética, la** parte de la filosofía que trata de la moral y de las obligaciones del individuo; *adj.* **ético**
5. **peligro, el** una dificultad inminente, algo que puede causar consecuencias graves; *adj.* **peligroso**
6. **piedad, la** compasión, caridad, bondad; *adj.* **piadoso**
7. **probar** experimentar, verificar, investigar; *s.* **prueba, la**
8. **resaca, la** en lo sociopolítico, una reacción negativa o violenta que se opone fuertemente a otra acción (*backlash*)
9. **ser humano, el** hombre o mujer, persona, individuo
10. **tomar una decisión** decidir o resolver algo, formar juicio definitivo sobre algo dudoso o discutible
11. **tener la culpa** ser moralmente responsable de algo, ser la causa de una situación, ser **culpable** *adj.*

¡Pirámide de $10.000!

El/la profesor(-a) le da a cada estudiante 4 tarjetas de tamaño 3″ × 5″. Cada tarjeta tiene una palabra del **Vocabulario preliminar** (y otros términos útiles). Luego la clase se divide en grupos de dos: Jugador A y Jugador B. El Jugador A empieza con una definición de su palabra, *¡pero sin mencionar la palabra!* El Jugador B trata de adivinar (*guess*) cuál es la palabra.

EJEMPLO		
	Jugador A	Es una dificultad inminente, un...
	Jugador B	¡El examen final!
	Jugador A	No. No. Algo con consecuencias potencialmente graves, como caminar solo a las tres de la mañana en la ciudad.
	Jugador B	¡Un peligro!
	Jugador A	Sí. Eres brillante.

Cuando el Jugador A termina con sus 4 palabras, el Jugador B empieza con las suyas. Al terminarse las 8 palabras, se pueden intercambiar las tarjetas con otro grupo.

Dos cuestiones difíciles

*Cada día se nos presentan situaciones que requieren una decisión moral. Generalmente son decisiones difíciles y polémicas, porque no todos tienen la misma opinión. A continuación examinamos dos de estas cuestiones.

Cuestion uno: El uso de los animales en los experimentos científicos

¿Es cruel o necesaria la experimentación con animales? Es un tema que provoca bastante controversia estos días. A continuación se encuentra una presentación gráfica de los principales tipos de experimentos.

Lea Ud. el texto* rápida y ligeramente con el fin de *identificar el uso básico de los animales en cada categoría.*

Espacio. *Monos, perros, ratas... se envían al espacio para tratar de resolver las graves enfermedades físicas y trastornos psíquicos que padecen los astronautas durante los viajes muy largos.*

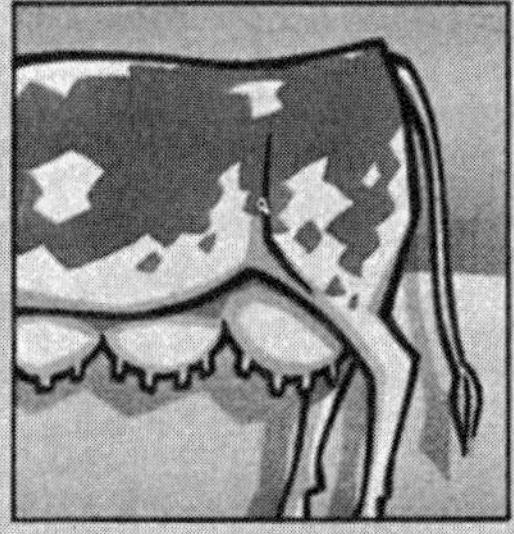

Biotecnología. *Ya se pueden patentar —y comercializar— seres vivos manipulados genéticamente. Esto es una clara muestra del enorme dominio que ejerce el hombre sobre la naturaleza.*

Toxicología. *Las industrias farmacéuticas y de cosmética están obligadas a probar sus productos, una y otra vez, en dos especies distintas de animales como mínimo, antes de lanzarlos al mercado.*

Cirugía. *Perros, cerdos y caballos son elegidos por los científicos para estudiar las nuevas técnicas quirúrgicas, el problema de los trasplantes o para que los médicos nóveles hagan manos.*

Defensa. *Se estima que más del 80 por ciento de los animales de experimentación van a parar a centros militares. ¿Con quién se prueban los nuevos proyectiles, armas convencionales, biológicas...?*

Neurología. *Se va frenando el uso de primates superiores —como el chimpancé y el orangután— para explorar el cerebro. El dolor en estos ensayos puede alcanzar cotas inimaginables.*

* El texto y las ilustraciones son de la revista *Muy interesante,* publicada en España.

Comprensión

Identificación

✻ Ahora, identifique el uso principal de los animales en cada categoría.

Los animales: chimpancés, perros, cerdos (*pigs*), caballos, monos (*monkeys*), ratas, gatos, vacas

EJEMPLO	Categoría	El uso básico
	__a__ Defensa	a. probar armas nuevas
		b. explorar el cerebro

Categoría

__f__ 1. Espacio
__e__ 2. Biotecnología
__d__ 3 Toxicología
__b__ 4. Cirugía (*surgery*)
__a__ 5. Defensa
__c__ 6. Neurología

El uso básico

a. probar proyectiles, armas convencionales
b. ayudar en el entrenamiento (*training*) de los médicos: investigar nuevas técnicas médicas
c. explorar el cerebro
d. probar productos cosméticos y farmacéuticos antes de venderlos
e. manipular animales genéticamente, e.g., criar vacas que producen máximas cantidades de leche
f. curar enfermedades de los astronautas

Actividad

Su opinión

✻ Con otra persona, comente las siguientes preguntas, luego comparta sus respuestas con la clase. Consulte el vocabulario del ejercicio de arriba.

1. ¿Qué usos de los animales te parecen necesarios o justificables? ¿Por qué?
2. ¿Qué usos te parecen crueles o injustos? ¿Por qué?

Discusión

1. *¿Tienen derechos los animales?*

✻ Algunos argumentos a favor y en contra de la experimentatión con animales

PRO	CONTRA
• Hay que probar las vacunas (*vaccines*) primero con los animales. Así se conquistaron la polio y la viruela (*smallpox*). ¿Es preferible experimentar con seres humanos?	• Lo que sucede en los laboratorios es asesinato y nada menos. El animal es un ser vivo que tiene derecho a la vida.
• El ser humano es una especie (*species*) distinta, con capacidades superiores	• El ser humano es animal también, pero abusa de los animales no humanos. No es cuestión de superioridad o inferioridad, sino de la coexistencia de las especies.

¿Qué argumentos defiende Ud.? ¿Qué argumentos ataca? Explique sus respuestas a otro estudiante o a la clase.

2. *Entrevista*

✻ Entreviste a un(-a) compañero(-a) sobre los siguientes usos de los animales. Después, explique sus opiniones en un breve resumen oral o escrito.

¿Qué piensas tú de estos usos de los animales? ¿Se deben permitir o prohibir? ¿Por qué?

- los abrigos de piel (*fur*)
- la caza (*hunting*)
- comer carne de animal
- los perros que buscan drogas ilícitas
- usos terapéuticos; e.g., ayudar a enfermos, viejos, ciegos (*blind*) y sordos (*deaf*)
- experimentar con animales de alta inteligencia (cerdos, delfines, simios, ratones)
- llevar zapatos de piel (*leather*)

Comentario sobre el dibujo

¿Qué dirían los toros? Trabajando solo(-a) o con otro(s), escriba las palabras del toro. ¿Qué piensa él de la corrida de toros?

Cuestion dos: La discriminación positiva°

°affirmative action

*Estados Unidos, donde los más se sienten menos**

La población blanca estadounidense tiene una errónea percepción de su tamaño y fuerza; cree que las minorías negra, hispana y asiática han crecido tanto como para copar los espacios sociales y controlar el país en poco tiempo.† Como los gráficos a

* Basado en un artículo de *Contenido*, una revista mexicana.

† Según un estudio de la Universidad de Harvard y la Fundación Kaiser Family.

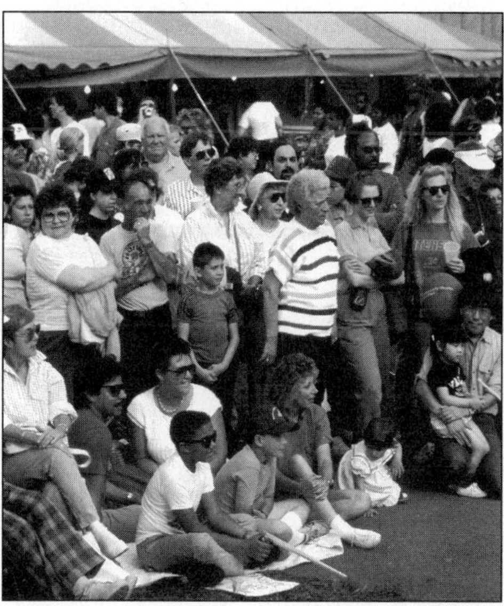

Los espectadores de un desfile reflejan las multiples razas y grupos étnicos que se encuentran en Estados Unidos.

continuación documentan, los blancos sobreestiman el número de negros, hispanos y asiáticos y subestiman su propia presencia.

LA PERCEPCIÓN

A. Los blancos perciben esta distribución de las razas en EE. UU.,expresada en el porciento de la población total del país.

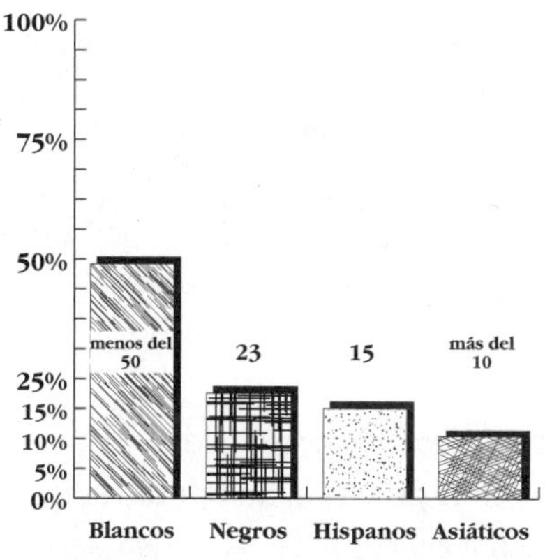

LA REALIDAD

Pero, en realidad, ésta es la verdadera distribución.

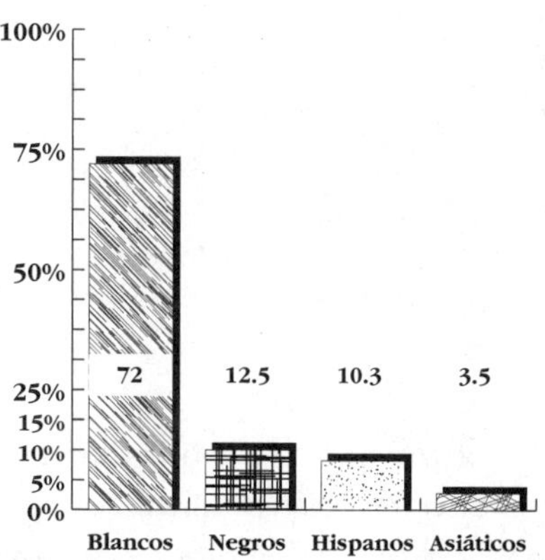

Interpretación

Trabajando con otro(s), estudie los gráficos abajo, luego conteste las preguntas que siguen. Comparta sus observaciones con la clase.

Por su parte, los grupos minoritarios exageran su número e importancia y tienden a minimizar a los otros.

LA PERCEPCIÓN

B. Cada grupo minoritario percibe sus propios números y el número de blancos en EE. UU.

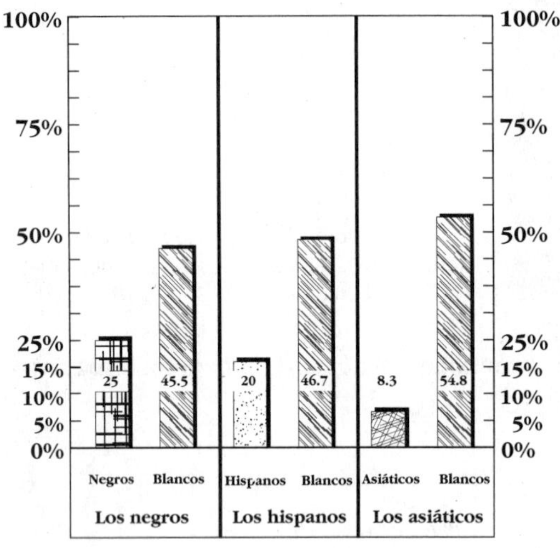

LA REALIDAD

Pero, en realidad, ésta es la verdadera distribución de las razas.

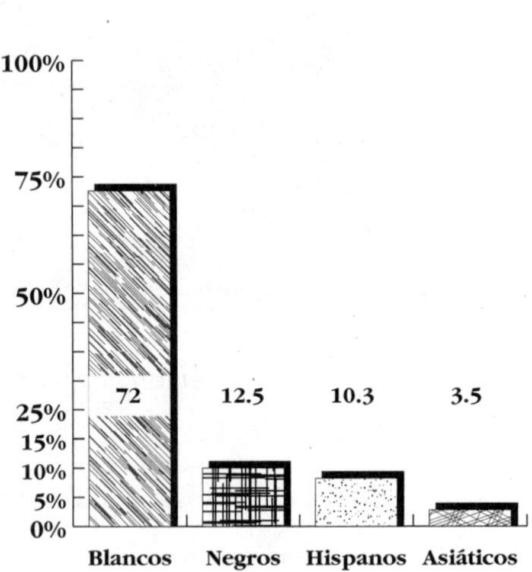

Interpretación

¿Qué percepción tienen los grupos minoritarios de sus propios números y los de los blancos? ¿Cuál es la realidad? ¿Por qué cree Ud. que existen estas percepciones erróneas entre los blancos y los grupos minoritarios?

Quizás como resultado de estas percepciones equívocas, programas de discriminación positiva, que parecen favorecer ciertos grupos minoritarios, se han abolido. En California, por ejemplo, no se pueden incluir la raza, el origen étnico o el sexo como factores en la evaluación de una persona que solicita entrada a la universidad. Entonces surgen unas cuestiones difíciles de contestar: ¿Es necesaria la discriminación positiva para compensar la negativa discriminación histórica y actual? ¿O es una especie de muleta que debilita el desarrollo a largo plazo de individuos o grupos de individuos? ¿Es discriminación «al revés» o justicia merecida?

Interpretación

1. ¿Qué ocurre en California?
2. ¿Qué piensa Ud. de la discriminación positiva? ¿Es necesaria, o es una muleta, o es justicia merecida?

Actividades

1. *Estudio de caso*

*En grupos pequeños, comenten el siguiente caso hipotético, y luego compartan sus reacciones con la clase.

Un joven blanco de Canadá sueña desde su niñez con formar parte de la internacionalmente famosa y respetada policía nacional, el RCMP (*Royal Canadian Mounted Police*). Satisface (y excede) todos los rigurosos requisitos físicos y mentales, pero aprende que el RCMP ni siquiera se interesa en él. Estos días y por años en el futuro el RCMP está vigorosamente reclutando a mujeres y nativos, es decir, gente de las Primeras Naciones (de origen indígena), y otros grupos

Un miembro del respetado *Royal Canadian Mounted Police* marcha en un desfile.

minoritarios. El joven blanco se siente totalmente deshecho, porque su sueño de toda la vida ya no se realizará.

¿Es justa o injusta esta situación?

2. *Encuesta y discusión*

✻ ¿Qué opinan Uds.? Trabajando con otro(s), expliquen en cuáles de las siguientes situaciones la raza, el origen étnico y el sexo deben ser factores oficiales o legales en la composición del grupo.

	Sí	*No*	*No sé*
senadores y congresistas	☐	☐	☐
colegios públicos (escuelas elementales, secundarias)	☐	☐	☐
ejecutivos de una empresa	☐	☐	☐
bomberos y policías	☐	☐	☐
clubes privados	☐	☐	☐
estudiantes universitarios	☐	☐	☐
vecinos, barrios	☐	☐	☐
¿ ? (otra categoría que Uds. sugieren)	☐	☐	☐

Otras cuestiones éticas

1. *¿Fumar o no fumar?*

✻ En Costa Rica aparecen en los restaurantes y otros lugares públicos estas tarjetitas dirigidas a los fumadores y los no fumadores. Son notables por su tono civil y cortés. ¿Cuál es su reacción al concepto de *La cortesía de Elegir?* ¿Sería aceptado en los restaurantes y lugares públicos de nuestro país?

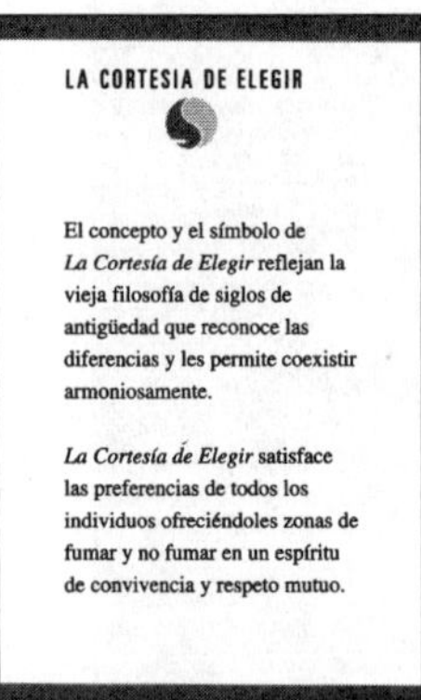

En grupos pequeños, lean el texto y luego expresen su opinión. Preparen su propio documento explicando cuatro o cinco derechos específicos de los fumadores y los no fumadores. Entonces lean su documento a la clase.

2. *Pequeñas entrevistas espontáneas*

✻ Imagínese que Ud. es un(-a) periodista que solicita opiniones sobre los temas que se dan a continuación u otros de interés actual. La clase debe dividirse en grupos de 5 personas. Una persona hace las preguntas, otra persona toma apuntes y las 2 o 3 otras contestan las preguntas. Luego, el/la secretario(-a) de cada grupo compartirá las opiniones con la clase.

«Buenos días. Soy periodista del famoso periódico _______. ¿Qué piensa Ud. de...»

- la gente que exagera sus calificaciones o aumenta con información falsa su currículum vitae, su solicitud de trabajo, sus credenciales profesionales, etc.?
- la venta en este país de la píldora RU-486 (que provoca el aborto espontáneamente)?
- un programa federal para pagar dinero a las víctimas del SIDA?
- los estudiantes universitarios que beben de tragos rápidos (4–8 bebidas en una hora)?
- ¿ ? (su propio tema)

Comentario sobre el dibujo

✻ ¿Es uno más culpable que el otro? ¿O es que, en realidad, no hay ningún problema aquí? Explique.

Chiste

—¿Qué es un moralista?
—Una persona que da buenos consejos cuando ya no está en edad de ofrecer malos ejemplos.

Paletitas de guayaba°

° *Guava popsicles*

Anticipación

Los abuelos son personas especiales para muchos de nosotros porque su amor por sus nietos es único. A veces nos preocupamos de su salud y de su futuro, hoy día especialmente, ya que los avances médicos hacen posible una vida muy larga. Por lo tanto, surgen preguntas difíciles: ¿qué hacer cuando el abuelito querido está gravemente enfermo? ¿Operar o dejar las cosas seguir su ruta natural? ¿Quién decide —el médico, la familia, el paciente mismo o Dios (o la naturaleza)? En el siguiente fragmento, la narradora recuerda su niñez con su abuelita y luego describe el penoso proceso de acompañarla en sus últimos días de vida.

1. *Para abrir el tema*

Trabajando solo(-a) o con otro(s), describa algunos recuerdos felices que tiene Ud. de sus abuelos. ¿Dónde y cómo viven ahora? ¿Dónde cree Ud. que deben pasar sus últimos años —en una comunidad especial de ancianos jubilados (*retirement community*), en un asilo para ancianos (*nursing home*), en su propia casa, en la casa de sus hijos o en un hospital? Explique su reacción a cada opción.

2. *Vocabulario: Palabras en contexto*

Trate de determinar el significado de las palabras en cursiva según el contexto en que aparecen.

1. (línea 18) Yo estaba acostumbrada a mis hermanas y la *bulla* y el desorden que siempre había en casa. Con mi abuela todo siempre estaba arregladito y se hablaba en voz baja.

   a. soledad, paz **b.** ruido, actividad **c.** indiferencia

2. (línea 20) En casa todas siempre hablábamos a la misma vez, y gritábamos y *chillábamos* y siempre era un carnaval.

   a. exclamábamos en voz alta (como de pájaros tropicales) **b.** charlábamos con calma y cortesía **c.** cocinábamos

3. (línea 29) Entraba yo, muy princesita y me miraban [mis hermanas] con cara de ay qué *asco* y apenas me hablaban.

   a. admiración **b.** milagro **c.** disgusto

4. (línea 59) Un hijo de dieciocho años había *chocado* en su moto en frente de la casa de sus padres ... y también estaba como verdura conectado a las máquinas.

   a. tenido un accidente **b.** viajado **c.** aparcado/estacionado

3. *El texto: Buscar información*

✻Trabajando solo(-a) o con otro(s), lea rápidamente los tres primeros párrafos del cuento, buscando la siguiente información.

1. Tres cosas que la abuelita le hacía a la niña (la narradora).
2. Dos contrastes entre la casa de la abuelita y la de la niña.
3. Lo que pasó a la abuelita el año pasado y la reacción de la narradora.

Según lo que Ud. ha leído hasta ahora, ¿cuál cree que va a ser el tema central de *Paletitas de guayaba?*

Paletitas de guayaba (fragmento)

Erlinda Gonzales-Berry*

No te sentí entrar. Es que estaba durmiendo y soñando. Espera, me está volviendo.† Mi abuelita, sí, estaba soñando con mi abuelita. Me estaba haciendo un traje, una blusa de encaje° y una falda amarilla, como cuando era niñita y vivía con ella. Siempre me hacía vestidos. Desbarataba° los suyos y los cambiaba y los hacía pequeños para mí. Entonces me decía, anda mídetelo.° Cuando me veía con el nuevo traje se le encendía la cara de placer. Ven, déjame peinarte. Luego me peinaba y me ponía maquillaje.

encaje lace
Desbarataba She took apart
mídetelo see how it fits

* Erlinda Gonzales-Berry (n. 1942) forma parte de una nueva e importante voz literaria: los escritores que describen la experiencia de ser méxico-americanos en el estado de Nuevo México. Es profesora de la literatura chicana y española en la Universidad de Nuevo México. El fragmento incluido es de su primera novela *Paletitas de guayaba*, que describe el viaje de una mujer nuevomexicana a México y al mundo de los recuerdos en busca de sus orígenes.

† *The narrator is speaking to her companion, Sergio, who has just entered the room. She had been sleeping and dreaming of her* **abuelita,** *and now recalls her dream and childhood memories for Sergio.*

Nunca tuvo hijos. Es que era mi tía abuela,° no mi abuela. Era tía de mi papá pero como no tuvo hijos, le pidió a su hermana —sí, la que se casó con su primo— que lo mandara a vivir con ella y siempre fue como su mamá. Así que por el lado de papi tuvimos dos abuelas, una abuela, y la otra, tía que llamábamos abuela. Cuando yo tenía diez años le pidió a papi que me dejara vivir con ella porque mi abuelo trabajaba en un rancho y sólo venía al pueblo los fines de semana y ella se ponía muy triste. Así que me fui a vivir con ella. Al principio fue muy raro. Yo estaba acostumbrada a mis hermanas y la bulla y el desorden que siempre había en casa. Con mi abuela todo siempre estaba arregladito° y se hablaba en voz baja. En casa todas siempre hablábamos a la misma vez, y gritábamos y chillábamos y siempre era un carnaval. Donde° mi abuelita todo era distinto.

tía... *great aunt*

muy ordenado

En casa de

El amor entre una abuela y su nieta es algo especial.

Después de vestirme y peinarme me decía que si no quería ir a visitar° a mi mamá porque ella tenía dolor de cabeza y quería dormir un rato. Así que me iba yo feliz de la vida con guantecitos y con una cartera de cuentas de colores° que era de ella. Al llegar

decía... preguntaba si quería visitar

cartera... *purse made of colored beads*

a la casa de mis padres, mis hermanas siempre estaban con los quehaceres de la casa, lavando platos, limpiando el piso, planchando, barriendo el patio. Entraba yo, muy princesita y me miraban con cara de ay qué asco y apenas me hablaban. Yo iba a hablar con mamá y las podía oír cuchicheando° y riéndose de mí. Antes de irme, me arrinconaban° y empezaban a pellizcarme y a jalarme° el pelo. Cuando llegaba donde mi abuela ya yo venía toda desgreñada° y con el traje nuevo roto. Y cada vez que podía, regresaba con ilusiones de que esta vez me tratarían bien y jugarían conmigo, pero ni modo.° Siempre era igual. Después de unos años volví a vivir con mis padres y todo se olvidó y volví a integrarme a la familia. Creo que esa experiencia tuvo un efecto muy profundo en la formación de mi personalidad. En primer lugar siempre causé como motivo° para manipular a mis padres. Les salía con que ustedes no me querían y me regalaron a la abuelita como a cualquier huerfanita.° No, la verdad es que yo estaba tan feliz de estar una vez más donde había señas de vida que muy pronto las perdoné. A veces nos acordamos y me llaman la princesita y yo las llamo las cenicientas° y nos da mucha risa.

hablando en voz muy baja
ponían en un rincón
pellizcarme... *pinch me and pull*
con el pelo en desorden
ni... *no way*
causé... usé esta experiencia
niña sin padres
Cinderellas

Pues mi abuelita murió el año pasado. Ay Sergio, fue la cosa más horrible y deshumanizante que jamás podrías imaginar. Después de hacerle una operación la conectaron a un montón de máquinas. Estuvo así durante diez días con tubitos en la boca, en la nariz y por donde quiera. La piel la tenía amarilla y llena de moretones.° Nunca abrió los ojos y nunca supimos si estaba consciente o no, y las malditas máquinas forzándola a respirar. Mami y papi se pusieron muy mal, pues ya te puedes imaginar viéndola así.° Papi peor porque a él le había quedado la decisión de sí o no hacerle la operación. Si no se la hubieran hecho, habría muerto a las pocas horas, pero al hacérsela° siguió viviendo en ese infierno mecánico y claro, él se sentía culpable.

bruises
ya... *you can just imagine, seeing abuelita like that*
al... *upon performing the operation on her*

Conocimos a otra familia; bueno mi hermana ya la conocía porque eran de su pueblito. Un hijo de dieciocho años había chocado en su moto en frente de la casa de sus padres el día de su graduación de la secundaria, y también estaba como verdura° conectado a las máquinas. Era una familia enorme de diez hijos, y esposos, y niños y los viejitos. Pues esos diez días los pasaron en el hospital. Arreglaban camas en el piso del corredor y allí

vegetal

dormían. Traían comida y en fin, vivían en el corredor. Cada hora, permitían entrar a uno o dos familiares° a ver a su paciente. Los dos, el joven y mi abuelita estaban en condiciones iguales. No se movían, no hablaban, no abrían los ojos. Nomás° se oía el siseo° de la máquina respiradora. Y a cada hora del día y de la noche entraba alguien a verlos así, por tres, cinco o diez minutos. Nos quedábamos allí nomás parados° mirándolos sin saber qué hacer. Papi por fin ya no aguantó° y se rehusó a entrar a verla porque le causaba tanta agonía. Así que nos turnábamos° las hermanas y mamá.

La décima noche entré con mi hermana, la que hace tiempo se metió a una religión aleluya° o qué sé yo. No me lo vas a creer pero cada aspecto de su vida está ligado a su religión. Antes de entrar habíamos estado hablando y todas habíamos quedado de acuerdo° en que era absurdo que la tuvieran viva a pura fuerza de las máquinas. Que lo que merecía era morir con dignidad en su casita. Los médicos, olvídate, que es nuestra responsabilidad moral tenerla así mientras sigan funcionando tres órganos vitales y quién sabe cuántas más pendejadas° nos decían. Pues esa noche eran como las once cuando entramos a darle vuelta como habíamos hecho durante diez días. Como era la primera vez que entraba con Luz, me quedé sorprendida cuando empezó a hablarle. Los demás de la familia no decían nada; nomás se quedaban allí mirándola llorando y todo lo demás. Pero Luz de una vez se puso a hablarle como si nada. Le decía que Dios la esperaba con los brazos abiertos, que ya era tiempo que le diera su alma, que no se resistiera a su voluntad,° que el cielo era bellísimo, que había jardines y huertas° por todos lados, que el abuelito la esperaba en el cielo y no sé cuanto más. Y la abuelita seguía como siempre, inerte, sin dar señas de oír o de comprender nada. Pero, sabes, de pronto empezó a ocurrir la cosa más rara. A medida que° mi hermana le hablaba, acariciándole siempre la frente, empezaron a cambiar los números en la máquina que le registraba el pulso. Cuando entramos estaba a 140. Poco a poco empezó a bajar: 135–134–133–130. A medida que le bajaba el pulso a mí se me aceleraba y se me hacía difícil respirar. Pues, fíjate que jamás había visto a nadie morir y se me hacía que allí a mi ladito estaba la calaca,° tú sabes, personificada y todo eso. Cuando por fin

familiares: personas de la familia
Nomás: Solamente (Mex.)
siseo: *hissing*
parados: *just standing around*
aguantó: toleró
turnábamos: *we took turns*
aleluya: protestante
habíamos... *had agreed*
pendejadas: cosas tontas
voluntad: *will*
huertas: *orchards*
A... *As*
calaca: la figura de la Muerte (Mex.)

marcó 94 la máquina, se detuvo, pero seguía el siseo de la respiradora. Pronto entró la enfermera a decirnos que era tiempo de salir. Salimos al corredor, Luz la misma estampa° de la serenidad, yo totalmente histérica. Ella me abrazó e inmediatamente sentí una ola de calma extenderse a través de mi cuerpo. Así estábamos abrazadas cuando salió la enfermera a decirnos que había muerto la abuelita.

La escena que presencié esa noche me dejó verdaderamente impresionada. Y todavía todo ese episodio de la muerte de la abuelita —el horror de las máquinas, la frustración de verla así ni viva ni muerta durante tanto tiempo— me obsesiona y me agobia.° A veces logro olvidarlo por algún tiempo, pero hoy volví a recordar. Quizá quiera que rece° por ella y por eso la soñé. Es lo que dicen cuando uno sueña a los muertos, ¿no?

¿El muchacho de la moto? Murió esa misma noche, a las doce.

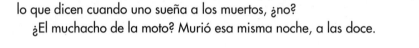

estampa: modelo
agobia: angustia
rece: *that I pray*

Vocabulario

El diminutivo

Se utiliza el diminutivo en español para comunicar, entre otras cosas, 1) el tamaño pequeño de una persona o cosa, 2) un sentimiento de cariño o amor hacia una persona/cosa o 3) una cualidad exagerada o excesiva en la descripción de una persona/cosa. Encuentre Ud. un ejemplo de cada uno de estos usos en *Paletitas de guayaba.* ¿Por qué cree Ud. que la narradora emplea el diminutivo con tanta frecuencia? ¿Tiene Ud. o su compañero(-a) de clase una palabra o expresión favorita en español? ¿en inglés? ¿En qué situaciones y por qué la utiliza?

Comprensión

1. *Opciones múltiples*

1. Cuando era niña, la narradora vivía con...

   a. su abuela. **b.** su familia. **c.** su abuela y su familia. **d.** su tía.

2. La abuela...

   a. tenía hijos. **b.** era tía abuela. **c.** trabajaba en un rancho. **d.** nunca se había casado.

3. En la casa de la abuela...

   a. las hermanas lavaban y limpiaban. **b.** la niña hacía vestidos. **c.** había desorden y bulla. **d.** todo estaba ordenado y calmado.

4. La abuela murió...

   a. unas horas después de una operación. **b.** sin la intervención de la tecnología. **c.** con la ayuda de las palabras calmantes de su sobrina Luz. **d.** en casa, rodeada de su familia y amigos.

5. El joven de la moto...

   a. estaba consciente pero gravemente herido. **b.** se recuperó después de una operación. **c.** no tenía visitas en el hospital. **d.** murió dentro de una hora de la llegada de Luz.

2. *Resumen y opinión*

* Cada grupo debe trabajar con unos párrafos diferentes del cuento y luego compartir las respuestas con la clase.

Grupo 1 ¿Cómo era la relación entre la niña y su abuelita? ¿y la niña y sus hermanas? Den ejemplos. En su opinión, ¿son típicas o no estas relaciones? Expliquen.

Grupo 2 ¿Cómo eran los días después de la operación de la abuela? ¿Qué hacía y sentía la familia? ¿Creen Uds. que el papá tomó la decisión moralmente correcta? ¿Por qué?

Grupo 3 ¿Quién era el muchacho de la moto? ¿Creen Uds. que su caso es idéntico al de la abuela? Expliquen.

Grupo 4 ¿Cuál era el mensaje de Luz, la hermana religiosa? ¿Cómo cambió la situación después de su llegada? ¿Qué opinan Uds. de esto?

Todos los grupos ¿Qué pasó en la última línea de la narración? ¿Es esto pura casualidad (*coincidence*) o no? Expliquen.

Comentario sobre el dibujo

* Describa Ud. lo que ve en el dibujo. ¿Cómo está cambiando hoy día el concepto de la vejez (*old age*)? Para Ud., ¿a qué edad es uno «viejo»?

Actividades

1. ¡A la pared!

Su profesor(-a) escribirá las siguientes frases en un papel (una frase por cada hoja) y los colgará en la pared (con distancia entre las dos hojas). Los estudiantes se levantarán de su asiento para colocarse a lo largo de la pared debajo de la posición que favorecen o en cualquier punto entre los dos extremos, según sus creencias. Después, cada estudiante le preguntará a un(-a) compañero(-a) *¿Por qué estás aquí?* y varios estudiantes explicarán su posición a la clase.

Dice la narradora:

«La muerte de mi abuela fue un infierno mecánico —la cosa más deshumanizante que jamás podrías imaginar.»

Dicen los médicos:

«Es nuestra responsabilidad moral mantenerla así [conectada a unas máquinas] mientras sigan funcionando órganos vitales.»

2. *Encuesta*

A continuación encontrará algunas declaraciones sobre el tratamiento médico de los enfermos y los viejos. Trabajando en grupos pequeños, averigüe (*find out*) con cuáles están de acuerdo (o no están de acuerdo) los otros del grupo y por qué. Comparta sus respuestas con la clase.

	Sí	*No*	*No sé*
1. El «medicidio» —el suicidio asistido por un médico— no debe ser legalizado. El doctor que participa en esto es un criminal.	☐	☐	☐
2. Un anciano que mata a su esposa que sufre de Alzheimer es un asesino.	☐	☐	☐

	Sí	*No*	*No sé*
3. Se debe legalizar el uso de la marihuana en casos médicos.	☐	☐	☐
4. El paciente es la única persona que debe tomar decisiones importantes (o en persona o en un *Testamento en vida*) sobre su vida y muerte.	☐	☐	☐
5. No se deben publicar libros o guías que den instrucciones explícitas para el suicidio.	☐	☐	☐

3. *Comentario*

✻ Trabajando solo(-a) o con otro(s), lea el texto* y conteste las preguntas.

Vocabulario útil: ***calacas*** figuras de la muerte; **alfeñiques** *thin sugar wafers;* ***calaveras*** *skulls;* ***cenizas*** *ashes;* ***módicos*** económicos.

Así nos enfrentamos a la muerte

La fiesta de muertos en México es conoocida en todo el mundo por su colorido y originalidad: gastronomía, arte y religiosidad (cristianismo y ritos prehispánicos) se fusionan en esta fecha.

Mexico. Los días 1° y 2 de noviembre, el pueblo se reúne en los cementerios para esperar el regreso de los familiares muertos. Se les ofrece pan, mole, chocolate, tamales, frutas... Se fabrican calacas de cartón, alfeñiques y las mundialmente famosas calaveras de azúcar. Una gran fiesta que recuerda a los muertos y celebra la vida.

EE. UU. En la Unión Americana está poniéndose de moda lanzar las cenizas de los muertos al espacio y congelar los cuerpos y posteriormente extraerles el agua para conservarlos incorruptibles. Todo esto por módicos 25.000 dólares.

1. ¿Qué ritos funerarios se practican en México? ¿Y en EE. UU.?
2. ¿En cuál de las dos culturas cree Ud. que la muerte es un fenómeno más aceptado? Explique.

* Texto y fotografía: de la revista *Muy interesante,* publicada en México.

El fascinante mundo oculto de los mayas

Anticipación

Desde el comienzo de la historia, el ser humano ha expresado su creencia en un ser superior (o varios seres superiores). Para venerar a esta deidad, cada sociedad o grupo de personas ha organizado un sistema de fe y adoración, es decir, ha creado una religión. Hoy día existen muchas religiones en el mundo, algunas muy antiguas. ¿Cómo se diferencian? ¿Cuáles son sus orígenes? ¿Hay una que sea «más correcta» que las otras o son todas igualmente válidas? Piense en estas preguntas mientras lee el siguiente artículo sobre la vieja religión de los mayas.*

1. *Para abrir el tema*

Trabajando solo(-a) o con otro(s), conteste estas preguntas. Para Ud., ¿qué es un dios o una diosa? ¿Por qué creemos en Dios? ¿En qué ocasiones especiales vamos a la iglesia o al templo o celebramos otros ritos religiosos? ¿Qué sabe Ud. de la religión/del dios de los indígenas?

2. *Vocabulario: Palabras en contexto*

De la lista de palabras a continuación, encuentre el sinónimo apropiado para las palabras en cursiva tomadas de los primeros párrafos del artículo.

diaria apoyo planeta controlaban deseos

1. Los mayas eran una de las más extraordinarias culturas del *orbe.*
2. Los dioses mayas causaban la vida y muerte y *regían* el movimiento y el tiempo.
3. Los mitos y la religión son un reflejo de la vida *cotidiana* de la gente, de sus temores y *anhelos.*
4. Dios es también una manifestación de esperanza, un *sostén* para comprender la vida.

3. *El texto: Anticipar el contenido*

Mire las fotografías y lea la primera frase de cada párrafo, luego decida si las siguientes declaraciones son verdaderas (V) o falsas (F).

* Para más información sobre los mayas, véase *El indio y los animales* en la página 42.

_______ 1. El artículo sólo habla de los dioses de los mayas.

_______ 2. Había un solo dios maya y era perfecto.

_______ 3. Los mayas observaban ritos religiosos en ciertas ocasiones especiales de su vida.

_______ 4. Los mayas eran, entre otras cosas, arquitectos, astrónomos y pensadores.

*El fascinante mundo oculto de los mayas**

Helena Rivas López

Para el ser° humano, su existencia y la del propio Universo se presentan todavía como un enigma. Desde tiempos inmemoriales, los dioses surgieron como seres causantes de la vida y de la muerte que regían el movimiento y el tiempo.

° *being*

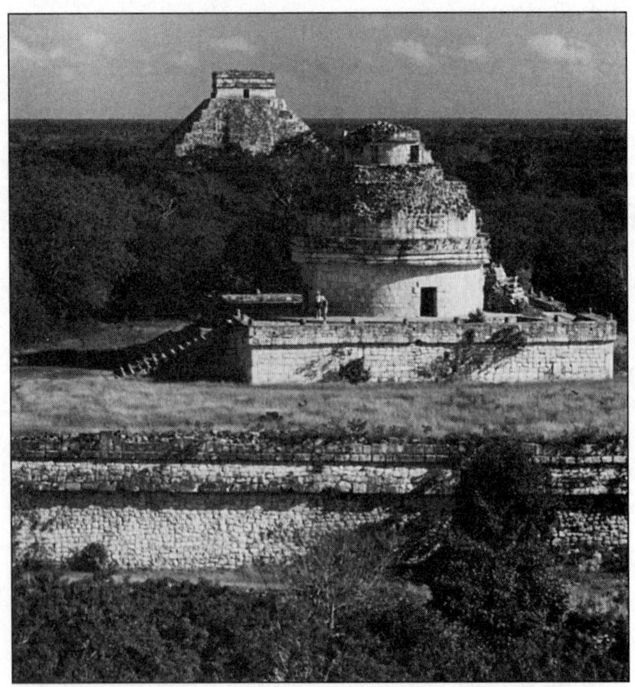

El observatorio maya en Chichén Itzá, México, donde los sacerdotes (hombres religiosos) llevaron a cabo el estudio y culto de la astronomía.

* Del periódico bilingüe publicado en Cancún, México, *Caribbean News*.

Egipcios, griegos, hindúes, japoneses, chinos, árabes, judíos, romanos, cada civilización creaba sus propios seres extraordinarios: Ra, Zeus, Visnú, Buda, Alá, Jehová, Júpiter. Los mitos, las leyendas y la religión son un reflejo de la vida cotidiana de todo pueblo, de sus anhelos, temores, costumbres, estructura social, y ámbito geográfico. Los dioses, o el Dios, son también una manifestación de esperanza, un sostén para comprender la vida.

Para los mayas —una de las más extraordinarias culturas del orbe— los dioses crearon y destruyeron varias veces el mundo, con el fin de encontrar un ser que los venerara y sustentara;° así el hombre es hecho primero de tierra y destruido por falta de inteligencia, luego de madera y finalmente elaborado con pasta° de maíz.

que... *that would venerate and sustain them*
mashed kernels

Las deidades no eran seres perfectos como en otras religiones, ni autosuficientes. Para poder seguir existiendo necesitaban de los hombres y del culto° y cuando por alguna razón no se les invocaba, llegaban a padecer «hambre» y a traer desgracias. Podían ser a la vez masculinos y femeninos; jóvenes y viejos; benéficos o maléficos. Se representaban como a seres que compartían las características de los humanos, de los vegetales y de los animales, y que tenían la facultad de repartir en el mundo sus regalos o plagas.°

adoración
desastres

Los principales dioses entre los mayas fueron los siguientes:

- *Itzamná,* dios del cielo que tiene forma de serpiente y presidía° a los demás dioses. También era dios del fuego y del hogar e inventó la escritura° y los libros.*
- *Kukulkán,* la serpiente emplumada; es la versión maya del Quetzalcóatal de los mexicas y toltecas. Era el garante° de la descendencia real y su imagen en forma de cetro° la ostentaban los soberanos.°
- *Kinich Ahau,* dios del Sol.
- *Ixchel,* o la luna. La tradición cuenta que su esposo, el Sol, le arrancó° un ojo en castigo a una infidelidad y a partir de entonces brilla mucho menos que él.
- *Chaac,* dios de la lluvia, tenía una nariz como trompa de elefante. Era muy venerado en las zonas áridas.

era jefe
sistema de escribir
persona que garantiza
bastón o insignia de mando
gobernadores
sacó violentamente

* Es interesante notar que los mayas adoraban a un dios de la escritura y los libros, puesto que era la única cultura del Nuevo Mundo que tenía un sistema de escribir.

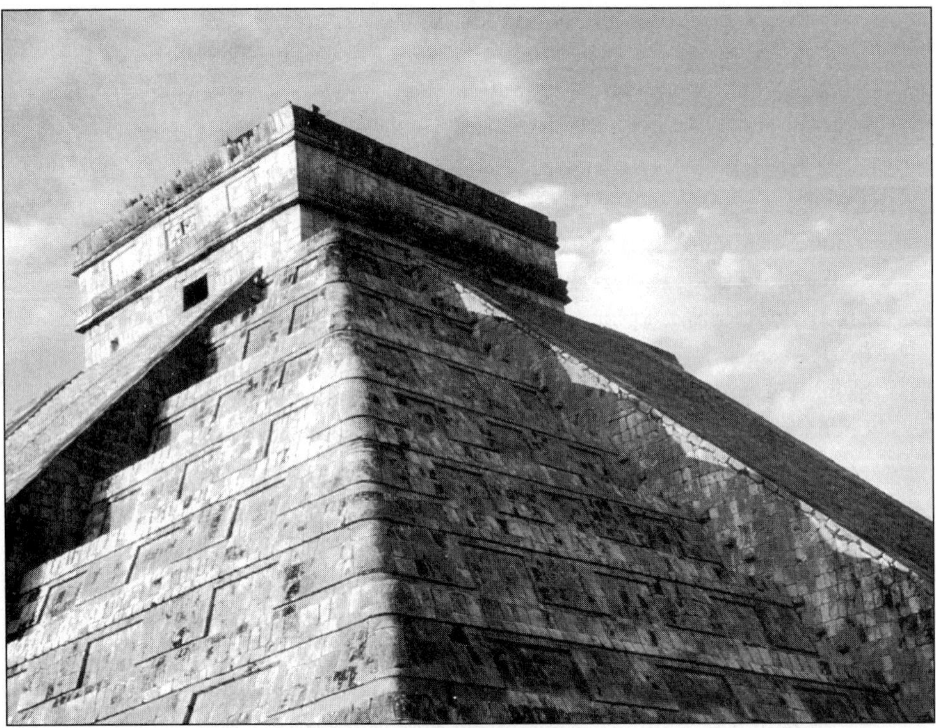

Los rayos de sol caen sobre la pirámide en Chichén Itzá, México. Entre la luz y la sombra se va formando el cuerpo del dios Kukulkán, la serpiente emplumada.

Los ritos religiosos se practicaban principalmente cuando el nacimiento, con la imposición del nombre conforme al calendario de 260 días; la pubertad (rito llamado *caputzihil*), a partir de la cual se estaba en posibilidad de contraer nupcias;° el matrimonio: y la muerte. No hay indicios de que hayan creído en un paraíso feliz después de la muerte, aunque sí en una superviviencia sin sufrimientos.

contraer... casarse

Junto con los zurvanitas de Irán, los mayas son el único pueblo que se conoce haya rendido° un culto religioso a la eternidad del tiempo. Creían que era un proceso cíclico continuo y de carácter divino. Los conocimientos científicos que se hallan fundidos° en su mitología, es la característica distintiva de esta religión. La clase sacerdotal° llevaba a cabo el estudio y culto de la astronomía, escritura, arquitectura y detentaba° un gran poder. Estudiaron cuidadosamente el movimiento de las estrellas y calcularon con precisión el año solar de 365 días (con la astronomía moderna

dado
combinados
de los hombres religiosos
tenía

hay una diferencia de 17,28 segundos), así como la aparición de los eclipses, el año lunar y la órbita de Venus.

Los palacios eran la residencia de los sacerdotes y gobernantes y formaban parte de los centros ceremoniales. Tikal, Palenque, Chichén Itzá, Tulum, Uxmal, son sólo algunos ejemplos del esplendor y magnificencia alcanzada por esta civilización para honrar a sus dioses.

Comprensión

Recapitulación: El mundo de los mayas

Trabajando solo(-a) o con otro(s), lea los párrafos siguientes acerca de los mayas y escriba la letra de la palabra apropiada en cada espacio. ¡OJO! Hay más palabras en la lista que espacios en los párrafos.

a. paraíso feliz
b. mitología
c. sacerdotal
d. los dioses
e. México, Guatemala, Honduras
f. pasta de maíz
g. los sacerdotes y los gobernantes
h. calendario
i. la muerte
j. tiempo
k. Chaac
l. animales
m. la escritura

Los mayas vivían en una parte de las Américas que hoy se llama _______. Para ellos, la religión, la _______ y la ciencia eran muy importantes en la vida diaria. _______ crearon y destruyeron el mundo varias veces; al fin, hicieron al ser humano con _______. Los mayas adoraban a muchos dioses: algunos jóvenes, otros viejos; algunos con características de seres humanos, y otros de _______.

Los ritos religiosos eran importantes cuando celebraban el nacimiento, la pubertad, el matrimonio y _______. La clase _______ estudiaba la arquitectura, la astronomía y _______ en los templos. Los mayas eran uno de solamente dos pueblos antiguos que reconocían la eternidad del _______. _______ vivían en los palacios y tenían mucho poder e influencia. En realidad, la religión era el centro de la vida de los mayas.

Actividad

Semejanzas y contrastes culturales

Escriba la información necesaria para completar el gráfico. Compare sus respuestas con las de otro estudiante.

	LOS MAYAS	NUESTRA CULTURA
1. número de dioses		
2. número de creaciones		
3. hay vida después de la muerte		
4. características «humanas» de los dioses/el Dios		
5. concepto del tiempo		

Discusión

✻Trabajando solo(-a) o con otro(s), conteste estas preguntas.

1. ¿Por qué cree Ud. que los mayas tenían tantos dioses? ¿Qué opina Ud. de esto?
2. Los mayas practicaban un rito religioso (*caputzihil*) al iniciarse la pubertad. ¿Qué otras religiones practican esto? ¿Qué símbolos o prácticas en nuestra cultura indican que uno ya es «adulto»? ¿Son positivos o negativos? Explique.

Comentario sobre el dibujo

✻Describa Ud. lo que pasa en el dibujo. ¿Cuál es el mensaje del dibujante? ¿Está Ud. de acuerdo? Explique. ¿Qué otros «dioses» adoramos hoy?

¿Qué les parece?

Pensando en Dios

Cada persona tiene su propia interpretación de Dios. ¿Existe o no existe? ¿Cómo explicamos su presencia? A continuación encontrará cinco citas sobre Dios de varias personas famosas. La clase se dividirá en pequeños grupos y cada grupo explicará en sus propias palabras una de las citas, y luego decidirá si está de acuerdo con la cita o no y por qué. Después, cada grupo preparará una cita original sobre Dios o la religión y la compartirá con la clase.

De Dios Citas

FLASH PRESS

Me desconcierta tanto pensar que Dios existe, como que no existe.

Gabriel García Márquez (nacido en 1928), escritor colombiano.

Dios y naturaleza nada hacen en vano.

Aristóteles (384–322 a. de C.), filósofo griego.

Esta vida da pocas explicaciones. Por eso necesitamos algo a lo que agarrarnos por encima de nosotros. Hay que creer en Dios para levantarse cada mañana.

Sofía Loren (nacida en 1934), actriz italiana.

El hombre encuentra a Dios detrás de cada puerta que la ciencia logra abrir.

Albert Einstein (1879–1955), físico estadounidense de origen alemán.

AGE FOTOSTOCK

AGE FOTOSTOCK

Mientras que el universo tenga un comienzo, podremos suponer que tuvo un Creador. Pero si el cosmos, en efecto, se contiene en sí mismo, ¿hay lugar para un Sumo Hacedor?

Stephen Hawking (nacido en 1942), físico británico.

De la revista Muy interesante

Walimai*

Isabel Allende

Isabel Allende, con la traducción inglesa de su novela *De amor y de sombra.*

Introducción

Isabel Allende es una de las novelistas latinoamericanas más leídas del mundo. Su primera novela, *La casa de los espíritus,* encabezó la lista de *best-sellers* en varios países después de publicarse en 1982 y fue traducida a muchos idiomas. Allende nació en Perú en 1942, pero es de nacionalidad chilena, sobrina del ex presidente socialista Salvador Allende. Empezó su carrera profesional como periodista, después trabajó en la televisión. En su

* Una advertencia: el tema del cuento es fuerte y polémico. Algunos profesores o estudiantes podrían sentirse incómodos al leer y discutirlo.

obra literaria se combinan elementos reales y mágicos para producir una mezcla de crítica social, autobiografía y fantasía.

«Walimai» es de su colección de cuentos *Los cuentos de Eva Luna* (1990). Relata la historia de un joven indígena, Walimai, que cae preso de los caucheros blancos (*rubber plantation workers*). En el campamento conoce a otra prisionera que ha sufrido muchos abusos. Walimai entonces ayuda a la mujer a liberarse por un método cruel. Es una historia sencilla pero provoca una cuestión ética difícil: ¿Está bien hacer mal para conseguir un bien? Para facilitar la lectura y la discusión de «Walimai», se ha dividido el cuento en cuatro secciones, con algunos ejercicios correspondientes. Se debe leer el cuento dos veces: la primera vez para seguir la trama (*plot*) y hacer los ejercicios en cada sección; la segunda vez, para participar en las actividades al final y debatir las distintas reacciones que el cuento seguramente provocará.

Anticipación

1. *Para abrir el tema*

✻ Trabajando solo(-a) o con otro(s), describa la vida hoy día de los indígenas de este país. ¿Dónde viven? ¿Cómo subsisten? ¿Qué cosas valoran? ¿Hay algunas noticias recientes sobre ellos? ¿Cree Ud. que se han asimilado a la cultura dominante o que son sus víctimas? Explique.

2. *El texto: Adivinar la trama*

✻ En grupos de 4 o 5, imaginen qué va a ocurrir en la historia. Cada grupo leerá los siguientes extractos del cuento y preparará su versión de los eventos, que compartirá con la clase. Inventen libremente, sin restricciones; al terminar el cuento, pueden comparar su versión con los hechos del cuento.

1. El nombre que me dio mi padre es Walimai, que en la lengua de nuestros hermanos del norte quiere decir *viento.*
2. Nosotros, los Hijos de la Luna, no podemos vivir sin libertad.
3. Un día llegó un grupo de hombres pálidos a nuestra aldea.
4. Me cogieron los soldados.
5. Ese fue un período sin libertad...
6. Ella era de la tribu de los Ila...
7. Ella abrió los ojos y me miró largamente. Comprendí.
8. ...su cuerpo se murió sin luchar...
9. ...soñé que ella volaba...

Walimai

Mirada rápida Parte I

1. *¿De qué se trata?*

✻ Trabajando solo(-a) o con otro(s), mire los dibujos y describa lo que ve. Después, trate de hacer un resumen de la acción de este fragmento del cuento.

2. *Palabras importantes*

✻ En la columna B encuentre la definición de las palabras en la columna A.

A		B
______	1. arco y flechas	a. bosque denso
______	2. selva	b. hombre que busca y mata animales para comer
______	3. extranjeros	c. instrumentos para matar animales
______	4. cazador	d. personas desconocidas, de otra región

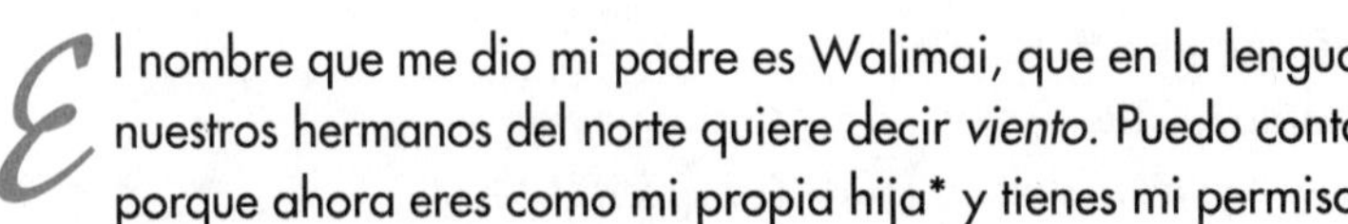

El nombre que me dio mi padre es Walimai, que en la lengua de nuestros hermanos del norte quiere decir *viento*. Puedo contártelo, porque ahora eres como mi propia hija* y tienes mi permiso para

* Walimai le cuenta su historia a una mujer joven, Eva Luna.

nombrarme, aunque sólo cuando estamos en familia. Se debe tener mucho cuidado con los nombres de las personas y de los seres vivos, porque al pronunciarlos se toca su corazón y entramos dentro de su fuerza vital. Así nos saludamos como parientes de sangre. No entiendo la facilidad de los extranjeros para llamarse unos a otros sin asomo° de temor, lo cual no sólo es una falta de respeto, también puede ocasionar graves peligros. He notado que esas personas hablan con la mayor liviandad°, sin tener en cuenta que hablar es también ser. El gesto y la palabra son el pensamiento del hombre. No se debe hablar en vano, eso le he enseñado a mis hijos, pero mis consejos no siempre se escuchan. Antiguamente los tabúes y las tradiciones eran respetados. Mis abuelos y los abuelos de mis abuelos recibieron de sus abuelos los conocimientos necesarios. Nada cambiaba para ellos. Un hombre con buena memoria podía recordar cada una de las enseñanzas recibidas y así sabía cómo actuar en todo momento. Pero luego vinieron los extranjeros hablando contra la sabiduría° de los ancianos y empujándonos° fuera de nuestra tierra. Nos internamos cada vez más adentro de la selva, pero ellos siempre nos alcanzan°, a veces tardan años, pero finalmente llegan de nuevo y entonces nosotros debemos destruir los sembrados°, echarnos a la espalda° a los niños, atar° los animales y partir. Así ha sido desde que me acuerdo: dejar todo y echar a correr como ratones y no como los grandes guerreros° y los dioses que poblaron este territorio en la antigüedad. Algunos jóvenes tienen curiosidad por los blancos y mientras nosotros viajamos hacia lo profundo del bosque para seguir viviendo como nuestros antepasados°, otros emprenden° el camino contrario. Consideramos a los que se van como si estuvieran muertos, porque muy pocos regresan y quienes lo hacen han cambiado tanto que no podemos reconocerlos como parientes.

Dicen que en los años anteriores a mi venida al mundo no nacieron suficientes hembras° en nuestro pueblo y por eso mi padre tuvo que recorrer largos caminos para buscar esposa en otra tribu. Viajó por los bosques, siguiendo las indicaciones de otros que recorrieron esa ruta con anterioridad por la misma razón, y que volvieron con mujeres forasteras.° Después de mucho tiempo, cuando mi padre ya comenzaba a perder la

indicio

frivolidad

conocimiento

forzándonos

llegan hasta donde estamos

tierras cultivadas

echarnos... *throw on our backs / to tie together*

soldados valientes

predecesores / toman

mujeres

de otro lugar

esperanza de encontrar compañera, vio a una muchacha al pie de una alta cascada,° un río que caía del cielo. Sin acercarse demasiado, para no espantarla°, le habló en el tono que usan los cazadores para tranquilizar a su presa°, y le explicó su necesidad de casarse. Ella le hizo señas° para que se aproximara, lo observó sin disimulo° y debe haberle complacido° el aspecto del viajero, porque decidió que la idea del matrimonio no era del todo descabellada°. Mi padre tuvo que trabajar para su suegro hasta pagarle el valor de la mujer. Después de cumplir con los ritos de la boda, los dos hicieron el viaje de regreso a nuestra aldea.°

Yo crecí con mis hermanos bajo los árboles, sin ver nunca el sol. A veces caía un árbol herido° y quedaba un hueco° en la cúpula profunda del bosque, entonces veíamos el ojo azul del cielo. Mis padres me contaron cuentos, me cantaron canciones y me enseñaron lo que deben saber los hombres para sobrevivir sin ayuda, sólo con su arco y sus flechas. De este modo fui libre. Nosotros, los Hijos de la Luna, no podemos vivir sin libertad. Cuando nos encierran entre paredes o barrotes° nos volcamos° hacia adentro, nos ponemos ciegos y sordos° y en pocos días el espíritu se nos despega° de los huesos° del pecho y nos abandona. A veces nos volvemos como animales miserables, pero casi siempre preferimos morir.

Por eso nuestras casas no tienen muros,° sólo un techo inclinado para detener el viento y desviar° la lluvia, bajo el cual colgamos° nuestras hamacas muy juntas porque nos gusta escuchar los sueños de las mujeres y de los niños y sentir el aliento de los monos°, los perros y las lapas,° que duermen bajo el mismo alero.°

Los primeros tiempos viví en la selva sin saber que existía mundo más allá de los acantilados° y los ríos. En algunas ocasiones vinieron amigos visitantes de otras tribus y nos contaron rumores de Boa Vista y de El Platanal,° de los extranjeros y sus costumbres, pero creíamos que eran sólo cuentos para hacer reír. Me hice hombre y llegó mi turno de conseguir una esposa, pero decidí esperar porque prefería andar con los solteros, éramos alegres y nos divertíamos. Sin embargo, yo no podía dedicarme al juego y al descanso como

waterfall
causarle miedo
persona capturada
gestos
sin... abiertamente / dado satisfacción
loca
pueblo muy pequeño
wounded / *hole*
steel bars / volvemos
ciegos... sin capacidad de ver u oír
separa / *bones*
paredes
separar de su camino
suspendemos
monkeys / animal de Sudamérica
eaves
precipicios
Boa... lugares colonizados por los extranjeros

otros, porque mi familia es numerosa: hermanos, primos, sobrinos, varias bocas que alimentar°, mucho trabajo para un cazador.

dar de comer

Comprensión

1. *¿Verdadero o falso?*

Si es falso, corrija la información.

_______ 1. Walimai creció con sus hermanos en la selva, bajo el sol brillante.

_______ 2. Sus padres le contaron cuentos y le enseñaron cómo sobrevivir sin ayuda.

_______ 3. Era cazador y utilizaba arco y flechas para matar a los animales.

_______ 4. Walimai se casó joven y vivía con su esposa e hijos.

2. *Punto clave*

¿Qué importancia tenía la libertad para Walimai y los Hijos de la Luna? ¿Qué ocurre cuando pierden esta libertad?

Mirada rápida Parte II

1. *¿De qué se trata?*

Trabajando solo(-a) o con otro(s), mire los dibujos y describa lo que ve. Después, trate de hacer un resumen de la acción de este fragmento del cuento.

2. *Palabras importantes*

✻ Elija el sinónimo apropiado para reemplazar las palabras en cursiva.

1. Los hombres pálidos cazaban sin *destreza* ni valor; apenas podían moverse en la selva.

   a. habilidad **b.** armas **c.** entusiasmo

2. Los hombres pálidos no eran misioneros ni soldados; querían la tierra y buscaban *piedras.*

   a. animales exóticos **b.** joyas preciosas **c.** tierras fértiles

3. Walimai se echó a descansar y le *cogieron* los soldados.

   a. vieron **b.** captaron **c.** abandonaron

4. En un extremo del campamento los blancos habían instalado una *choza* grande donde mantenían a las mujeres.

   a. casa bonita **b.** clínica médica **c.** cabaña rústica

Un día llegó un grupo de hombres pálidos a nuestra aldea. Cazaban con pólvora,° desde lejos, sin destreza ni valor. Eran incapaces de trepar° a un árbol o de clavar° un pez con una lanza en el agua. Apenas podían moverse en la selva, siempre enredados en sus mochilas,° sus armas y hasta en sus propios pies. No se vestían de aire, como nosotros, sino que tenían unas ropas empapadas y hediondas.° Eran sucios y no conocían las reglas° de la decencia, pero estaban empeñados° en hablarnos de sus conocimientos y de sus dioses. Los comparamos con lo que nos habían contado sobre los blancos y comprobamos la verdad de esos chismes°.

- *gunpowder*
- subir / *spear*
- **enredados...** *tangled up in their knapsacks*
- **empapadas...** *soaked and smelly* / normas / insistentes
- rumores

Pronto nos enteramos de que éstos no eran misioneros, soldados ni recolectores de caucho.° Estaban locos, querían la tierra y llevarse la madera; también buscaban piedras. Les explicamos que la selva no se puede cargar° a la espalda y transportar como un pájaro muerto, pero no quisieron escuchar razones. Se instalaron cerca de nuestra aldea. Cada uno de ellos era como un viento de catástrofe, destruía a su paso todo lo que tocaba, dejaba un rastro de desperdicio,° molestaba a los animales y a las personas. Al principio cumplimos con° las reglas

- **recolectores...** *rubber gatherers*
- llevar
- **rastro...** *trail of waste*
- **cumplimos...** observamos

de cortesía y les dimos el gusto, porque eran nuestros huéspedes,° pero ellos no estaban satisfechos con nada, siempre querían más, hasta que, cansados de esos juegos, iniciamos la guerra con todas las ceremonias habituales. No son buenos guerreros, se asustan con facilidad y tienen los huesos blandos. No resistieron los garrotazos° que les dimos en la cabeza. Después de eso abandonamos la aldea y nos fuimos hacia el este, donde el bosque es impenetrable, viajando grandes trechos° por las copas° de los árboles para que no nos alcanzaran° sus compañeros. Nos había llegado la noticia de que son vengativos y que por cada uno de ellos que muere, aunque sea en una batalla limpia, son capaces de eliminar a toda una tribu, incluyendo a los niños. Descubrimos un lugar donde establecer otra aldea. No era tan bueno. Las mujeres debían caminar horas para buscar agua limpia pero allí nos quedamos porque creímos que nadie nos buscaría tan lejos.

Al cabo de un año, en una ocasión en que tuve que alejarme mucho siguiendo la pista° de un puma,° me acerqué demasiado a un campamento de soldados. Yo estaba fatigado y no había comido en varios días, por eso mi entendimiento estaba aturdido.° En vez de dar media vuelta cuando percibí la presencia de los extranjeros, me eché a descansar. Me cogieron los soldados. Me llevaron a trabajar con los caucheros, donde había muchos hombres de otras tribus, a quienes habían vestido con pantalones y obligaban a trabajar, sin considerar para nada sus deseos. El caucho requiere mucha dedicación y no había suficiente gente por esos lados, por eso debían traernos a la fuerza.° Ese fue un período sin libertad y no quiero hablar de ello. Me quedé sólo para ver si aprendía algo, pero desde el principio supe que iba a regresar donde los míos. Nadie puede retener por mucho tiempo a un guerrero contra su voluntad.

Se trabajaba de sol a sol, algunos sangrando° a los árboles para quitarles gota a gota la vida°, otros cocinando el líquido recogido para espesarlo° y convertirlo en grandes bolas. El aire libre estaba enfermo con el olor de la goma° quemada y el aire en los dormitorios comunes lo estaba con el sudor° de los hombres. En ese lugar nunca pude respirar a fondo. Nos daban de comer maíz, plátano y el extraño contenido de unas latas°, que jamás

invitados

golpes

distancias

partes de arriba / **para...** *so that (they) couldn't find us*

trail / tigre americano

confundido

a... *by force*

bleeding

quitarles... *take away their lives drop by drop*

condensarlo

rubber

sweat

tin cans

probé porque nada bueno para los humanos puede crecer en unos tarros.° En un extremo del campamento habían instalado una choza grande donde mantenían a las mujeres. Después de dos semanas trabajando con el caucho, el capataz° me entregó un trozo° de papel y me mandó donde ellas. También me dio una taza de licor que yo volqué° en el suelo, porque he visto cómo esa agua destruye la prudencia. Hice la fila,° con todos los demás. Yo era el último y cuando me tocó entrar en la choza, el sol ya se había puesto y comenzaba la noche, con su estrépito de sapos y loros.°

latas

jefe

pedazo

eché

Hice... *I waited in line*

estrépito... ruido de animales y pájaros

Comprensión

1. *¿Verdadero o falso?*

Si es falso, corrija la información.

_______ 1. Los blancos que llegaron a la aldea de Walimai querían llevarse la madera de la selva.

_______ 2. Después de cortar los árboles, los sembraban otros, pues se preocupaban del medio ambiente.

_______ 3. En la guerra entre indios y blancos, ganaron los indígenas.

_______ 4. Los blancos se fueron de la selva.

_______ 5. Walimai y los otros indígenas trabajaban voluntariamente con los caucheros.

_______ 6. A las mujeres del campamento cauchero las forzaron a servir de prostitutas.

2. *Punto clave*

¿Cómo eran los hombres pálidos? ¿Cómo cambiaron la vida de Walimai y los otros indígenas?

Mirada rápida Parte III

1. *¿De qué se trata?*

Trabajando solo(-a) o con otro(s), mire los dibujos y describa lo que ve. Después, trate de hacer un resumen de la acción de este fragmento del cuento.

2. *Palabras importantes*

✻ A continuación hay una descripción de las mujeres de la tribu de los Ila (líneas 162 a 166). Trabajando solo(-a) o con otro(s), mire las categorías de palabras indicadas en el triángulo, luego busque los términos en el texto que van debajo de las categorías y escríbalas en el triángulo. Por fin, prepare un dibujo de una Ila típica y muéstreselo a unos compañeros de clase.

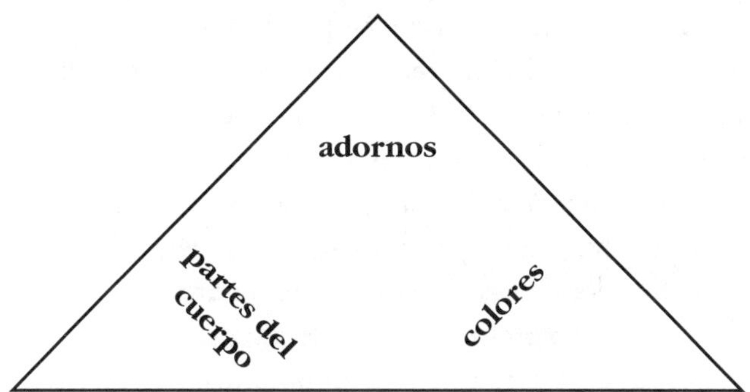

Ella era de la tribu de los Ila, los de corazón dulce, de donde vienen las muchachas más delicadas. Algunos hombres viajan durante meses para acercarse a los Ila. Les llevan regalos y cazan para ellos, en la esperanza de conseguir una de sus mujeres. Yo la reconocí a pesar de su aspecto de lagarto,° porque mi madre también era una Ila. Estaba desnuda sobre un petate,° atada por

° *lizard*
° *mat*

el tobillo° con una cadera° fija en el suelo, aletargada,° como si hubiera aspirado por la nariz el «yopo» de la acacia.° Tenía el olor de los perros enfermos y estaba mojada por el rocío° de todos los hombres que estuvieron sobre ella antes que yo. Era del tamaño° de un niño de pocos años, sus huesos sonaban como° piedrecitas en el río. Las mujeres Ila se quitan todos los vellos° del cuerpo, hasta las pestañas,° se adornan las orejas con plumas y flores, se atraviesan palos pulidos en las mejillas y la nariz,° se pintan dibujos en todo el cuerpo con los colores rojo del onoto,° morado° de la palmera y negro del carbón. Pero ella ya no tenía nada de eso. Dejé mi machete en el suelo y la saludé como hermana, imitando algunos cantos de pájaros y el ruido de los ríos. Ella no respondió. Le golpeé° con fuerza el pecho, para ver si su espíritu resonaba entre las costillas,° pero no hubo eco, su alma estaba muy débil y no podía contestarme. En cuclillas° a su lado le di de beber un poco de agua y le hablé en la lengua de mi madre. Ella abrió los ojos y me miró largamente. Comprendí.

Antes que nada me lavé sin malgastar° el agua limpia. Me eché un buen sorbo° a la boca y lo lancé en chorros° finos contra mis manos, que froté° bien y luego empapé° para limpiarme la cara. Hice lo mismo con ella, para quitarle el rocío de los hombres. Me saqué los pantalones que me había dado el capataz. De la cuerda que me rodeaba la cintura° colgaban mis palos° para hacer fuego, algunas puntas de flechas, mi rollo de tabaco, mi cuchillo de madera con un diente de rata en la punta y una bolsa de cuero° bien firme, donde tenía un poco de *curare*.° Puse un poco de esa pasta en la punta de mi cuchillo, me incliné sobre la mujer con el instrumento envenenado y le abrí un corte en el cuello.° La vida es un regalo de los dioses. El cazador mata para alimentar a su familia. Él procura° no probar la carne de su presa° y prefiere la que otro cazador le ofrece. A veces, por desgracia, un hombre mata a otro en la guerra, pero jamás puede hacer daño° a una mujer o a un niño. Ella me miró con grandes ojos, amarillos como la miel, y me parece que intentó sonreír agradecida.° Por ella° yo había violado el primer tabú de los Hijos de la Luna y tendría que pagar mi vergüenza con muchos trabajos de expiación. Acerqué mi oreja a su boca y ella murmuró su nombre. Lo repetí dos veces en mi mente para estar bien seguro pero sin pronunciarlo en alta

ankle / *hip* / narcotizada
«yopo»... sustancia alucinante de un árbol / líquido
size / **sonaban...** *sounded like*
pelos
eyelashes
se... *they pierce their cheeks and nose with polished sticks* / una planta / purpúreo
tapped
resonaba... *was vibrating between her ribs* / **En...** *Squatting*
utilizar sin cuidado
porción de agua / *streams* / *I rubbed* / *I drenched*
me... *circled my waist* / *sticks*
piel de animal / sustancia venenosa (*poisonous*) de una planta / *neck*
trata de / *prey*
harm
con gratitud / **Por...** *For her sake*

voz, porque no se debe mentar° a los muertos para no perturbar su paz, y ella ya lo estaba, aunque todavía palpitara su corazón. Pronto vi que se le paralizaban los músculos del vientre,° del pecho y de los miembros, perdió el aliento,° cambió de color, se le escapó un suspiro° y su cuerpo se murió sin luchar, como mueren las criaturas pequeñas.

De inmediato sentí que el espíritu se le salía por las narices° y se introducía en mí, aferrándose a mi esternón.° Todo el peso° de ella cayó sobre mí y tuve que hacer un esfuerzo para ponerme de pie. Me movía con torpeza,° como si estuviera bajo el agua. Doblé su cuerpo en la posición del descanso último, con las rodillas tocando el mentón,° la até° con las cuerdas del petate, hice una pila con los restos de la paja° y usé mis palos para hacer fuego. Cuando vi que la hoguera ardía° segura, salí lentamente de la choza, trepé el cerco° del campamento con mucha dificultad, porque ella° me arrastraba hacia abajo, y me dirigí al bosque. Había alcanzado los primeros árboles cuando escuché las campanas de alarma.

nombrar
estómago
respiración
sigh
nostrils
aferrándose... *clinging to my breast bone* / *weight*
clumsiness
chin / *I tied*
straw
hoguera... *fire was burning*
trepé... *I climbed the fence* / *she (her spirit, which is now inside him)*

Comprensión

1. *Preguntas importantes*

✻ Trabajando solo(-a) o con otro(s), conteste las siguientes preguntas.

1. ¿Por qué la mujer del campamento no se arregla ni se pinta como las mujeres de su tribu?
2. ¿Por qué ella no se alegra ni reacciona al ver a Walimai?
3. ¿Qué le pide la mujer sólo con los ojos?
4. ¿Cumple Walimai el deseo de la mujer?
5. ¿Qué hace Walimai con el cuerpo de la mujer?
6. ¿Qué hace con el espíritu de la mujer?

2. *Punto clave*

✻ Con otro estudiante, escoja *la frase más importante* de esta sección y justifique su selección. Comparta la frase con otros de la clase para ver si ellos han escogido la misma frase.

Mirada rápida Parte IV

1. *¿De qué se trata?*

✻ Trabajando solo(-a) o con otro(s), mire los dibujos y describa lo que ve. Después, trate de hacer un resumen de la acción de este fragmento del cuento.

2. *Palabras importantes*

✻ Adivine el significado de las palabras en cursiva según su contexto. Elija una de las tres posibilidades.

1. El guerrero que carga el peso de otra vida humana debe *ayunar* por diez días, así se debilita el espíritu del difunto.

   a. beber **b.** no comer **c.** hacer ejercicio

2. El espíritu debilitado del difunto *se desprende* del guerrero y se va al territorio de las almas.

   a. se separa **b.** se enamora **c.** se acerca

3. Durante *una vuelta completa de la luna* Walimai se internó en la selva.

   a. un día **b.** una semana **c.** un mes

Toda la primera jornada° caminé sin detenerme ni un instante. Al segundo día fabriqué un arco y unas flechas y con ellos pude cazar para ella y también para mí. El guerrero que carga el peso de otra vida humana debe ayunar por diez días, así se debilita el espíritu del difunto,° que finalmente, se desprende y se va al

° día

° muerto

territorio de las almas. Si no lo hace, el espíritu engorda con los alimentos y crece dentro del hombre hasta sofocarlo. He visto algunos de hígado° bravo morir así. Pero antes de cumplir con esos requisitos yo debía conducir el espíritu de la mujer Ila hacia la vegetación más oscura, donde nunca fuera hallado.° Comí muy poco, apenas lo suficiente para no matarla por segunda vez. Cada bocado en mi boca sabía° a carne podrida° y cada sorbo de agua era amargo°, pero me obligué a tragar° para nutrirnos a los dos.

liver
donde... *where she never would be found*
tenía el sabor / putrefacto
ácido / comer

Durante una vuelta completa de la luna me interné selva adentro llevando el alma de la mujer, que cada día pesaba más.° Hablamos mucho. La lengua de los Ila es libre y resuena° bajo los árboles con un largo eco. Nosotros nos comunicamos cantando, con todo el cuerpo, con los ojos, la cintura, los pies. Le repetí las leyendas que aprendí de mi madre y de mi padre, le conté mi pasado y ella me contó la primera parte del suyo, cuando era una muchacha alegre que jugaba con sus hermanos. Por cortesía, no mencionó su último tiempo de desdichas° y de humillaciones. Cacé un pájaro blanco, le arranqué° las mejores plumas y le hice adornos para las orejas. Por las noches mantenía encendida una pequeña hoguera°, para que ella no tuviera frío y para que los jaguares y las serpientes no molestaran su sueño. En el río la bañé con cuidado, frotándola con ceniza° y flores machacadas,° para quitarle los malos recuerdos.

pesaba... *was growing heavier*
reverbera
adversidades
quité
fuego
frotándola... *rubbing her with ash* / pulverizadas

Por fin un día llegamos al sitio preciso° y ya no teníamos más pretextos para seguir andando. Allí la selva era tan densa que en algunas partes tuve que abrir paso rompiendo la vegetación con mi machete y hasta con los dientes, y debíamos hablar en voz baja, para no alterar el silencio del tiempo. Escogí un lugar cerca de un hilo de agua°, levanté un techo° de hojas e hice una hamaca para ella con tres trozos largos de corteza.° Con mi cuchillo me afeité la cabeza y comencé mi ayuno.

exacto
small stream / *shelter*
parte exterior de un árbol o planta

Durante el tiempo que caminamos juntos la mujer y yo nos amamos tanto que ya no deseábamos separarnos, pero el hombre no es dueño° de la vida, ni siquiera de la propia,° de modo que tuve que cumplir con mi obligación. Por muchos días no puse nada en mi boca, sólo unos sorbos° de agua. A medida° que mis fuerzas se debilitaban ella se iba desprendiendo° de mi abrazo, y

master / **de...** *of his own*
sips / **A...** *As*
separando

su espíritu, cada vez más etéreo,° ya no me pesaba como antes. A los cinco días ella dio sus primeros pasos° por los alrededores, mientras yo dormitaba, pero no estaba lista para seguir su viaje sola y volvió a mi lado. Repitió esas excursiones en varias oportunidades, alejándose cada vez un poco más. El dolor de su partida era para mí tan terrible como una quemadura° y tuve que recurrir a todo el valor° aprendido de mi padre para no llamarla por su nombre en alta voz atrayéndola así de vuelta° conmigo para siempre. A los doce días soñé que ella volaba como un tucán° por encima de las copas de los árboles y desperté con el cuerpo muy liviano° y con deseos de llorar. Ella se había ido definitivamente.

insubstancial
steps
burn
valentía, fuerza
de... *back again*
pájaro tropical
de poco peso

Cogí mis armas y caminé muchas horas hasta llegar a un brazo° del río. Me sumergí en el agua hasta la cintura, ensarté° un pequeño pez con un palo afilado° y me lo tragué° entero, con escamas y cola.° De inmediato lo vomité con un poco de sangre, como debe ser. Ya no me sentí triste. Aprendí entonces que algunas veces la muerte es más poderosa que el amor. Luego me fui a cazar para no regresar a mi aldea con las manos vacías.

branch / *I skewered*
con una punta / comí
escamas... *scales and tail*

Comprensión

1. *Opciones múltiples*

✻ Escoja la mejor respuesta, según el texto.

1. Walimai debe ayunar por diez días...

   a. porque no encuentra qué comer en la selva. **b.** para que el espíritu de la mujer que carga se desprenda de él. **c.** porque necesita purificar su cuerpo después del asesinato.

2. Antes de ayunar, el guerrero necesitaba...

   a. llevar el espíritu a un lugar especial, de vegetación densa. **b.** bañarse en el río. **c.** decir unas oraciones de los Ila.

3. Durante el viaje Walimai y la mujer Ila...

   a. hablaron sobre su vida. **b.** permanecieron en silencio. **c.** disputaron mucho.

4. Durante el tiempo que caminaron juntos, Walimai y la mujer...

   a. se hacen amigos. **b.** se enamoran. **c.** se hacen enemigos.

5. Al final de la historia Walimai decide...

   a. volver a trabajar con los caucheros. **b.** regresar a su tribu. **c.** quedarse en ese lugar.

2. *Punto clave*

✻En esta sección aparecen varios elementos mágicos o de la fantasía. Recuerde de la parte III: ¿Qué hizo Walimai con el cuerpo de la mujer? Entonces en esta parte, ¿con qué parte de la mujer comunica? ¿Qué crea en su imaginación? ¿Qué pasó al final con el alma de la mujer? ¿Es real todo esto, dentro de sus tradiciones?

Discusión e interpretación

1. *A contestar*

✻Con otra persona, comente las siguientes preguntas, luego comparta sus respuestas con la clase.

1. ¿Cuál es la reacción de Ud. a lo que hizo Walimai? ¿Fue un acto inmoral e imperdonable? ¿O un acto compasivo y necesario? Explique.
2. ¿Cuál era la característica definitiva de los Hijos de la Luna (vea la línea 59)? ¿y de los Ila (vea las líneas 151–52)? ¿Qué acciones del hombre blanco amenazaron (*threatened*) o destruyeron esta identidad básica? ¿Qué piensa Ud. de la llegada de los blancos? ¿Qué peligros hay ahora para las culturas indígenas?

2. *Juego imaginativo: ¿Culpable o inocente?*

✻Dice Walimai: «A veces, por desgracia, un hombre mata a otro en la guerra, pero jamás puede hacer daño a una mujer o a un niño... Por ella yo había violado el primer tabú de los Hijos de la Luna...»

¿Es culpable o inocente Walimai?

La clase dramatizará el caso de Walimai en un tribunal. Cinco o más personas presentan argumentos y al final afirman la inocencia o culpabilidad de Walimai.

Las figuras centrales:

1. el espíritu de la mujer de los Ila
2. un cauchero

3. el padre de la mujer de los Ila
4. los Hijos de la Luna
5. Walimai

También participan un juez y miembros del jurado (*jury*), que pueden ser los demás estudiantes de la clase.

Se pueden usar las preguntas a continuación en la preparación de su argumento.

- ¿Por qué es culpable o no Walimai de la muerte de la mujer?
- ¿Ha matado Walimai a la mujer? ¿En qué sentido?
- ¿Hay testigos (*witnesses*) a la matanza? ¿Qué saben?
- Si es culpable Walimai, ¿cuál debe ser su castigo?
- Si no es culpable, ¿cómo se pueden explicar sus acciones a la familia de la mujer o a las autoridades del campamento cauchero?

Composición

1. Escriba una carta a Walimai defendiendo/criticando sus acciones.
2. Desde el punto de vista de Walimai, describa y comente la imagen de los indígenas en el cine, la televisión y otras áreas de la vida contemporánea.

Contribuciones notables

Rigoberta Menchú es una indígena de Guatemala que ha dedicado su vida a la causa de su gente. Abandonó a su país natal durante la época violenta de los 1980, cuando el gobierno mandó matar a miles de sus ciudadanos indígenas, incluyendo a los padres de Menchú. En 1983 se publicó el testimonio conmovedor de su vida, *Me llamo Rigoberta Menchú y así me nació la conciencia*, un libro que atrajo atención internacional. Ganó el Premio Nóbel de la Paz en 1992 por su lucha en defensa de los indígenas de todas partes del mundo.

Rigoberta Menchú, de Guatemala, ganó el Premio Nóbel de la Paz por defender los derechos de los indígenas.

¿Nacen o se hacen?

Anticipación

*En años recientes los derechos y la presencia de los gays han llegado a ser un tema cada vez más visible en los medios de comunicación, las legislaturas y

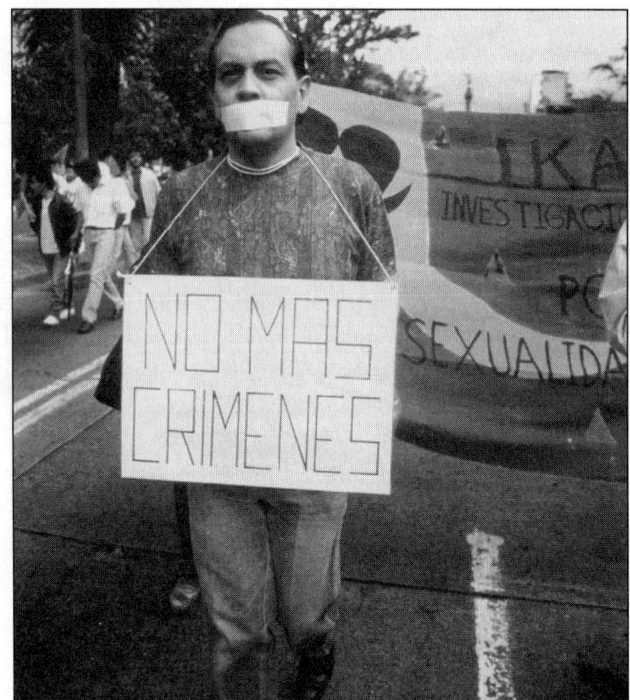

En una manifestación en México a favor de los derechos de los homosexuales, un participante protesta el silencio de la sociedad ante los crímenes cometidos contras los gays.

cortes y las universidades y colegios de nuestra sociedad. Ahora la ciencia ha abierto un nuevo enfoque al tema, con evidencia de que la orientación sexual podría tener un componente genético. En el siguiente artículo de la revista *Muy interesante*, publicada en México, el autor describe las nuevas investigaciones científicas y sus posibles ramificaciones sobre el público mexicano y norteamericano.

1. *Para abrir el tema*

✻ Trabajando solo(-a) o con otro(s), reaccione a las siguientes preguntas.

1. ¿Hay un club o alianza de gays y lesbianas en su universidad/colegio? ¿Es bien conocido y dinámico o no muy activo? ¿Tiene los mismos derechos que los otros clubes?
2. ¿Ha habido algo de interés en las noticias sobre el tema recientemente? ¿una decisión legal? ¿una protesta? ¿una película u obra de teatro?

2. *Vocabulario: Palabras relacionadas*

Un grupo de palabras relacionadas forma una *familia,* por ejemplo: *investigar, investigación, investigador, investigado.* En la columna A abajo hay algunas palabras relacionadas a ciertos términos en «¿Nacen o se hacen?». Busque Ud. en el artículo una palabra (verbo o sustantivo) de la misma familia que el término en la columna A y escríbala en la columna B.

A	B
Palabra relacionada	**En el texto**
EJEMPLO: descubrimiento	descubrirse
sustantivo	*verbo*
1. predisposición	1.
2. valor	2.
3. herencia	3.
verbo	*sustantivo*
4. discriminar	4.
5. esclarecer	5.
6. desmitificar	6.

3. *El texto: Buscar información*

Trabajando solo(-a) o con otro(s), encuentre la siguiente información en los párrafos indicados.

1. ¶ 1 la contribución de la ciencia al tema del origen biológico de la homosexualidad ______
2. ¶ 2 el descubrimiento de 1993 ______ y quién lo descubrió ______
3. ¶ 2 el nombre de la región del cromosoma X que se asocia con la homosexualidad ______

¿Nacen o se hacen?

Gonzalo Casino

Antes de descubrirse las leyes de la herencia° y el papel rector° del cerebro de la conducta humana, ya existían explicaciones mitológicas y poco rigurosas sobre el origen biológico de la homosexualidad. Ahora, la ciencia ha aportado° algo de lo que antes se carecía:° pruebas°. Según las últimas investigaciones neurológicas y genéticas, la conducta homosexual podría transmitirse por la herencia. Si se confirma esta teoría, la discriminación podría tocar a su fin.°

heredity / **papel...** rol principal

contribuido / faltaba

demostración, evidencia

tocar... *draw to a close*

En julio de 1993 saltó° por sorpresa a la prensa el llamado *gen° gay.* Sí, por fin parecía que se había hallado una prueba genética de la homosexualidad. En realidad, lo que habían identificado Dean Hamer y su equipo° del Instituto del Cáncer de Estados Unidos no era ningún gen, sino una región entera del cromosoma sexual X, en concreto la Xq28, que parecía predisponer hacia la homosexualidad masculina.

El paso dado por Hamer era sin duda histórico. El propio científico valoraba su trabajo como «la mayor evidencia de que la orientación sexual tiene un componente genético». Incluso° ciertos grupos gay norteamericanos dieron la bienvenida° a la primera gran prueba de la base biológica de la orientación sexual. Algunos homosexuales salieron a la calle en Washington con camisetas que decían «Xq28. Thanks, Mom» (Xq28. Gracias, mamá), pues de los dos cromosomas sexuales del hombre (XY) el X se hereda de la madre.

Muchos homosexuales, no todos, lejos de molestarse,° se sienten aliviados con toda nueva prueba biológica de su orientación sexual. Para ellos, su homosexualidad no es una elección perversa, sino una forma de ser inmutable, una identidad natural que la biología o la genética vienen a avalar.° Como habían observado los sexólogos Masters y Johnson en los años cincuenta, ningún homosexual se hace heterosexual con el tiempo.

De todos es sabido que en nuestra° cultura ser homosexual supone cargar con° un estigma vergonzante que conduce a la discriminación y la marginación. Muchos encubren sus inclinaciones sexuales o las tienen reprimidas. De ahí° que no sea nada fácil conocer qué porcentaje de la población participa de esta identidad. Aunque en la mayoría de los estudios se acepta una cifra° que oscila entre el 1% y el 5%, no se puede fijar a ciencia cierta. En cualquier caso, las encuestas° muestran un heterogéneo panorama de la sexualidad humana, en el que la atracción por el otro sexo parece ser la norma, una minoría notable se siente atraída sólo por personas del mismo sexo, y otros, en grado variable, por hombres y mujeres.

No es fácil desligar° lo natural de lo cultural, el instinto biológico de los condicionantes educativos, religiosos y legales en el comportamiento humano, y especialmente en la conducta

apareció
gene
grupo de científicos
Even
dieron... *welcomed*
lejos... *far from being upset*
apoyar, garantizar
se refiere a la cultura mexicana
cargar... llevar el peso de
De... *Consequently*
número
cuestionarios para conocer la opinión del público
separar

sexual. Si definitivamente se confirma la investigación de Hamer, sería la primera vez que se consigue identificar un gen implicado en un rasgo° importante de la conducta humana. A pesar de la sólida evidencia que se creía tener, hasta ahora no ha sido posible encontrar una base genética para el alcoholismo, la esquizofrenia ni la depresión.

En el caso de la homosexualidad, el esclarecimiento° de su base biológica podría alejar° algunos prejuicios y tabúes, pero también podría abrir la puerta a otros peligros. Como apuntó Eric Juengst, del Centro Nacional para la Investigación del Genoma° Humano de Estados Unidos, «la investigación del gen gay es un arma de doble filo.° Puede ser usada en beneficio de los gays y lesbianas, pues este rasgo por el que son discriminados no es peor que el color de la piel. Pero, por otro lado, podría ser interpretado en el sentido de que esta diferencia es patológica. Incluso podría nacer la idea de que se trata de una «enfermedad» curable mediante terapia génica.°

Para los homosexuales, sin embargo, el principal problema no es el origen de su conducta. «La homosexualidad no es algo que deba ser justificado y explicado, sino algo que debería ser aceptado» sostiene la Alianza de Gays y Lesbianas contra la Difamación, de los Estados Unidos. En México, volvemos al caso de los números, nadie sabe con certidumbre cómo responde

rasgo: característica

esclarecimiento: aclaración, explicación

alejar: poner lejos

Genoma: características genéticas

arma... *double-edged sword*

terapia... tratamiento que permite reemplazar genes defectuosos por otros sanos

Tres filósofos griegos —Platón, Aristóteles y Sócrates— que consideraban el amor homosexual como una parte natural de la vida humana.

estadísticamente la población nacional a la presencia homosexual en la sociedad. Aunque las perspectivas no son muy optimistas: una gran parte la rechaza° por considerarla *antinatural*. Pero no todo es oscuridad, en las sociedades conservadoras, incluso la mexicana, se han abierto canales de comunicación y desmitificación. Y ya nada podrá ser como antes.

° niega, no acepta

Comprensión

1. *Opciones múltiples*

Según el artículo...

1. En tiempos pasados se aclaraba el origen biológico de la homosexualidad con...
   a. explicaciones muy rigurosas. **b.** explicaciones mitológicas. **c.** explicaciones religiosas.

2. En México la persona gay...
   a. es discriminada y marginada. **b.** puede expresar su orientación sexual libremente. **c.** es aceptada.

3. El porcentaje de la población mexicana que participa en la identidad homosexual...
   a. es un número exacto. **b.** representa la mayoría. **c.** es pequeño.

2. *Preguntas*

1. ¿Cómo reaccionaron algunos gays ante el trabajo de Hamer y otros sobre la orientación sexual?
2. ¿Qué otros factores (no biológicos) mencionados en el artículo pueden influir en la conducta sexual?
3. Explique, en sus propias palabras, por qué se cree que la investigación del gen gay es «un arma de doble filo» (*double-edged sword*).
4. ¿Cómo interpreta Ud. la última frase del artículo: «Y ya nada podrá ser como antes»? ¿Está Ud. de acuerdo?

Actividad

Encuesta

✻ Trabajando con otro estudiante, conteste las siguientes preguntas.

¿Crees que los gays deben tener derecho a...

	Sí	No	No sé
• entrar legalmente en el servicio militar?	☐	☐	☐
• adoptar y criar a los niños?	☐	☐	☐
• casarse legalmente?	☐	☐	☐
• formar parte de la educación sexual en las escuelas públicas?	☐	☐	☐
• hacer una declaración de ingresos en común (*joint income tax return*) con su compañero(-a)? (Los impuestos de una pareja son más bajos que los de dos individuos solteros.)	☐	☐	☐
• gozar de los mismos derechos que los demás con respecto al empleo, la vivienda y el acceso a lugares públicos?	☐	☐	☐

Génesis

Marco Denevi

Anticipación

Todos sabemos que en la Biblia «Génesis» describe la creación del universo. ¿Pero también podría referirse al fin de la civilización tal como la conocemos? El microcuento del renombrado novelista y cuentista argentino Marco Denevi (*n.* 1922) ofrece una perspectiva interesante sobre el tema. Lea Ud. el cuento y decida por su propia cuenta —«génesis»: ¿comienzo o fin?

1. *Para abrir el tema*

Trabajando solo(-a) o con otro(s), conteste estas preguntas.

¿Cree Ud. que la Tierra es eterna o que un día desaparecerá? ¿Qué elementos o factores de la vida contemporánea podrían acelerar «el fin del mundo»? ¿Qué podemos hacer para preservar la humanidad?

2. *Vocabulario: Antónimos*

✻ En el texto aparecen los antónimos de las siguientes palabras. ¿Cuáles son?

1. paz ______________________
2. reír ______________________
3. silencio ______________________
4. encontrarse ______________________
5. anciano ______________________

Génesis

Con la última guerra atómica, la humanidad y la civilización desaparecieron. Toda la tierra fue como un desierto calcinado.° En cierta región de Oriente sobrevivió un niño, hijo del piloto de una nave espacial.° El niño se alimentaba de hierbas° y dormía en una caverna. Durante mucho tiempo, aturdido° por el horror del desastre, sólo sabía llorar y clamar° por su padre. Después sus recuerdos se oscurecieron, se disgregaron,° se volvieron arbitrarios y cambiantes como un sueño, su horror se transformó en un vago miedo. A ratos recordaba la figura de su padre, que le sonreía o lo amonestaba,° o ascendía a su nave espacial, envuelta° en fuego y en ruido, y se perdía entre las nubes. Entonces, loco de soledad, caía de rodillas y le rogaba que volviese. Entretanto la tierra se cubrió nuevamente de vegetación: las plantas se cargaron de flores: los árboles, de frutos. El niño, convertido en un muchacho, comenzó a explorar el país. Un día vio un ave.° Otro día vio un lobo.° Otro día inesperadamente, se halló frente a una joven de su edad que, lo mismo que él, había sobrevivido a los estragos° de la guerra atómica.

—¿Cómo te llamas? —le preguntó.

—Eva, —contestó la joven—. ¿Y tú?

—Adán.

calcinado: incinerado
nave... *spaceship* / hierbas: *herbs*
aturdido: *stunned*
clamar: gritar
se... se disolvieron
amonestaba: *scolded*
envuelta: *wrapped*
ave / lobo: pájaro / *wolf*
estragos: ruina

Comprensión

1. *Cronología*

✻ Indique el orden correcto.

_____ 1. Sobrevivió un niño que lloraba y gritaba por su padre.
_____ 2. El muchacho conoció a una joven de su edad.
_____ 3. La vegetación empezó a crecer de nuevo sobre la tierra.
_____ 4. Una guerra horrible dejó la tierra en ruinas.
_____ 5. En los recuerdos, el padre ascendía a una nave espacial y desaparecía.

2. *Preguntas*

1. En cierta región de Oriente, ¿quién sobrevivió a la destrucción del mundo? Con el tiempo, ¿qué pasó con los recuerdos de su vida anterior?
2. ¿Por qué pensaba en su padre? ¿Qué recuerdos guardaba de él?
3. ¿Qué hizo el niño convertido en muchacho? ¿A quién conoció?
4. En la nueva civilización, ¿a quién podría representar el padre de los recuerdos de Adán?

3. *La moraleja*

✻ Si «Génesis» tuviera una moraleja (*moral*), ¿cuál sería, en su opinión? Si no encuentra una que sea apropiada de la lista a continuación, invente su propia moraleja. Siempre justifique su selección.

1. El mensaje de la Biblia es eterno.
2. El Bien predomina sobre el Mal.
3. El amor siempre triunfará.
4. ¿ ?

Actividades

1. *Los avances*

✻ En grupos pequeños, preparen un avance (*preview*) de dos minutos para anunciar (*advertise*) «Génesis». El avance debe consistir en una narrativa breve que hable de los aspectos extraespeciales de la historia, con referencias entusiasmadas a momentos dramáticos/románticos de la trama (*plot*). Cada grupo presentará su avance, con un(-a) narrador(-a) y actores.

2. *Juego imaginativo: Anticipando el futuro*

✻ ¿Cómo serán Adán y Eva en 25 años? Invente una continuación.

Comentario sobre el dibujo

✻ ¿Cuál es el mensaje del dibujo? ¿Está Ud. de acuerdo? En vez de «optimismo», ¿qué palabra escribiría Ud.?

capítulo 5

Arte y fantasía

Dos artistas y sus circunstancias

Anticipación

¿Qué tipo de arte prefiere Ud.? ¿El impresionismo? ¿El cubismo? ¿El arte abstracto o el arte medieval? La tradición del arte hispano es muy variada; desde las más antiguas pinturas de las cuevas de Altamira en el norte de España (15.000 a. de J. C.), hasta los magníficos cuadros de hoy, que se venden por millones de dólares, el arte hispano representa un tesoro cultural. ¿Qué temas se presentan en esta tradición? Mirando los cuadros, ¿podemos ponernos en contacto con las emociones e ideas de sus creadores? Vamos a examinar la vida y la obra de dos artistas muy diferentes: Diego Velázquez, pintor español clásico y realista, y Frida Kahlo, pintora mexicana posmoderna, cuya obra está llena de sorpresas.

Comprensión

1. ¿Dónde están las pinturas más antiguas de España?
2. ¿Cuánto valen los cuadros de famosos pintores hoy día? ¿Qué piensa Ud. de estos precios?
3. ¿Cómo se llaman los dos pintores que vamos a estudiar? ¿De dónde son?

Vocabulario preliminar

Estudie estas palabras y haga los ejercicios antes de leer el ensayo sobre los dos artistas. Luego, utilice esta lista como medio de consulta durante su estudio del capítulo.

1. **alcanzar** conseguir, lograr; llegar a cierto punto
2. **cuadro, el** representación pictórica, pintura
3. **entretener** divertir, distraer, ocupar la atención; *adj.* **entretenido** divertido, ocupado
4. **estilo, el** manera de expresarse, carácter original de un(-a) artista, época, moda, etcétera
5. **impedimento, el** limitación física o mental, *handicap*
6. **ingenio, el** habilidad para inventar o resolver dificultades; talento
7. **mensaje, el** comunicación enviada de una persona a otra; significado o aportación de una obra o de un escritor o artista
8. **merecer** ser digno(-a) de algo
9. **obra, la** cosa hecha o producida por alguien; producción artística o literaria; **obra maestra, la** ejemplo excelente o perfecto

10. **personaje, el** ser humano verdadero o simbólico que se representa en una obra literaria; persona notable
11. **posmodernismo, el** una clasificación general del arte de la segunda parte del siglo XX (a partir de la explosión de la bomba atómica). Se caracteriza por el rechazo (*rejection*) de la tradición clásica y la celebración de una visión fragmentada y abierta de la existencia humana. Los artistas posmodernos combinan elementos de su vida personal y de la cultura popular con elementos intelectuales y abstractos, usan mucha ironía y presentan múltiples realidades en sus obras; *adj.* **posmoderno(-a)**
12. **retrato, el** representación de una persona en dibujo, pintura o fotografía

Expansión de vocabulario

1. *Sinónimos*

Dé palabras de la lista que, en algún sentido, pueden servir como sinónimos para las siguientes.

1. talento
2. limitación
3. pintura
4. lograr
5. moda
6. aviso
7. divertir
8. rechazo de la tradición clásica

2. *Palabras relacionadas*

¿Puede Ud. adivinar el significado de las siguientes palabras que están relacionadas con palabras de la lista? Conteste las preguntas.

1. ¿Qué ejemplo puede Ud. dar de una persona **ingeniosa?**
2. ¿Qué cosas desea Ud. que no son **alcanzables** ahora?
3. ¿Qué les pasa a veces a los **mensajeros** que traen malas noticias?
4. ¿Cree Ud. que en general los criminales **llevan su merecido** o no? Explique.
5. ¿Qué edificio es **posmoderno** —la Casa Blanca de Washington o el Museo Guggenheim de Nueva York?

QUICO...!

Diego Velázquez, español, (1599–1660): Su vida y obra

España ha producido un gran número de artistas: El Greco, Goya, Dalí, Miró y Picasso, entre muchos otros.* Uno de los más notables es Diego Rodriquez de Silva y Velázquez. Sus cuadros están en los mejores museos del mundo y valen cantidades inimaginables. Considerado como uno de los realistas más grandes de todos los tiempos, Velázquez es el pintor clásico por excelencia. Pintaba lo que veía, ni más, ni menos. Siempre mantenía una distancia entre su «yo» y la escena o persona que pintaba. Por eso, en su obra nos ha dejado una buena representación de la sociedad de sus tiempos, pero de él mismo —de su vida, personalidad, emociones u opiniones— sabemos muy poco.

Diego Velázquez, autorretrato (detalle de *Las Meninas*), Madrid, Prado.

* Véase un cuadro de El Greco en la página 239 de este libro, y un cuadro de Picasso en la página 76.

Velázquez nació en Sevilla en 1599 y empezó a pintar a la edad de once años. Se casó cuando tenía dieciocho años con la hija de su maestro y poco después se fue a Madrid a la corte del rey Felipe IV. Pronto se hizo famoso por sus maravillosos retratos del monarca y su familia. Era pintor oficial pero también era cortesano y tenía que cumplir con varios deberes por lo cual no disfrutaba de mucho tiempo para pintar. No participaba mucho en las intrigas de la Corte. Pasó su vida pintando y sirviendo al rey hasta su muerte por enfermedad a la edad de sesenta y un años. Su mujer se murió seis días más tarde.

A primera vista las obras de Velázquez parecen convencionales. Pero la persona que las observa con cuidado descubre que casi todas contienen un secreto: un mensaje sutil y original. Además, mediante la manipulación de luz y sombra, Velázquez alcanzó a representar a las figuras en su ambiente sin necesidad de trazarlas con líneas. Por eso, se le considera un precursor del impresionismo y siglos después de su muerte, Manet y otros pintores impresionistas franceses hicieron viajes especiales a Madrid para estudiar su obra. Vamos a examinar algunos de sus cuadros para buscar sus mensajes secretos.

Comprensión

1. ¿Por qué podemos decir que Velázquez era realista y clásico?
2. ¿Qué circunstancias de su vida lo ayudaron a ser un gran pintor?
3. ¿Por qué es necesario mirar atentamente los cuadros de Velázquez?

Hoy día, con la facilidad de la fotografía, tendemos a olvidarnos de la importancia que tenía la pintura en el pasado como modo de conservar los recuerdos de momentos históricos. El enorme cuadro *La rendición de Breda* fue pintado para conmemorar la victoria militar española de 1625 contra los holandeses. Pero, ¡qué sorpresa! El cuadro no es típico de las pinturas militares porque evita la violencia, la guerra y el orgullo

La rendición de Breda por Diego Velázquez, Madrid, Prado.

nacional para evocar, en cambio, un sentido de tranquilidad y compasión humana. La fuerza militar está simbolizada por una fila de lanzas, y la destrucción de la ciudad solamente está insinuada. La atención del observador está dirigida a las relaciones humanas entre el vencedor y el vencido: entre el general español y el general holandés que le entrega la llave de la ciudad de Breda. La obra celebra las cualidades de reconciliación, generosidad y cortesía, y los soldados menores están representados como individuos, preocupados con sus propios pensamientos.

Comprensión

1. ¿Para qué pintó Velázquez *La rendición de Breda?*
2. ¿Cómo sería una típica pintura en honor de una victoria militar? ¿En qué sentido es original y diferente la pintura de Velázquez?

Interpretación

Mire bien el cuadro. ¿Qué objeto hay en el centro exacto de la pintura? En su opinión, ¿por qué lo ha puesto allí el pintor?

A Velázquez le interesaba el ser humano en toda su variedad. Pintaba a reyes y princesas, pero también a pobres, mendigos, borrachos y a la gente con impedimentos físicos o mentales, que se empleaban en la Corte como bufones o compañeros para los niños reales. Es importante recordar que un buen retrato no es simplemente una copia de apariencias externas; exige imaginación e intuición porque el artista observa a su sujeto

Retrato del papa Inocente X por Diego Velázquez, Roma, Galería Doria-Pamphile.

Retrato de don Sebastiano de Morra por Diego Velázquez, Madrid, Prado.

durante horas para escoger la expresión, la postura y los gestos más aptos. El papa Inocente X era uno de los hombres más poderosos del mundo y también uno de los más feos.* Velázquez revela sin piedad la astucia y crueldad de su carácter. En el retrato de don Sebastiano de Morra aparece uno de los enanos (personas muy pequeñas) que entretenían en la Corte. Lo que sorprende es la mirada irónica y triste, llena de inteligencia.

Comprensión

1. ¿A quiénes pintaba Velázquez? ¿Por qué?
2. ¿Por qué es necesario tener imaginación e intuición para pintar un buen retrato?
3. ¿Qué cualidades negativas son evidentes en el retrato del papa Inocente X? ¿Qué cualidades hay en el retrato de Sebastiano de Morra?

La Venus del espejo por Diego Velázquez, The National Gallery, London.

* Según el crítico Paul Westheim, «El papa Inocente X era tan repulsivamente feo que en el Cónclave de 1546 se había discutido si era posible elegir papa a un hombre de ese 'aspecto de sátiro torvo (terrible) y brutal'».

Una de las pinturas principales de Velázquez es la fascinante y misteriosa *Venus del espejo,* el primer desnudo no religioso de la pintura española. No se sabe mucho del cuadro. El tema es una vista íntima de la diosa de amor romana, Venus, acompañada de su hijo Cupido. Seguramente se trataba de un encargo privado porque el «Santo Oficio» de la Inquisición no habría permitido el uso del cuerpo desnudo, ni siquiera para un tema mitológico. Velázquez ha representado a la bella mujer como delgada, modesta y con dignidad, en contraste con las figuras voluptuosas y lascivias que se veían en la pintura italiana de aquellos tiempos.

Comprensión

1. ¿Cuál es el tema de *La Venus del espejo*?
2. ¿Cómo sabemos que este cuadro tenía que ser un encargo privado?

Interpretación

¿Qué piensa Ud. del cuadro? ¿Cree que la representación de una mujer desnuda es insultante a las mujeres, o no? Explique.

Sin duda alguna, la obra maestra de Velázquez es *Las Meninas* en la cual el pintor alcanzó a hacer presente un ambiente particular por la hábil manipulación de luz y sombra. El cuadro representa una escena de la vida cotidiana de la Corte. Velázquez mismo (con una cruz en el pecho) está presente, en un cuarto grande, pintando. La joven princesa acaba de entrar, acompañada de sus meninas (damas de honor), una dama enana que sirve de compañera, y un niño. También hay una monja, un guardia y un perro. Todas son figuras típicas pero cada una parece individual. Un hombre noble se asoma a la puerta en el fondo. Pero, ¿a quién está pintando el Velázquez representado en el cuadro? Pues, a los reyes, por supuesto. ¿Y dónde están los reyes? La respuesta está en el cuadro. Mírelo bien, porque su composición es una de las más originales e ingeniosas de toda la historia del arte.

Las Meninas por Diego Velázquez, Madrid, Prado.

Comprensión

1. ¿Qué representa *Las meninas?*
2. ¿Qué personajes aparecen en el cuadro y qué hacen?
3. ¿Dónde están los reyes? ¿Cómo lo sabe Ud.?

Interpretación

En su opinión, ¿por qué pintó así a los reyes Velázquez?

Discusión

1. ¿Podemos decir que Velázquez era convencional? ¿original? Explique.
2. ¿Cuál de los cuadros de Velázquez le parece a Ud. el más bello? ¿el más interesante? ¿Por qué?

Actividades

1. *Su opinión*

Trabajando con otra persona, explique brevemente por qué Ud. está de acuerdo o no con las siguientes opiniones.

1. Hoy día, un pintor realista como Velázquez no tendría mucho valor porque tenemos la fotografía.
2. El empleo en las Cortes del siglo XVII de enanos y de otras personas con impedimentos, para entretener a los nobles o servir como compañeros, era una costumbre mala.

2. *Juego imaginativo: Retratos inventados*

En parte, Velázquez es importante porque sus pinturas nos dan una visión bastante exacta de las personas importantes y representativas de sus tiempos. Ahora, si Velázquez viviera hoy, ¿a quiénes pintaría? ¿En qué ambiente y con qué objetos? ¿Qué cualidades mostraría en las caras y posturas? Trabajando en grupos pequeños, imagine tres retratos de personas actuales, pintados por Velázquez para representar nuestra sociedad, y llene el siguiente formulario para cada retrato.

Retrato 1 (2, 3)

Persona retratada: ______________________________

Título: ______________________________

Ambiente: ______________________________

Objetos: ______________________________

Cualidades: ______________________________

3. *Comentario sobre el dibujo*

1. ¿Cuál es el mensaje de esta tira cómica de Quico?
2. ¿Qué personas famosas de hoy están asociadas con productos comerciales? ¿Qué opina Ud. de esto?

QUICO

ANTES, ALCANZAR LA GLORIA CONSISTÍA EN PASAR A LA HISTORIA, EN QUE PUSIERAN TU NOMBRE A UNA CALLE, A UN COLEGIO, A UN CENTRO CULTURAL, A UNA IMPORTANTE AVENIDA DE LA CIUDAD, A UN MONUMENTO...

¿Qué les parece?

El arte de Velázquez distorsionado por Francis Bacon

Estudio del *Retrato del papa Inocente X* de Velazquez, hecho por Francis Bacon, 1953.

Muchas veces las pinturas clásicas les sirven de inspiración a los pintores más modernos, aun varios siglos después. Pablo Picasso, por ejemplo, pintó 58 cuadros inspirados en *Las Meninas* de Velázquez. (Véase la página 218.) Otra pintura de Velázquez fue la inspiración de una serie de más de 25 cuadros del extraño pintor británico Francis Bacon (1909–1992): el *Retrato del papa Inocente X*, que se ve en la página 215. Este cuadro le fascinó tanto a Bacon que una vez dijo que durante años se sentía «obsesionado» por él.

continuación

Las imágenes violentas y distorsionadas de Francis Bacon provocan reacciones distintas. Bacon mismo explicó que con estas imágenes quería «abrir las válvulas de las emociones». Muchos lo consideran uno de los pintores más importantes del posmodernismo: sus pinturas están en los mejores museos y se venden por precios astronómicos.

Comparación de dos retratos

Trabaje Ud. con un(-a) compañero(-a) y complete el cuadro para hacer una comparación de la figura central (el Papa) en las dos representaciones, separadas por 300 años. Después, contesten la pregunta.

	Apariencia *¿Cómo es?*	Cualidades *¿Qué cualidades parece tener?*	Emociones *¿Qué emociones siente?*
1. El retrato de Velázquez (pág. 215)			
2. El retrato de Bacon (pág. 220)			

¿Cuál de los dos retratos le parece mejor? Explique.

Frida Kahlo, mexicana, (1907–1954): su vida y obra

La rica y antigua tradición artística de México incluye, entre muchas otras obras, las bellas estatuas precolombinas y los magníficos murales revolucionarios de Orozco, Siqueiros y Rivera. En tiempos recientes, una de las artistas mexicanas más famosas es Frida Kahlo. Su obra es posmoderna. Kahlo no pertenece a la tradición clásica y realista. Por eso no se conserva en sus pinturas la distancia entre el «yo» de la artista (vida, personalidad, emociones y opiniones) y la persona o escena que pinta. Al contrario, la presencia de la artista está en todas partes: su propia figura, sus amores, sus celos, sus penas físicas y emocionales, y hasta sus opiniones políticas.

Kahlo nació en Coyoacán, en México, en 1907. Su madre era mestiza y su padre un inmigrante alemán judío, quien trabajaba como fotógrafo. Frida sufrió toda su vida de impedimentos físicos causados por la polio que contrajo como niña, y por un horrendo accidente de autobús que ocurrió cuando tenía dieciocho años. Su columna vertebral fue rota en tres partes. En el hospital empezó a pintar para entretenerse. A los veinte años conoció al célebre muralista Diego Rivera, quien tenía cuarenta y uno, y se casó con él. La pareja llevó una vida tempestuosa, viajando por México, Europa y Estados Unidos, y participando activamente en el movimiento socialista. Se divorciaron en 1939 pero volvieron a casarse al año siguiente. Kahlo se murió a la edad de cuarenta y siete, sin haberse nunca recuperado completamente del accidente.

Frida Kahlo poseía un espíritu libre, ingenioso y apasionado, y una gran valentía. Su obra muestra la influencia del paisaje y de la mitología indígena de México, y a veces presenta crítica social.

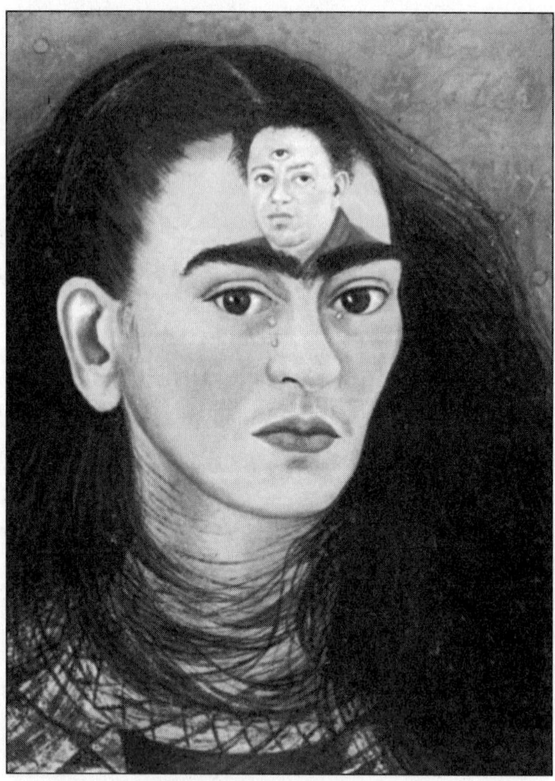

Frida Kahlo, autorretrato titulado *Diego y yo*, 1949, colección privada.

Pero ella misma es el tema más común de sus cuadros, junto con sus propias emociones, y los dolores e impedimentos que sufría. Sin embargo, cada día su fama crece y hay más personas que encuentran en su arte un valor universal.

Comprensión

1. Muchos creen que los artistas llevan una vida triste, llena de sufrimiento. ¿Cómo describiría Ud. la vida de Frida Kahlo?
2. ¿Qué circunstancias de su vida la ayudaron a ser una famosa pintora?
3. ¿Cómo es la obra de Frida Kahlo? ¿Cuál es su tema predilecto? ¿Qué opina Ud. de esto?

En 1933, mientras su esposo trabajaba en un mural para el Centro Rockefeller, Kahlo pintó *Mi vestido está colgado allí.* A primera vista se nota la visión humorística que ofrece de Nueva York, representando las obsesiones norteamericanas por la limpieza y por los deportes con dos pedestales que llevan un

Mi vestido está colgado allí, collage, 1933, de Frida Kahlo, Hoover Gallery.

inodoro y un trofeo monumentales. En el centro de todo se encuentra el tema personal: el vestido mexicano de Frida, colgado entre los grandes edificios. La artista proyecta en su obra la nostalgia que siente por su patria, insinuando que la parte esencial de su ser *no esta allí* porque ella no se identifica con Nueva York.

Al mismo tiempo, una observación cuidadosa revela que la pintura también presenta un mensaje social: una crítica de las condiciones en los Estados Unidos durante los años de la gran depresión económica. Hay un contraste entre la riqueza de los rascacielos y los miles de pobres que aparecen como pequeños puntos bajo las estatuas de George Washington y de la Libertad y el dibujo publicitario de la actriz Mae West. También hay un enorme basurero con un extraño contenido.

Comprensión

1. ¿Qué simbolizan el inodoro y el trofeo monumentales?
2. ¿Cómo se puede explicar el título del cuadro?

Interpretación

¿Qué mensaje social presenta esta pintura sobre Nueva York? ¿Qué piensa Ud. de Nueva York? Explique.

Retrato de Luther Burbank, 1931, de Frida Kahlo, colección privada.

El venadito, 1946, por Frida Kahlo, colección de Carolyn Farb, Houston.

Muchos cuadros de Kahlo están pintados en un estilo que combina el realismo y la fantasía. En parte, esta tendencia se debía a la influencia surrealista que era tan popular entonces. Influidos por Freud, los surrealistas buscaban penetrar en la subconsciencia para unirla con la realidad externa y crear así una realidad más completa. Vemos a Luther Burbank en un paisaje de sueño que sugiere su trabajo como inventor de las plantas híbridas. Con humor irónico, la artista ha presentado al famoso botánico mismo como un híbrido: medio hombre, medio árbol. El tema de la muerte aparece en las raíces que se nutren de un cadáver humano. Pero la mayoría de los cuadros de Kahlo son autorretratos. En *El venadito,* se representa a sí misma con típica ironía en forma de un pobre venado herido por flechas que simbolizan sus heridas físicas y también sus penas psicológicas. En el habla popular, una persona «lleva cuernos» cuando su amante le es infiel, así que los grandes cuernos son una alusión obvia a las infidelidades de Diego. El bosque participa en sus dolores porque los árboles están rotos y destruidos.

Comprensión

1. ¿Qué buscaban hacer los surrealistas?
2. ¿Qué elementos de fantasía hay en el *Retrato de Luther Burbank?*
3. ¿Por qué se retrata Kahlo a sí misma como un venado herido?

Frida Kahlo tenía un carácter especial y a veces era difícil comprender sus acciones. En 1938, aceptó un encargo de la política norteamericana Claire Boothe Luce para pintar de memoria un retrato de Dorothy Hale, una amiga mutua, después de su suicidio. Deprimida por problemas amorosos, la famosa modelo se había tirado de un alto edificio. Sintiendo compasión por la madre de Dorothy, la señora Boothe Luce quería regalarle un retrato de su hija como consuelo. ¡Qué susto experimentó cuando vio el retrato hecho por Frida! El cuadro muestra a la bella Dorothy en tres momentos. Arriba su figura aparece, pequeña, en la ventana. En el centro su cuerpo está suspendido en un espacio irreal y nebuloso y, al pie del cuadro, su cadáver está

El suicidio de Dorothy Hale por Frida Kahlo, 1939, Phoenix Art Museum.

representado con un gran realismo aumentado por la extensión del pie y una mancha de sangre que sale fuera del marco.

Comprensión

¿Para qué encargó Claire Boothe Luce un retrato de Dorothy Hale? ¿Por qué experimentó un susto después?

Interpretación

1. ¿Cree Ud. que Kahlo hizo bien o mal cuando aceptó el encargo y pintó un retrato de ese tipo? ¿Era una acción egoísta y cruel, o simplemente la libertad artística? Explique.
2. En su opinión, ¿cuál es el mensaje de esta pintura?

El abrazo de amor del universo, 1949, por Frida Kahlo, colección prívada. Fotografía, cortesía del Metropolitan Museum of Art.

La influencia de la tradición mexicana es evidente en la pintura *El abrazo de amor del universo.* Frida misma está en el centro del cuadro, sosteniendo en sus faldas a Diego, desnudo, como si fuera un niño. De esta manera expresa el aspecto materno del amor que sentía por su marido y, al mismo tiempo, el deseo frustrado de tener su hijo. Entre los ojos de Diego aparece un tercer ojo en la frente, que simboliza su gran talento artístico. Detrás de estas figuras y abrazándolas, hay una enorme diosa-montaña, en forma de un ídolo indígena con pelo de cacto, que representa la tierra mexicana. Detrás hay otra diosa aun más grande, la fuerza creadora del universo, mestiza y dividida en dos partes de luz y sombra. En contraste con esta grandeza cósmica, se ve el toque personal y humorístico, típico de Kahlo, en la presencia de su perro, «el señor Xolotl», que duerme a sus pies.

Comprensión

1. ¿En qué aspectos de este cuadro vemos la influencia mexicana?
2. ¿Cómo representa la artista a su marido? ¿Por qué? ¿Qué piensa Ud. de esta representación?

Interpretación

En su opinión, ¿qué quiere comunicar Frida Kahlo en esta pintura?

QUICO

Discusión

1. ¿Cuál de los cuadros de Kahlo le parece a Ud. el más bello? ¿el más interesante? ¿Por qué?
2. ¿Considera Ud. feminista el arte de Frida Kahlo, o no? ¿Por qué? Y el arte de Diego Velázquez, ¿es machista? Explique.
3. En su opinión, ¿cuál de estos artistas merece mayor respeto? ¿Por qué?

Actividades

1. Su opinión

✻ Trabajando solo(-a) o con otra persona, explique brevemente por qué Ud. está de acuerdo o no con las siguientes opiniones.

1. Si no fuera por sus impedimentos físicos, Frida Kahlo no sería una pintora famosa.

2. Las pinturas de Frida Kahlo muestran más imaginación que las de Diego Velázquez.

2. *Hablando del arte...*

*¿Para qué miramos el arte? A continuación hay algunas de las reacciones positivas que a veces sentimos ante un cuadro. Hable en un grupo con tres o cuatro compañeros, y conteste la siguiente pregunta: ¿a cuál o cuáles de los cuadros de Diego Velázquez o de Frida Kahlo aplicaría Ud. las siguientes descripciones?

1. Presenta una nueva manera de ver la realidad.
2. Me hace reír (o sonreír).
3. Expresa emociones con las que me identifico.
4. Me gustaría tenerlo en mi casa.
5. Me enseña algo interesante sobre la historia.
6. Revela aspectos intrigantes de la naturaleza humana.
7. Transmite un mensaje importante.
8. Expresa un punto de vista que me agrada.
9. Es bello.
10. ¿ ? ______________________________

Composición

Comparaciones

1. Haga una lista de diferencias y semejanzas entre las vidas de los dos artistas.
2. Escriba una comparación entre un cuadro de Velázquez y un cuadro de Kahlo.

Refranes

*Comente Ud. uno de los siguientes refranes, relacionándolo con Velázquez, con Kahlo o con la vida de hoy en general.

No corre más el que más camina, sino el que más imagina.

Lo que se piensa es lo que se vive.

De ilusiones vive el hombre.

La necesidad inventó el arte.

Quien tiene arte va por todas partes.

Más allá del texto

Prepare uno de los siguientes temas y comparta sus conocimientos con un grupo de compañeros o con la clase.

1. Busque información sobre Diego Velázquez o Frida Kahlo en Internet.
2. Traiga reproducciones de cuadros de su pintor(-a) favorito(-a) y explique por qué le gustan.
3. Haga una investigación sobre los cuadros inspirados por obras de Velázquez o la escultura de Pablo Picasso.
4. Escriba un pequeño informe sobre la arquitectura de Antonio Gaudí.

La teleadicción*

Anticipación

La televisión es un nuevo arte del siglo XX que ha extendido el alcance de la imaginación humana por el espacio y por el tiempo. Sin duda, ha tenido un gran impacto para el bien y para el mal. El siguiente artículo examina algunos aspectos de este impacto y sus consecuencias en la sociedad española de hoy.

1. *Para abrir el tema*

Trabajando solo(-a) o con otro(s), conteste estas preguntas.

1. ¿Cuántas horas de televisión ve Ud. cada semana (más o menos)?
2. ¿Cree Ud. que la conversación de una persona que nunca ve televisión es más interesante o menos interesante que lo normal? ¿Por qué?
3. ¿Le gustan a Ud. los docudramas? ¿Por qué? ¿Qué programas mira Ud. a menudo?

2. *Vocabulario: Búsqueda de términos*

En España se usa la palabra *culebrones*, que quiere decir «serpientes grandes», para hablar de las telenovelas (*soap operas*). En su opinión, ¿por qué usarán este

---

* De *Tribuna*, una revista española.

término? Aprenda más términos relacionados con la televisión. Busque en los seis primeros párrafos las siguientes palabras:

1. El verbo que quiere decir *rompiendo la conexión eléctrica* (*de un aparato*): ______________________ (párrafo 1)
2. Una palabra usada en España para indicar los *programas de noticias: los* ______________________ (párrafo 2)
3. En muchos países latinos se habla de los *canales* de televisión, pero en España se habla de *las* ______________________ *de televisión.* (párrafo 2)
4. Una frase de tres palabras que significa el pequeño aparato que se tiene en la mano para cambiar de volumen o de programa: *el* __________ __________ __________ (párrafo 4).
5. Una frase despectiva (negativa y condescendiente) de dos palabras que se usa para hablar de la televisión: *la* __________ __________. (párrafo 6)

3. *El texto: Hacer predicciones*

✻ Después de mirar el título de la selección, los subtítulos y la foto, la clase debe dividirse en grupos de dos o tres personas. La mitad de estos grupos harán una lista de las consecuencias buenas de la televisión y la otra mitad una lista de las consecuencias malas. Después de cinco minutos, una persona de cada grupo leerá su lista o la escribirá en la pizarra. ¿Cuáles de estas consecuencias cree Ud. que se mencionarán en el artículo? Búsquelas en el artículo para ver si sus predicciones son ciertas.

La teleadicción

Lourdes Muñoz y Natalia Valdés

Hace unos días Santiago M. M., un vecino de la localidad° murciana de Lorca, decidió castigar a su mujer desenchufando el televisor° a la hora en que se emitía° el culebrón *Cristal.* La afrenta acabó en los tribunales° con una denuncia por malos tratos presentada por la esposa agraviada.° *«La televisión es un motivo frecuente de discusiones familiares. En Norteamérica es causa de divorcio porque allí suelen alegarse cosas muy triviales. Pero en España este hecho no se admite legalmente»,* comenta Pedro López Anadón, abogado divorcista y sociólogo.

pequeña ciudad
T.V. set / transmitía
cortes
ofendida

La televisión ejerce tal influencia en la sociedad actual que alguna diferencia de opiniones por ver una telenovela o los informativos que se emiten a la misma hora en otras cadenas ha acabado en los servicios de urgencias de los hospitales.

«En el fondo siempre hay una falta de comunicación, pero cuando una pareja acude° a mi despacho° lo que acaba es reprochándose cosas tan pequeñas como: "Siempre pone el programa que a él le gusta" o "me apagó el televisor". Esta es una de las causas que hace que actualmente se compren en España tantos segundos televisores», señala Anadón.

llega / oficina (de un abogado)

Lo cierto es que quien tiene en su poder el mando a distancia *lleva los pantalones.°*

lleva... *wears the pants (is boss)*

La «droga que se enchufa»

La televisión o «droga que se enchufa», como la denomina la socióloga americana Marie Winne, puede crear una gran dependencia entre sus seguidores.° En los casos más extremos es parecida a la dependencia producida por el alcohol, ciertas drogas o el juego,° según el profesor de la Universidad de Nuevo México Robin Smith Jacobvitz. Un estudio publicado por el diario *New York Times* indica que *«los rasgos° más característicos de esta adicción a la televisión son: el uso de ésta como un sedante, aunque no produzca satisfacción; el sentimiento de culpa al saberse adicto; la nula capacidad de seleccionar los programas y los cambios de humor° cuando hay algo que impide ver la pequeña pantalla°...*

sus... personas que la usan
gambling
cualidades
estado emocional / *screen*

La pasión por la caja tonta ha llegado a tales extremos que en algunos países, como Estados Unidos, entre el 2 y el 12 por ciento de los telespectadores,° según los casos, se consideran teleadictos porque no son capaces de *desengancharse*° de este vicio por sí solos, según refleja Jacobvitz, en un estudio realizado recientemente entre las personas que ven regularmente la televisión. El profesor señala que cada vez es más frecuente encontrarse con casos como el de un oficial de policía americano con dos hijos a quienes atender, que encuentra tiempo para estar 72 horas semanales° delante de la pequeña pantalla. Para la mayoría de los psicólogos especializados en este tema, teleadictos son todas aquellas personas que están *pegadas*° a la pantalla una media° de 56 horas semanales, casi 26 horas más que un telespectador considerado normal.

telespectadores: personas que miran televisión
desengancharse: liberarse
semanales: cada semana
pegadas: *glued*
media: *average*

Hábitos

La media de tiempo que invierten los españoles delante de la pequeña pantalla es aproximadamente de veinte horas semanales. Pero, aparte de las tendencias de los diseñadores, la televisión crea estilo. Después de ver el último episodio de *Cristal* muchas jóvenes se lanzaron a encargar° su tocado de vestido de novia° con la condición de que fuera exacto al que lucía° la mujer de *Luis Alfredo*.°

encargar: ordenar / **tocado...** *bridal head piece* / lucía: usaba
Luis Alfredo: un personaje de la telenovela

Las modas televisivas son seguidas a tal punto que a las consultas de los cirujanos plásticos acuden mujeres ansiosas por lucir unos pómulos° como los de una actriz de la tele.

pómulos: *cheekbones*

Ocio° y escape

Ocio: Tiempo libre

Las películas y las series siguen ocupando los primeros puestos en los índices de audiencia de las diferentes cadenas. Las causas por las que uno enciende la televisión son diversas. La mayoría lo hace con el fin° de pasar un rato entretenido y agradable, pero también hay quienes pretenden° utilizarlo como vía de escape a sus problemas personales o para superar el estrés. En opinión de Alfredo Calcedo Ordóñez, psiquiatra del hospital Gregorio Marañón de Madrid, *«la gente cuando tiene algún tipo de problema intenta distraerse y lo que les entretiene más, por ahora, es la televisión»*.

fin: propósito
pretenden: intentan

La pequeña pantalla ocupa cada vez más momentos de ocio en nuestro país. De la misma manera de que las finales futbolísticas° consiguen paralizar la vida, las grandes series e incluso los dibujos animados° consiguen reunir multitudes delante de la pantalla.

finales... *soccer championships*

dibujos... *cartoons*

Los más pequeños

El problema de la teleadicción es importante en los más pequeños porque la pequeña pantalla llama su atención con gran facilidad. Dibujos animados como *Las tortugas Ninja* y *La pandilla basurita*, de Telemadrid, en las que sus protagonistas manejan frases como «*no puedo dejar que me gane,° prefiero morir*» o «*la cerveza sí que le deja a uno el cuerpo bien*», han creado una fuerte polémica por su contenido y el lenguaje que utilizan sus protagonistas.

no... *I can't let anyone beat me*

Lo primero que se deteriora en los niños atrapados por la pequeña pantalla, según los expertos, es su vitalidad. Se quedan sentados, como ausentes, frente al televisor. Los niños teleadictos juegan menos, su curiosidad desciende, no pueden concentrarse bien y —poco a poco— van perdiendo la alegría y la necesidad de comunicarse con los demás.

Comprensión

Preguntas

1. ¿Por qué presentó una denuncia contra su esposo la mujer de Lorca?
2. En su opinión, ¿es cierto que la televisión es «causa de divorcio» en Norteamérica como opina el abogado López Anadón? ¿Es una droga?
3. ¿Qué rasgos son característicos de la adicción a la televisión?
4. ¿Cuántas horas pasa cada semana un teleadicto delante del televisor? ¿y Ud.?
5. ¿Cómo influye la televisión sobre la moda en España? ¿y en Estados Unidos o Canadá?
6. ¿Cuáles son las tres causas mencionadas por las que encendemos la televisión? ¿Qué opina Ud. de éstas?
7. ¿Qué les pasa a los niños adictos a la pequeña pantalla?

Expansión de vocabulario

Antónimos

✻ Dé antónimos, usados en el artículo, para las siguientes palabras.

1. apagar
2. enchufar
3. aburrimiento
4. presentes
5. importantes
6. estimulante

Actividades

1. Casos y soluciones

✻ Con un grupo de compañeros, lean los siguientes casos y completen las evaluaciones. Comparen sus opiniones con las de los otros grupos.

1. Un padre se preocupa cuando hay disputas entre sus tres hijos, su mujer y él porque todos quieren ver diferentes programas de televisión. Por eso, decide comprar cinco televisores para que cada persona pueda ver lo que le dé la gana.
   Esta solución es ☐ buena / ☐ mala porque ______________________
2. Una madre ve que una de sus hijas no tiene buenas notas en la escuela. Entonces, le prohibe a esta hija que mire televisión por dos meses. La otra hija puede mirar las horas de televisión que quiera.
   Esta solución es ☐ buena / ☐ mala porque ______________________
3. Dos jóvenes de trece y catorce años saben arreglar su televisor para poder ver todas las cadenas. Cuando sus padres salen, siempre ven las películas «prohibidas» porque creen que la censura es estúpida y es necesario ver la realidad de la vida.
   Esta decisión de los jóvenes es ☐ buena / ☐ mala porque ____________

Quico

2. *Los mensajes directos o indirectos*

* Trabaje Ud. con otra persona y analicen los siguientes dibujos, contestando las preguntas. Estos representan imágenes visuales del tipo que se ven en la televisión en los programas para niños.

1. ¿Qué pasa?
2. ¿Qué tipo de programa es?
3. ¿Cuál es el mensaje?

1. ¿Qué pasa?
2. ¿Qué tipo de programa es?
3. ¿Cuál es el mensaje?

1. ¿Qué pasa?
2. ¿Qué tipo de programa es?
3. ¿Cuál es el mensaje?

El conde Lucanor

Introducción

Generalmente, al mencionar la literatura española, pensamos en los dos famosos «dones»: don Quijote, el gran soñador, y don Juan, el gran seductor, creaciones literarias del siglo XVII. Pero hay muchos otros libros clásicos de España que son interesantes como, por ejemplo, *El conde*° *Lucanor* de don Juan Manuel.

Count

Don Juan Manuel fue un señor de la alta nobleza° de Castilla que vivió a fines del siglo XIII y que dedicaba las horas que no pasaba en guerra o intrigas a escribir libros. Su obra maestra, *El conde Lucanor,* trata de la conversación entre un señor° y su astuto criado° Patronio, quien le sirve de consejero.° Cada capítulo sigue la misma fórmula en tres partes: 1) un problema que el conde le describe a Patronio; 2) una historia que Patronio cuenta como ejemplo de cómo solucionar el problema, y 3) la moraleja del cuento que el conde expresa en dos versos.

aristocracia

lord

sirviente / *adviser*

Así que *El conde Lucanor* está compuesto de muchas historias dentro de una historia general. Este tipo de libro se llama un *libro de historias enmarcadas,*° y era muy común en la Edad Media. (Otro ejemplo es *Los cuentos de Canterbury* de Chaucer.) Don Juan Manuel tomó cuentos de muchas fuentes;° la Biblia, colecciones orientales y árabes, historias populares, manuscritos griegos y latinos. Algunos de sus cuentos han influido en la literatura mundial, y aparecieron más tarde en nuevas versiones, como, por ejemplo, *The Taming of the Shrew* de Shakespeare y el popular cuento para niños *The Emperor's New Clothes.*

libro... *framework tale*

orígenes

Como los otros cuentos de *El conde Lucanor,* la siguiente selección, presentada en lenguaje modernizado, ilustra una lección práctica, pero, a diferencia de los otros, éste también introduce la dimensión mágica.

Comprensión

1. ¿Quién fue don Juan Manuel y cuándo vivió?
2. ¿Cómo se llama su obra maestra?
3. ¿Quién es Patronio? ¿Cómo ayuda a su señor?
4. ¿Qué es un libro de historias enmarcadas?
5. ¿Cuáles son las fuentes de *El conde Lucanor?* ¿Qué importancia ha tenido?

Anticipación

* A continuación se presenta un capítulo de *El conde Lucanor*. Mirando el título, Ud. puede ver que los dos personajes principales son un deán (un oficial menor de la Iglesia en la Edad Media) de Santiago y un mago (*magician*) de Toledo. ¿Cree Ud.

que una reunión entre un representante de la Iglesia y un mago sería oficial o clandestina? ¿Por qué?

1. *Para abrir el tema*

✻ Trabajando solo(-a) o con otro(s), conteste estas preguntas.

1. ¿Cree Ud. en la magia? ¿en la predicción del futuro por medio de los naipes de tarot o por algún otro medio?
2. ¿Qué piensa Ud. de la astrología? ¿Sabe Ud. su signo?
3. ¿Qué opina Ud. de las personas que dicen que han visto a extraterrestres (seres de otros planetas)? ¿Hay personas con la capacidad de leer los pensamientos de otros o de viajar fuera de su cuerpo? ¿Cree Ud. que sí o que no, o que todo es posible?

2. *El texto: Identificación del problema central*

✻ Lea las líneas 1–9 y escoja la mejor manera de completar la frase. ¿Cuál es el problema que el conde Lucanor desea solucionar?

El conde desea saber...

a. si su esposa lo ama realmente. **b.** si sus amigos le harán favores en el futuro. **c.** si debe ayudar a un conocido o no. **d.** si va a salir bien en un asunto de negocios.

3. *El texto: Seguir los cambios de lugar y posición*

✻ En la historia de Patronio (líneas 14–106) hay cuatro cambios de lugar y de título para el personaje principal. Al principio él está en Toledo en la casa de un mago y tiene el título de deán (*deacon*). Busque en la historia las tres otras ciudades adonde va y las tres diferentes posiciones que tiene, y complete el cuadro en orden cronológico.

	CIUDAD	POSICIÓN
1.	*Toledo*	*deán*
2.		
3.		
4.		

Se dice que en tiempos antiguos los magos de Toledo usaban sus poderes satánicos para *leer en las almas humanas y manipular el espacio o el tiempo.* Lea el cuento para ver qué pasa en estos diferentes lugares y cómo la magia puede influir en la vida humana.

El conde Lucanor

Ejemplo XI: Lo que le pasó a un deán de Santiago con don Illán, el gran mago de Toledo

Don Juan Manuel

Vista de Toledo, pintada en el siglo XVI por Doménico Theotocopulos, mejor conocido como «El Greco». La pintura capta la atmósfera extraña y mágica de la antigua cuidad. ¿Qué lugares asocia Ud. con la magia? New York, Metropolitan Museum of Art (gift of Mrs. H. O. Havemeyer, 1929, from the H. O. Havemeyer Collection).

Un día hablaba el conde Lucanor con su consejero Patronio y le dijo lo siguiente:

—Patronio, un hombre vino a rogarme° que le ayudara en un asunto.° Me prometió que, más tarde, él haría por mí muchos

rogarme: implorarme
asunto: *matter*

favores en recompensa. Y comencé a ayudarlo. Luego, le pedí cierta cosa que realmente quería y me dio excusas. Después, le pedí otra cosa y me dio otra excusa. Pero no tiene todavía lo que él quería, ni lo tendrá sin mi ayuda. Por la confianza que tengo en usted y en su buen entendimiento,° le ruego que me dé consejos.

—Señor conde —respondió Patronio—, me gustaría contarle lo que le pasó a un deán de Santiago con don Illán, el gran mago de Toledo.

Entonces el conde le preguntó qué había pasado.

—Señor conde —dijo Patronio—, en Santiago había un deán que tenía muchas ganas de aprender la magia negra. Como oyó decir° que don Illán de Toledo sabía más que nadie sobre ese arte, fue a Toledo a hablar con él. Fue a la casa del mago y lo encontró leyendo en un salón apartado.° Don Illán lo recibió con mucha cortesía. Le dio alojamiento° en su casa y todo lo necesario para su comodidad.°

Después de comer juntos, los dos hombres quedaron solos. Entonces el deán le explicó al mago la razón de su visita: aprender las ciencias mágicas. Don Illán le contestó que él era deán y hombre de gran poder por su puesto° en la Iglesia y que posiblemente iba a estar algún día en un puesto aun más alto y que en general los hombres que tienen mucho poder se olvidan muy pronto de los que les han ayudado en el pasado. Y por eso temía que, después de aprender lo que él quería, no le haría ningún favor ni le mostraría nada de gratitud.

El deán le prometió que no sería así y le aseguró° que, en cualquier circunstancia, siempre estaría muy agradecido.°

En esta conversación estuvieron hasta la hora de cenar. Don Illán le dijo al deán que la ciencia mágica no se podía aprender excepto en un lugar muy apartado. Luego, tomándolo de la mano, lo llevó a una sala donde llamó a una criada° y le dijo que preparara perdices° para la cena de esa noche, pero *que no las pusiera a asar hasta que él lo mandara.*°

Dicho esto, el mago y el deán descendieron por una escalera de piedra muy bien labrada° y bajaron tanto que parecía que el río Tajo° pasaba por encima de° ellos. Finalmente, llegaron al final y se hallaron en un espacio grande donde había una habitación llena de libros. Se sentaron y estaban decidiendo con qué libros

entendimiento: intelecto
oyó... *he heard it said*
apartado: privado
alojamiento: una habitación donde dormir
comodidad: *comfort*
puesto: posición
aseguró: garantizó
agradecido: lleno de gratitud
criada: sirvienta
perdices: *partridges*
que... *that she not start roasting them until he gave the order*
labrada: *carved*
Tajo: *Tagus (River)* / **por...** *above*

iban a empezar el estudio cuando de repente° entraron dos hombres por la puerta con una carta para el deán. La carta era de su tío el obispo° de Santiago, y le hacía saber° que estaba muy enfermo y le rogaba que fuera° en seguida a Santiago. El deán se sintió muy triste por la enfermedad de su tío. Pero su corazón no le permitió que dejara tan pronto el estudio, y escribió una carta de respuesta al obispo, su tío.

de... *suddenly*
Bishop / **hacía...** informaba / **que...** *that he should go*

A los tres o cuatro días llegaron otros hombres a pie° que traían otras cartas para el deán. Estas cartas le hacían saber que el obispo había muerto y que los hombres importantes de la Iglesia estaban en el proceso de elecciones.

a... caminando

Y a los siete u ocho días vinieron dos escuderos° muy bien vestidos que llegaron hasta el deán y le besaron la mano° y mostraron las cartas que anunciaban que lo habían elegido obispo. Cuando don Illán oyó esto, fue al nuevo obispo y le dijo que estaba muy contento y, puesto que Dios le había hecho tanto bien, le pedía un favor: que le diera° a su hijo el puesto de deán que ahora quedaba vacante. El nuevo obispo le respondió que prefería dar aquel puesto a un hermano suyo, pero que

pages
le... *kissed his hand*
que... *that he give*

más tarde le haría un gran favor y que le rogaba que fuera con él a Santiago y que llevase° a su hijo. Don Illán dijo que lo haría.

que... *to bring along*

Se fueron para Santiago. Cuando llegaron, fueron recibidos con mucha honra. Después de vivir allí un tiempo, un día llegaron hasta el obispo mensajeros del Papa° con cartas que decían que lo había hecho arzobispo° de Tolosa y que, como favor, él podía dar el puesto de obispo a quien él quisiera.° Cuando don Illán oyó esto, le pidió con mucha emoción que le diera el puesto a su hijo. Pero el arzobispo dijo que quería dárselo a un tío suyo, hermano de su padre. Don Illán le contestó que era una injusticia pero que aceptaría su decisión con tal de estar seguro° de recibir el favor en el futuro. El arzobispo le prometió que así lo haría y le rogó que lo acompañara a Tolosa y que llevase a su hijo.

Pope
Archbishop
a... *to whomever he wanted*
con... *provided he was sure*

Cuando llegaron a Tolosa, fueron muy bien recibidos por todos los nobles de la región. Llevaban dos años de vivir allí cuando llegaron mensajeros con cartas para el arzobispo que decían que el Papa lo había hecho cardenal,° y que él podía dar el puesto de arzobispo a quien él quisiera. Entonces don Illán fue a hablar con él y le dijo que ya no había excusa para no darle a su hijo el puesto de arzobispo. El cardenal le informó que iba a darle aquel puesto a un tío suyo, hermano de su madre, pero dijo que fuese con él a la corte° en Roma donde habría muchas oportunidades de hacerle un favor a su hijo.

alto oficial de la Iglesia
court (del Papa)

Al llegar a Roma, fueron muy bien recibidos por los otros cardenales y por toda la corte, y vivieron allí mucho tiempo. Cada día, don Illán le rogaba al cardenal que le diera a su hijo algún puesto, y él respondía siempre con excusas.

Un día murió el Papa; y todos los cardenales eligieron al antiguo° deán por papa. Entonces, don Illán fue a hablarle y le dijo que ahora no podía dar excusa alguna para no cumplir° lo que había prometido. El Papa contestó que no insistiera tanto,° que siempre habría alguna oportunidad para hacerle un favor razonable. Don Illán empezó a quejarse° mucho, y le dijo que esto lo había temido° desde la primera vez que había hablado con él; y que ya no le tenía confianza. Al oír esto, el Papa se enfadó° mucho y comenzó a insultarlo y a decirle que si él continuara

former
hacer
que... *that he not be so pushy*
complain
feared
irritó

hablando así, lo pondría en la cárcel, pues bien sabía que él era hereje° y encantador.°

a heretic / mago

Nota para los lectores

Descripción de un encanto (*enchantment*). En el próximo párrafo se termina la manipulación del tiempo y del espacio iniciada por el mago don Illán. Lea Ud. el próximo párrafo con cuidado y conteste estas preguntas para ver si Ud. realmente lo comprende.

1. ¿Qué hizo don Illán cuando el Papa lo despidió sin comida?
2. Mire Ud. las líneas 36–37 y 103–106. ¿Qué palabras usó don Illán para suspender el tiempo?
3. ¿Qué pasó como consecuencia?

Cuando don Illán vio el mal tratamiento del Papa, se despidió de él.° Y el Papa ni siquiera° le ofreció comida para el viaje. Entonces, don Illán le dijo al Papa que, pues no tenía otra cosa para comer, era necesario *volver a las perdices que había mandado asar° aquella noche, y llamó a la mujer y le mandó que asara las perdices.* Cuando don Illán dijo esto, el Papa se halló° en Toledo, deán de Santiago, tal como° lo era cuando allí llegó, y sentía tanta vergüenza° que no supo qué decir. Don Illán le dijo que se fuera en paz,° que había mostrado bastante su verdadero carácter y que ya no tenía ganas de invitarlo a comer su parte de las perdices.

se... le dijo adiós / **ni...** *didn't even*

que... *that he had ordered to be roasted* / se encontró

tal... *just as*

humillación

que... *to go in peace*

—Y usted, señor conde, —dijo Patronio—, pues ve que aquel hombre que le pide ayuda no le muestra ninguna gratitud, me parece que usted no debe trabajar para elevarlo a un puesto desde el cual él le dé° a usted el mismo tratamiento que le dio el deán al gran mago de Toledo.

desde... *from which he might give you*

El conde consideró que esto era buen consejo, y lo hizo así y le resultó muy bien.

Como don Juan pensó que el cuento era muy bueno, lo hizo poner° en este libro y compuso estos versos:

hizo... incluyó

La persona que no sepa agradecerte tu ayuda
menos ayuda te dará, cuánto más alto suba.°

cuánto... *the higher* (*in position and power*) *he/she gets*

Comprensión

Resumen de la acción

✻Complete el resumen de la acción, escogiendo la mejor manera de terminar cada frase.

1. El deán fue a Toledo porque quería aprender...

   a. el arte. **b.** la física **c.** la magia. **d.** la geografía.

2. Don Illán lo recibió con cortesía, y le dijo que tenía un temor: pensaba que después de aprender lo que quería, el deán...

   a. ganaría un alto puesto en la Iglesia. **b.** se mudaría a otra ciudad.
   c. haría un viaje a Roma. **d.** se olvidaría del mago.

3. Después, el deán tuvo la suerte de ser nombrado a buenos puestos y varias veces el mago pidió que le diera...

   a. una casa para su hermana. **b.** un puesto para su hijo.
   c. una cadena de oro. **d.** una nueva biblioteca.

4. Siempre el deán le contestó al mago...

   a. que nunca le haría ningún favor. **b.** que algún día le haría un favor.
   c. que su petición era inmoral. **d.** que su petición era imposible.

5. Finalmente, el deán (que ya era Papa) insultó al mago y éste hizo un encanto que los transportó...

   a. al pasado. **b.** al futuro. **c.** a Francia. **d.** a Italia.

6. En palabras sencillas, la moraleja del cuento es...

   a. la gente pobre no recuerda favores. **b.** la gente rica es más generosa.
   c. la gente poderosa no muestra gratitud. **d.** la gente religiosa siempre ayuda.

Discusión

1. En el cuento de don Juan Manuel, ¿cómo se presenta el nepotismo (la práctica de dar empleos a los amigos y familiares) en los tiempos medievales? ¿Dónde existe el nepotismo en nuestros tiempos? ¿Qué piensa Ud. de esta práctica?

2. Escriba en la pizarra una lista de las supersticiones que existen en nuestra sociedad (como no vivir en un apartamento con el número 13, no usar un espejo roto para no atraer la mala suerte, etcétera). Luego, pregunte a un(-a) compañero(-a) si él/ella cree en estas cosas o no. En general, ¿somos supersticiosos?

Actividad

* ¿Qué otras historias (de libros, películas o programas de la tele) conoce Ud. que tratan el tema de la manipulación mágica o científica del tiempo? Trabaje con otro(-a) estudiante para presentarle a la clase una escena de magia o de lo sobrenatural (con el diálogo en español, por supuesto) de alguna obra. Luego, la clase tratará de adivinar (*guess*) el título de la obra de la cual han tomado la escena.

La guitarra

Anticipación

* ¿Ha oído Ud. flamenco? Es un estilo de música de guitarra, danza y canto del sur de España donde viven muchos gitanos y donde todavía permanece la influencia árabe. Tradicionalmente, el arte de tocar flamenco se aprende por oído, imitando a los maestros, y no en la escuela. Se necesita cierta participación entre el guitarrista y el público. Los espectadores comentan y dan palmadas y poco a poco se va creando una atmósfera en la cual la música flamenca «ocurre». Dicen que, además del dominio técnico del instrumento, hay que tener *ángel* o *duende,* una cualidad inexplicable que pertenece principalmente a los gitanos.

1. *Para abrir el tema*

* Trabajando solo(-a) o con otro(s), describa los siguientes puntos.

1. La música que más me gusta para escuchar. ¿Dónde? ¿Cómo? ¿Cuándo?
2. La música que más me gusta para bailar. ¿Dónde? ¿Cómo? ¿Cuándo?
3. La importancia de la música en mi vida.

2. *El texto: Relacionar el sonido con el significado*

*En el siguiente poema, García Lorca nos describe la guitarra flamenca al mismo tiempo que nos transmite su música en los ritmos de los versos y en los sonidos de las palabras. Escuche el poema recitado (por su profesor, por un disco, o por un amigo). Luego, léalo Ud. en voz alta y escoja la mejor manera de terminar estas frases.

1. Para dar énfasis, el poeta repite los versos...

   a. 1 y 2. **b.** 10 y 11. **c.** 17 y 18. **d.** 21 y 22.

2. Para expresar la llegada de la luz después de la noche, el poema usa la imagen de...

   a. pájaros muertos. **b.** camelias rojas. **c.** vasos rotos. **d.** blancas nevadas.

3. ¿Qué sonidos usa el poeta para imitar el gemir (*moaning*) del agua y del viento?

   a. s y z. b. l y p. c. i y e. d. o y a.

La guitarra

Federico García Lorca*

La pintura *El Jaleo* de John Singer Sargent, 1882, representa una bailarina española del Flamenco, Isabella Stewart Gardener Museum, Boston.

* Federico García Lorca (1898–1936), poeta y dramaturgo español de gran renombre, murió trágicamente al principio de la guerra civil española.

Empieza el llanto° — *cry of grief*
de la guitarra.
Se rompen las copas° — vasos para el vino
de la madrugada.° — comienzo del día
Empieza el llanto
de la guitarra.
Es inútil callarla.° — silenciarla
Es imposible
callarla.
Llora monótona
como llora el agua,
como llora el viento
sobre la nevada.° — caída de nieve
Es imposible
callarla.
Llora por cosas lejanas.° — que están lejos
Arena del Sur caliente
que pide camelias blancas.
Llora flecha° sin blanco,° — *arrow / target*
la tarde sin mañana,
y el primer pájaro muerto
sobre la rama.° — *branch*
¡Oh guitarra!
Corazón malherido° — *badly wounded*
por cinco espadas.° — *swords*

Actividades

1. *Análisis del significado*

✻Trabajando solo(-a) o con un(-a) compañero(-a), conteste las siguientes preguntas.

1. ¿Qué referencias a la naturaleza hay en el poema?
2. En su opinión, ¿por qué llora la guitarra? ¿Qué parte de la vida humana representa?
3. ¿Qué quiere decir el verso: «Es imposible callarla»?
4. Los últimos versos presentan una de las metáforas más conocidas de Lorca. En España se usa la palabra *corazón* para referirse al pequeño círculo abierto de la guitarra, pero ¿qué son las «cinco espadas»? Explique la comparación.

2. *Recital de poesía*

✻ Trabaje Ud. con un(-a) compañero(-a) y prepare una sección del poema (de 4 o 5 versos) para recitarla. Practiquen en voz alta la pronunciación y la expresión. Luego, hagan un «recital» con la participación de todos.

Más allá del texto

Escuchar y sentir

Traiga discos compactos, videos (como *Carmen, Bodas de Sangre* con Antonio Gadés o *Strictly Ballroom*) o cintas de música flamenca a la clase. Escuche o mire por 10 minutos en un grupo con cuatro o cinco compañeros. Después, llenen Uds. el cuestionario y comparen sus respuestas. (Si no es posible hacer esto en la clase, hágalo en casa.)

Cuestionario sobre tu experiencia con la música flamenca

Nombre del artista o del grupo: ______________________________

Nombres de piezas o canciones: ______________________________

Medio: ☐ disco compacto ☐ cinta ☐ disco ☐ video ☐ en vivo y en directo (*live*)

El ritmo

1. ¿Cómo es el ritmo? ☐ lento ☐ moderado ☐ rápido ☐ agitado
2. ¿Cuántos ritmos hay? ☐ uno solo ☐ dos ritmos básicos ☐ ritmos variados

Los sonidos

3. ¿Qué sonidos escuchas? ☐ guitarras ☐ voz humana ☐ zapateo (*tapping of shoes*) ☐ castañuelas ☐ palmadas ☐ otros sonidos: ______________________________
4. ¿Qué sonido te parece el dominante? ______________________________

Las emociones

5. ¿Qué emociones están transmitidas en la música?
☐ alegría ☐ tristeza ☐ pena ☐ serenidad ☐ pasión ☐ protesta ☐ enojo ☐ inspiración ☐ frustración ☐ ambición ☐ anhelo (deseo intenso) ☐ miedo ☐ esperanza ☐ desesperanza ☐ gozo ☐ otra emoción: ______________________________
6. Tu impresión general: ______________________________

Episodio del enemigo

Anticipación

✻ Piense Ud. un momento en el concepto de *un enemigo*. El siguiente cuento está narrado en primera persona y trata de la llegada de un antiguo enemigo del narrador.

1. *Para abrir el tema*

✻ Trabajando solo(-a) o con otra persona, conteste estas preguntas.

1. ¿Cree Ud. que todos tenemos enemigos o sólo ciertas personas los tienen?
2. ¿Qué piensa Ud. de una persona que no tenga ningún enemigo?
3. ¿Existen los enemigos en la realidad o en nuestra imaginación? Explique.

2. *Vocabulario: Palabras en contexto*

✻ Use el contexto, su intuición, o el vocabulario al final del libro para comprender el significado de las siguientes palabras del cuento y para terminar cada oración con la frase más apropiada.

1. **huir**
   Los niños estaban **huyendo** de esos hombres porque: **a.** los admiraban. **b.** les tenían miedo. **c.** no trabajaban con ellos.
2. **anómalo**
   En el museo de la electrónica, el objeto que parecía **anómalo** era: **a.** el televisor. **b.** el radio. **c.** el zapato.
3. **desplomarse**
   Al llegar a la casa, Marta **se desplomó** en el sofá porque: **a.** estaba cansada. **b.** quería estudiar. **c.** se sentía contenta.
4. **el sobretodo**
   Alfonso se puso el **sobretodo** porque: **a.** iba a salir. **b.** hacía calor. **c.** estaba aburrido.
5. **misericordioso**
   Mi tío es tan **misericordioso** que siempre: **a.** lee el periódico. **b.** da dinero a los pobres. **c.** escucha la música clásica.
6. **venganza**
   Paco buscaba la **venganza** contra los soldados que habían: **a.** ayudado **b.** visto **c.** matado a su mejor amigo.

3. *El texto: Búsqueda de información*

✻ Antes de leer el cuento, busque en el primer párrafo las respuestas a estas preguntas sobre el enemigo.

1. ¿Era joven o viejo? ☐ joven ☐ viejo
   ¿Cómo lo sabe Ud.? ____________________
2. Al llegar a la casa, ¿estaba fuerte o débil? ☐ fuerte ☐ débil
   ¿Cómo lo sabe Ud.? ____________________
3. En la opinión del narrador, ¿a quién se parecía el enemigo? Se parecía a
   ☐ su hermano ☐ Artemidoro
   ☐ Simón Bolívar ☐ Abraham Lincoln

El cuento se presta a varias interpretaciones. Léalo ahora para formular su propia interpretación sobre quién es el enemigo y qué significa su visita.

Episodio del enemigo

Jorge Luis Borges*

Tantos años huyendo y esperando y ahora el enemigo estaba en mi casa. Desde la ventana lo vi subir penosamente° por el áspero camino del cerro.° Se ayudaba con un bastón° que en viejas manos no podía ser un arma sino un báculo.° Me costó° percibir lo que esperaba: el débil golpe contra la puerta. Miré no sin

penosamente: con dificultades
cerro / bastón: *hill* / *cane*
báculo: *staff* / **Me...** fue difícil

* Jorge Luis Borges (1899–1986), escritor argentino que ha tenido una enorme influencia sobre la literatura internacional. Según su visión, lo histórico y lo fantástico coexisten en una misma dimensión, mientras las acciones y las identidades de las personas se repiten continuamente con pequeñas variaciones.

nostalgia, mis manuscritos, el borrador° a medio concluir y el tratado° de Artemidoro sobre los sueños, libro un tanto anómalo ahí, ya que no sé griego. Otro día perdido, pensé. Tuve que forcejar con la llave. Temí que el hombre se desplomara, pero dio unos pasos inciertos, soltó° el bastón, que no volví a ver, y cayó en mi cama, rendido.° Mi ansiedad lo había imaginado muchas veces, pero sólo entonces noté que se parecía, de un modo casi fraternal, al último retrato de Lincoln. Serían las cuatro de la tarde.

Me incliné sobre él para que me oyera.

—Uno cree que los años pasan para uno —le dije—, pero pasan también para los demás.° Aquí nos encontramos al fin y lo que ocurrió no tiene sentido.°

Mientras yo hablaba, se había desabrochado° el sobretodo. La mano derecha estaba en el bolsillo del saco.° Algo me señalaba° y yo sentí que era un revólver.

Me dijo entonces con voz firme:

—Para entrar en su casa, he recurrido° a la compasión. Lo tengo ahora a mi merced y no soy misericordioso.

Ensayé° unas palabras. No soy un hombre fuerte y sólo las palabras podían salvarme. Atiné° a decir:

—Es la verdad que hace tiempo maltraté° a un niño, pero usted ya no es aquel insensato.° Además, la venganza no es menos vanidosa y ridícula que el perdón.

—Precisamente porque ya no soy aquel niño —me replicó— tengo que matarlo. No se trata de un acto de venganza sino de un acto de justicia. Sus argumentos, Borges, son meras estratagemas de su terror para que no lo mate. Usted ya no puede hacer nada.

—Puedo hacer una cosa —le contesté.

—¿Cuál? —me preguntó.

—Despertarme.

Y así lo hice.

manuscrito en forma preliminar / libro erudito
dejó
exhausto
otros
significado
abierto
chaqueta / **me...** *was pointing at me*
he... *I have appealed*
I tried out
Alcancé
causé daño
loco

Comprensión

Búsqueda de datos

Trabajando solo(-a) o con otro(s), busque la siguiente información.

1. el objeto que el enemigo tenía en la mano derecha
2. el indicio (*clue*) en el primer párrafo que sugiere que Borges estaba soñando

3. el objeto que el enemigo llevaba en el bolsillo del saco
4. la emoción que le ayudó a entrar al enemigo
5. lo que Borges trató de usar primero en su defensa
6. lo que hizo Borges al final para salvarse

Discusión

1. En el sueño, Borges dice que la venganza es vanidosa y ridícula. ¿Está Ud. de acuerdo o no? ¿Puede ser dulce a veces la venganza? Explique.
2. En su opinión, ¿cuáles de las siguientes palabras servirían para describir a Borges? ¿Cuáles servirían para describir a su enemigo?
   intelectual, apasionado, vengativo, misericordioso, miedoso
3. ¿Qué podemos aprender de los sueños?

Actividad

Un informe psicoanalítico

Imagine que Ud. forma parte de un equipo de psicoanalistas que tratan de interpretar el sueño de Borges. Trabaje con dos o tres personas para completar el siguiente informe. Después de un rato, compare su informe con los de sus compañeros de clase.

Informe psicoanalítico: Interpretación del sueño de Borges

1. El enemigo que aparece en el sueño es realmente (su hermano, su hijo, algún aspecto de Borges mismo, un antiguo amigo) ______________________________
2. Este enemigo quiere matar a Borges porque ______________________________ ______________________________
3. Borges sueña que el enemigo se parece a Lincoln porque ____________________ ______________________________
4. Nuestra sugerencia para Borges es: ______________________________

Composición

Describa un sueño que Ud. ha tenido o imaginado.

Casa tomada

Anticipación

¿Qué importancia tiene una casa? En este cuento, es muy importante, y funciona casi como un personaje. Al principio, la casa parece normal: el lugar donde viven el narrador y su hermana Irene en la ciudad de Buenos Aires. Pero, poco a poco la casa llega a convertirse en una fuerza aterradora.

1. *Para abrir el tema*

Trabajando solo(-a) o con otro(s), conteste estas preguntas.

1. ¿Cómo explica Ud. las casas embrujadas (*haunted*)?
2. ¿Dónde y cuándo visitan los fantasmas (*ghosts*)? ¿Por qué?
3. ¿Cree Ud. en la existencia del diablo y de los ángeles y en su intervención en la vida humana? Explique.

2. *Vocabulario: Habitaciones revueltas*

¿Se acuerda Ud. de cómo se llaman las habitaciones de una casa? Los nombres están en el cuadro que sigue, pero con sus letras revueltas (*scrambled*). Escriba la forma correcta de cada palabra. (Todas estas palabras están en el cuento, líneas 35–54.)

LETRAS REVUELTAS	PALABRA CORRECTA	DEFINICIÓN
1. *tabboilice*		habitación donde se guardan los libros
2. *nacico*		habitación donde se prepara la comida
3. *modroce*		habitación para comer
4. *roomitidor*		habitación de dormir
5. *nigvil*		habitación para estar con la familia
6. *lliposa*		corredor, espacio por donde se pasa de una parte a otra
7. *alsa*		habitación donde se recibe a los invitados
8. *nazáug*		entrada

3. *El texto: Visualización del ambiente*

✻ Lea la descripción de la distribución (*layout*) de la casa (líneas 35–54) y conteste estas preguntas.

1. ¿Cuál de las dos ilustraciones a continuación es la correcta y cuál es la falsa?
2. ¿Por qué?

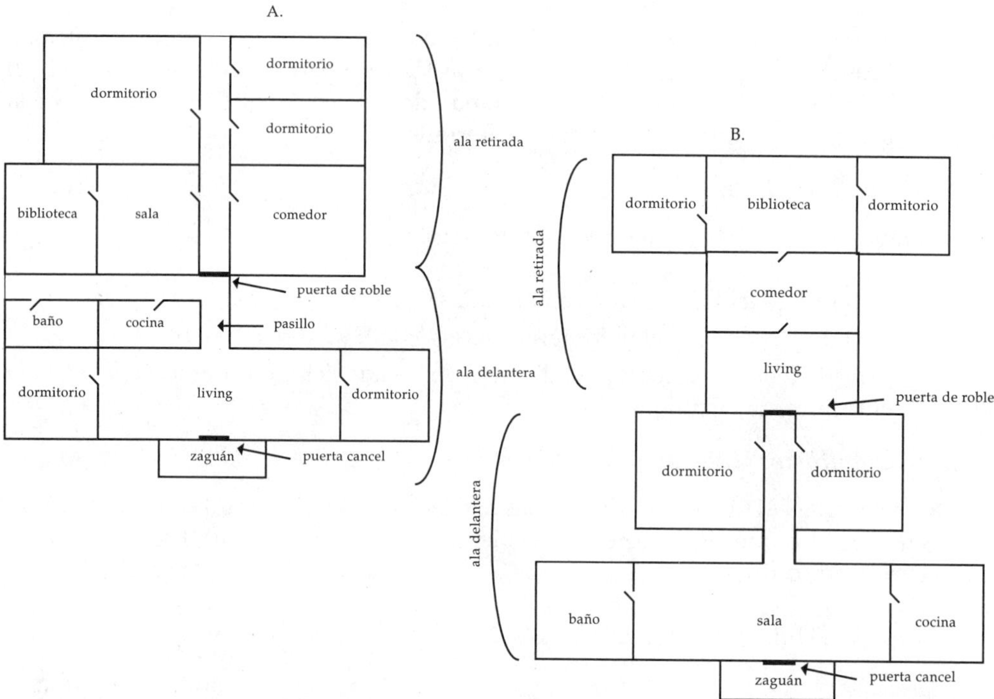

4. *El texto: Búsqueda de datos personales*

✻ Busque rápidamente en las líneas 1–27 los siguientes datos sobre los personajes.

	El narrador	**Irene**
nombre:	__________	__________
edad:	__________	__________
estado civil:	__________	__________
profesión:	__________	__________
actividad(es) preferida(s):	__________	__________
a qué hora se levanta:	__________	__________
a qué hora almuerza:	__________	__________

Ahora, lea el cuento con cuidado para ver los misteriosos incidentes que ocurren en la casa de los dos hermanos.

Casa tomada

Julio Cortázar*

Parte A†

Nos gustaba la casa porque aparte° de espaciosa y antigua guardaba los recuerdos° de nuestros bisabuelos,° el abuelo paterno, nuestros padres y toda la infancia.

además; *memories / great-grandparents*

Nos habituamos Irene y yo a persistir solos en ella, lo que era una locura pues en esa casa podían vivir ocho personas sin estorbarse.° Hacíamos la limpieza por la mañana, levantándonos a las siete, y a eso de las once yo le dejaba a Irene las últimas habitaciones por repasar° y me iba a la cocina. Almorzábamos a mediodía, siempre puntuales; ya no quedaba nada por hacer fuera de unos pocos platos sucios. Nos resultaba grato° almorzar pensando en la casa profunda y silenciosa. A veces llegamos a creer que era ella° la que no nos dejó

getting in each other's way; terminar; agradable; *it, i.e., the house*

* Julio Cortázar (1914–1984), cuentista y novelista argentino de fama internacional. Sus cuentos, escritos en un estilo natural, crean un mundo de misterio y fantasía. El cuento «Casa tomada» está presentado aquí en forma levemente abreviada.

† El cuento está dividido en dos partes para facilitar su estudio.

casarnos.° Irene rechazó dos pretendientes° sin mayor motivo, a mí se me murió María Esther antes que llegáramos a comprometernos.° Entramos en los cuarenta años° con la inexpresada idea de que el nuestro, simple y silencioso matrimonio de hermanos, era necesaria clausura° de la genealogía asentada por los bisabuelos en nuestra casa.

Irene era una chica nacida para no molestar° a nadie. Aparte de su actividad matinal° se pasaba el resto del día tejiendo° en el sofá de su dormitorio. No sé por qué tejía tanto. Tejía cosas siempre necesarias, tricotas° para el invierno, medias para mí, mañanitas° y chalecos° para ella. Los sábados iba yo al centro a comprarle lana.° Yo aprovechaba° esas salidas para dar una vuelta por las librerías y preguntar vanamente si había novedades° en literatura francesa. Desde 1939 no llegaba nada valioso° a la Argentina.

Pero es de la casa que me interesa hablar, de la casa y de Irene, porque yo no tengo importancia. Me pregunto qué hubiera hecho Irene sin el tejido. No necesitábamos ganarnos la vida, todos los meses llegaba la plata° de los campos° y el dinero aumentaba. Pero a Irene solamente la entretenía el tejido, mostraba una destreza° maravillosa y a mí se me iban las horas viéndole las manos. Era hermoso.

Cómo no acordarme° de la distribución de la casa. El comedor, una sala con gobelinos,° la biblioteca y tres dormitorios grandes quedaban en la parte más retirada.° Solamente un pasillo° con su maciza° puerta de roble° aislaba esa parte del ala delantera° donde había un baño, la cocina, nuestros dormitorios y el living central, al cual comunicaban los dormitorios y el pasillo. Se entraba a la casa por un zaguán° con mayólica,° y la puerta cancel° daba al living. De manera que uno entraba por el zaguán, abría la cancel y pasaba al living; tenía a los lados las puertas de nuestros dormitorios, y al frente el pasillo que conducía a la parte más retirada; avanzando por el pasillo se franqueaba° la puerta de roble y más allá empezaba el otro lado de la casa, o bien se podía girar° a la izquierda justamente antes de la puerta y seguir por un pasillo más estrecho° que llevaba a la cocina y al baño. Cuando la puerta estaba abierta advertía° uno que la casa era muy grande; si no, daba la impresión de un

no... *prevented us from getting married* / *suitors*
to become engaged / **los...** la edad de 40 años
conclusión
causar problemas
de la mañana / *knitting*
suéteres
chaquetas para la cama / *vests* / *wool* / utilizaba
libros nuevos
de importancia
dinero / (*rented*) *estates*
habilidad
Cómo... Recuerdo bien
French tapestries
lejos de la calle
hall / sólida / *oak*
ala... *front wing*
front hall / *Mallorcan tile*
puerta... *inner door*
pasaba por
doblar
narrow
notaba

departamento° de los que se edifican ahora, apenas para moverse; Irene y yo vivíamos siempre en esta parte de la casa, casi nunca íbamos más allá° de la puerta de roble, salvo para hacer la limpieza.

Lo recordaré siempre con claridad porque fue simple y sin circunstancias inútiles.° Irene estaba tejiendo en su dormitorio, eran las ocho de la noche y de repente se me ocurrió poner al fuego la pavita del mate.° Fui por el pasillo hasta enfrentar la entornada° puerta de roble, y daba la vuelta al codo° que llevaba a la cocina cuando escuché algo en el comedor o la biblioteca. El sonido venía impreciso y sordo,° como un volcarse° de silla sobre la alfombra o un ahogado susurro° de conversación. Me tiré contra la puerta antes de que fuera demasiado tarde, la cerré de golpe apoyando el cuerpo, felizmente la llave estaba puesta de nuestro lado y además corrí° el gran cerrojo° para más seguridad.

Fui a la cocina, calenté la pavita, y cuando estuve de vuelta con la bandeja° del mate le dije a Irene:

—Tuve que cerrar la puerta del pasillo. Han tomado la parte del fondo.

apartamento

más... al otro lado

innecesarias

pavita... *pot of mate tea*

medio cerrada / pasillo

muffled / knocking down

ahogado... *choked whisper*

moví / *bolt*

tray

del... más retirada

Comprensión de la parte A

1. *Preguntas*

1. ¿Por qué vivían en aquella casa el narrador y su hermana?
2. ¿Cómo pasaban su tiempo Irene y su hermano?
3. ¿Qué piensa Ud. de su modo de vivir?
4. ¿Qué escuchó el narrador una noche en la parte retirada de la casa? ¿Qué hizo después?

2. *Inferencias*

✻ A veces aprendemos información importante sobre una persona por sus palabras, sacando inferencias de lo que dice y de lo que *no* dice. (Por ejemplo, si alguien dice que es del planeta Marte, podemos inferir que probablemente está loco. Si dice que ayer murió su madre y *no* expresa ninguna emoción, concluímos que es una persona muy fría.) ¿Qué podemos inferir sobre el narrador y su hermana Irene de las siguientes citas del cuento?

Comprensión continuación

1. «Nos resultaba grato almorzar pensando en la casa profunda y silenciosa. A veces llegamos a creer que era ella la que no nos dejó casarnos.»
   Inferencia: ______________________________
2. «Pero es de la casa que me interesa hablar, de la casa y de Irene, porque yo no tengo importancia.»
   Inferencia: ______________________________
3. «Tuve que cerrar la puerta del pasillo. Han tomado la parte del fondo.»
   Inferencia: ______________________________

Parte B

Dejó caer el tejido y me miró con sus graves ojos cansados.

—¿Estás seguro?

Asentí.°

Dije que sí.

—Entonces —dijo recogiendo las agujas°— tendremos que vivir en este lado.

knitting needles

Los primeros días nos pareció penoso° porque ambos° habíamos dejado en la parte tomada muchas cosas que queríamos. Mis libros de literatura francesa, por ejemplo, estaban todos en la biblioteca. Irene extrañaba° unas carpetas,° un par de pantuflas° que tanto la abrigaba° en invierno. Con frecuencia (pero esto solamente sucedió los primeros días) cerrábamos algún cajón° de las cómodas° y nos mirábamos con tristeza.

muy difícil / nosotros dos

missed / *folders*

slippers / protegía

drawer / *bureaus*

—No está aquí.

Y era una cosa más de todo lo que habíamos perdido al otro lado de la casa.

Pero también tuvimos ventajas.° La limpieza se simplificó tanto que aun levantándose tardísimo, a las nueve y media por ejemplo, no daban las once y ya estábamos de brazos cruzados.°

beneficios
de... *with folded arms, (i.e., all finished)*

Irene estaba contenta porque le quedaba más tiempo para tejer. Yo andaba un poco perdido a causa de los libros, pero por no afligir° a mi hermana me puse a revisar la colección de estampillas° de papá, y eso me sirvió para matar el tiempo. Nos divertíamos mucho, cada uno en sus cosas, casi siempre reunidos en el dormitorio de Irene que era más cómodo. Estábamos bien, y poco a poco empezábamos a no pensar. Se puede vivir sin pensar.

causar pena
stamps

(Cuando Irene soñaba en alta voz° yo me desvelaba° en seguida. Nunca pude habituarme a esa voz de estatua o papagayo,° voz que viene de los sueños y no de la garganta.° Aparte de eso todo estaba callado° en la casa. De día eran los rumores° domésticos. En la cocina y el baño, que quedaban tocando la parte tomada, nos poníamos a hablar en voz más alta o Irene cantaba canciones de cuna.° Muy pocas veces permitíamos allí el silencio, pero cuando tornábamos° a los dormitorios y al living, entonces la casa se ponía callada. Yo creo que era por eso que de noche, cuando Irene empezaba a soñar en voz alta, me desvelaba en seguida.)

soñaba... *talked in her sleep* / **me...** tenía insomnio
parrot / *throat*
silencioso
sonidos
canciones... *lullabies*
volvíamos

Es casi repetir lo mismo salvo las consecuencias. De noche siento sed, y antes de acostarnos le dije a Irene que iba hasta la cocina a servirme un vaso de agua. Desde la puerta del dormitorio (ella tejía) oí ruido en la cocina; tal vez en la cocina o tal vez en el baño. A Irene le llamó la atención mi brusca manera de detenerme,° y vino a mi lado sin decir palabra. Nos quedamos escuchando los ruidos, notando claramente que eran de este lado de la puerta de roble, en la cocina y el baño, o en el pasillo mismo, casi al lado nuestro.

pausing

No nos miramos siquiera. Apreté° el brazo de Irene y la hice correr conmigo hasta la puerta cancel, sin volvernos hacia atrás.° Los ruidos se oían más fuerte pero siempre sordos, a espaldas nuestras. Cerré de un golpe la cancel y nos quedamos en el zaguán. Ahora no se oía nada.

I squeezed
sin... *without looking back*

—Han tomado esta parte —dijo Irene.

—¿Tuviste tiempo de traer alguna cosa? —le pregunté inútilmente

—No, nada.

Estábamos con lo puesto.° Me acordé de los quince mil pesos en el armario de mi dormitorio. Ya era tarde ahora.

Como me quedaba el reloj pulsera,° vi que eran las once de la noche. Rodeé° con mi brazo la cintura° de Irene (yo creo que ella estaba llorando) y salimos así a la calle. Antes de alejarnos° tuve lástima, cerré bien la puerta de entrada y tiré la llave a la alcantarilla.° No fuese que° a algún pobre diablo se le ocurriera robar y se metiera° en la casa, a esa hora y con la casa tomada.

lo... *what we had on*
reloj... *wristwatch*
I encircled / *waist*
salir
sewer / **No...** *Let it not be that*
se... entrara

Comprensión de la parte B

1. *Preguntas*

1. ¿Cómo se adaptaron Irene y su hermano a la pérdida de la parte retirada de su casa?
2. ¿Por qué hablaban en voz alta cuando estaban en la cocina o el baño?
3. ¿Qué le parecen a Ud. las reacciones de los dos hermanos ante su nueva situación?
4. ¿Qué pasa después para interrumpir su tranquilidad? ¿Cómo reaccionan?

Interpretación

1. *Entrevista con Irene*

✻ Haga una entrevista con un(-a) compañero(-a). Una persona hace el papel de Irene y la otra el papel de un(-a) periodista que la entrevista para la televisión sobre los extraños incidentes que pasaron en su casa. Naturalmente, es posible que Irene cuente una historia muy diferente de la de su hermano.

2. *El comité de interpretaciones*

✻ ¿Quiénes «toman» la casa y por qué? Discutan esta cuestión en un comité de cuatro o cinco personas, evaluando las siguientes interpretaciones de 1 a 4 (con 4 para la que más les guste y 1 para la que menos). Una persona es el director y llama a los otros en turno para que lean cada interpretación en voz alta y den su opinión sobre ella. Después, escriban una continuación para la interpretación que más les ha gustado. Comparen su evaluación con las de los otros comités.

_______ **Interpretación psicológica.** Irene y su hermano son dos neuróticos que tienen miedo de la vida real y quieren permanecer en la infancia (simbolizada por la casa). Los ruidos que oyen son realmente...

_______ **Interpretación bíblica.** Irene y su hermano representan a Adán y Eva, y la casa es el paraíso. La misteriosa presencia que habita el fondo de la casa representa...

_______ **Interpretación política.** Irene y su hermano representan la clase media de Buenos Aires de los años 40 y la casa simboliza Argentina cuando se mantenía «neutral» durante la segunda guerra mundial y tenía un gobierno pro-nazi. El grupo que está al otro lado de la puerta es...

_______ **Interpretación sobrenatural.** Irene y su hermano viven en una casa embrujada por los fantasmas de sus antepasados. Estos fantasmas empiezan a hacer ruidos porque...

Actividad escrita

Juego imaginativo: Voces escondidas

✻Trabaje Ud. con otra persona y escriba un diálogo sobre uno de los siguientes temas.

1. **Al otro lado de la puerta.** Imaginen que Uds. son dos de los seres (fantasmas, personas, animales o lo que sea) que han tomado una parte de la casa. Inventen un diálogo en el que se describen las acciones de Irene y su hermano.
2. **Un mensaje desde el futuro.** En su opinión, ¿qué efecto tendrá la salida de la casa sobre los personajes del cuento? ¿Será una catástrofe o una liberación? Inventen Uds. un diálogo que tienen Irene y su hermano cinco meses después de salir de la casa «tomada».

La luz es como el agua

Anticipación

✻COSAS. OBJETOS. PRODUCTOS. Vivimos en un mundo de productos, con la propaganda comercial por todas partes. Hoy día el deseo de obtener nuevas cosas es tan fuerte que ejerce un poder especial, casi mágico, sobre nuestras vidas.

El siguiente cuento presenta el ejemplo de dos niños, Totó y Joel, que desean ciertas cosas locamente y las consiguen, pero con consecuencias inesperadas.

1. *Para abrir el tema*

✻ Trabajando solo(-a) o con otro(s), conteste estas preguntas.

1. ¿Cuál fue el primer objeto comercial que Ud. deseaba intensamente? ¿Cuántos años tenía entonces?
2. ¿Cree Ud. que los padres deben comprarles a sus hijos los objetos que desean mucho? Explique.
3. ¿Qué pasa si conseguimos las cosas que deseamos? ¿Nos traen la felicidad?

2. *El texto: Documentar la acción repetida*

✻ Tres veces en el cuento Totó y Joel piden cosas y sus padres les dicen que no. Luego, los niños prometen hacer algo para obtener la cosa deseada. Lea las líneas 1–19 y llene los espacios en blanco del siguiente recuadro (*box*) sobre el primer objeto deseado.

Documentación 1

1. Es Navidad y el objeto que desean los niños es un ____________________.
2. Desean este objeto con sus dos accesorios atractivos: un ____________________ y una ____________________.
3. Para merecer este objeto, Totó y Joel prometen que van a ____________________.
4. En mi opinión, este objeto (es / no es) apropiado para los niños porque ____________________.

Busque en el texto los otros recuadros (*boxes*) que se refieren a las cosas que piden Totó y Joel. Antes de leer cada parte, llene los blancos para comprender mejor la manipulación psicológica que forma la base del cuento.

3. *Vocabulario: Verificación de sustantivos*

✻ Verifique si Ud. comprende los siguientes sustantivos (*nouns*) importantes del cuento. Use el contexto para completar cada frase con la palabra apropiada. Si

Ud. tiene dudas, busque las frases en el cuento o en el vocabulario al final del libro.

bomberos	cascada	grifo
bombilla	condiscípulos	premiación

1. Sin embargo, la tarde del sábado siguiente los niños invitaron a sus ____________________ para subir el bote por las escaleras...
2. Los niños... cerraron puertas y ventanas, y rompieron la ____________________ encendida de una lámpara de la sala.
3. La luz es como el agua —le contesté—: uno abre el ____________________ y sale.
4. En la ____________________ final los hermanos fueron aclamados como ejemplo para la escuela, y les dieron diplomas de excelencia.
5. El miércoles siguiente,... la gente que pasó por la (avenida) Castellana vio una ____________________ de luz que caía de un viejo edificio....
6. Llamados de urgencia, los ____________________ forzaron la puerta del quinto piso....

4. *El texto: Analizar la intervención del autor*

✻ Gabriel García Márquez usa un truco posmoderno* en este cuento para introducir la fantasía: el autor «entra» en su historia y «habla» con un personaje, y sus palabras determinan la acción que sigue. Lea las líneas 38–44 y conteste estas preguntas.

1. ¿Con quién habla García Márquez en esta parte?
2. ¿Qué le pregunta este personaje?
3. ¿Qué respuesta le da el autor?
4. Claro, lo que dice el autor llega a ser «realidad» en su cuento (como lo que pronuncia Dios llega a ser realidad en el universo). ¿Cree Ud. que las palabras del autor van a tener buenas o malas consecuencias para los niños? ¿Por qué?

Ahora, lea el cuento para ver lo que puede pasar cuando «la luz es como el agua».

---

* La intervención o participación del autor en la acción de su historia es característica de muchas obras posmodernas pero no es típica de García Márquez. Sin embargo, las obras de este renombrado autor suelen sorprender por su originalidad y vuelo imaginativo.

La luz es como el agua

Gabriel García Márquez*

En Navidad los niños volvieron a pedir un bote de remos.°

—De acuerdo —dijo el papá—, lo compraremos cuando volvamos a Cartagena.

Totó, de nueve años, y Joel, de siete, estaban más decididos de lo que sus padres creían.

—No —dijeron a coro°—. Nos hace falta ahora y aquí.

—Para empezar —dijo la madre—, aquí no hay más aguas navegables que la que sale de la ducha.

Tanto ella como el esposo tenían razón. En la casa de Cartagena de Indias había un patio con un muelle° sobre la bahía,° y un refugio para dos yates grandes. En cambio aquí en Madrid vivían apretujados° en el piso quinto del número 47 del Paseo de la Castellana. Pero al final ni él ni ella pudieron negarse,° porque les habían prometido un bote de remos con su sextante y su brújula° si se ganaban el laurel del tercer año de primaria,° y se lo habían ganado. Así que el papá compró todo sin decirle nada a su esposa, que era la más reacia° a pagar deudas de juego.° Era un precioso bote de aluminio con un hilo dorado° en la línea de flotación.

—El bote está en el garaje —reveló el papá en el almuerzo—. El problema es que no hay cómo subirlo° ni por el ascensor ni por la escalera, y en el garaje no hay más espacio disponible.°

Sin embargo, la tarde del sábado siguiente los niños invitaron a sus condiscípulos para subir el bote por las escaleras, y lograron llevarlo hasta el cuarto de servicio.°

—Felicitaciones —les dijo el papá—. ¿Y ahora qué?

—Ahora nada —dijeron los niños—. Lo único° que queríamos era tener el bote en el cuarto, y ya está.

bote... *rowboat*
a... juntos
pier
bay
crowded together
decir que no
compass
si... *if they could pass third grade*
opuesta
deudas... *debts for amusements*
hilo... *golden stripe*
no... es imposible moverlo
utilizable
cuarto... *maid's room*
Lo... *The only thing*

---

* Gabriel García Márquez (n. 1928), famoso y prolífico escritor colombiano que ganó el Premio Nóbel en 1982. Muchos de sus cuentos y novelas están clasificados como ejemplos del *realismo mágico* porque mezclan escenas realistas con escenas fantásticas. Entre sus novelas más conocidas se destacan *Cien años de soledad* y *El amor en los tiempos del cólera*.

La noche del miércoles, como todos los miércoles, los padres se fueron al cine.* Los niños, dueños y señores° de la casa, cerraron puertas y ventanas, y rompieron la bombilla encendida° de una lámpara de la sala. Un chorro° de luz dorada y fresca como el agua empezó a salir de la bombilla rota, y lo dejaron correr hasta que el nivel° llegó a cuatro palmos.° Entonces cortaron° la corriente, sacaron el bote, y navegaron a placer por entre las islas de la casa.

dueños... *lords and masters*
lighted
flood
depth / **cuatro...** *four hands deep (about three feet)* / *turned off*

Esta aventura fabulosa fue el resultado de una ligereza° mía cuando participaba en un seminario sobre la poesía de los utensilios domésticos. Totó me preguntó cómo era que la luz se encendía con sólo apretar un botón,° y yo no tuve el valor de pensarlo dos veces.

comentario frívolo
se... *got turned on with only the touch of a switch*

—La luz es como el agua —le contesté—: uno abre el grifo, y sale.

Documentación 2

(Lea las líneas 48–55 y llene los espacios en blanco.)

1. Unos meses más tarde, el objeto deseado por los niños es un ____________________.
2. Desean este objeto con todos sus cuatro accesorios: ________________, ________________, ________________ y ________________.
3. Para merecer este objeto, Totó y Joel prometen que van a ______________________________.

Ahora veremos que hacen los niños con este equipo...

De modo que siguieron navegando° los miércoles en la noche, aprendiendo el manejo° del sextante y la brújula, hasta que los padres regresaban del cine y los encontraban dormidos como ángeles de tierra firme.° Meses después, ansiosos de ir más lejos, pidieron un equipo de pesca submarina° con todo: máscaras, aletas,° tanques y escopetas de aire comprimido.°

sailing
manera de usar
de... *on dry land*
equipo... *underwater fishing outfit* / *fins* / **escopetas...** *compressed air spear guns*

* Muchos edificios de apartamentos en ciudades españolas o latinoamericanas tienen un guardián. Es probable que antes de salir los padres hayan avisado al guardián o a sus vecinos para que vigilen que nadie entre a hacerles daño a sus hijos.

—Está mal que tengan en el cuarto de servicio un bote de remos que no les sirve para nada —dijo el padre—. Pero está peor que quieran tener además equipos de buceo.°

—¿Y si nos ganamos la gardenia de oro° del primer semestre? —dijo Joel.

—No —dijo la madre, asustada—. Ya no más.

El padre le reprochó su intransigencia.

—Es que estos niños no se ganan ni un clavo° por cumplir con su deber° —dijo ella—, pero por un capricho° son capaces de ganarse hasta la silla del maestro.

Los padres no dijeron al fin ni que sí ni que no. Pero Totó y Joel, que habían sido los últimos en los dos años anteriores, se ganaron en julio las dos gardenias de oro y el reconocimiento público del rector.° Esa misma tarde, sin que hubieran vuelto a pedirlos,° encontraron en el dormitorio los equipos de buzos° en su empaque° original. De modo que el miércoles siguiente, mientras los padres veían *El último tango en París,* llenaron el apartamento hasta la altura de dos brazas,° bucearon como tiburones° mansos por debajo de los muebles y las camas, y rescataron del fondo° de la luz las cosas que durante años se habían perdido en la oscuridad.

diving
gardenia... *gold gardenia (i.e., top honors)*
ni... *even a nail*
duty / silly gadget
director de la escuela
sin... *without them having to ask again / diving / wrapping*
dos... *two fathoms*
sharks
rescataron... *salvaged from the bottom*

Documentación 3

(Lea las líneas 72–78 y llene los espacios en blanco.)

1. En la premiación final de su escuela, los niños fueron aclamados como ______________________.
2. Después, Totó y Joel no pidieron un objeto; sólo quisieron una ______________________ para ______________________.
3. El padre cree que esto es una ________________ de ________________.

Ahora veremos que harán los niños...

En la premiación final los hermanos fueron aclamados° como ejemplo para la escuela, y les dieron diplomas de excelencia. Esta vez no tuvieron que pedir nada, porque los padres les preguntaron qué querían. Ellos fueron tan razonables, que sólo quisieron una fiesta en casa para agasajar° a los compañeros de curso.

proclamados
dar placer

El papá, a solas con su mujer, estaba radiante.

—Es una prueba de madurez° —dijo.

—Dios te oiga° —dijo la madre.

maturity

Dios... *May God grant that you're right*

El miércoles siguiente, mientras los padres veían *La batalla de Argel,* la gente que pasó por la Castellana vio una cascada de luz que caía de un viejo edificio escondido entre los árboles. Salía por los balcones, se derramaba a raudales por la fachada,° y se encauzó por la gran avenida en un torrente dorado que iluminó la ciudad hasta el Guadarrama.°

se... *it poured out in torrents down the outer walls*

un río cerca de Madrid

Llamados de urgencia, los bomberos forzaron la puerta del quinto piso, y encontraron la casa rebosada° de luz hasta el techo.° El sofá y los sillones forrados° en piel de leopardo flotaban en la sala a distintos niveles, entre las botellas del bar y el piano de cola° y su mantón° de Manila que aleteaba a media agua° como una mantarraya de oro. Los utensilios domésticos, en la plenitud de su poesía, volaban con sus propias alas por el cielo de la cocina. Los instrumentos de la banda de guerra,° que los niños usaban para bailar, flotaban al garete° entre los peces de colores liberados de la pecera° de mamá, que eran los únicos que flotaban vivos y felices en la vasta ciénaga° iluminada. En el cuarto de baño flotaban los cepillos de dientes de todos, los

overflowing

ceiling / cubiertos

piano... *grand piano* / *shawl* / **aleteaba...** *fluttered half submerged*

banda... *marching band*

flotaban... *drifted*

acuario

swamp

preservativos° de papá, los pomos° de cremas y la dentadura de repuesto° de mamá, y el televisor de la alcoba principal flotaba de costado,° todavía encendido en el último episodio de la película de media noche prohibida para niños.

Al final del corredor, flotando entre dos aguas, Totó estaba sentado en la popa° del bote, aferrado° a los remos° y con la máscara puesta, buscando el faro° del puerto hasta donde le alcanzó el aire de los tanques, y Joel flotaba en la proa° buscando todavía la altura de la estrella polar con el sextante, y flotaban por toda la casa sus treinta y siete compañeros de clase, eternizados° en el instante de hacer pipí en la maceta° de geranios, de cantar el himno de la escuela con la letra cambiada por versos de burla° contra el rector, de beberse a escondidas un vaso de brandy de la botella de papá. Pues habían abierto tantas luces al mismo tiempo que la casa se había rebosado,° y todo el cuarto año elemental de la escuela de San Julián el Hospitalario se había ahogado° en el piso quinto del número 47 del Paseo de la Castellana. En Madrid de España, una ciudad remota de veranos ardientes° y vientos helados, sin mar ni río, y cuyos aborígenes° de tierra firme° nunca fueron maestros en la ciencia de navegar en la luz.

condoms / botellas
dentadura... *spare dental plate* / **de...** de un lado
stern / gripping / *oars*
lighthouse
bow
eternalized
flowerpot
mocking jokes
flooded
se... *had drowned*
muy calientes
nativos / **de...** *landlocked*

Comprensión

1. *Clarificación de elementos*

Trabaje con un(-a) compañero(-a) para contestar las preguntas sobre los personajes y el argumento (*plot*) del cuento.

1. **La familia.** ¿De dónde es originalmente? ¿Piensan los padres volver allí o no? ¿Cree Ud. que la familia es «normal»?
2. **La manipulación.** ¿Qué opina Ud.? ¿Quiénes manipulan a quiénes?
3. **Las noches del miércoles.** ¿Qué hacen los padres la noche del miércoles? ¿Y Totó y Joel? ¿Qué opina Ud. de estas actividades?
4. **Actitudes.** ¿Qué diferencias de actitud hay entre la madre y el padre con respecto a la educación de sus hijos? ¿Cuál tiene razón?
5. **El momento culminante.** ¿Qué pasó durante la fiesta? ¿Por qué acabó tan mal?

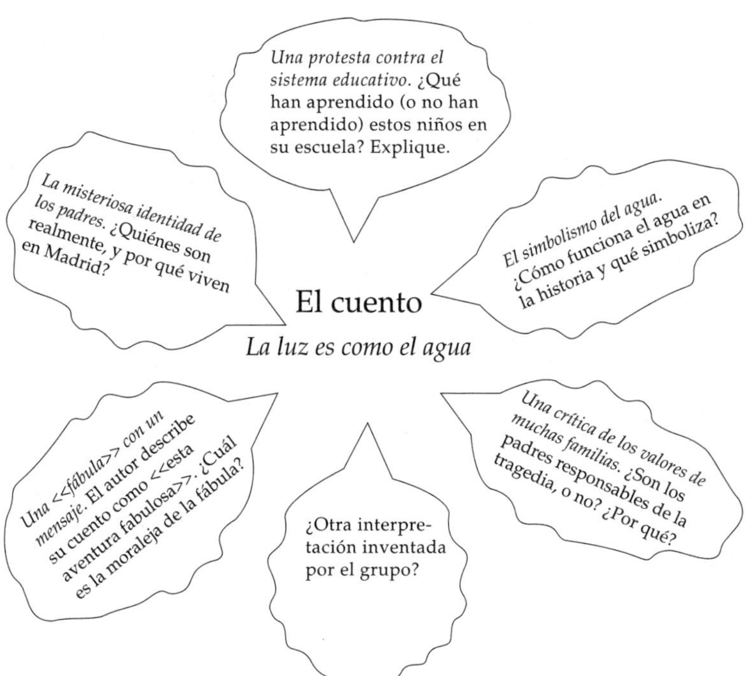

Una protesta contra el sistema educativo. ¿Qué han aprendido (o no han aprendido) estos niños en su escuela? Explique.
La misteriosa identidad de los padres. ¿Quiénes son realmente, y por qué viven en Madrid?
El simbolismo del agua. ¿Cómo funciona el agua en la historia y qué simboliza?
El cuento
La luz es como el agua
Una <<fábula>> con un mensaje. El autor describe su cuento como <<esta aventura fabulosa>>. ¿Cuál es la moraleja de la fábula?
¿Otra interpretación inventada por el grupo?
Una crítica de los valores de muchas familias. ¿Son los padres responsables de la tragedia, o no? ¿Por qué?

2. *Interpretaciones de una obra «abierta»*

✻Como mucha de la literatura posmoderna, este cuento es una obra *abierta,* es decir, no tiene un solo significado o mensaje. Por eso, es posible interpretar el cuento de varias maneras distintas. Trabaje con un grupo sobre uno de los temas mostrados en el gráfico. El grupo debe contestar la pregunta, inventar su propia interpretación del cuento y hacer un dibujo (*drawing*) para ilustrarla. Después, comparen su interpretación con las de los otros grupos.

Más allá del texto

Los objetos más deseados de hoy

¿Qué deseamos hoy? Busque fotos, modelos, ilustraciones o propaganda comercial de revistas y periódicos para mostrar uno o dos de los objetos que Ud. considera «los más deseados de nuestros tiempos». Muestre la ilustración a la clase o a un grupo y explique brevemente por qué la gente desea tener ese objeto. ¿Cree Ud. que el objeto podría ser peligroso?

La expresión

Anticipación

✻ El siguiente microcuento relata el extraño caso del «niño prodigio», Milton Estomba, que sufre una gran catástrofe.

Para abrir el tema

✻ Trabajando solo(-a) o con otro(s), conteste estas preguntas.

1. ¿Qué es un «niño prodigio»?
2. En general, ¿llevan estos niños vidas felices? ¿O tienen menos felicidad en la vida que la persona normal? Explique su opinión.

La expresión

Mario Benedetti*

Milton Estomba había sido un niño prodigio. A los siete años ya tocaba la Sonata Número 3, Opus 5 de Brahms, y a los once, el unánime aplauso de crítica y de público acompañó su serie de conciertos en las principales capitales de América y Europa.

Sin embargo, cuando cumplió° los veinte años, pudo notarse en el joven pianista una evidente transformación. Había empezado a preocuparse desmesuradamente° por el gesto ampuloso,° por la afectación del rostro,° por el ceño fruncido,° por los ojos en éxtasis, y otros tantos efectos afines.° El llamaba a todo ello «su expresión».

llegó a · con exceso / pomposo / cara / **ceño...** *knitted brow* · similares

Poco a poco, Estomba se fue especializando en «expresiones». Tenía una para tocar la *Patética,*° otra para *Niñas en el Jardín,* otra para la *Polonesa.* Antes de cada concierto ensayaba° frente al espejo, pero el público frenéticamente adicto tomaba° esas expresiones por espontáneas y las acogía° con ruidosos aplausos, bravos y pataleos.°

una pieza de Beethoven · practicaba · interpretaba · recibía · *stamping of feet*

El primer síntoma inquietante apareció en un recital de sábado. El público advirtió° que algo raro pasaba, y en su aplauso llegó a filtrarse un incipiente estupor.° La verdad era que Estomba había tocado la *Catedral sumergida* con la expresión de la *Marcha turca.*

notó · sorpresa

Pero la catástrofe sobrevino° seis meses más tarde y fue calificada° por los médicos de amnesia lagunar. La laguna° en cuestión correspondía a las partituras.° En un lapso de veinticuatro horas, Milton Estomba se olvidó para siempre de todos los nocturnos, preludios y sonatas que habían figurado° en su amplio repertorio.

ocurrió · diagnosticada / pérdida de memoria / piezas de música · formado parte

Lo asombroso,° lo realmente asombroso, fue que no olvidara ninguno de los gestos ampulosos y afectados que acompañaban cada una de sus interpretaciones. Nunca más pudo dar un concierto de piano, pero hay algo que le sirve de consuelo.

Lo... *The amazing thing*

---

* Mario Benedetti (n. 1920), ingenioso escritor uruguayo. Véase su poema en la página 139.

Todavía hoy, en las noches de los sábados, los amigos más fieles concurren° a su casa para asistir a un mudo° recital de sus «expresiones». Entre ellos es unánime la opinión de que su *capolavoro*° es la *Appasionata*.

llegan / silencioso

mejor pieza

Comprensión

1. *Descripción de elementos*

Describa los siguientes incidentes o cosas.

1. la transformación de Milton a la edad de 20 años
2. las expresiones «espontáneas» que usaba durante sus recitales
3. su catástrofe
4. los recitales en las noches de los sábados

2. *Reacciones*

¿Qué dirían las siguientes personas, al enterarse de la catástrofe de Milton Estomba?

1. un famoso crítico de música
2. un pianista rival
3. la abuela de Milton

3. *Invención del «subtexto»*

Muchas veces, para comprender una historia, lo que *no* se dice es más importante que lo que se dice. Esta parte no mencionada (censurada) puede explicar el *porqué* de la acción. Hable Ud. con un(-a) compañero(-a) de los temas (amigos, coches, vida social, etcétera) que *no* se mencionan en esta breve descripción de la vida de Milton Estomba. En su opinión, ¿qué le pasó realmente y por qué? ¿Cree Ud. que esta historia es trágica o cómica?

Más allá del texto

¿La música o la presentación?

1. Trabajando con tres o cuatro compañeros, haga una lista de los tres músicos o grupos musicales que (en su opinión) tienen más éxito ahora. (Se puede escoger representantes de cualquier clase de música: rock, clásica, jazz, grunge, etcétera.) Luego, diga en cada caso, ¿cuál es más importante —la música que tocan o su presentación (apariencia, vestidos, decoraciones, gestos / movimientos)?
2. Haga una lista de profesiones en las que la apariencia externa (la «expresión») sea muy importante. ¿Hay profesiones en las que no sea importante? ¿Por qué?

«¿Qué es la vida? Un frenesí.
¿Qué es la vida? Una ilusión,
una sombra, una ficción,
y el mayor bien es pequeño;
que toda la vida es sueño,
y los sueños, sueños son.»

De *La vida es sueño*, pieza dramática del siglo XVII de Pedro Calderón de la Barca.

Dibujo de Rogelio Naranjo, dibujante mexicano.

capítulo 6

Los hispanos en los Estados Unidos

Vocabulario preliminar

* Estudie el vocabulario antes de empezar este capítulo sobre los hispanos en Estados Unidos. Luego, utilice Ud. esta lista como medio de consulta durante su estudio del capítulo.

1. **anglo, el** el norteamericano blanco
2. **boricua, el, la** el (la) puertorriqueño(-a); nombre asociado con la tradición indígena de Puerto Rico
3. **chicano(-a), el, la** el (la) mexicano(-a) o el (la) méxico-americano(-a); el (la) méxico-americano(-a) que afirma una determinada conciencia política y cultural
4. **cubano(-a) exiliado(-a), el, la** el (la) cubano(-a) que salió de Cuba por razones políticas; el (la) refugiado(-a)
5. **desarrollar(se)** *to develop* **desarrollo, el** *the development.* Se han desarrollado programas de educación bilingüe en años recientes.
6. **EE. UU.** forma abreviada de Estados Unidos
7. **éxito, el** *success* **tener éxito** Algunos inmigrantes han tenido éxito económico en EE. UU.
8. **fracasar** *to fail* **fracaso, el** *the failure.* Los planes para construir un centro social fracasaron por falta de fondos.
9. **herencia, la** los valores culturales, tradiciones e historia de una nación o grupo de personas
10. **hispanoparlante, hispanohablante, el, la** la persona de habla española (su lengua materna es el español)
11. **patria, la** tierra o lugar donde uno ha nacido
12. **orgullo, el** *pride*
13. **vergüenza, la** *shame* El niño sintió vergüenza al no entender la pregunta de la maestra.

Sinónimos

* Busque un sinónimo de la lista para las palabras en itálica.

Las últimas décadas han visto la llegada a *Estados Unidos* de un enorme número de inmigrantes, entre ellos millones de *personas de habla española* y asiáticos. Han venido por razones económicas, como en el caso de los mexicanos, o por motivos políticos, como los *refugiados* cubanos y vietnamitas. Entre los hispanos, los cubanos se han instalado principalmente en la Florida, los *boricuas* en el noreste y la mayoría de los mexicanos en sólo dos estados, California y Tejas.

Todos los inmigrantes han traído consigo *los valores culturales* de su *tierra donde nacieron* y al mismo tiempo, un deseo fuerte de encontrar una vida mejor. A veces encuentran la resistencia de ciertos individuos de grupos bien establecidos, pero en general tanto los *anglos* como otros grupos raciales y étnicos esperan que la aceptación de los miembros más recientes de la sociedad sea pacífica y total.

La tradición mexicana

El Castillo de San Marcos en San Agustín, Florida—la ciudad más antigua de Estados Unidos.

¿Qué ven los miles de viajeros que llegan al Aeropuerto Internacional de Denver, el aeropuerto más grande y tecnológicamente adelantado de EE. UU.? Un enorme mosaico y una pintura mural que representan escenas históricas de mexicanos e indígenas° en colores brillantes. ¡Quizás algunos turistas piensen al verlo que su avión se haya equivocado de país y aterrizado en México! Pero, no es así. El mosaico y el mural celebran la antigua presencia en Colorado y otras partes del oeste de las culturas española e india, que estaban allí mucho antes de la llegada a *Plymouth Rock* de los *Pilgrims*. Mucha gente se sorprende al saber que la ciudad más antigua de esta nación no es *Jamestown* (1607), sino San Agustín en la Florida, fundada en 1565. La verdad es que una gran parte de esta nación fue explorada y poblada° por los españoles y mexicanos siglos antes de la presencia anglosajona.

indígenas: nativos originarios de las Américas

poblada: *settled*

El mosaico y el cuadro mural ilustran una nueva apreciación de la herencia hispana en EE. UU., que hoy día es el quinto país más grande de hispanoparlantes del mundo. La influencia hispana se nota por todas partes, desde la enorme popularidad de la comida mexicana hasta la proliferación de periódicos, letreros, programas y hasta canales de televisión en español.

En los cinco estados del suroeste (Arizona, California, Colorado, Nuevo México y Tejas), las personas de ascendencia mexicana hoy componen casi el 25% de la población y algunos son descendientes de los primeros exploradores de la región. Dado que muchos grupos de inmigrantes no llegaron en grandes números a esta nación hasta el siglo XX, la larga herencia cultural de más de tres siglos es una característica muy especial de los 18 millones* de mexicanos que residen en EE. UU.

Comprensión

1. ¿Cómo se llama el pueblo más antiguo de EE. UU. y quiénes lo fundaron?

2. Complete la siguiente información sobre los mexicanos in EE.UU.
Dónde viven: ______
Cuántos son: ______
Herencia y presencia en EE. UU. ______
(Mencione al menos dos hechos)

Cómo un vasto territorio mexicano llegó a ser parte de EE. UU.

Para mejor entender la presencia mexicana, repasemos un poco la historia de nuestro país. Antes de 1845 el suroeste fue poblado primero por los indígenas, y luego pasó a ser territorio español y mexicano. En 1845 EE. UU. «anexó» a Tejas, y un año más tarde se declaró en guerra contra México por una disputa de fronteras, siguiendo la filosofía del «Destino Manifiesto»† que prevalecía en aquella época. EE. UU. ganó la guerra en 1848 y le obligó a

* Las estadísticas de éste y otros párrafos son del *Statistical Abstract of the United States, 1997, Bureau of the Census.* Algunos creen que este número realmente excede los 25 millones, debido a los muchos mexicanos que no forman parte del Censo.

† «Destino Manifiesto» era la creencia de que era la clara voluntad de Dios que EE. UU. extendiera su sistema democrático a todo el territorio entre los dos océanos.

México que cediera° el territorio que ahora forma Utah, Nevada, California, Arizona, Nuevo México y parte de Colorado y Wyoming. En principio, el gobierno de EE. UU. garantizó a los 80.000 habitantes mexicanos todos los derechos como ciudadanos° norteamericanos, pero los miles de anglos que llegaron a la región no respetaron estas garantías. Les quitaron a muchos mexicanos sus propiedades y los trataron como a pueblo conquistado, demostrando desde el comienzo una convicción de superioridad racial.

cediera° diera
ciudadanos° *citizens*

Hoy día existe una nueva valoración de la enorme contribución al desarrollo del oeste por estos habitantes y por los otros mexicanos que entraron en las décadas después. Ayudaron a explorar y poblar, y luego a criar ganado,° a construir ferrocarriles, a trabajar las minas y a recoger° las frutas y legumbres para la expansión de esta nación.

criar... *raise cattle*
recoger° *pick*

Comprensión

1. Ponga en orden cronológico.
   ______ Los norteamericanos les quitaron sus tierras a muchos mexicanos, pese a que habían prometido respetar esas propiedades.
   ______ Estados Unidos anexó Tejas.
   ______ El suroeste de lo que hoy es EE. UU. era parte de México.
   ______ Luego de una guerra, México cedió los territorios de Utah, Nevada, California, Arizona, Nuevo México y partes de Colorado y Wyoming.
2. ¿Qué es el «Destino Manifiesto»?
3. ¿Qué contribuyeron los mexicanos al desarrollo del oeste de EE. UU.?

La frontera

La proximidad de la frontera entre EE. UU. y México crea una situación de interdependencia económica y cultural en los dos lados. Miles de mexicanos, algunos sin documentación, trabajan por sueldos mínimos en las ciudades fronterizas° de California, Arizona, Nuevo México y Tejas, manteniendo así negocios que no existirían de otra manera. Por su parte, estos trabajadores mandan dinero a sus familiares en México, los que tendrían gran dificultad en sobrevivir sin este apoyo.

fronterizas° cerca de la frontera

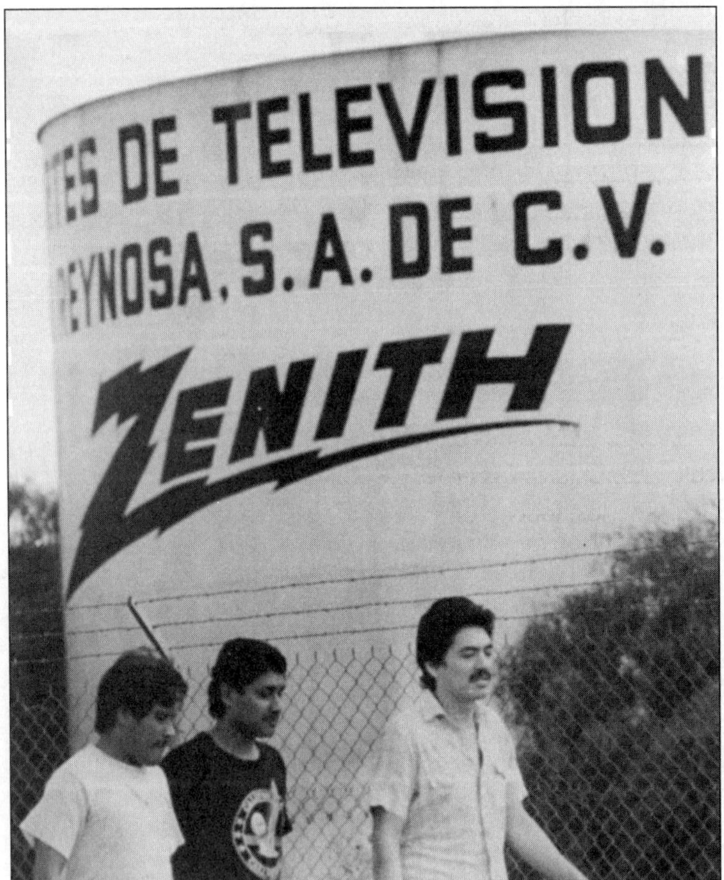

Tres trabajadores mexicanos salen de una maquiladora situada en Reynosa, México, una ciudad fronteriza cerca de Tejas.

En tiempos de necesidad de mano de obra,° como durante las dos guerras mundiales, permitieron entrar a gran número de mexicanos. Por otro lado, durante la Gran Crisis° de 1929, el gobierno de EE. UU. «repatrió»° a miles de mexicanos a México, algunos de ellos ciudadanos norteamericanos. Hoy día, a pesar de una economía saludable, sigue el debate sobre la inmigración de los trabajadores mexicanos.*

mano... *labor*

Depression

exilió por fuerza

* Para discutir más ampliamente la cuestión de la inmigración y los temas relacionados del inglés como idioma oficial y la educación bilingüe, véase págs. 295–30 de este capítulo. Otro tema de interés, la discriminación positiva (*affirmative action*), se discute en el capítulo 4, págs. 160–64.

Comprensión

¿Verdadero **(V)** o falso **(F)**? Si la información es falsa, corríjala.

_______ Estados Unidos siempre ha intentado impedir la inmigración de mexicanos.

_______ Todos los mexicanos del suroeste de EE. UU. son inmigrantes.

_______ Los mexicanos y estadounidenses que viven cerca de la frontera dependen económicamente los unos de los otros.

Las maquiladoras

Otra manifestación de la interdependencia entre EE. UU. y México son *las maquiladoras,* o plantas de montaje,° que están situadas en México cerca de la frontera. Las maquiladoras son filiales° de empresas norteamericanas, japonesas y de otras naciones. Estas empresas mandan piezas° o materiales a sus plantas en México, donde se montan° con mano de obra mexicana. Luego se devuelven los productos acabados a EE. UU. y otros países.

assembly
subsidiaries
parts
se... *they are assembled*

Las compañías norteamericanas se benefician de la mano de obra barata, las pocas restricciones ecológicas y los aranceles° bajos sobre los bienes acabados. México, por su parte, saca el 15% de su ingreso en el extranjero° de las maquiladoras, que ofrecen empleos y sueldos no disponibles en otras partes de la nación.

tarifas
ingreso... *foreign earnings*

Mucha gente, sin embargo, se opone a las maquiladoras porque afirman que EE. UU. sufre una pérdida de empleos cuando las empresas norteamericanas trasladan parte de sus operaciones a México y también porque la falta de controles ecológicos crea contaminación ambiental en ambos países.

Comprensión

1. ¿Qué son las maquiladoras y dónde se sitúan? ______________________
2. Identifique dos beneficios que obtienen las compañías norteamericanas de las maquiladoras y dos beneficios que obtiene México de ellas.

Estados Unidos	**México**
______________	______________
______________	______________

3. Identifique dos desventajas de las maquiladoras. ______________________

Pérdidas y ganancias

Como es el caso con muchos grupos, hay las buenas y las malas noticias con respecto a la situación actual de las personas de ascendencia mexicana en EE. UU. Aproximadamente el 91% vive en centros urbanos, con más de un millón concentrados en Los Ángeles y otros miles en ciudades grandes como Houston y Chicago. A pesar de tantos siglos de estar aquí, los méxico-americanos tienen un nivel de vida y de instrucción inferior al promedio° nacional. El porcentaje de adultos que han terminado la escuela secundaria es el 83% entre los anglos, el 74,3% entre los africano-americanos y el 46,9% entre los mexicanos. Por cada dólar que gana la familia anglo, sólo gana 58 centavos la familia méxico-americana. Pero el nivel educativo sube cada año y la unidad familiar mexicana es bien fuerte: en la gran mayoría de las familias los dos padres están presentes. Además, la próspera clase media hispana está creciendo rápidamente, especialmente en Los Ángeles.

average

Miles de mexicanos todavía trabajan en los campos como obreros migratorios. Sus condiciones de vida, que mejoraron de manera notable durante los años 60 y 70, gracias a las protestas y los boicoteos de César Chávez y su Unión de Campesinos Unidos,° han empeorado en años recientes debido a las reducciones fiscales del gobierno federal y la resistencia de los grandes cosecheros.° Ahora Arturo Rodríguez, el yerno de Chávez, continúa la lucha por los derechos de los campesinos. Es de notar que el número de obreros migratorios que trabajan en el campo ha disminuido en la última década. Hoy la mayor parte se encuentra en puestos de poco pago en las industrias de construcción y el procesamiento y embalaje° de carne.

Unión... *United Farmworkers Union*

growers

packing

Comprensión

¿Verdadero **(V)** o falso **(F)**? Si la información es falsa, corríjala.

______ El 91% de los mexicanos viven en el campo.

______ Los mexicanos ganan lo mismo que los anglos.

______ En la mayoría de las familias mexicanas, el padre está ausente.

______ La clase media mexicana de Los Ángeles es cada vez más grande.

______ César Chávez luchó por los derechos de los campesinos y la lucha sigue hoy.

Un sentido de orgullo y éxito

Por otra parte, hay también las buenas noticias. Hoy día un sentido de orgullo en «La Raza»° está en el aire, una consecuencia permanente del movimiento para ganar derechos civiles básicos en los años 60 y 70. Desde entonces los mexicanos (o *chicanos,* como algunos prefieren denominarse) han avanzado notablemente en varios campos, en especial en la política, donde se han inscrito a los residentes del barrio y elegido a candidatos mexicanos, como Loretta Sánchez, la primera mujer en representar un distrito de Orange County, CA; Henry González, el poderoso congresista de Tejas, y Gloria Molina, la primera hispana en ser miembro de la Junta Directiva del Condado° de Los Ángeles.

race; in this context "our people"

Junta... *Board of Supervisors of the county*

Numerosas universidades ahora ofrecen programas de estudios chicanos, y cada día se nota que lo mexicano se ha puesto de moda en la cultura popular. Temas mexicanos aparecen en libros de gran tiraje° por autores conocidos como Sandra Cisneros (*Woman Hollering Creek and Other Stories, The House on Mango Street*), Clarissa Pinkola Estés (*Women Who Run with the Wolves*) y Rudolfo Anaya (*Bless Me, Ultima*); también se encuentra el ámbito mexicano en las películas *Lone Star, Mi familia, El norte, Stand and Deliver* y en reproducciones de las pinturas de Frida Kahlo* y el arte muralista chicano de Judy Baca y John Valadez, para sólo nombrar algunos. La música *tejano* ha ganado renombre con cantantes como Selena, la joven méxico-tejana que ganó un Grammy antes de su trágica muerte. Dicen que las canciones y cultura mexicanas son tan famosas ahora en Latinoamérica que los jóvenes chilenos usan jerga° típicamente mexicana, saludándose con: «¿Quiúbole, mano?»°

de... leídos por mucha gente

slang

"What's up, bro'?"

Algunas figuras públicas de ascendencia mexicana sobresalen en varios campos y sirven como modelos para la juventud: Edward James Olmos, el actor; los músicos Carlos Santana, Joan Baez y Los Lobos; el beisbolista Fernando Valenzuela y el futbolista Jorge Campos; los cómicos "Cheech" Marin y Paul Rodríguez, y la primera astronauta hispana, Ellen Ochoa, entre tantos otros. Con todo, los mexicanos son ahora el segundo grupo

---

* Véase las páginas 221–227 para algunos ejemplos de las pinturas de Frida Kahlo.

minoritario más grande del país, y para el año 2050, juntos con los otros hispanos, formarán casi el 25% de la población total. En su larga historia en EE. UU. han hecho notables progresos y seguirán contribuyendo al rico mosaico nacional.

Comprensión

1. ¿Qué connotación tiene el término «La Raza» para los mexicanos? ¿favorable? ¿desfavorable? ¿neutro? Explique.
2. ¿A qué categoría pertenecen las siguientes personas/cosas?

   A = arte **L** = literatura **E** = entretenimiento (cine, TV, comedia)
   M = música **D** = deportes **P** = política **C** = ciencia

   ______ Henry González ______ Judy Baca
   ______ Edward James Olmos ______ Carlos Santana
   ______ Cheech Marin ______ Ellen Ochoa ______ *Lone Star*
   ______ Sandra Cisneros ______ Fernando Valenzuela
   ______ *Bless Me, Ultima* ______ Gloria Molina

Actividades

1. *Línea temporal*

✻Trabajando solo(-a) o con otro(s), busque en el texto los acontecimientos que corresponden a las siguientes fechas y escríbalos sobre la fecha.

- -

1565 1607 1845–48 1929 1960–79 hoy día

2. *Un discurso político*

✻Imagine que Ud. es un(-a) candidato(-a) a senador(-a) del estado de California. Debe preparar un breve discurso (1–2 minutos) sobre un tema específico (por ejemplo, los beneficios de la diversidad o el acceso a los servicios de salud y educación a los trabajadores mexicanos). Presente su discurso ante la clase y luego conteste sus preguntas.

3. *Debate*

✻¿Qué piensa Ud. de las maquiladoras? En grupos pequeños o en forma de un debate, organice una discusión, adoptando la identidad de las siguientes personas.

- un(-a) obrero(-a) mexicano(-a) que trabaja en una maquiladora
- un(-a) trabajador(-a) de EE. UU.

- un(-a) representante de *Engulf*, una compañía norteamericana con una planta de montaje en Matamoros
- un(-a) ecologista
- ¿ ?

Más allá del texto

1. Vea una de las películas o lea uno de los libros mencionados en el ensayo, luego comparta sus impresiones con la clase. O prepare un informe sobre una figura pública de ascendencia mexicana o sobre algún aspecto de la influencia mexicana en la vida nacional.
2. En Internet consulte uno de los siguientes sitios (u otro sitio pertinente).
   a) *www.fishnet.net/~karenm/latino.html*
   b) *www.mundolatino.org/index.htm*
   c) *www.latinolink.com/*
   ¿Qué hay de interés sobre los méxico-americanos? ¿Qué aprendió de su investigación?
3. En Internet o la biblioteca, investigue el tema de NAFTA (Tratado de Libre Comercio entre México, Estados Unidos y Canadá). Escriba una defensa o una crítica de este tratado.

Chiste

Un mexicano, apenas llegado a EE. UU., va al estadio de Houston a ver un partido de béisbol. Para ver mejor, trepa (*climbs*) el palo de la bandera (*flagpole*). Cuando termina el partido, sus amigos le preguntan:

—José, ¿te gustó? ¿Qué es lo que más te impresionó?

—Me gustó todo —responde José. —¡Y tendrían que ver lo corteses que son los norteamericanos!

—¿Por qué? —le preguntaron.

—Porque al principio del partido, todos se levantan, me miran y se ponen a cantar y dicen: «JOSÉ, CAN YOU SEE?»

Viejita analfabeta*

Anticipación

Todos agradecemos las contribuciones a nuestra vida de una persona especial — padre, profesor, amigo, etc. ¿Pero cuántos lo expresamos abiertamente? A continuación leemos un poema escrito por una mujer que recuerda a su madre.

1. *Para abrir el tema*

Gato, gatito. Casa, casita. Vieja, viejita. Para Ud., ¿qué comunica el diminutivo en el título? Trabajando solo(-a) o con otro(s), conteste Ud. estas preguntas. ¿Implica el título algunas diferencias entre la hija y la madre? ¿En su familia hay diferencias (de educación, empleo, etc.) entre Ud. y sus padres o sus abuelos? ¿Cuáles? ¿Son importantes estas diferencias? ¿Por qué?

2. *Vocabulario: La aliteración*

Una de las técnicas de la poesía es la aliteración. ¿Puede Ud. definir esto en español? Encuentre Ud. dos ejemplos (¡hay muchos!) en el poema. Su profesor(-a) puede leer el poema en voz alta a la clase (libros cerrados) ¿Qué palabras se destacan (*stand out*)?

3. *El texto: Búsqueda de información*

Lea rápidamente la primera estrofa. ¿Qué versos describen la familia y el trabajo de la madre? Ahora, termine esta frase: «La madre de la poetisa tiene _______ y su trabajo es _______».

Viejita analfabeta

Guadalupe Ochoa Thompson†

¡Viejita bonita!
¡Qué bonita!
Tuviste trece hijos
Diez vivos educados
Criándolos trabajando

* Que no sabe leer ni escribir

† Guadalupe Ochoa Thompson (n. 1937), profesora y poetisa de ascendencia mexicana.

Cosiendo° y pelando° — *Sewing / peeling*
tomates en la tomatera

Cosiendo vestidos chillones° — que llaman la atención
pa' las putas° de — manera vulgar de decir prostitutas
la casa rosa
Cosiendo hasta las dos
o tres de la mañana
Quejándote nunca
Cuidando siempre
tu cosecha° — *crop, harvest*

Viejita analfabeta
No hay palabra
que te alabe° — celebre, honre
Tienes el amor de diez

y

la envidia y respeto de muchos.

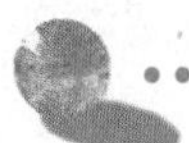

Comprensión

✻ Trabajando solo(-a) o en grupos pequeños, escoja dos de las siguientes palabras y decida cómo se relacionan con el poema. Puede escribir sus comentarios en la pizarra o presentarlos a la clase oralmente.

sacrificio
analfabetismo/sabiduría
amor
humildad
respeto

✻ ¿Cuál le parece la palabra más importante? (¿O hay otra que Ud. sugiere?)

Interpretación

1. ¿Cómo interpreta Ud. los versos «Cuidando siempre tu cosecha»? ¿Qué cualidades posee esta madre?
2. ¿Qué nos comunica el poema de la experiencia méxico-americana en este país?

Discusión/Composición

1. Describa a una persona en su vida que ha hecho/sacrificado mucho por Ud., o que ha sido una gran influencia. Si Ud. prefiere, escriba un poema breve.
2. Describa Ud. la familia y en particular la madre del poema, notando el contraste entre las generaciones. Según su opinión ¿cuál es la importancia o el significado de la familia en la cultura méxico-americana?

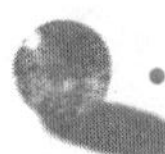

Actividades

1. *Juego imaginativo: Una entrevista con la autora*

*Imagine que Ud. es la autora de «Viejita analfabeta». Otro(-a) estudiante le hará una entrevista, preguntándole, entre otras cosas, cómo era su niñez, cómo ha cambiado su vida desde que salió de casa y por qué escribió el poema.

2. *Nombres geográficos*

*Hay unos dos mil pueblos y ciudades (y también muchos ríos, montañas, etc.) en EE. UU. que tienen nombres españoles. Explique el significado u origen de los siguientes nombres geográficos.

Buena Vista (Illinois)	Perdido (Alabama)	Toledo (Ohio)
Agua Caliente (Arizona)	Bonita (Kansas)	Los Angeles (California)
Mesa Verde (Colorado)	Alma (Nueva York)	Las Vegas (Nevada)
Punta Gorda (Florida)	Amarillo (Tejas)	Santa Fe (Nuevo México)

Entró y se sentó

Anticipación

*¿Qué le pasa a una persona si abandona sus orígenes humildes para entrar en la clase media? ¿Pierde parte de su identidad o lleva una vida mejor, más rica? He aquí el dilema de un méxico-americano que superó sus orígenes pobres por medio de una educación universitaria. Pero no encontró la felicidad ni el respeto que esperaba, como el siguiente cuento ilustra.

1. *Para abrir el tema*

✻ ¿Por qué asiste Ud. a la universidad? ¿Para ampliar su conocimiento? ¿Porque todos de su grupo social asisten? ¿Para conseguir un trabajo interesante? Trabajando solo(-a) o con otro(s), conteste estas preguntas. Si Ud. no saca un título universitario, ¿cómo será su vida? ¿Se siente Ud. obligado(-a) a ayudar a personas menos educadas que Ud.? ¿Por qué?

2. *Vocabulario: Sinónimos*

✻ Escoja Ud. el sinónimo de las palabras en itálica que aparecen en la primera parte del cuento.

1. El protagonista furioso llama a los estudiantes «*Bola de desgraciados*».

   a. grupo de personas miserables **b.** grupo de felices **c.** grupo de estudiosos

2. Los estudiantes tienen *el descaro* de insultarlo porque no se casó con una mejicana.

   a. la generosidad **b.** el dolor **c.** la insolencia

3. Él se defiende, diciendo que lo hizo todo por ellos, por *la raza*.

   a. la campaña política **b.** los chicanos **c.** los anglos

4. Él tiene muchos *gastos* —gasolina, comida, motel. Se le permiten 22 dólares de *gastos* diarios.

   a. precios **b.** diversiones **c.** expensas

5. Ahora los estudiantes querían que los apoyara en su *huelga*.

   a. exámenes que se toman a medio semestre **b.** protesta en que no asisten a clases **c.** investigación científica

3. *El texto: Aclarar el presente y el pasado*

✻ El autor utiliza unos retrocesos (*flashbacks*) para presentar el pasado del personaje central. Vamos a determinar algunos hechos importantes del presente y del pasado. Lea rápidamente las líneas indicadas del texto, luego indique si las siguientes declaraciones son verdaderas **(V)** o falsas **(F)**.

A. Hoy día el personaje central...

(*líneas 1 a 36*)
_______ es profesor universitario.
_______ se casó con una mujer de su raza.
_______ asiste a reuniones importantes.
_______ apoya las demandas de los estudiantes.

B. En los retrocesos al pasado, el personaje central...

(*líneas 40 a 64*)

_______ está en un carro perdido en la lluvia.
_______ es un joven de una familia rica.
_______ hace trabajos meniales.
_______ no piensa asistir a la universidad.

* Ahora lea el cuento para ver si el profesor acepta o niega su pasado.

Entró y se sentó

Rosaura Sánchez*

Entró y se sentó frente al enorme escritorio que le esperaba lleno de papeles y cartas. Estaba furioso. Los estudiantes se habían portado° como unos ingratos.

behaved

—Bola de infelices, venir a gritarme a mí en mis narices que soy un 'Poverty Pimp'. Bola de desgraciados. Como si no lo hiciera uno todo por ellos, por la raza, pues.

Llamó a Mary Lou, la secretaria, y le pidió que le trajera café y un pan dulce de canela.°

cinnamon

—Y luego tienen el descaro de insultarme porque no me casé con una mejicana. Son bien cerrados, unos racistas de primera.° Lo que pasa es que no se dan cuenta que yo acepté este puesto para ayudarlos, para animarlos° a que continuaran su educación.

de... de primera clase

encourage them

En ese momento sonó el teléfono. Era el Sr. White, el director universitario del departamento de educación. No, no habría más problemas. Él mismo hablaría con el principal Jones para resolver el problema. Era cosa de un mal entendido° que pronto se resolvería.

mal... error de comprensión

Mary Lou llegó con el café cuando terminó de hablar. Después de un sorbo° de café, se puso a hacer el informe de gastos para el mes. Gasolina. Gastos de comida con visitantes importantes. Vuelo a Los Ángeles para la reunión de educadores en pro de la educación bilingüe. Motel.

sip

---

* Rosaura Sánchez (n. 1941) nació en el barrio mexicano de San Angelo, Tejas. Como el protagonista de «Entró y se sentó», ella es de padres obreros y asistió a la Universidad de Tejas en Austin. También como su protagonista, es profesora universitaria (Universidad de California en San Diego). En varios de sus numerosos cuentos y artículos escribe sobre sus orígenes.

—Para ellos° yo sólo estoy aquí porque el sueldo es bueno. Si bien es verdad que pagan bien y que las oportunidades son muchas, también es verdad que los dolores de cabeza son diarios. Yo podría haberme dedicado a mi trabajo universitario y no haberme acordado° de mi gente.

Para... Ellos creen que
recordado

Se le permitían 22 dólares de gastos diarios y como había estado 5 días podía pedir 110 dólares. A eso se agregaban° los gastos de taxi. Ahora querían que los apoyara en su huelga estudiantil. Pero eso ya era demasiado. Lo estaban comprometiendo.°

se... *were added*
poniendo en peligro

—Si supieran esos muchachos lo que he tenido que sudar° yo para llegar aquí. Con esa gritería de que hay que cambiar el sistema no llegamos a ninguna parte. No se dan cuenta que lo que hay que hacer es estudiar para que el día de mañana puedan ser útiles a la sociedad.

trabajar con fatiga

De repente se apagaron las luces. Afuera comenzaba a tronar° y la lluvia caía en torrentes. Volteó° en su silla rodante y se acercó a la ventana. Primero vio los edificios grises universitarios que se

to thunder
Dio vuelta

Los obreros mexicanos trabajan en los campos en condiciones difíciles.

asemejaban a los recintos° de una prisión. Se oscureció más y más hasta que vio la troca° perdida en la lluvia.

—Con este aguacero° tendremos que parar un rato, hijo. Llegando a la orilla del surco,° nos metemos debajo de la troca hasta que escampe° un poco.

Pesó el algodón pero no vació el costal° arriba porque con la lluvia le estaba dando frío.

—Mira hijo, si te vas a la escuela no sé cómo le vamos a hacer.° Con lo que ganas de *busboy* y lo que hacemos los sábados pizcando,° nos ayudamos bastante. Ya sabes que en mi trabajo no me pagan gran cosa.

Sabía lo que era trabajar duro, de sol a sol, sudando la gorda.° Entonces que no me vengan a mí con cuentos, señores. ¿Qué se han creído esos babosos?° Después de tanto trabajo, tener que lidiar° con estos huevones.° Porque lo que pasa es que no quieren ponerse a trabajar, a estudiar como los meros hombres.

—Mire, papá, le mandaré parte de mi préstamo° federal cada mes. Verá que no me he de desobligar y ya estando en Austin,° buscaré allá otro trabajito para poder ayudarles.

Éramos pocos los que estudiábamos entonces. Estos que tienen la chiche° del gobierno no saben lo que es canela.° Sólo sirven para quejarse de que no les den más.

—Yo ya estoy muy viejo, hijo. Cuida a tu mami y a tus hermanos.

Seguía lloviendo y la electricidad no volvía. Afuera relampagueó.°

El carro° se les había parado en la esquina. El semáforo° ya se había puesto verde pero el carro no arrancaba.° Su papá salió, levantó el capacete° y quitó el filtro. Mientras su papá ponía y quitaba la mano del carburador, él pisaba el acelerador. Atrás los autos pitaban° y pitaban. Por la izquierda y la derecha se deslizaban° los *Cadillacs* y los *Oldsmobiles* de los rancheros airados° con el estorbo° en plena calle Chadbourne. Su papá estaba empapado° por la lluvia cuando por fin arrancó el carro. Ese día los había maldecido° a todos, a todos los gringos de la tierra que los hacían arrastrar° los costales de algodón por los surcos mientras los zapatos se les hundían° en la tierra arada, a

grounds
pickup truck (Mex.)
lluvia de poca duración / *furrow (in field)*
deje de llover
sack
le... *we are going to manage*
picking (cotton)
sudando... trabajando duro / idiotas
luchar / perezosos (*vulgar*)
loan
la Universidad de Tejas
teta / la vida dura
flashed with lightning
vehículo / *traffic light*
empezaba a andar
hood
were honking
se... avanzaban
enojados / obstáculo
soaked
cursed
drag
se... *sank*

los gringos que les pagaban tan poco que sólo podían comprar aquellas garraletas° que nunca arrancaban. Años después se había casado con una gringa°. Y ahora después de tanto afán,° querían que se rifara el pellejo.° Qu'esque° por la causa. Como si fuera tan fácil cambiar el sistema. No señores, que no contaran con él. Volvió la electricidad y se puso a ver la correspondencia.

—Gracias a Dios que tengo mi oficina aquí en la Universidad, en el sexto piso de esta monstruosidad donde no tengo que ver a nadie. No más le digo a la secretaria que diga que no estoy, así puedo dedicarme al papeleo° que siempre hay que atender. Estos estudiantes del Cuerpo de Maestros° van a tener que sujetarse a las reglas o si no, pa fuera.° Tiene uno que ponerse duro, porque si no, se lo lleva la chingada.° Alguna vez les contaré mi vida a esta gente... A ver... Bueno mañana no será. Tengo que ir a Washington a la reunión nacional de programas federales de educación para las minorías y luego... a ver... tengo que ir a San Antonio como consultante del programa bilingüe. Vale más llamar a Mary Lou para ver si me consiguió ya el pasaje de avión para mañana. Mary Lou... ah, si mmmhhhmmm, en el Hilton, del 8 al 10 de noviembre. Muy bien. Y ¿qué sabes del vuelo?... ¿Por *Continental* o *American*?...

Miró por la ventana y vio a su papá empapado de agua y lleno de grasa.°

coches viejos

mujer anglo / trabajo

que... *that he risk his career* / Que es que

paperwork

Cuerpo... *Teacher Corps*

para afuera (*get out*)

se... *you get screwed*

grease

Comprensión

Resumen de la acción

✻Trabajando solo(-a) o con otro(s), termine las siguientes frases, según la trama (*plot*) del cuento.

1. Cuando el profesor entró en su oficina, estaba furioso porque...
2. Él explica que enseña porque...
3. En vez de hablar con los estudiantes, el profesor se interesa más en...
4. Los estudiantes quieren que el profesor apoye... pero él se niega porque cree que...
5. Cuando empieza a llover y tronar, el profesor recuerda...

6. De joven, el protagonista y su familia trabajaban...
7. El padre del protagonista no quería que su hijo asistiera a la universidad porque...
8. El joven prometió a su papá que...
9. Los rancheros ricos se impacientaban con el joven y su padre porque...
10. La última imagen del cuento es...

Actividades

1. *Cuestionario interpretativo*

Las siguientes preguntas no dependen de una comprensión literal del cuento, sino de una interpretación individual. Por eso no hay una sola respuesta apropiada. En grupos pequeños, traten Uds. de dar el mayor número posible de interpretaciones.

1. El padre del protagonista se preocupaba del futuro de su familia. ¿Por qué?
2. El hijo quería asistir a la universidad. ¿Por qué?
3. El profesor se casó con una mujer anglo, no con una mexicana. ¿Por qué?
4. Los estudiantes querían cambiar el sistema. ¿Por qué?
5. El profesor prefería esconderse en su oficina y pensar en sus reuniones importantes en vez de ver y hablar con los estudiantes. ¿Por qué?

2. *Inferencias*

Trabajando con un(-a) compañero(-a), piense sobre el fin del cuento y prepare respuestas a estas preguntas.

¿Por qué crees que la autora termina el cuento con el profesor pensando una vez más en su padre? ¿Es probable que cambie su decisión con respecto a los estudiantes? ¿Por qué sí o no?

Discusión

1. ¿Qué opina Ud. del profesor? ¿Se ha vendido al sistema o realmente trabaja para ayudar a su gente? ¿Cree Ud., como él, que los estudiantes deben cambiar la sociedad por medio de la educación o las leyes, y no con huelgas? Explique.
2. ¿Está Ud. satisfecho(-a) con la diversidad de la población de estudiantes y profesores en su universidad? ¿Qué cambios recomienda Ud.?

3. Había un gran contraste entre la vida del padre y la de su hijo, el profesor. En su familia o la de sus amigos, ¿hay una gran diferencia entre las generaciones? Describa Ud., por ejemplo, las actitudes de las diferentes generaciones sobre el dinero y el trabajo.

Más allá del texto

1. Vea Ud. la película *Stand and Deliver*, sobre los problemas y triunfos de un maestro y sus alumnos mexicanos. Prepare un informe oral o escrito sobre lo que Ud. observó y aprendió.
2. Busque Ud. en Internet o en la biblioteca información y estadísticas sobre la educación de los hispanos en este país. ¿Cuál es su situación actual? ¿Qué obstáculos encuentran y qué logros han tenido?

Dos temas contemporáneos

Anticipación

¿Sabía Ud. que Estados Unidos es el quinto país más grande del mundo en número de hispanohablantes? Sí, hoy día el 25% de los habitantes del suroeste son de origen hispano y para el año 2050 se calcula que aproximadamente 1 de cada 4 personas de todos los Estados Unidos será de ascendencia hispana.* ¿Qué implican estas estadísticas para el futuro de EE. UU.? Para algunos, es obvia la necesidad de programas de educación bilingüe para ayudar a los nuevos inmigrantes. Para otros es hora de establecer el ingles como idioma oficial del país. Y otras personas creen que los grandes números prueban la necesidad de reformar las leyes de inmigración. A continuación encontramos dos expresiones de estos temas contemporáneos: un microcuento sobre dos cubanoamericanos que aprenden que no hablan la misma lengua y un debate sobre los pros y contras de la inmigración.

* Según el *Bureau of the Census, Statistical Abstract of the U.S., 1997*

1. *Para abrir el tema*

* ¿Cuáles son los diferentes idiomas que se hablan en este país? ¿Existe un idioma oficial en EE. UU.? Trabajando solo(-a) o con otro(s), conteste Ud. estas preguntas. ¿De qué ascendencia (origen) es Ud.? ¿Hablan otros idomas en su familia? ¿Por qué continúan las personas hablando su propio idioma? ¿Cuáles son las ventajas? ¿Y las desventajas?

2. *El texto: Mirando el dibujo*

¿Qué diferencias ve Ud. entre los dos señores?

¿Qué lenguas cree Ud. que hablan?

¿Cuál es la ironía del dibujo?

En sus propias palabras, ¿cuál cree Ud. que va a ser el conflicto central en «Micky»?

Micky

Roberto Fernández*

ué casualidad° encontrarte aquí en la guagua!° Me has caído del cielo°. Figúrate tú que me quiero bajar en la 27° y no se lo puedo decir al guagüero.° Pero bueno, gracias al cielo que me he topado° contigo.

—What?

—Sí, ¡ha sido la gran casualidad!

—Excuse me, I can't understand you.

—¿Tú no eres el hijo de Serafina?

—I'm sorry, but I can't understand you.

—Claro que sí onderstand mí, si yo he oído cuando tu madre te grita: M-I-G-U-E-L-I-T-O M-A-I-Q-U-I a comer.

—Please. I don't want to understand you.

—Sí. Tú mismo eres Miguelito Hernández, el hijo de Serafina.

—My name is Micky. I don't understand you.

coincidencia accidental / autobús (Cuba) / *You have been sent from heaven.* / calle 27 / conductor del autobús / *bumped into*

Comprensión

1. *¿A qué se refiere... ? (en el texto)*

- línea 1: la gran casualidad
- línea 2: la 27
- línea 2: no se lo puedo decir
- línea 11: M-A-I-Q-U-I

2. *Preguntas*

1. ¿Por qué está feliz el señor al ver a Miguelito? ¿Qué dice para indicar que conoce al joven?
2. ¿Cómo cree Ud. que se siente Micky cuando ve al señor? En su opinión, ¿por qué no quiere hablar en español?

* Roberto Fernández nació en Cuba en 1951 y vino a EE. UU. a la edad de diez años. Sus novelas y cuentos (escritos en inglés y español) describen la vida diaria de los cubanos (nacidos en Cuba) en exilio en Miami, una cultura que se está desapareciendo, según Fernández.

Actividad

Minidebates

✱Trabajando con un(a) compañero(-a), explique en una o dos frases por qué Ud. está de acuerdo o no con las siguientes declaraciones. Luego comparta sus opiniones con la clase.

1. Los inmigrantes merecen programas bilingües en las escuelas para facilitar su transición a la vida norteamericana. Sin estos programas, pierden terreno y a veces fracasan en las escuelas.
2. Es necesario establecer el inglés como idioma oficial en los asuntos gubernamentales del país. «Sólo inglés» (el uso exclusivo del inglés) es preferible a «Inglés más otras lenguas» (el multilingüismo).

Juego imaginativo

¡Micky se enoja!

✱Imagine Ud. la siguiente escena: Micky se da cuenta que el señor a su lado no entiende inglés y decide que ya no quiere hablarle más. Le da unas órdenes en español. Escriba Ud. algunos mandatos desde el punto de vista de Micky. El contenido del cuento le ayudará a determinar si el mandato es afirmativo o negativo. Por ejemplo:

ser mi amigo	No sea mi amigo.
sentarte lejos	Siéntese lejos.

1. llamarme Miguelito

   ______________________________.

2. hablarme en inglés

   ______________________________.

3. recordarme (*to remind*) mi origen cubano

   ______________________________.

4. irte de mi lado

   ______________________________.

5. (una frase original de Ud.)

   ______________________________.

La inmigración: ¿E pluribus unum?

Bárbara Mujica

Cada día miles de inmigrantes entran en Estados Unidos, en su mayoría jóvenes de México, Centroamérica y el Caribe que se escapan de la pobreza u opresión política. Sus números han aumentado tanto, sobre todo en los estados de California, Tejas y Nueva York, que algunos proponen reformas drásticas a las leyes federales de inmigración. Otros declaran con orgullo que EE. UU. siempre ha sido y debe ser un país de inmigrantes. Aquí hay dos puntos de vista sobre una cuestión controvertida: ¿Debe Estados Unidos limitar radicalmente el número de inmigrantes?

¡Sí!

«El país no puede absorber un número indefinido de nuevos habitantes, porque no hay suficientes trabajos, viviendas, escuelas, servicios sanitarios u otros recursos. Además, si el influjo de inmigrantes no se frena, dentro de un par de décadas la composición étnica del país habrá cambiado radicalmente —y con ella, el sistema de valores, las costumbres y el idioma. Una nación tiene el derecho y aun el deber de mantener intactas sus instituciones y de preservar sus tradiciones.»

¡No!

«Este país, con sus inmensos recursos naturales y sus grandes llanuras despobladas, podría sostener a una población aun más grande. Los Estados Unidos siempre les han abierto sus puertas al pobre y al desamparado. El inmigrante, con su energía, optimismo y voluntad de trabajar y de seguir adelante, renueva y enriquece al país. Históricamente la capacidad de transformarse con cada ola de inmigrantes ha sido fundamental al éxito de los EE. UU. Por eso nuestro lema es *E pluribus unum o De muchos, uno.*»

Comprensión y opinión

* Trabajando con un(-a) compañero(-a), exprese primero, en sus propias palabras, los dos puntos de vista. (¡Sólo un punto de vista por estudiante!) Luego, escoja la posición que Ud. defiende y explique por qué.

Actividad

Reforma de la inmigración

* Imaginen que Uds. son especialistas en la inmigración y que aconsejan al gobierno sobre la reforma de las leyes federales. En grupos pequeños, decidan su posición sobre las siguientes preguntas, y luego compartan y expliquen sus decisiones a la clase.

1. ¿Quién debe recibir la preferencia? ¿Por qué? Pongan en orden de preferencia, de 1 (más) a 6 (menos).

   _______ refugiados económicos que se escapan de la pobreza
   _______ refugiados políticos que se escapan de la opresión o de una dictadura militar
   _______ personas con familiares en EE. UU.
   _______ personas con algún talento o conocimiento deseado en este país (profesionales o trabajadores con entrenamiento especializado)
   _______ personas con $350.000,00 o más que quieren invertir en un negocio y crear empleos
   _______ otro grupo: ____________________

   o

   _______ Todos deben recibir igual preferencia.

2. ¿Quién debe ser excluido? Pongan *Sí* o *No*. ¿Por qué?

   _______ terroristas
   _______ personas con enfermedades mortales contagiosas
   _______ criminales
   _______ ex oficiales comunistas, nazis y personas que apoyan a estos grupos
   _______ enfermos mentales
   _______ otro grupo: ____________________

   o

   _______ nadie

3. ¿Cómo se debe limitar el número de inmigrantes? Escojan UNA opción. Explíquense.

   _______ Limite el número total de inmigrantes por año, sin referencia a su país de origen.

_______ Limite el número por año según el país de origen.
_______ No debe haber límites.

4. ¿Qué beneficios deben recibir los inmigrantes legales que trabajan y pagan impuestos? ¿Por qué? Escojan UNA opción.
_______ Deben recibir los mismos beneficios que los ciudadanos de este país.
_______ No deben recibir beneficios hasta que sean ciudadanos de este país.

Contribuciones notables

"¡Let's vamoose, hombre!"

Muchos en este país reconocen las contribuciones de los mexicanos a la música, el arte, los deportes, la arquitectura, la comida, etc., pero no todos aprecian su gran contribución al inglés. *Bonanza, rodeo, siesta, adobe, palomino* son sólo unas de cientos de palabras españolas que deben su presencia en inglés a los españoles y mexicanos del oeste de hace varios siglos.

El *«cowboy»* norteamericano no tenía palabras para muchas de las cosas nuevas que aprendía de los vaqueros mexicanos, así que imitó los términos españoles, a veces cambiando la pronunciación y ortografía. *Lariat,* por ejemplo, viene de «la reata»; *lasso,* de «lazo»; *chaps,* de «chaparejos», y *stampede,* de «estampida». Aun la palabra «vaquero» (*cowboy*) aparece en inglés como *buckaroo.*

A veces la musicalidad o el humor implícito en las palabras españolas atrajo al *cowboy. Calaboose,* de «calabozo» (*prison*), y *hoosegow,* de «juzgado» (juzgar, *to judge*), eran más pintorescas que *jail.* También, *cockroach,* de «cucaracha», *savvy,* de «sabe»; *vamoose* y *mosey along,* ambos términos modificaciones de «vamos».

En cuestiones de dinero, se ve una vez más la influencia española. Orgullosos de su descubrimiento de las Américas, los españoles crearon una moneda en el siglo XVIII, con las Columnas de Hércules (*the symbolic Straits of Gibraltar*), envueltas por banderas que tenían las palabras «PLUS ULTRA» (*more beyond*).

Así los españoles proclamaron que un nuevo mundo español existía «Plus Ultra», y la columna a la izquierda se convirtió en el símbolo ($) del dólar y del peso que se usa hoy en EE. UU., México y otros países latinoamericanos.

Así que la próxima vez que Ud. piense en $, o diga *patio,* ¡recuerde a los españoles y a los mexicanos!

Los puertorriqueños: Brincando el charco*

¿Quiénes son los puertorriqueños? Algunos tienen nombres que ya son famosos —si no legendarios—, como el beisbolista Roberto Clemente, el ya fallecido actor Raúl Juliá, la popular escritora Esmeralda Santiago (*Cuando era puertorriqueña*), la ex Cirujana General Antonia Coello Novello y el locutor° de TV Geraldo Rivera. Pero hay miles de otros puertorriqueños en los centros urbanos de Nueva York, Nueva Jersey, Illinois, Pennsylvania, Florida, Massachusetts, Tejas, etc., y los encontramos trabajando en una gran variedad de empleos: de profesores en las universidades, de costureras° en las industrias de confección° y de textiles, de directores de servicios médicos y sociales, de camareros en los restaurantes. Desde que empezó la gran emigración de Puerto Rico durante la Segunda Guerra Mundial, más de 2,7 millones de puertorriqueños han venido al norte, trayendo consigo una riqueza étnica y cultural y la esperanza de una vida mejor.

presentador de un programa

mujeres que cosen (*sew*) por oficio / fabricación en serie de ropa de vestir

Comprensión

1. ¿Cuántos puertorriqueños hay en EE. UU. y dónde viven?
2. ¿Desde cuándo emigraron a EE. UU. en grandes números?
3. ¿Qué trabajos tienen y quiénes son algunos puertorriqueños famosos?

La isla de Puerto Rico

Los puertorriqueños comparten con los cubanos y mexicanos una larga tradición hispana, empezando con la llegada de Colón a la isla en 1493.† Pero desde la guerra de 1898 entre

* *Jumping the Puddle* (i.e., the ocean separating Puerto Rico from the U.S. mainland)

† Los españoles le pusieron el nombre «Puerto Rico» a la isla, pero algunos puertorriqueños contemporáneos se identifican con el nombre taíno (indio) «Boriquén», y se llaman a sí mismos «boricuas».

El actor puertorriqueño Raúl Juliá en una de sus películas más memorables, *The Addams Family.*

EE. UU. y España, Puerto Rico ha sido un territorio norteamericano. Al principio, el gobierno de EE. UU. trató de quitar a la isla su cultura hispana, imponiendo el inglés como idioma oficial y nombrando gobernadores norteamericanos. En 1917 los puertorriqueños recibieron la ciudadanía° norteamericana.

citizenship

Luego, en los años 50 el Congreso de EE. UU. aprobó° la elección del gobernador por voto popular, y en 1952 el estatus de la isla cambió de territorio a Estado Libre Asociado.° Así puede desarrollar su propio idioma y cultura, y administrar sus asuntos° domésticos. Pero el nombre «Estado Libre Asociado» da lugar a mucha controversia, puesto que Puerto Rico no es estado, ni es libre: su política exterior,° su sistema de correos° y de aduana° y su moneda° son oficialmente estadounidenses.

autorizó

Estado... *Commonwealth*

affairs

política... *foreign policy / postal service / customs bureau* / dinero

Comprensión

1. ¿Desde qué año existe la presencia española en Puerto Rico y desde cuándo es Puerto Rico parte de Estados Unidos? ¿Por qué?
2. ¿Qué hizo EE. UU. al principio de su gobierno en Puerto Rico y cómo cambió sus acciones después?
3. ¿Qué pasó en 1952? ¿Por qué el nombre da lugar a controversia?

Debates sobre el estatus

La asociación de Puerto Rico con EE. UU. trae consigo ventajas° y desventajas. Los puertorriqueños se benefician de programas de educación y salud pública que están entre los mejores de América Latina, sin necesidad de pagar impuestos° federales. Además las industrias estadounidenses en Puerto Rico son una fuente° importante de empleo y dinero para la isla. Han reemplazado la vieja economía agrícola con fábricas, centros comerciales, rascacielos° y una infraestructura muy desarrollada. Las compañías estadounidenses también sacan provecho° de la situación, debido a la mano de obra° barata y al hecho de que, en muchísimos casos, no pagan impuestos al gobierno puertorriqueño. Otra ventaja para los puertorriqueños es que, a diferencia de los cubanos y mexicanos, los puertorriqueños pueden entrar y salir de EE. UU. sin visas especiales. No obstante, aunque son ciudadanos de EE. UU., no pueden votar en las elecciones federales, ni tiene voto su único representante en Washington.

puntos positivos
dinero pagado al gobierno
source
edificios muy altos
sacan... *profit*
mano... *labor*

Por todas estas razones, hay un debate continuo entre los puertorriqueños sobre el estatus de su país, dividiendo la isla en tres grupos: los estadistas,° los que favorecen el Estado Libre Asociado (ELA) y los independistas. En varios plebiscitos no vinculantes° a través de las décadas, la mayoría de los isleños han favorecido el ELA. En 1993, el 48% apoyó el ELA, el 46% quería que Puerto Rico fuera estado y el 4% votó por la independencia. Recientemente, el Congreso de EE. UU. (el cuerpo oficial que determina el estatus de la isla) ha respondido a peticiones de la legislatura de Puerto Rico para resolver la cuestión. Se propone un referéndum vinculante de los residentes, con el fin de ofrecer una respuesta final a la pregunta: ¿estado, país independiente o estado libre asociado?

las personas que quieren que Puerto Rico sea un estado de EE. UU. / **plebiscitos...** *non-binding referendums*

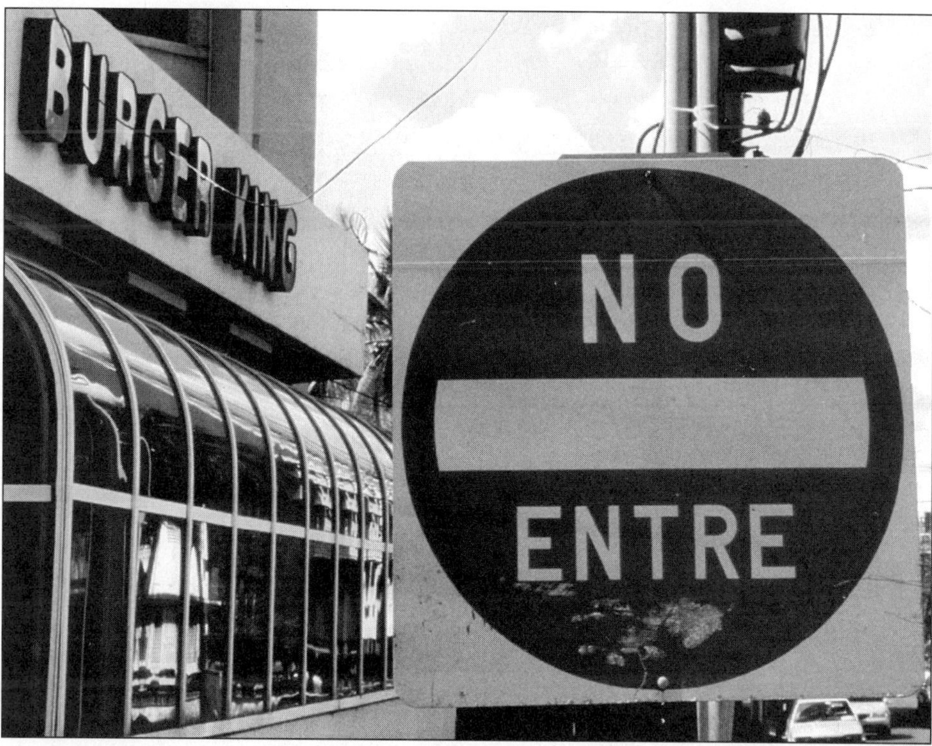

Esta escena urbana en Puerto Rico revela un ejemplo moderno de los cien años de presencia norteamericana en la isla.

Comprensión

1. Identifique dos ventajas y dos desventajas de la unión de Puerto Rico y EE. UU.
2. En cuanto al estatus de la isla, ¿qué grupos de opinión existen? ¿Qué opina Ud.?
3. ¿Qué iniciativas recientes hay sobre la cuestión?

El viaje a EE. UU.

¿Por qué vienen los puertorriqueños al continente?° Porque la isla es uno de los lugares más superpoblados° del mundo, donde los sueldos son bajos, el costo de vida es alto y no hay suficiente trabajo. Los puertorriqueños que inmigraron en mayores números a Nueva York, Filadelfia, Chicago, etc., eran durante varias

mainland
overpopulated

décadas los jíbaros° pobres sin educación ni entrenamiento° especializado. A diferencia de los cubanos, que no pueden volver a su patria, muchos de estos puertorriqueños llegaron con la idea de regresar a su isla en cuanto ganaran un poco de dinero. Pero una vez en EE. UU., algunos se han visto atrapados° en un círculo vicioso de pobreza—trabajos serviles—falta de educación—pobreza.

campesinos puertorriqueños / *training*

trapped

Como muchos representan la mezcla de dos o tres de los grupos que históricamente han formado su cultura —los indios, los españoles y los africanos— se ven discriminados aquí por su color y, en muchos casos, por su falta de inglés. El ingreso anual promedio° de la familia boricua es tres mil dólares menos que el de la familia méxico-americana y veinte mil menos que el de la familia anglo. En Nueva York, donde hay más puertorriqueños que en San Juan,° sólo la madre está presente en un alto porcentaje de las familias.* Pero los horizontes de los puertorriqueños en EE. UU. se han expandido en las dos últimas décadas, como pronto se explicará.

ingreso... *average yearly income*

la capital de Puerto Rico

Comprensión

¿Verdadero **(V)** o falso **(F)**? Si la información es falsa, corríjala.

_______ Los puertorriqueños salen de la isla a causa del clima caluroso y la falta de vivienda.

_______ En EE. UU. algunos encuentran la pobreza y la discriminación.

_______ Dos grupos principales, los africanos y los españoles, formaron la cultura puertorriqueña.

_______ El ingreso anual promedio de la familia boricua es tres mil dólares menos que el de la familia anglo.

Cambios significativos

Ciertas tendencias positivas han emergido en años recientes, según el *National Puerto Rican Coalition.* Primero, un número significante de puertorriqueños han dejado la clase baja económica para entrar en la clase media, consiguiendo empleos administrativos y técnicos con sueldos respetables. También, la participación de la mujer en la fuerza laboral ha subido

* Las estadísticas son del *Statistical Abstract of the United States, 1997, Bureau of the Census.*

notablemente. En parte estos avances reflejan la afluencia° a EE. UU. de profesionales —abogados, profesores, científicos, hombres y mujeres de negocios— que empezaron a emigrarse de Puerto Rico en los años 70. Por fin, dos de cada tres puertorriqueños hoy viven fuera de la ciudad de Nueva York (donde residen casi un millón de dominicanos) en ciudades más pequeñas del este, medio-oeste y suroeste, y su progreso económico en estos lugares es visible, especialmente en California, Tejas y Nueva Jersey.

influx

Una nueva organización, *Boricua First!*, se dedica a unir los puertorriqueños a nivel nacional, a formular un plan político-social para presentárselo a los líderes del país y a expresar el orgullo que sienten de su herencia de tres culturas. Nydia Velázquez de Nueva York, la primera puertorriqueña elegida al Congreso; Rafael Ferrer, el respetado artista experimental; Piri Thomas, autor de *Down These Mean Streets;* «Chi Chi» Rodríguez, el golfista; Judith Ortiz Cofer, propuesta para el Premio Pulitzer y autora de *The Line of the Sun;* la cantante de salsa, La India; ¡aún la bebida piña colada!: gente y cosas de distintos campos que señalan la vitalidad y diversidad de los puertorriqueños, que después de varias décadas de difícil transición en este país, ya están contando sus fuerzas y celebrando sus ricas contribuciones culturales.

Comprensión

1. Identifique tres cambios significativos de las últimas décadas para los puertorriqueños.
2. Dé cuatro ejemplos de personas o cosas que representan las contribuciones de los puertorriqueños a la vida nacional. ¿Hay otras figuras o cosas notables que conozca Ud.?

Actividades

1. *Línea temporal*

* Trabajando solo(-a) o con otro(s), busque en el texto los acontecimientos que corresponden a las siguientes fechas y escríbalos sobre la fecha.

1493	1898	1917	1952	los años 70	1993	hoy día

2. *Una diferencia de opinión*

✻Ud. y su amigo(-a) hablan frecuentemente sobre cuestiones importantes, ¡aunque *nunca* están de acuerdo! Escogiendo una de las siguientes declaraciones, explique y defienda su punto de vista. Su compañero(-a) le llevará la contra (*will argue against you*).

1. Creo que Puerto Rico debe ser un estado de EE. UU.
2. Yo soy puertorriqueño(-a) y estoy contento(-a) con las condiciones de vida en EE. UU.

Más allá del texto

1. Si es posible donde Ud. vive, visite un restaurante o mercado puertorriqueño y pruebe la comida típica. ¿Qué son *frituras, mofongo, adobo, tostones* y *sofrito*? Comparta sus experiencias con la clase.
2. Vea una de las películas (u otra película pertinente), *El Súper, Nueba Yol* y *Hangin' with the Homeboys,* sobre las experiencias de los cubanos, dominicanos y puertorriqueños, respectivamente, en la ciudad de Nueva York. Prepare un informe oral para la clase.
3. En Internet, consulte uno de los siguientes sitios (u otro sitio pertinente):
   a) *www.fishnet.net/~karenm/latino.html*
   b) *www.mundolatino.org/index.htm*
   c) *www.latinolink.com/*

   ¿Qué hay de interés sobre los puertorriqueños? ¿Aprendió algo nuevo? Explique.
4. En Internet o en la biblioteca, investigue los temas del *espiritismo* o *fiestas religiosas y nacionales puertorriqueñas.* Prepare un informe escrito.

Pasaje de ida y vuelta*

Anticipación

✻Puesto que los puertorriqueños son ciudadanos estadounidenses, pueden entrar y salir de los EE. UU. sin visa o pasaporte. Todos los años, miles hacen el viaje a este país. Algunos se quedan para siempre, pero muchos otros regresan, a veces

* *The Round Trip*

años después. El siguiente poema describe las aventuras de un joven puertorriqueño, Ramón, que hizo un viaje de ida y vuelta.

1. *Para abrir el tema*

✻Trabajando solo(-a) o con otro(s), piense Ud. en un lugar que Ud. visitaba o conocía muy bien de niño(-a). ¿Cómo era el lugar? ¿Ha regresado allí recientemente? ¿Qué cambios ha observado (o son muy probables, si no ha vuelto)?

2. *Vocabulario: La rima*

✻Una de las características de la poesía es la rima. Lea Ud. las últimas palabras de los versos de las cuatro primeras estrofas. ¿Qué palabras riman? ¿Es consistente la rima? Lea las estrofas en voz alta. ¿Qué efecto tiene la rima?

3. *El texto: Anticipar la historia (story)*

1. El título: ¿Cuáles son los infinitivos de *ida* y *vuelta?* Dado que se refiere a un puertorriqueño, ¿de dónde se va y hacia dónde va? ¿Adónde vuelve?
2. El dibujo en la página 311:
   a. En la parte de arriba, ¿cuál de los dos lados representa Puerto Rico? ¿Cómo es el Puerto Rico de Ramón? ¿Cómo es Ramón? ¿Cómo es Nueva York?
   b. En la parte de abajo, ¿cómo ha cambiado Ramón? ¿Cuál es la expresión en su cara? ¿Por qué?
3. Ahora bien, haga Ud. un resumen de lo que Ud. cree que será la historia del poema.

Pasaje de ida y vuelta

Jacobo Morales*

Ésta es la historia, señores,
de un jíbaro borincano°
que se fue pa' los *niuyores*°
con líos de sinsabores°
y una cajita° en la mano.

jíbaro... campesino puertorriqueño
pa'... a Nueva York
líos... *bundles of problems*
little box

Acá dejaba a Mercedes,
a Confesor, a Dolores;°
y a sus queridos hermanos.
Eran ocho: flacos, «jinchos», barrigones.°

Mercedes... nombres de mujeres
flacos... *thin, pale, stomachs swelled by malnutrition*

---

* Jacobo Morales (n. 1934), escritor, productor, actor y director de películas puertorriqueñas contemporáneas. Ha ganado muchos premios internacionales por su obra cinematográfica.

Fue en nave° de dos motores
que alzó su vuelo Ramón.°
¡Y que verse en un avión,
más alto que un guaraguao!°
Él, que nunca había trepao°

más allá del tamarindo.°
El cielo le pareció lindo
y trató de ver a Dios,
pero un ruido de motor
lo sacó de sus ensueños°
y abajo en la tierra vio
algo como un cementerio: Nueva York.

Un mal entendido° hubo
porque nadie lo esperó.°
De momento se sintió
como un becerro perdío.°
—¡Ay Dios mío!, ¿y ahora qué me hago yo?—
dijo Ramón.

Se acercó a un guardia pecoso°
al que preguntó asustao:°
—¿Usted ha visto a Sinforoso?
Es uno que es primo mío,
es bajito y «percudío»,°
medio «enjiyío»° y calmoso.

El guardia le contestó: —*What do you say?*
Ramón se sentó en la caja
y dijo pa' sus adentros:°
«Esto no es ningún mamey».°
Pero al° mes ya decía *okey*.

El resto es historia vieja:
El trabajo, un reloj, horas extra,
el *subway*,
«*No portoricans*», «*No dogs*»,
y en un cuarto dormir seis.
Y un pensamiento a las siete,
y un pensamiento a las diez:

avión
alzó... *Ramón took flight*
pájaro que vuela muy alto / (trepado) *climbed*
árbol frutal bastante bajo
daydreams
mal... *misunderstanding*
was waiting for
becerro perdío (perdido) *lost calf*
freckled
(asustado) con miedo
dark-skinned
medio... *half-stooped*
pa'... a sí mismo
ningún... cosa fácil
después del

«Volver a la tierra amada;
hacer «chavos»° y volver.
¿Cuándo? Mañana... Mañana».

° dinero

Mientras tanto los inviernos,
los muchachos en la calle,
la droga, la marihuana.

«Volver... mañana;
los nenes° hablan inglés,
a la doña° le da asma,

° niños
° la esposa

hay que «trabajar corrido°»
y todita la semana;
pero volver...
pa'° nacer otra vez en la tierra,

sin períodos de descanso
(para)

pa' nacer otra vez en la calma,
pa' sembrar° de flores la *yarda,*
digo, el batey;° ay virgen. Volver...
pa' respirar madrugada,°
pa' tomarme mi café
antes de ordeñar° la vaca».

plantar
Puerto Rican word for yard / dawn
to milk

Fue en siete cuarentisiete°
que alzó su vuelo Ramón.
A su lao° su mujer, sus hijos,
y en el resto del avión:
mulatos, soldados,
tomateros,° «tecatos°»,
un abogado, un doctor,
y quién sabe en qué lugar
también se encontraba Dios.
De pronto, el pelo se le erizó;°
—Nos han secuestrao° —gritó,
—aquello no es Puerto Rico,
no se ve más que concreto,
ni siquiera un arbolito.

siete... 747, tipo de avión
(lado)
tomato pickers / adictos a las drogas
stood on end
(secuestrado) *hijacked*

Llegó.

A un guardia le preguntó:
—*Where I am?* Digo, ¿dónde estoy yo?
—En San Juan —le contestó.
—Gracías.
—*Okey.*
Y en un taxi se montó.°

se... entró

El resto es historia vieja:
El trabajo, un reloj, horas extra,
humo,° fábricas,° chimeneas,
extranjeros° y camas,

smoke / factories
foreigners

niños en las calles,
desahucios° y marihuana. *evictions*

«Y pensar que ya es mañana
y yo no quepo° en el hoy. *fit*
¿En dónde están mis caminos?
¿Hacia adónde voy»?

Comprensión

1. *Aquí y allá*

¿Qué sabemos de Ramón y de su viaje de ida y vuelta? Trabajando con otra(s) persona(s), busque la información en el poema y luego escríbala en los espacios indicados.

1. Vida personal de Ramón (familia, etc.)	*En Puerto Rico*	*En Nueva York*
2. Sus experiencias, impresiones en el avión	*Viaje de ida a NY*	*Viaje de vuelta a PR*
3. Sus sentimientos, experiencias en el aeropuerto	*En NY (al llegar)*	*En PR (al volver)*
4. la «historia vieja»	*En NY*	*En PR*
5. elementos de ironía, sorpresa	*Al llegar a NY*	*Al volver a PR*

2. *Crucigrama*

Horizontales

1. Ramón asocia el cielo con esto.
4. jerga (*slang*) puertorriqueña para *Nueva York*
7. El jíbaro trabaja según esto.
10. la primera impresión de Ramón de Nueva York
13. el sueño de Ramón
14. donde los jíbaros trabajan en las ciudades
16. ¿Quién acompañó a Ramón a Puerto Rico?
17. Ramón se siente así al final del poema.

Verticales

2. Ramón dijo esto después de un mes.
3. Ramón vio esto al regresar a Puerto Rico.
5. Ramón vuelve aquí.
6. Ramón se sintió así en el aeropuerto.
8. un aspecto de la «historia vieja»
9. sinónimo para *puertorriqueño*
10. jerga puertorriqueña para *dinero*
11. número de personas que duermen en un cuarto, según el poema
12. Ramón realizará sus sueños _______ ? _______.
15. sinónimo para *avión*

Discusión

¿Cómo se siente Ramón al final del poema? ¿Por qué? ¿Cree Ud. que el poema es cómico o triste? Explique.

Actividad

¿Volver o no volver?

Con otro(-a) estudiante, comente la siguiente pregunta; luego comparta sus respuestas con la clase.

Dicen que «Es mejor no regresar» porque así se preservan intactos los recuerdos felices de algún lugar. ¿Estás de acuerdo? ¿Por qué?

Chiste

S-O-C-K-S

Una señora puertorriqueña, recién llegada a Nueva York, quería comprar unos calcetines para sus hijos. Hablaba muy poco inglés, y no sabía la palabra para «calcetines». Entró en una tienda grande, y trató de explicar a la dependienta lo que quería, pero la dependienta no entendió. Por fin, la dependienta decidió llevar a la señora a los varios mostradores, esperando encontrar directamente el artículo deseado.

—*Is it this?* —preguntó la dependienta.

—No, no es eso —respondió la señora.

—*This?*

—No, tampoco es eso.

—*How about this?*

—No, eso no es.

Por fin llegaron al mostrador de los calcetines y la señora exclamó felizmente:

—¡Eso sí que es!

—*Well,* —dijo la dependienta, un poco perpleja, —*if you can spell it, why can't you say it?*

El día que fuimos a ver la nieve

Anticipación

Este cuento está basado en un hecho real. En los años 50 la alcadesa (*mayor*) de San Juan arregló que dos aviones llenos de nieve de EE. UU. llegaran a Puerto Rico en Navidades, cuando hacía una temperatura de 85 grados. El autor recrea esta ocasión especial —y cómica— en la vida de su familia, cuando hicieron un viaje para ver la nieve. Al mismo tiempo, agrega elementos de observación social sobre la identidad nacional de Puerto Rico. ¿Traer la nieve fue un acto inocente y bondadoso de la alcadesa para entretener a los niños? ¿O representa la imposición de la cultura norteamericana sobre la isla? Uds. mismos decidirán.

1. *Para abrir el tema*

Trabajando solo(-a) o con otro(s), piense Ud. en su propia niñez y en un viaje familiar para ver algo espectacular, como el océano, Santa Claus, el circo, un concierto o el jardín zoológico, etc. Incluya los siguientes puntos.

- Escriba un título: «El día que fuimos a ver _______»
- ¿Cómo se sentían todos de su familia antes del gran acontecimiento (evento)?
- ¿Hubo preparaciones especiales?
- ¿Cómo fue el viaje al lugar? ¿el comportamiento de sus hermanos y sus padres?
- Después del gran acontecimiento, ¿se sentía Ud. contento(-a) o desilusionado(-a)? ¿Por qué?

Después de leer el cuento, compare sus experiencias con las del joven narrador.

2. *Vocabulario: Adivinando por el contexto*

El contexto le ayudará a adivinar el sentido de estas palabras del primer párrafo del cuento.

1. Aquel día *amaneció* de golpe, con el sol... Escuché a mamá en la cocina, ya preparando el desayuno...
   a. terminó **b.** empezó **c.** pasó
2. Recordé de qué día se trataba y el corazón me *latió* más rápido.
   a. palpitó **b.** ayudó **c.** rompió
3. Escogí un sweater crema, unos pantalones de corduroy, y medias gruesas. Mami, al verme entrar así *ataviado*, se echó a reír.
   a. informado **b.** vestido **c.** aburrido

4. Papi... comentó que... quizás no valía la pena hacer el viaje. —Ese tapón (congestión de vehículos) va a *estar del mero*... nos tomará dos horas llegar a San Juan—.
   a. ser insignificante **b.** ser agradable **c.** ser extraordinario
5. Nos tomará dos horas llegar a San Juan—. —Con lo *sobrada* que es la gente, no lo dudo—, agregó mami.
   a. demasiado numerosa **b.** demasiado religiosa **c.** demasiado cortés

3. *El texto: Buscar detalles*

* Trabajando solo(-a) a con otro(s), busque Ud. la siguiente información en el primer párrafo.

- número de personas en la familia
- el tiempo que hacía aquel día
- la ropa que llevaba el narrador
- el lugar adonde iban y las condiciones del viaje que se anticipaban

* Ahora en sus propias palabras, cuéntele a su compañero(-a) lo que ha pasado hasta este punto. ¿Cómo cree Ud. que va a ser el viaje?

El día que fuimos a ver la nieve

Alfredo Villanueva-Collado*

Aquel día amaneció de golpe, con el sol agarrado° de las persianas° como si quisiera derretirlas.° Escuché a mami en la cocina, ya preparando el desayuno, a papi dejando caer el chorro° sobre el agua del inodoro,° a Roberto trasteando° en las gavetas° del cuarto al lado del mío. Recordé de qué día se trataba y el corazón me latió más rápido. Corrí a lavarme y a vestirme. Escogí un sweater crema, unos pantalones de corduroy, y medias gruesas. Mami, al verme entrar así ataviado, se echó a reír. Papi, con su paso lento y pesado, dejando escapar un gruñido,° comentó que hacía demasiado calor y que quizás no valía la pena

grabbing hold
blinds / to melt them
dejando... orinando / *toilet / rummaging / drawers*
grunt

* Alfredo Villanueva-Collado (n. 1941) nació en Santurce, Puerto Rico, pero se crió en Venezuela. Volvió a Puerto Rico para terminar sus estudios universitarios, y luego vino a EE. UU. donde sacó el doctorado y donde trabaja actualmente como profesor en la Universidad de la Ciudad de Nueva York. Él cree que parte de su labor como escritor es contar la tragedia colonial de la identidad puertorriqueña.

hacer el viaje. —Ese tapón° va a estar del mero—, dijo, dirigiéndose a nadie en particular. —Ya son las nueve, y nos tomará dos horas llegar a San Juan—. —Con lo sobrada que es la gente, no lo dudo—, agregó mami. —Mejor nos vamos apurando.°

Ya montados en el carro, papi tuvo que ir al baño de urgencia, de manera que perdimos otros veinte minutos. Roberto y yo nos acomodamos en la parte de atrás, cada uno en su ventana. Mami nos advirtió que ya sabíamos lo que pasaría si no nos estábamos quietos. Y al decirlo, mostró las largas uñas inmaculadamente manicuradas y pintadas de un rojo oscuro con las que en más de una ocasión nos había llevado los cantos,° forma absoluta de ganar control inmediato sobre nuestras personas. Papi regresó y nos pusimos en camino.

Salir de Bayamón* fue fácil, pero una vez que caímos en Santurce,* el tapón fue apoteósico.° Nos movíamos cuatro pies cada media hora y, con el calor y la falta de una brisita, el interior del carro estaba pegajoso° como un baño de vapor. Roberto se puso a matar indios, porque ese día le había dado por ponerse su ropa de vaquero,° completa con sombrero de ala ancha y cinturón con revólver. «¡Zas!» y allí caía un indio y ¡zas! allí caía otro indio, hasta que mami, fijándose en las miradas de horror que los ocupantes de otros baños de vapor nos dirigían, se viró° enérgica, lo agarró por el brazo y le dijo que se dejara de jueguitos, que era mala educación apuntarle° a la gente, y más con un revólver, que qué se iban a creer, que ella no había salido para pasar vergüenzas, y si no se controlaba nos regresábamos ahí mismito, ¿verdad Casimiro°?

Soltó° a Roberto y se viró del otro lado, a ver qué estaba haciendo yo. Pero mi juego era mucho más pacífico. Mi pasión consistía en contar marcas° de carros, específicamente Studebakers, lo cual, hay que reconocer, no era nada fácil en aquel tremendo tapón. Por lo menos lo podía hacer sin llamar demasiado la atención de los de al frente. Allí iba un Ford, y más adelante un Chrysler; había montones de Chevrolets y uno que otro Cadillac, pero no veía un Studebaker ni para remedio,° de manera que me fui levantando despacito a mirar por el cristal

tapón: congestión de vehículos
apurando: con prisa
llevado... hecho llorar
apoteósico: extraordinario
pegajoso: *sticky*
vaquero: *cowboy*
viró: *(she) turned around*
apuntarle: *to point*
Casimiro: nombre de papá
Soltó: Liberó
marcas: nombres comerciales
ni... *no matter how hard I looked*

* Bayamón y Santurce son ciudades de Puerto Rico que forman parte del área metropolitana de San Juan (la capitol).

trasero° cuando paf, un manotón° me tumbó de nuevo sobre el asiento mientras me advertían que si todos moríamos en un accidente cuando papi no pudiera ver los otros carros en el cristal de atrás porque yo estaba en el medio, yo y nadie más que yo iba a ser el responsable, y que era mejor que nos devolviéramos° allí mismito, para evitar una desgracia.

Al fin llegamos a los puentes del Condado;° una brisita alivió la piquiña° que me estaba comiendo el cuerpo. Iba a quitarme el sweater, pero mami, que tenía ojos en la nuca,° me informó que me vería en el hospital con pulmonía, empapado en sudor° como estaba, además de la paliza° que me iba a llevar porque la gente decente no se quitaba la ropa en público. Roberto se encontraba en peor situación: le picaba° en mal sitio y trataba de rascarse° sin que nadie lo notara. El resultado fue que de un jalón° fue a parar al frente, dejando una mancha de sudor sobre el plástico rojo del asiento al lado de la ventana, mientras le advertían que perdería la salud del espíritu si se seguía metiendo la mano en cierto sitio. La radio anunciaba el portento° del regalo de la gran dama a su pueblo, lo que sólo prendía° la ira de papi cada vez más. —Maldita sea° la gente y maldita sea la vieja esa, mira y que ocurrírsele traer esa porquería° para que cuanto idiota hay en San Juan se crea esquimal° por un día—. Pero mami le leyó la cartilla.° —Mira Casimiro, tú fuiste quien se lo prometió a los nenes, y tú eres el primer averiguado;° si no, ¿qué hacemos metidos en este tapón? Sería mejor dejar el carro por aquí y caminar hasta el parque. Pero tú eres un vago de primera y no quieres pasar el trabajo; total, que estamos ahí al ladito.

Como si lo hubiera conjurado,° apareció un espacio y papi, rabioso, metió el carro con una sola vuelta del volante. —¿Estás seguro de que es legal? —preguntó mami, siempre temerosa de la ley. —Vete al carajo°—, contestó papi, que ya no estaba para cuentos. Nos apeamos,° papi y mami caminando al frente, él con su guayabera° y ella con un chal° sobre los hombros, por si acaso, como ella decía. Roberto y yo íbamos agarrados de la mano, él dando saltitos y tratando de despegarse° los pantalones de vaquero, que se habían convertido en instrumento de tortura, mientras que yo batallaba con el sweater, que me parecía una túnica de hormigas.° Era casi mediodía.

cristal... ventana de atrás / golpe con la mano
regresáramos
sección de San Juan
irritación
nape of the neck
empapado... *drenched in sweat*
golpes dados con un palo (*stick*)
he itched / *to scratch himself*
yank
maravilla
provocaba
Maldita... *Damn*
cosa de poco valor (basura) / *eskimo*
le... *read him the riot act*
nosy
llamado por magia
diablo
bajamos
camisa que se lleva en los trópicos / *shawl*
to unstick
insectos que siempre están en los picnics

Ya en el parque nos abrimos paso a través de la multitud que se apelotonaba° en una dirección solamente, aguantando los chillidos,° no sé si de excitación o de angustia, de millones de muchachitos vestidos con levis, corduroys, guantes y hasta unas raras gorras rojas con moñas° de colores. Y en el medio, blanca, o casi blanca, brillante, pero ya medio aguada,° la nieve. Me zafé° y corrí hacia ella, llenándome los pantalones de barro° en el proceso, porque el agua derretida° se mezclaba en los pies de la muchedumbre° con tierra de todas partes de la isla. Toqué la nieve. No era gran cosa; se me ocurrió que, si quería, podría hacerla en el freezer de casa, o jugar con el hielo hecho polvo de las piraguas.° ¿Tanto lío° para esto? Pero obviamente mi actitud crítica no era compartida. La gente estaba loca con la nieve. Le daban vuelta a la pila con los ojos desorbitados, mientras que los nenes chapoteaban en el fangal° o posaban para las Kodaks de los padres. A un lado, en una tarima,° la benefactriz del pueblo, que había hecho posible el milagro y mi desencanto, movía su hermoso moño° blanco, sonreía, y se echaba fresco con un abanico de encaje.°

se... *crowded together*
aguantando... tolerando los gritos
ribbons
watered down
separé (de la familia) / *mud* / *melted*
multitud
snow cones / *big fuss*
chapoteaban... *splashed about in the quagmire* / plataforma
bun (estilo de pelo)
abanico... *lace fan*

Evidentemente la frescura del espectáculo no había mejorado el humor de papi porque lo llegué a ver, casi púrpura, con mami al lado, aguantando a Roberto que chillaba desconsoladamente con los pantalones caídos sobre las rodillas. Quise darme prisa y, llegando a donde estaban, resbalé,° quedando sentado a cinco pulgadas° de las uñas de mami, quien se limitó a levantarme, inspeccionar las ruinas de mi sweater, y comentar: —esperen que lleguemos a casa—. Para colmo,° cuando al fin logramos recordar dónde papi había dejado el carro, lo encontramos con un ticket incrustado en una ventana. Papi lo recogió, se lo metió en el bolsillo y exasperado se volvió a mami: —¡Bueno, m'ija, otra idea brillante de tu partido y me meto° a estadista°!

me caí
a... *5 inches away*
Para... *To top it all off*
me... *I'll join* / el grupo a favor de que Puerto Rico se vuelva un estado de EE. UU.

Comprensión

La clase se dividirá en 5 grupos para trabajar con las siguientes partes del cuento. Después, un representante de cada grupo leerá las respuestas a la clase.

Grupo 1: Párrafos 1 y 2

¿Verdadero **(V)** o falso **(F)**? Si la información es falsa, corríjala.

______ 1. El narrador se llama Roberto.

______ 2. Ese día hacía calor y el narrador se puso ropa de verano.

______ 3. Mucha gente iba a San Juan en coche.

______ 4. En el coche la madre disciplinó a sus hijos mostrándoles su nariz larga y amenazante.

Grupo 2: Párrafos 3 y 4

1. ¿Por qué no viajaban muy rápidamente en el coche?
2. ¿Cuál era la temperatura dentro del auto?
3. ¿Qué ropa llevaba Roberto y a qué jugaban él y su hermano?
4. ¿Por qué creen Uds. que el autor incluye estos elementos?

Grupo 3: Párrafo 5

Escoja la respuesta apropiada.

1. Por fin la familia llegó a...
   a. un parque en Bayamón. **b.** una sección de Santurce. **c.** el Condado, en San Juan.
2. En la radio...
   a. se criticaba el regalo de la alcadesa. **b.** se maravillaba del regalo de la alcadesa. **c.** se anunciaba la temperatura con frecuencia.
3. El padre creía que era una idea... traer nieve a Puerto Rico.
   a. muy tonta **b.** muy generosa **c.** muy cómica

Grupo 4: Párrafos 6 y 7

1. ¿Cómo se sentían el narrador y su hermano en su ropa?
2. ¿Qué influencias de EE. UU. se notan en estos párrafos?
3. ¿Le impresionó la nieve al narrador? ¿Y a los demás? Explique.

Grupo 5: Párrafo 8

1. ¿Por qué estaban de mal humor los padres?
2. ¿Cuál fue el colmo para el padre?
3. Cuando el padre dice al final «me meto a estadista», ¿cree Ud. que habla en serio? ¿Por qué?

Discusión

*Trabajando solo(-a) o con otro(s), conteste estas preguntas. ¿Qué opina Ud. de la acción de traer nieve a Puerto Rico durante la Navidad? ¿Fue un «milagro» para entretener a los niñitos puertorriqueños o la intrusión de EE. UU. en la isla? ¿Cuál cree Ud. que es la opinión del autor sobre este asunto? Explique.

Actividad

¿Qué exportamos?

* Traiga Ud. a clase un objeto o una ilustración/fotografía de un aspecto de la cultura norteamericana que es muy popular en otras partes del mundo. Explique a la clase por qué es tan popular y qué imagen presenta de EE. UU. Al mismo tiempo, piense Ud. en otro elemento de la vida norteamericana que no recibe tanta atención pero que para Ud. tipifica nuestra cultura o nuestros valores. Explique su selección a la clase.

¿Qué les parece?

¿Qué precio la fama?

Selena Quintanilla-Pérez, la joven estrella de la música *tejano*, fue asesinada a los 23 años por la jefa de su club de aficionados.

continuación

En 1995 la talentosa cantante méxico-americana Selena fue matada por una de sus aficionados y la administradora de sus *boutiques,* a quien se había descubierto robando fondos. La trágica muerte de esta estrella conmovió no sólo a los millones de aficionados a la música *tejano* sino al público en general, que vio la muerte temprana de todavía otro joven famoso. En su música Selena combinaba elementos tradicionales de las rancheras y polkas mexicanas con salsa, *pop* y el *country* y *western* de Tejas. Estaba al punto de entrar al mercado angloparlante con su nuevo disco compacto en inglés cuando fue asesinada. Una cantante enérgica y optimista, Selena era —y sigue siendo— muy querida por su comunidad porque nunca se olvidó de sus orígenes tejano-mexicanos. La película *Selena,* la venta sensacional de su último disco y su estatus como santa entre muchos aficionados son testimonio a la persistente popularidad de Selena, que tanto en su vida como en su muerte ha atraído la atención de gran número de personas.

¿Qué precio tuvo la fama de Selena?

En busca de una explicación

Trabajen en grupos pequeños con las siguientes preguntas.

1. ¿Creen Uds. que Selena fue una víctima de nuestra adoración a la personalidad? ¿Pueden Uds. pensar en otras jóvenes estrellas que han sufrido las consecuencias de la fama?
2. ¿Es peligroso estos días ser famoso en EE. UU.? ¿Por qué? ¿Qué tipos de presiones, expectaciones especiales, etc., sufren las estrellas? ¿Qué o quién tiene la culpa? a) los medios masivos b) el público norteamericano c) los artistas inmaduros d) ¿________________? Explíquense. ¿Hay solución al problema o tiene la fama su precio, aun si es la muerte?
3. ¿Por qué es tan violenta nuestra sociedad? ¿Qué cambios recomendarían Uds. para controlar o eliminar este elemento?

Los cubanoamericanos: En la «Pequeña Habana»

Colegio de Belén... Restaurante Camagüey... Asociación de Pescadores° Libres... pero, ¿dónde estamos? ¿Es posible que ésta sea una ciudad de Estados Unidos? Pues, ¡sí! Estamos en la sección cubana de Miami («*Little Havana*»), que ha crecido tan rápidamente y con una prosperidad tan obvia que no deja de

Fishermen

impresionar° a cualquiera. A partir del año 1959, vinieron gran número de cubanos, situándose no sólo en Miami, sino por todas partes de EE. UU. Hoy la población cubana de este país ha llegado a más de un millón de personas.* En general, se han incorporado fácilmente a la clase media norteamericana gozando de un éxito extraordinario. ¿Por qué vinieron los cubanos? ¿Cómo lograron° tanto? Para contestar estas preguntas, vamos a repasar las razones históricas que han causado el «fenómeno cubano».

no... *does not fail to impress*

did they accomplish

Colón llegó a la isla de Cuba en 1492. La población indígena° desapareció pronto principalmente a causa de las nuevas enfermedades traídas por los colonizadores. Después, los españoles trajeron un gran número de negros para trabajar en las plantaciones de azúcar. Por eso, en contraste con los mexicanos, cuya cultura se caracteriza por la combinación de lo español y lo indio, la cultura cubana muchas veces refleja la mezcla° del elemento español con el africano, especialmente en la literatura y la música.

de indios nativos

combinación

Una pintura mural en la Calle Ocho de "Little Havana," Miami muestra el carácter bicultural de la ciudad.

* Las estadísticas de éste y otros párrafos son del *Statistical Abstract of the United States, 1997, Bureau of the Census.*

Comprensión

¿Verdadero **(V)** o falso **(F)**? Si la información es falsa, corríjala.

_______ Muchos cubanos han gozado de un notable éxito económico en este país.

_______ La cultura cubana se caracteriza por ser una mezcla de lo indio y lo español.

_______ Colón llegó a Cuba en su segundo viaje al nuevo mundo (1493).

_______ Muchos indígenas murieron por enfermedades traídas por los españoles.

La intervención norteamericana

Cuba se liberó de España en 1898, después de la intervención norteamericana en la guerra de independencia cubana. Usando como pretexto la explosión del barco *Maine* en el puerto de La Habana, EE. UU. entró en guerra con España y la venció° fácilmente. Como resultado, Cuba se independizó, y Puerto Rico, las Filipinas y Guam pasaron a ser posesiones norteamericanas. En 1901 EE. UU. obligó a los cubanos a aceptar la Enmienda° Platt, que autorizó su intervención en los asuntos internos de la nueva república y facilitó el establecimiento de una base naval en Guantánamo, que hasta hoy existe.

defeated

Amendment

Con el tiempo se revocó la Enmienda Platt y Cuba disfrutó° de un régimen bastante democrático hasta 1952, cuando Fulgencio Batista derribó° el gobierno constitucional y estableció una dictadura° militar. Esta acción provocó un levantamiento° que terminó finalmente en 1959 con el triunfo de Fidel Castro, que luego fundó el primer gobierno comunista de Hispanoamérica.

enjoyed

hizo caer

dictatorship / uprising

Comprensión

1. ¿Cómo ganó Cuba su independencia?
2. ¿Qué era la Enmienda Platt?
3. ¿Cuándo y cómo llegó al poder Fidel Castro?

La Cuba de Castro

Durante su régimen de más o menos cuarenta años, Castro ha traído ciertos beneficios a Cuba: el analfabetismo° ha sido en gran parte eliminado, el nivel de mortalidad infantil ha bajado mucho, el entrenamiento científico y técnico es bastante avanzado y por cada 300 habitantes se encuentra un médico. Por otra parte, no ha existido la libertad de expresión ni de prensa durante su régimen y siempre ha habido escaseces° de comestibles y medicamentos.

illiteracy / *shortages*

Con la disolución de la Unión Soviética, Cuba perdió su enorme apoyo° financiero y técnico y el mercado principal para sus productos. Entre 1989–94 pasó por una crisis económica, con severas restricciones en la disponibilidad° de gasolina, petróleo, electricidad, comida y otras necesidades básicas. En años recientes Castro ha inaugurado unas cautelosas° reformas económicas que han permitido un crecimiento de la producción nacional de entre el 2% y el 5%. Entre las reformas: 1) la inversión extranjera° de millones de dólares, especialmente en la industria turística; 2) la libre empresa° limitada, principalmente en forma de restaurantes pequeños en casa de los dueños y mercados para campesinos y artesanos, y 3) la introducción del dólar estadounidense como moneda legal. La «dolarización» del país ha producido inequidades entre los que tienen contacto con extranjeros y acceso al dólar y los que dependen del peso cubano menos valorado. Aun con las reformas económicas, los cubanos siguen dependiendo de la generosidad de sus familias y amigos en EE. UU., quienes mandan anualmente más de mil millones° de dólares en ayuda privada.

support / *availability* / *cautious* / **inversión...** *foreign investment* / **libre...** *free enterprise* / **mil...** *one billion*

El embargo comercial entre Cuba y EE. UU. y más recientemente la ley Helms-Burton,* que impone sanciones° sobre ciertas compañías extranjeras que negocian con Cuba, han contribuido a un ambiente tenso entre las dos naciones. Según los defensores de tales medidas,° la presencia de un régimen comunista a 90 millas de EE. UU. es una clara amenaza° que hay que disminuir, o aun eliminar. Otros mantienen que EE. UU.

punishments / *measures* / *threat*

---

* En 1996 el Congresó aprobó esta ley, después de que aviones militares cubanos derribaron (*shot down*) a dos aviones civiles de Miami (de un grupo de exiliados cubanos), que anteriormente habían violado el espacio aéreo cubano.

comercia con países comunistas como Vietnam y China, que Cuba no representa ninguna amenaza, y que sería beneficioso participar en la lenta apertura° de su economía.

Comprensión

1. Identifique tres beneficios y tres problemas del régimen de Castro.
2. Describa dos reformas económicas de Castro y sus efectos.
3. ¿Qué restricciones comerciales existen entre Cuba y EE. UU.?

Los refugiados

Por razones políticas y económicas, miles y miles de cubanos han abandonado la isla. La primera gran ola de refugiados llegó a EE. UU. durante los años 60, algunos de ellos escapándose en pequeños barcos o balsas° y muchos otros en vuelos organizados por el gobierno norteamericano. Por tratarse de un grupo de refugiados del comunismo, la actitud de los norteamericanos en

rafts

Un refugiado de Cuba, que lleva mucho tiempo separado de su familia, se reúne con ellos en Miami.

general fue acogedora.° A diferencia de los mexicanos, puertorriqueños y varios otros inmigrantes, muchos de estos cubanos ya sabían un poco de inglés y tenían una profesión. Al principio la mayoría de los refugiados pensaban que su exilio iba a durar poco, pero después del desastre de la Bahía de Cochinos,* su esperanza de liberar a Cuba disminuyó.°

acogedora: de mucha hospitalidad
disminuyó: se redujo

Dos otros grupos significantes de refugiados cubanos han llegan a Miami. En 1980, Castro permitio salir a 125.000 personas, los «Marielitos°», entre ellos gente pobre y algunos criminales. Luego, al comienzo de los 90, miles de balseros° se escaparon de las gravísimas condiciones económicas en Cuba. Después de un período de difícil adaptación, la mayoría de los Marielitos y balseros se han integrado con éxito a la comunidad hispana. Para resolver de una vez la cuestión de los refugiados, Cuba y EE. UU. firmaron un acuerdo en 1995 que autoriza la entrada legal a EE. UU. de 20.000 cubanos al año y la devolución a Cuba de balseros y otros que viajan en botes pequeños.

Marielitos: salieron del Puerto Mariel en Cuba
balseros: *rafters*

Comprensión

Llene los espacios con la información apropiada sobre los refugiados cubanos.

Grupo	*Año(s) de su salida*	*Motivo por salir/Características*
a. La primera ola	____________	____________
b. ____________	____________	Castro permitió salir a mucha gente
c. ____________	los 1990	____________

Los cubanos en Miami

El poder económico y político de los cubanos en EE. UU. es más visible en Miami, la «capital» de América Latina, según el chiste corriente. Si en Miami la conversación no es siempre en español, la vida y el comercio de la ciudad sí lo son. Hay periódicos, ballet,

* En 1961 un grupo de cubanos exiliados, apoyados por la *Central Intelligence Agency* de EE. UU., invadieron la Bahía de Cochinos en la costa sur de Cuba. El plan —según los invasores— fracasó porque EE. UU. no los protegió con la aviación y con el poderío naval que se les había prometido.

hospitales, hoteles, escuelas, barberos y arquitectos cubanos y la ciudad es la sede° de una de las principales cadenas° televisivas en español, Telemundo. Se dice que en Miami se puede ir del nacimiento a la muerte completamente en español.

oficina central / *networks*

Y no sólo es el español de los cubanos. Hoy, el 66% de los hispanos del Condado° Dade (con su ciudad principal, Miami) son de origen cubano, pero los demás son de todas partes del mundo hispano: Nicaragua, El Salvador, Colombia, Puerto Rico, México, etc. Es más, ahora Miami es una de las ciudades más diversas de la nación, con inmigrantes de Haití, Jamaica, Trinidad, Vietnam, India y otros lugares. Sin embargo, algunos resienten la «cubanización» o «españolización» de la ciudad, al notar la presencia hispana en sus antiguos barrios y el predominio del español.

County

Los cubanos gozan del nivel económico y educativo más alto de los hispanos de EE. UU. pero en comparación con los anglos, la familia cubana gana $10.000 menos anualmente y el porcentaje que se gradúa del colegio y de la universidad es menor.

La influencia política de los hispanos en Miami es notable, ya que el 70% de los votantes inscritos° son hispanohablantes. Han ayudado a elegir a un alcalde cubanoamericano, Xavier Suárez, al primer gobernador cubano de la Florida, Bob Martínez, y a la primera cubanoamericana en el Congreso, Ileana Ros-Lehtinen.

registered

Comprensión

1. ¿Cómo se nota la presencia económica y política cubana en Miami?
2. ¿Qué otros grupos étnicos se encuentran en Miami y el Condado Dade?
3. ¿Cierto o falso y por qué? Los cubanos tienen un nivel de vida superior al de los anglos y otros hispanos de EE. UU.

Contribuciones a la vida nacional

Además de la política, se siente la presencia cubana en muchos lugares distintos. Cualquier persona que ha escuchado la música palpitante de Gloria Estefan o bailado a la incesante energía de la salsa reconoce la influencia de los ritmos afro-cubanos en la música norteamericana. Autores respetados como Cristina García,

Dreaming in Cuban, y Oscar Hijuelos, recipiente del Premio Pulitzer por la novela *The Mambo Kings Play Songs of Love,* contribuyen a la rica literatura sobre la experiencia cubana en EE. UU. En la alta moda° se destaca el diseñador Adolfo. Alberto Salazar, corredor olímpico y ganador de los maratones en Boston y Nueva York y José Canseco, el talentoso beisbolista, señalan las aportaciones de los cubanos al mundo deportivo. La presencia cubana es ya una rica contribución permanente tanto a Miami como al diverso carácter étnico de EE. UU.

fashion

Comprensión

¿A qué categoría pertenecen las siguientes personas/cosas cubanas?

A = moda **L** = literatura **E** = entretenimiento (cine, TV)
M = música **D** = deportes **P** = política

______ la salsa ______ Alberto Salazar
______ *The Mambo Kings Play Songs of Love*
______ Ileana Ros-Lehtinen ______ Cristina García
______ Adolfo ______ José Canseco ______ Gloria Estefan
______ Bob Martínez ______ Telemundo

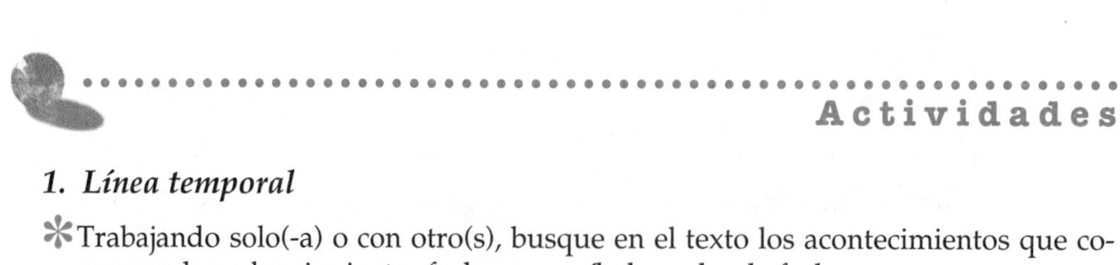

Actividades

1. *Línea temporal*

Trabajando solo(-a) o con otro(s), busque en el texto los acontecimientos que corresponden a las siguientes fechas y escríbalos sobre la fecha.

1492 1898 1901 1952 1959 los años 60 1980 1989–94 1995 hoy día

2. *Debate*

En grupos pequeños o en forma de un panel de expertos, defiendan o critiquen el siguiente punto de vista.

Debemos preservar el embargo comercial contra Cuba y respetar la ley Helms-Burton porque Cuba es un país comunista y queda a sólo 90 millas de EE. UU.

Más allá del texto

1. Si es posible donde Ud. vive, visite un restaurante o mercado cubano y pruebe la comida/bebida típica. ¿Qué son *lechón asado, moros, ropa vieja, yuca con mojo, picadillo, Cuba libre?* Comparta sus experiencias con la clase.
2. Vea una de estas películas (u otra película pertinente) y cuéntele a la clase lo que aprendió sobre los cubanos en EE. UU.: *El Súper, The Mambo Kings,* o *The Perez Family,* o traiga a clase un disco de salsa u otro ejemplo de música cubana y explique por qué sí o no le gusta.
3. En Internet, consulte uno de los siguientes sitios (u otro sitio pertinente):
   a) *www.fishnet.net/~karenm/latino.html*
   b) *www.mundolatino.org/index.htm*
   c) *www.latinolink.com/*
   ¿Qué hay de interés sobre los cubanoamericanos? ¿Aprendió algo nuevo? Explique.

Declaración

Anticipación

* El tema de la nostalgia es muy fuerte para los cubanoamericanos. A pesar de que muchos llevan dos o tres décadas en Estados Unidos, todavía persiste el deseo de regresar algún día a su tierra natal. El siguiente poema expresa los sentimientos de una mujer que nació en Cuba pero que ha pasado la mayor parte de su vida en EE. UU.

1. *Para abrir el tema*

* Trabajando solo(-a) o con otro(s), piense en estas preguntas.

1. Para Ud., ¿qué es la nostalgia? (El verbo **extrañar** o **echar de menos** = *to miss* le ayudará.) ¿Qué emociones asocia con este sentimiento?
2. ¿Qué cosas echa Ud. de menos de su familia o su pueblo natal? Pero, ¿qué ventajas (puntos positivos) hay de su vida ahora en la universidad? ¿Dónde prefiere estar y por qué?

2. *El texto: Búsqueda de información*

✻ Lea Ud. rápidamente los diez primeros versos del poema. Encuentre tres cosas que ligan (*tie*) a la poetisa a Estados Unidos.

Ahora, lea todo el poema para ver dónde preferiría estar la poetisa —en Cuba o en EE. UU.

Declaración

Uva A. Clavijo*

Yo, Uva A. Clavijo,
que salí de Cuba todavía una niña,
que llevo exactamente
la mitad de mi vida en el exilio,
que tengo un marido con negocio propio,
dos hijas nacidas en los Estados Unidos,
una casa en los «suburbios»

* Uva A. Clavijo (n. 1944) poetisa, cuentista y ensayista; ha ganado premios literarios en Cuba, Estados Unidos y Francia. Vino a EE. UU. en 1959 y actualmente reside en Miami.

(hipotecada° hasta el techo)
y no sé cuántas tarjetas de crédito.
Yo, que hablo el inglés casi sin acento,
que amo a Walt Whitman
y hasta empiezo a soportar el invierno,
declaro, hoy último lunes de septiembre,
que en cuanto pueda lo dejo todo
y regreso a Cuba.

Declaro, además, que no iré
a vengarme de nadie,
ni a recuperar propiedad alguna,
ni, como muchos, por eso
de bañarme en Varadero,°
Volveré, sencillamente,
porque cuanto° soy
a Cuba se lo debo.

hipotecada° *mortgaged*

Varadero° una playa cerca de La Habana

cuanto° todo lo que

Comprensión

Trabajando con otra persona o en pequeños grupos, busque información sobre los siguientes aspectos del poema.

1. la narradora de niña
2. su familia y casa en Estados Unidos
3. ejemplos de su adaptación a EE. UU. ¿Está infeliz o no? Explique.
4. fecha y acción principal de su declaración
5. lo que *no* piensa hacer en Cuba
6. por qué ella quiere regresar a Cuba. ¿Siente Ud. lo mismo por su patria? ¿Por qué?

Actividad

Encuesta

Pregunte a cinco compañeros diferentes la siguiente pregunta, anotando sus respuestas según el modelo. ¿Qué extrañarías si tuvieras que salir de tu país? ¿Por qué? Luego comparta la información con la clase.

Juegos imaginativos

1. *Mi declaración*

✻Imagine que Ud., por razones políticas o económicas, tuvo que abandonar los Estados Unidos hace diez años. Ahora vive en España pero quiere volver a EE. UU. Ud. escribe este poema.

Yo ______________________________

que llevo exactamente

diez largos años en el exilio,

que tengo ______________________________

____

____

Yo, que hablo español casi sin acento,

que amo a ______________________________

y hasta empiezo a soportar ______________________________

declaro hoy, ______________________________

que en cuanto pueda lo dejo todo

y regreso a Estados Unidos.

Declaro además que no iré

a ______________________________

ni a ______________________________

ni, como muchos, por eso

de ir a Disney World en Orlando.

Volveré, sencillamente,

porque ______________________________

____

____

2. *El futuro es ahora*

✻Imagine que Uva Clavijo ha regresado a Cuba este año. En forma oral o escrita, describa sus impresiones.

Los amigos en Miami

Anticipación

Estados Unidos es un país de inmigrantes. Algunos son recién llegados, otros vinieron hace siglos, pero todos han encontrado una cultura nueva en este país. Con el tiempo, muchos se acostumbran a las diferencias culturales y hasta se ríen de ellas. La siguiente selección fue escrita por Eladio Secades, un escritor cubano que vino en la primera ola de refugiados políticos que estaban en contra del comunismo. A continuación, él nos ofrece una perspectiva humorística sobre las experiencias del exilio.

1. *Para abrir el tema*

Trabajando solo(-a) o con otro(s), piense Ud. en una experiencia que tuvo en una cultura o unas circunstancias nuevas (un viaje a otro país, su primer semestre en la universidad, los primeros meses en una nueva casa o ciudad, etc.). ¿Cómo se sentía Ud.? ¿Qué cosas nuevas lo/la sorprendían? ¿En qué actitudes y actos viejos y cómodos insistía Ud.? ¿Qué cosas de esa época/experiencia le parecen cómicas ahora? ¿Qué aprendió Ud.?

2. *Vocabulario: Encontrar la pareja*

Las palabras a la izquierda son del primer párrafo del ensayo y su significado se encuentra en la segunda columna. ¿Qué letra va con qué número?

______	1. nos lo figuramos	a. ruido
______	2. asombro	b. ritmo
______	3. callados	c. nos parece
______	4. bulla	d. sorpresa
______	5. compás	e. silenciosos

3. *El texto: Anticipando las costumbres*

El autor describe varias situaciones y costumbres de los cubanos en Miami. ¿En qué párrafo encontramos las siguientes situaciones? (¡Ojo! Una situación *no* aparece en el ensayo. ¿Cuál es?)

Número del ¶	*Situación*
_______ 1.	Una familia cubana visita un restaurante.
_______ 2.	Los cubanos reparan sus coches.
_______ 3.	Los cubanos van de compras.
_______ 4.	Los cubanos hablan y caminan por las calles.

Ahora leamos más sobre los cubanos en Miami.

Los amigos en Miami

Eladio Secades*

Ahora resulta que medio° Miami es nuestro. Por lo menos, nos lo figuramos así. Hay legiones infinitas de cubanos en Miami. Se repite con asombro que en las calles de Miami sólo se oye hablar español. En realidad, el éxodo ha sido tremendo. Pero no se olvide que los norteamericanos van por las aceras, callados y con prisa... Nosotros, inevitablemente, vamos hablando. Por lo mismo que repudiamos la gravedad excesiva, la etiqueta y el silencio absoluto, no escondemos los sentimientos. Dejamos que salgan. Y formando bulla además. Hablamos con efusión. Y llevamos el compás con las manos.

half

Para las cubanas que vemos por Flagler,° los escaparates° de las tiendas no son simple motivo de contemplación. Aunque no vayan a comprar algo, todo lo curiosean. Todo lo juzgan. Y todo lo glosan.° «Aquel modelito de algodón.° Tan triste y tan soso.° El de encajes° de al lado, está monísimo.° Lástima de ese lazo tan cursi°...» Los cubanos hacemos un alto° ante el escaparate de modas masculinas. Y si nos parece alto el costo del traje que nos gusta, dejamos constancia° pública del abuso. «Esto marcha sin remedio a la inflación». Y hasta parece que increpamos al maniquí,° como si tuviera la culpa.

una calle de Miami / *display windows*

comentan / **modelito...** *little cotton outfit* / insípido / *lace* / *very cute* / **lazo...** *cheap looking bow* / **hacemos...** *we stop*

evidencia

increpamos... *we scold the mannequin*

Hay el matrimonio° cubano que el domingo decide ir al restaurante. Con toda la prole° y entusiasmo de pic-nic bajo

married couple

niños

---

* Eladio Secades, escritor cubano famoso por sus estampas humorísticas sobre tipos y costumbres. Vivió muchos años en EE. UU.

techo.° Los niños llaman al dependiente al mismo tiempo. A la impaciencia sigue sin remedio un coro de silbidos.° Para que traigan por lo menos la cesta° del pan. Que es muy nuestro eso de haber acabado° con el pan y la mantequilla antes de que traigan la sopa. La mamá dice que parecen guajiros.° Y jura° que no los volverá a sacar. El papá cree el instante indicado para ejercer su autoridad. «Está bueno ya».° Pero completa al alboroto° leyendo el menú en voz alta.

bajo... *indoors*
whistles
basket
Que es... Es muy típico de nosotros terminar / campesinos cubanos / proclama
Está... *That's enough now.* / confusión

No habrá seguramente en la historia de todos los exilios del mundo algo tan entrañable,° humano y simpático como la visita a Miami del cubano que ha encontrado su segundo hogar° en otras latitudes. Es posible que al entrar al hotel envolvamos al gerente en un abrazo largo, cálido, muy apretado.° Es López, el profesor de matemáticas de las muchachitas. La cara de la telefonista nos parece familiar. La señora que maneja el ascensor. Otoñal,° uniformada, tiesa,° nos dice que si somos cubanos, tendremos que conocerla. Es la viuda° de un gerente de «El Encanto».° La abrazamos también. ¡Qué sonrisa más triste, más bella la de ella!... Todavía antes de que las maletas lleguen a la habitación del hotel de la Playa, nos dan noticias de Dominguito. ¡Notario de nuestras escrituras° y compañero de nuestro club! Ya ha aprendido a hacer ensaladas. Iremos a la cocina a saludarlo.

heartwarming
casa
envolvamos... *we envelop the manager in a long, warm, tight embrace* / *Middle-aged*
formal
widow / nombre de una tienda grande de La Habana
Notario... *our notary public*

Cada exiliado sabe lo que dejó atrás. Y el dolor que le costó dejarlo. Más en broma que en serio, este relato es una pintura de lo que el cubano decente, culto° o inculto, pobre, de la clase media o rico, soporta, sufre y supera,° lo que somos capaces de ser y de hacer.

educado
overcomes

Comprensión

1. Según el autor; ¿por qué se notan más los cubanos de Miami que los norteamericanos?
2. ¿Qué hacen las cubanas y los cubanos al mirar los escaparates de la calle Flagler?
3. Describa Ud. a la familia cubana que va al restaurante.
4. ¿Qué le pasa al cubano de otra parte del país, al entrar en un hotel de Miami?
5. Según el autor, ¿qué demuestra este relato de una visita a Miami?
6. ¿Qué partes de esta selección son cómicas? ¿Cuáles le parecen tristes? ¿Por qué?

Actividades

1. Hágale estas preguntas a un(-a) compañero(-a) sobre la hora de la cena.

   ¿Dónde comes generalmente? ¿Qué comes? ¿Con quiénes? ¿De qué hablan Uds.? ¿Te gusta la hora de la cena? ¿Por qué? ¿Qué pasa después? ¿Cómo es cuando cenas con tu familia?
2. Haga Ud. una lista de costumbres especiales o étnicas que se preservan en su familia. ¿Qué importancia tienen para Ud.? ¿Por qué? Comparta su lista con otro estudiante.

Vocabulario

A few items that will help you use this vocabulary

1. Words containing **ñ** are placed after words containing **n.** For example, **año** comes after **anual.**
2. If a verb has a stem (radical) change (such as **dormir-duerme, durmió**), this change is indicated in parentheses next to the infinitive: (**ue, u**).
3. Idioms are generally listed under the more important or unusual word. **De regreso,** for example, is under **regreso.** In doubtful cases we have cross-referenced the expression.

The following types of words have been omitted: (1) cognates we judge to be easily recognizable, including regular verbs that with the removal of the infinitive or conjugated ending very closely approximate English verbs in form and meaning (such as **abandonar, ofender, decidir**), and most words ending in **-ario** (*-ary*), **-ivo** (*-ive*), **-ico** (*-ic*), **-ancia** (*-ance*), **-encia** (*-ence*), **-ente** (*-ent*), **-ción** (*-tion*), **-izar** (*-ize*); (2) low-frequency words that are explained in the marginal notes; (3) verb forms other than the infinitive (except for irregular past participles and a few uncommon present participles and preterite forms): (4) articles and personal, demonstrative, and possessive adjectives and pronouns (except in cases of special use or meaning); (5) adverbs that end in **-mente** when the corresponding adjective appears; (6) most ordinal and cardinal numbers; (7) common diminutives **(-ito, -ita)** and superlatives **(-ísimo, -ísima).** When we have not been certain that a word would be easily understood, we have included it. Finally, we have only given meanings that correspond to the text use.

Abbreviations

adj.	adjective
adv.	adverb
Arg.	Argentina
Bol.	Bolivia
colloq.	colloquial
dial.	dialect
dim.	diminutive
f.	feminine (noun)
inf.	infinitive
lit.	literature
m.	masculine (noun)
Mex.	Mexico
n.	noun
pl.	plural
p.p.	past participle
prep.	preposition
pres. p.	present participle
pret.	preterite
pron.	pronoun

A

a at; by; to; on; for; in; from; of; into
abajo down; below, underneath; downstairs; **hacia—**downwards; **¡Abajo . . . !** Down with . . . !
abandono *m.* abandonment
abeja *f.* bee
abierto, -a *p.p. of* **abrir** & *adj.* open; frank; opened
abismo *m.* abyss; trough (of a wave)
abnegado, -a self-sacrificing
abnormalidad *f.* abnormality
abogado, -a *m.* & *f.* lawyer
abono *m.* fertilizer
abortar to abort
aborto *m.* abortion
abrasar to burn
abrazar(se) to embrace; to cling to
abrazo *m.* hug
abreviado, -a abbreviated
abreviar to shorten
abrigar:—una esperanza to harbor a hope
abrigo *m.* coat
abrir to open
absoluto, -a absolute; **en—**not at all
absorber to absorb; to consume
abstraer to abstract
abuelo, -a *m.* & *f.* grandfather; grandmother;**—s** grandparents
abultado, -a bulky
abundar to abound
aburrido, -a bored, boring
aburrir to bore;**—se** to be or become bored
abusar (de) to take advantage of; to misuse; to abuse
abuso *m.* abuse; misuse
a. de J.C. B.C. (before Christ)
acá here
acabar to finish, end;**—de** + *inf.* to have just . . . ; to put an end to
acantilado *m.* cliff
acaso perhaps
acatar to observe; to respect
acentuar to emphasize, accentuate
aceptación *f.* acceptance
acequia *f.* irrigation channel
acera *f.* sidewalk
acerca:—de about, with regard to
acercar(se) (a) to draw close; to approach; to come (go) up (to)
achicamiento *m.* reduction
ácido, -a acidic; sour
aclarar to clarify
acogedor, -a friendly; hospitable; cozy
acomodado, -a well-off
acomodar to accommodate
acompañar to accompany
acomplejado, -a with complexes
acondicionado, -a conditioned
aconsejar to advise
acontecimiento *m.* event
acordarse (ue) (de) to remember
acortar to shorten
acoso *m.* harrassment;**—sexual** sexual harrassment
acostar (ue) to put to bed;**—se** to go to bed; to lie down
acostumbrar(se) to be accustomed; to get used (to)
actitud *f.* attitude
actividad *f.* activity
actriz (*pl.* **actrices**) *f.* actress
actual present, present-day
actualidad *f.* present time
actuar to act
acudir to come (to aid); to go (in response to a call)
acuerdo *m.* agreement; **estar de—**to be in agreement; **de—con** in accordance with
acuidad *f.* sharpness
acusar to accuse; to prosecute
Adán Adam
adaptabilidad *f.* adaptability
adecuado, -a adequate
adelantado, -a advanced
adelantar(se) to get ahead; to move toward
adelante ahead; **más—**later on
ademán *m.* gesture
además moreover, besides;**—de** besides, in addition to
adentro inside
adepto, -a *m.* & *f.* follower
adherir (ie, i) to stick
adicto *m.* & *adj.* addict; addicted
adinerado, -a wealthy
adiós goodbye, farewell
adivinar to guess
adjetivo *m.* adjective
admirador, -a admiring
adobe *m.* dried brick
adorar to worship
adormecer to lull to sleep
adornar to decorate; to adorn
adorno *m.* decoration
adquerir (ie) to acquire
aduana *f.* customs (border inspection)
advenimiento *m.* coming
advertir (ie, i) to warn; to notice
aéreo, -a air
aeropuerto *m.* airport
afectar to affect, have an effect
afecto *m.* affection
afición *f.* hobby; fondness
aficionado, -a *m.* & *f.* fan
afinado, -a in tune
afinar to sharpen; to refine
afirmar to assert, affirm
aflijirse to be distressed; to grieve
afluencia *f.* influx
afortunado, -a fortunate
afrenta *f.* affront; disgrace
afrontar to confront
afuera outside
afueras *f. pl.* suburbs; outskirts
agarrar to grab
agobiado, -a bent; bowed under
agobiante oppressive; heavy
agonizante *m.* & *f.* & *adj.* dying person; dying
agotar to exhaust
agradable pleasant
agradar to please
agradecer to thank for; to be grateful for
agravarse to get worse
agraviado, -a offended, wronged
agregado, -a *m.* & *f.* attaché
agregar to add
agresividad *f.* aggressiveness
agresor, -a *m.* & *f.* aggressor, assailant
agrícola agricultural
agua *f.* water
aguacate *m.* avocado

aguacero *m.* rain storm; shower
aguafuerte *m.* etching
aguantar to await; to wait; to tolerate, stand
agudo, -a sharp
águila *f.* eagle
aguja *f.* needle; knitting needle
aguzado, -a sharpened
ahí there
ahora now, at present;**—bien** now then
ahorrar to save
ahorro *m.* savings
ahumado, -a smoky
airecillo *m.* little breeze
aislar to isolate; to separate
ajeno, -a of others; foreign
ajo *m.* garlic
ajustar to adjust
al:—+ *inf.* upon, on -ing
Alá *m.* Allah
alabar to praise
alarde *m.* display
alargarse to extend
alarmante alarming
alba *f.* dawn
albergar to shelter, lodge
alboroto *m.* uproar
alcalde *m.* **alcadesa** *f.* mayor
alcance: al—within reach
alcanzable attainable
alcanzar to attain, reach
alcoba *f.* bedroom
aldea *f.* village
alegar to allege; to argue
alegato *m.* argument
alegrar to gladden, please;**—se** to be glad, rejoice
alegre happy
alegría *f.* joy, gaiety, merriment
alejarse (de) to go away (from) leave; to go far away
alemán, alemana *m.* & *f.* & *adj.* German
Alemania Germany
alérgico, -a allergic
aletargado, -a drowsy, lethargic
alfombra *f.* rug
algo *pron.* & *adv.* something; somewhat
algodón *m.* cotton
alguien someone, somebody
algún, alguno, -a some; any;**—s** various
aliado, -a *m.* & *f.* ally
alianza *f.* alliance
aliento *m.* breath
alimentación nourishment
alimentar to feed, nourish
alimento *m.* food, nourishment;**—enlatado** canned food
aliviar to relieve; alleviate
allá there; (applied to time) far-off times, in times of old; **más—de** beyond
allí there, in that place
alma *f.* soul; person
almacén *m.* storehouse; department store, store
almohada *f.* pillow
alojamiento *m.* lodging
alquilar to rent
alquiler *m.* rent
alrededor (de) around
alrededores *m. pl.* surroundings
alta: en voz—aloud
alto, -a tall; high; noble; **a—as horas** in the wee hours
altura *f.* height
alumbrar to light, give light
aluminio *m.* aluminum
alumno, -a *m.* & *f.* student
alzar to raise**—se** to get up
ama:—de casa *f.* housewife
amado, -a *m.* & *f.* & *adj.* beloved
amalgamar to combine
amanecer to rise at daybreak; *m.* dawn
amante *m.* & *f.* lover
amar to love
amargo, -a bitter
amarillo, -a yellow
ambiental environmental
ambiente *m.* environment; atmosphere
ámbito *m.* area
ambos, -as both
amenaza *f.* threat
amenazante threatening
amenazar to threaten, endanger
amigo, -a *m.* & *f.* friend
aminoración *f.* lessening
amistad *f.* friendship
amnistía *f.* amnesty
amo, -a *m.* & *f.* master; mistress
amontonadero *m.* accumulation
amor *m.* love;**—es** love affairs
amoroso, -a loving amorous
ampliar to amplify
ampliación *f.* enlargement; amplification
amplio, -a broad, extensive
amplitud *f.* breadth, extent
analfabetismo *m.* illiteracy
analfabeto, -a illiterate
análisis *m.* analysis; test (medical)
anarquista *m.* & *f.* anarchist
ancho, -a wide, broad
ancianidad *f.* old age
anciano, -a *m.* & *f.* & *adj.* old person; old
Andalucía Andalusia (province in Southern Spain)
andaluz, -a (*m. pl.* **andaluces**) *m.* & *f.* & *adj.* Andalusian
andante: caballero—knight errant
andar to walk; to go about; **andando los tiempos** with the passage of time; **¡Anda!** Go ahead!; **¿Cómo andas?** How are you? How are things going?
anexar to annex, attach
anfitrión, -ona host, hostess
anglo *m.* & *adj.* white American
angloparlante English-speaking
anglosajón, -ona *m.* & *f.* & *adj.*Anglo-Saxon
ángulo *m.* angle
angustia *f.* anguish
angustiado, -a anguished; anxious
angustioso, -a anguishing, full of anguish
anhelar to desire anxiously, long or yearn for
anhelo *m.* longing, yearning
anhídrido carbónico *m.* carbon dioxide
anímico: estado—*m.* mood
ánimo *m.* courage; energy; **estado de**—mood
animoso, -a spirited
anómalo, -a anomalous
anónimo, -a anonymous
ansia *f.* anguish; yearning
ansiedad *f.* anxiety, uneasiness
ansioso, -a anxious
Antártida Antarctica

ante before; in the presence of;—**todo** above all
antebrazo *m.* forearm
antecedente *m.* antecedent; (*pl.*) background
antepasado *m.* ancestor
anterior previous; earlier
antes (de) before
anticastrista *m.* & *f.* person against Castro
anticipación: con—in advance
anticipar to anticipate; to advance
anticonceptivo *m.* contraceptive
antigüedad *f.* antiquity
antiguo, -a ancient, old; of long standing
antónimo *m.* antonym, opposite word
anualmente yearly
anunciar to announce
anuncio *m.* advertisement
añadir to add
año *m.* year
apacible gentle
apagar to put out; to turn off (the light);—**se** to die out; to go out
aparato *m.* apparatus; (TV) set
aparecer to appear
aparición *f.* appearance; apparition
apariencia *f.* appearance
apartar(se) to separate; to remove; to move away
aparte apart, aside;—**de** besides
apasionado, -a passionate
apatía *f.* apathy
apelar to appeal
apellido *m.* surname
apenas scarcely; hardly
apetitoso, -a appetizing
aplanar to smooth, to level
aplastar to crush; to flatten; to destroy
aplicar to apply; to lay on
Apocalipsis Apocalypse
apodado, -a nicknamed
apoderarse (de) to seize; to take over
aportar to bring
apoyar to support
apoyo *m.* support
apreciar to appreciate
aprender to learn
apretado, -a compact; pressed together
apretón:—de manos handshake
aprisionar to imprison
aprobación *f.* approval; approbation
aprobar (ue) to approve; to pass
apropiado, -a appropriate; correct
apropiarse to take possession; to confiscate
aprovechar(se) (de) to take advantage of
aproximadamente approximately
aproximarse to approach, move near
apto, -a apt, fit
apuntar to point out
apuración *f.* anguish
apurado, -a in a hurry
aquejado, -a suffering
aquel, aquella that; **aquél,** *etc.* that one; **aquello** that (thing)
aquí here
aquietar to quiet down
arancel *m.* customs duty or tariff
árbol *m.* tree
arbusto *m.* bush
arcaico, -a archaic
archivo *m.* archives
arco *m.* bow;—**iris** rainbow
arena *f.* sand
árido, -a arid, dry; barren
arma *f.* armor; weapon
armado, -a armed
armadura *f.* armor
armar to put together; to arm
armario *m.* cabinet, closet
armonía harmony
arquitectónico, -a architectural
arracada: ponerse -s to pierce parts of the body
arraigado, -a rooted
arraigo: tener—to have influence
arrancar to start (a car); to tear out
arrasar to demolish
arrastrar to drag along
arrebato *f.* rapture; fit
arredrar to frighten, scare away
arreglar to fix, arrange; to adjust
arrepentirse (ie, i) to repent, be sorry
arriba up, above; high; **calle**—up the street
arribo *m.* arrival
arrimado, -a pressed close to
arrogarse to assume
arroyo *m.* small stream, arroyo
arroz *m.* rice
arrugar to wrinkle
arruinar to ruin; to destroy
artesano, -a *m.* & *f.* artisan, craftsperson
artículo *m.* article
arzobispo *m.* archbishop
asalariado, -a salaried
asamblea *f.* assembly, group
asar to roast
ascendencia *f.* ancestry
ascender (ie) to ascend, climb; to promote
ascenso *m.* promotion
ascensor *m.* elevator
asco *m.* disgust
asegurar to assure
asentado, -a fixed; well-established
asesinar to murder; to assasinate
asesinato *m.* murder
asesino, -a *m.* & *f.* murderer, assassin
asfalto *m.* asphalt
así thus; like that, in this way; so;—**que** and so
asiento *m.* seat
asignar to assign
asilo *m.* asylum
asimismo likewise, also
asir to seize, grasp
asistencia *f.* aid, assistance;—**pública** welfare
asistir (a) to attend (school)
asolearse to sunbathe; to dry in the sun
asomar to begin to appear or show in a door or window;—**se** to look out (window)
asombrar to startle, astonish
asombro *m.* astonishment, amazement
asombroso, -a startling, astonishing
asomo *m.* sign
aspecto *m.* aspect; look, appearance
áspero, -a harsh, rough

aspirar (a) to aspire (to)
astro *m.* star
astucia *f.* cunning, slyness
asturiano, -a *m.* & *f.* Asturian (person from Asturias, Spain)
asumir to assume
asunto *m.* topic; business matter; affair
asustador, -a frightening
asustar to frighten, scare;**—se** to become frightened
atacar to attack
atado, -a tied together
atañer to concern
ataque *m.* attack; **contra—**counterattack
atar to tie
atarantado, -a restless
atardecer *m.* late afternoon
ataviado, -a dressed up
atender (ie) to take care of; to attend; to pay attention
atenerse (a) to abide by
atentar (contra) to endanger; to commit an outrage against
atento, -a attentive
ateo, -a *m.* & *f.* atheist
aterrador, -a terrifying
aterrizar to land (airplane)
aterrorizar to frighten, terrify
atinar to discover; to succeed
atleta *m.* & *f.* athlete
atmósfera *f.* atmosphere
atónito, -a astonished, amazed
atormentar to worry; to torment
atraer to attract
atrapar to trap
atrás back; behind
atravesar (ie) to pass through
atreverse to dare
atrevido, -a daring
atribución *f.* power
atribuir to attribute
atrofiar(se) to atrophy
aturdido, -a stunned, bewildered
aula *f.* classroom
aumentar to increase
aumento *m.* increase
aun even; **aún** still, not yet
aunque although
ausencia *f.* absence
ausentarse (de) to leave; to absent oneself from
ausente absent; *m.* & *f.* absent person
auténtico, -a authentic
autoafirmación *f.* self-affirmation
autoafirmarse to affirm oneself
autoaprendizaje *m.* self-instruction
autobús *m.* bus
autodestrucción *f.* self-destruction
autogobierno *m.* self-government
automóvil *m.* car, automobile
automovilístico, -a pertaining to automobiles
autonombrarse to name or appoint oneself
autonomía *f.* self-government; autonomy
autor, -a *m.* & *f.* author
autoridad *f.* authority
autoritario, -a authoritarian
autosuficiente self-sufficient
auxiliado, -a helped, aided
auxiliar auxiliary, helping
auxilio *m.* aid, help
avaluar to appraise; to value
avance *m.* advance
avanzar to advance, move forward
avaro, -a *m.* & *f.* & *adj.* stingy, miserly; miser
ave *f.* bird; **¡Ave María!** (from Latin for *Hail Mary)* Good heavens!
avecinarse to approach; to be coming
aventura *f.* adventure; (love) affair
aventurar(se) to venture
avergonzarse (üe) to be ashamed
avería *f.* breakdown
averiguar to find out; to investigate
aviación *f.* air force; aviation
ávido, -a greedy; eager
avión *m.* airplane
avisar to advise
aviso *m.* notice; information
avizorar to spy
ayllu (aíllo) *m.* line or family group of people *(Bol, Perú)*
ayuda *f.* help, aid
ayudante *m.* assistant
ayudar to help, aid
ayunar to fast
ayuno *m.* fast
azúcar *m.* sugar
azul blue
azulado, -a bluish

báculo *m.* staff, walking stick
bailar to dance
baile *m.* dance
baja *f.* decrease
bajar to bring down; to come down; to go down;**—se de** to get off, out of (a vehicle)
bajeza *f.* baseness; lowliness
bajo, -a low; short; *prep.* under, underneath;**—mundo** underworld
balada *f.* ballad
balancear(se) to balance
balcón *m.* balcony
balneario *m.* spa, watering place, resort
baloncesto *m.* basketball
balsa *f.* raft
balsero, -a *m.* & *f.* person afloat on a raft
bancario, -a banking
banco *m.* bank
bandeja *f.* dish; tray
bandera *f.* flag
bando *m.* faction
banquero, -a *m.* & *f.* banker
bañar to bathe
baño: cuarto de—bathroom
baranda *f.* roof balcony
barato, -a inexpensive, cheap
barba *f.* beard
barbaridad *f.* atrocity, barbarity; **¡Qué—!**How awful!, That's terrible!
barco *m.* boat, ship
barra *f.* bar (of gold, iron, etc.)
barranca *f.* ravine; cliff
barrendero, -a *m.* & *f.* street sweeper
barrer to sweep clean
barrera *f.* barrier

barriga *f.* belly
barrio *m.* neighborhood; section;—**bajo** slum
barro *m.* clay
barroco, -a baroque
basar to base;—**se** to be based
base *f.* basis, base, foundation; **a—de** on the basis of
bastante enough, sufficient; quite, rather
bastar to be enough
bastardilla: en—in italics
bastón *m.* cane, walking stick
basura *f.* garbage;—**orgánica** compost
basurero, -a *m.* & *f.* garbage dump; garbage can
batalla *f.* battle
bautismo *m.* baptism
bebé *m.* baby
beber to drink
bebida *f.* drink
becerro *m.* calf
béisbol *m.* baseball
beisbolista *m.* & *f.* baseball player
Belén Bethlehem
belleza *f.* beauty
bello, -a beautiful
bencina *f.* benzine; gasoline *(Chile)*
bendición *f.* blessing; benediction
bendito, -a blessed
beneficiar(se) to benefit, do good
beneficio *m.* benefit
beneficioso, -a beneficial
benéfico, -a kind, charitable
besar to kiss
beso *m.* kiss
bestia *f.* beast
bestialidad *f.* brutality; bestiality
biblia *f.* bible
bíblico, -a biblical
biblioteca *f.* library
bibliotecario, -a *m.* & *f.* librarian
bicicleta *f.* bicycle; **montar en—** to ride a bicycle
bien *adv.* well, perfectly; *m.* good;—**es** goods; possessions; resources;—**está** that's all right; **si—**although;—**buena** very good
bienestar *m.* well-being
biodegradabilidad *f.* biodegradability
biólogo, -a *m.* & *f.* biologist
bióxido:—de carbono carbon dioxide
bisabuelo, -a *m.* & *f.* great-grandfather, great-grandmother
bisonte *m.* bison, buffalo
blanco, -a white; **espacio en—** blank space
blando, -a soft; bland
blasfemia *f.* blasphemy
bloque *m.* block
blusa *f.* blouse
boca *f.* mouth
bocado *m.* bite, mouthful
boda *f.* wedding
bodega *f.* cheap bar or wine store; grocery store; warehouse
boga: estar en—to be in fashion
boicoteo *m.* boycott
bola *f.* ball
bolsa *f.* bag; pocket; stock market
bolsillo *m.* pocket
bolso:—de mano *m.* handbag
bombardear to bomb
bombardeo *m.* bombing
bombero *m.* firefighter
bombilla *f.* light bulb
bondad *f.* goodness; kindness
bondadoso, -a goodnatured
bonito, -a pretty
borde *m.* border; edge; **al—de, de—**on the brink of
boricua *m.* & *f.* & *adj.* Puerto Rican
borrachera *f.* drunkeness; drunken spree
borrador *m.* rough draft
borrar to rub out, wipe out; to erase
bosque *m.* forest, *m.* woods, forest
botánico, -a *m.* & *f.* botanist
botar to throw away
bote *m.* small boat; can
botella *f.* bottle
bracero *m.* day laborer hired for temporary contract
bramar to bellow
bravo, -a harsh, ill-tempered; brave; angry
brazo *m.* arm
Bretaña: Gran—Great Britain
breve brief
brillante brilliant
brillar to shine
brillo brightness
brincar to jump
brindar to offer; to make a toast
broma *f.* jest, joke
bronce *m.* bronze
brotar to spring forth
bruja *f.* witch
brusco, -a abrupt
brutalidad *f.* brutality
buceador, -a *m.* & *f.* diver, scuba diver
buceo *m.* diving;—**con tanques** scuba diving
bueno, -a *adj.* good; *adv.* well then, well now, all right
buey *m.* ox
bufete *m.* office
bufo, -a comic
bufón, -ona *m.* & *f.* (Court) jester; clown
bulla, *f.* uproar
bullicio *m.* noise
bulto *m.* bulk; body
buque *m.* boat
burgués, burguesa *m.* & *f.* & *adj.* bourgeois, person of the middle class
burguesía *f.* bourgeoisie, middle class
burla mockery; jest; deception
burlarse to deceive; to fool around
burocracia *f.* bureaucracy
burro *m.* jackass, donkey
busca: en—de in search of, looking for
buscar to look for, seek
búsqueda *f.* search
butaca *f.* armchair

caballería *f.* chivalry; **libros de—**chivalric novels
caballero *m.* gentleman; knight

caballo *m.* horse
cabaña *f.* hut, cabin
cabello *m.* hair
caber to fit; **no cabe duda** there is no doubt
cabeza *f.* head; **tener—para** to have the brains for
cabida *f.* room
cabizbajo, -a crestfallen
cabo: al—de after (a period of time); **llevar a—**to carry out, accomplish
cabra *f.* goat
cacahuate *m.* peanut
cacto *m.* cactus
cada each;**—vez más** more and more;**—cual** every one; each one
cadena *f.* chain
caer to fall; **dejar—**to drop
café *m.* coffee; coffee house, cafe
caída *f.* fall
caja *f.* case, box
calabaza *f.* pumpkin; squash
calabozo *m.* jail, calaboose
calcetín *m.* sock
calcinado, -a burned, charred
calcomanía *f.* sticker, decal
cálculo *m.* calculation; estimate
calefacción *f.* heating
calentar (ie) to warm, heat
calidad *f.* quality
cálido, -a warm
caliente hot
calificación *f.* qualification
calificado, -a qualified
callado, -a quiet
callar: to silence, make quiet;**—se** to become quiet; **¡Cállate!** Shut up!
calle *f.* street
calmado, -a calm
calmar to calm; to relieve
calmoso, -a: calm; slow, phlegmatic
calor *m.* heat
caluroso, -a hot
cama *f.* bed
Camagüey a province in Cuba
camarero, -a *m.* & *f.* waiter, waitress
camarón *m.* shrimp
camastro *m.* rickety cot
cambiante changing
cambiar to change
cambio *m.* change; rate of exchange (money); **en—**on the other hand; **a—de** in exchange for
caminar to walk
caminata: hacer -s to take walks or excursions
camino *m.* road, way, path
camioneta *f.* station wagon; van
camión m.: truck; bus (Mex.)
camisa *f.* shirt
camote *m.* sweet potato
campana *f.* bell
campaña *f.* campaign
campesino, -a *m.* & *f.* farmer; peasant
campo *m.* field; country, countryside; camp
canal *m.* channel (on T.V.)
canas *f. pl.* white or gray hair(s)
caña:—brava tall bamboo plant
cancel: puerta—*m.* inner door to keep out drafts
cancha:—de tenis *f.* tennis court
canción *f.* song;**—de cuna** lullaby
candido, -a naive; guileless
candil *m.* oil lamp
canoa *f.* canoe
cano, -a gray, white
cansarse to be or become tired
cantante *m.* & *f.* singer
cantar to sing
cantidad *f.* quantity, amount
canto *m.* song
caos *m.* chaos
caótico, -a chaotic
capa *f.* layer, stratum
capacidad *f.* capacity; capability, ability, talent
capacitación *f.* preparation, training
capataz *m.* foreman
capaz (*pl.* **capaces**) capable, able
capital *m.* capital, funds
capitán *m.* captain
capítulo *m.* chapter
capricho *m.* caprice, whim
caprichoso, -a capricious
captar to captivate; to grasp
cara *f.* face
carácter *m.* character; nature
característica *f.* characteristic
¡caramba! confound it!, damn it!
carbón *m.* coal; charcoal
cárcel *f.* jail
carecer (de) to lack
carencia *f.* lack, deficiency
carga *f.* burden
cargar to impose; to carry;**—con** to assume (responsibility);**—se de** to load or fill oneself up with
cargo; alto—high office, position
Caribe *m.* Caribbean
caridad *f.* charity
cariño *m.* affection; dear
cariñoso, -a affectionate
carísimo, -a very dear; dearest
carne *f.* meat; flesh;**—de vaca, res** beef
carnet *m.* identity card
caro, -a expensive; dear; *adv.* at a high price
carpintería *f.* carpentry
carpintero, -a *m.* & *f.* carpenter
carrera *f.* career; profession; race
carretera *f.* road
carro *m.* car; cart
carta *f.* letter; playing card
cartelón *m.* placard
cartón *m.* cardboard
casa *f.* house, home
casado, -a married
casarse (con) to get married (to)
cascada *f.* waterfall
casero, -a home-made
caserón *m.* large (ramshackle) house
casi almost
caso *m.* case; **hacer—**to pay attention
castellano *m.* Spanish
castigar to punish, castigate
castigo *m.* punishment
castillo *m.* castle
castrista *m.* & *f.* person in favor of Fidel Castro
casualidad *f.* coincidence; **por—** by chance, by accident
catalán, catalana *m.* & *f.* & *adj.* Catalonian (person from Cataluña); *m.* language spoken in Catalunia
catalítico, -a catalytic; **convertidor—**catalytic converter
Cataluña Catalonia (province in northern Spain)

categoría: de—high quality; prominent
cauchero, -a *m.* & *f.* & *adj.* rubber plantation owner or boss; pertaining to rubber plantation
caucho *m.* rubber
caudillo *m.* chief, leader
causa *f.* cause; **a—de** because of
causante causing, occasioning
cautividad *f.* captivity
cautivo, -a *m.* & *f.* & *adj.* captive
caza *f.* hunting
cazador, -a *m.*& *f.* hunter
cazar to hunt
cebada *f.* barley
cebolla *f.* onion
ceder to cede, transfer; to yield, surrender
célebre famous
celeste celestial; sky blue
celos *m. pl.* jealousy; **tener—**to be jealous
celoso, -a jealous
celta *m.* & *f.* Celt
cementerio *m.* cemetery
cena *f.* dinner
cenar to eat supper
ceniza *f.* ash
censura *f.* censorship
censurar to censor
centavo *m.* cent
centenario *m.* centennial; **quinto centenario** 500th anniversary
central nuclear *m.* nuclear power station
centrarse to center on; to be based on
centro *m.* center, middle, downtown**—s nocturnos** night clubs
cepillar to brush
cerca nearby;**—de** near
cercano, -a near
cerdo *m.* pig
cerebro *m.* brain
ceremonia *f.* ceremony
cerquita *dim. of* **cerca** really close
cerradura *f.* lock
cerrar (ie) to close
certeza *f.* certainty
certidumbre *f.* certainty
cerveza *f.* beer
César Caesar (Roman emperor symbolic of power)
cesar to cease
cetro *m.* sceptre; rod
chaqueta *f.* jacket, coat
charco: brincar el—to cross the pond (or the ocean)
charlar to chat
chasqui *m.* (Incan) messenger
chavo *m.* cent;**—s** money (Puerto Rican)
chicano, -a *m.* & *f.* & *adj.* Mexican-American
chicha *f.* beer made from corn or other grain
chico, -a *m.* & *f.* child; friend, old buddy; *adj.* small
chile *m.* chili, red pepper
chileno, -a Chilean
chillar to scream, shriek; to be loud, gaudy (clothes)
chillido *m.* cry, howl
chillón, -ona loud, gaudy
chino, -a Chinese
chiquillo, -a *m.* & *f.* little boy; little girl
chiquito, -a *m.* & *f.* little boy; little girl
chiste *m.* joke
chocar to crash, have an accident
chofer *m.* driver
choque *m.* collision; clash; shock
chorrete *m.* little spout or gush
chorro *m.* jet; spout; gush
choza *f.* hut, cabin
ciberespacio *m.* cyberspace
cíclico, -a cyclical
ciclo *m.* cycle
ciego, -a blind
cielo *m.* sky; heaven
ciencia *f.* science
científico, -a *m.* & *f.* & *adj.* scientist; scientific
ciento *m.* hundred; **por—**percentage
cierto, -a certain
cifra *f.* figure, number
cigarrillo *m.* cigarette
cimarrón *m.* fugitive slave
cine *m.* movie(s); movie house
cintura *f.* waist
circulación *f.* traffic
circular to circulate; to move in traffic
círculo *m.* circle
circundar to surround
circunstancia *f.* circumstance
cirugía *f.* surgery
cirujano, -a *m.* & *f.* surgeon
cita *f.* appointment, engagement; quotation
citado, -a aforementioned
cítricos *m. pl.* citrus fruits
ciudad *f.* city
ciudadano, -a *m.* & *f.* citizen *m.* civilian; *adj.* civil
clamar to shout, clamor
claridad *f.* clarity
clandestino, -a underhanded clandestine
claro, -a *adj.* clear, light; *adv.* clearly;**—que** naturally;**—está** of course; **¡—que sí!** sure!, of course!; **poner las cosas en—** to make things clear
clase *f.* class, kind, type; classroom;**—baja** lower class;**—media** middle class
clásico, -a classic(al)
clavado, -a nailed
clave *f.* & *adj.* key
clérigo *m.* clergyman
clero *m.* clergy
cliente *m.* & *f.* customer
clima *m.* climate
clínica *f.* clinic
clínico, -a clinical
cobertor *m.* quilt, bedspread
cobrador, -a *m.* & *f.* collector
cobrar to collect; to charge
cobrizo, -a copper-colored
cocaína *f.* cocaine
coche *m.* car
cocina *f.* kitchen
coctel *m.* cocktail party
codicia *f.* greed, covetousness
código *m.* code
codo *m.* elbow; bend (in hallway)
coger to catch; to take
cognado *m.* cognate
coincidir to coincide; to agree
colapso *m.* collapse, breakdown
colchón *m.* mattress
coleccionar to collect
colega *m.* & *f.* fellow worker, colleague
colegio *m.* school, academy
colérico, -a angry, furious
colgado, -a (*p.p. of* **colgar**) hanging
colgar (ue) to hang

colina *f.* hill
colmillo *m.* eye tooth; tusk
colocación *f.* placement, arrangement
colocar to place
colombiano, -a *adj. & n.* Columbian
Colón (Christopher) Columbus
colonizador, -a *m.* & *f.* colonizer
colorado, -a red, reddish; colored
columna *f.* column;**—vertebral** spine, backbone
comadre *f.* woman friend; godmother
combatir to fight, combat
combustible *m.* fuel
comedor *m.* dining room
comentarista *m.* & *f.* commentator
comenzar (ie) to begin
comer to eat
comercio *m.* commerce, trade; business
comestibles *m. pl.* food
cometer to commit
cómico, -a humorous, funny
comida *f.* food; meal
comienzo *m.* beginning
comillas *f. pl.* quotation marks; name of comic strip character created by Roberto Escudero
comité *m.* committee
como as; like; inasmuch as; as long as; **¿cómo?** how?; **¡—no!** of course!
comodidad *f.* convenience, comfort
cómodo, -a comfortable
común common
compadecer (de) to have pity on
compadre *m.* friend
compañero, -a *m.* & *f.* companion, comrade
compañía *f.* company; firm
comparación *f.* comparison
comparecer to appear
compartir to share
compás: llevar el—to keep time, rhythm
compatriota *m.* & *f.* fellow countryman
compelido, -a compelled
competencia *f.* competition
competir (i) to compete
complacer to please
complejidad *f.* complexity
complejo -a complex;**—de inferioridad** *m.* inferiority complex
completo: por—completely; **tiempo—**full-time
complicar to complicate;**—se** to become complicated
componer to compose, make up
comportamiento *m.* behavior, conduct
comportar to bear
compra *f.* purchase
comprar to buy
comprender to understand
comprensión *f.* understanding; comprehension
comprensivo, -a understanding
comprimido, -a crushed
comprobar (ue) to verify
comprometerse to commit oneself; to become engaged
compromiso *m.* obligation; engagement
compuesto (*p.p. of* **componer**) composed
computadora *f.* computer
comuna *f.* commune
comunal common (belonging to the community)
comunicar to communicate
comunidad *f.* community
con with;**—todo** however, nevertheless
concebir (i) to imagine; to conceive
conceder to concede; to admit
concentrarse to concentrate
concha *f.* shell; shellfish
conciencia *f.* conscience; consciousness, awareness
concierto *m.* concert
concluir to conclude; to finish
concordar (ue) to agree; to reconcile
concurrir to meet
conde *m.* count
condena *f.* sentence, punishment
condenación *f.* condemnation
condenar to condemn
condición *f.* condition; status; **a—de** on the condition that, provided that; **está en—es de** to be in a position to
condicionamiento *m.* conditioning
condimento *m.* seasoning
condiscípulo, -a *m.* & *f.* classmate
condominio *m.* condominium
conducir to lead, conduct; to behave; to drive
conducta *f.* behavior, conduct
conductor, -a *m.* & *f.* driver; executives, managers
condujo *pret.* of **conducir** (it) lead
conejo *m.* rabbit
confianza *f.* confidence, trust; **tener—en** to trust
confiar to confide; to entrust, trust
confín *m.* boundary, limit
conformarse to conform
confrontar to face; to confront
confundir to confuse; to bewilder
confuso, -a indistinct; confused
congelado, -a frozen
congénere *m.* & *f.* kindred person
congestión vehicular *f.* traffic jam
Congreso *m.* Congress
conjeturar to surmise, conjecture
conjugar to fit together
conjunción *f.* union; conjunction
conjunto *m.* ensemble
conmoción *f.* commotion
conmovedor, -a moving; stirring
conmovido, -a moved, stirred
conocer to know, be familiar with; to meet
conocimiento *m.* knowledge
conquista *f.* conquest
conquistador, -a *m.* & *f.* conqueror
conquistar to conquer
consagrar to consecrate; to sanction; to establish
consciente conscious, aware
conscripción *f.* conscription, military draft
consecuencia *f.* consequence; result; **como—**as a result
consecuentemente consequently; logically

conseguir (i) to obtain, get; to manage to; to get (somebody) to
consejero, -a *m.* & *f.* adviser
consejo *m.* council; advice;**—de guerra** court martial
consenso *m.* consensus, general assent
conservador, -a conservative
conservar to keep, preserve
consigo with himself (herself, themselves, etc.)
consistir (en) to be composed of; to consist of
consolador, -a comforting
consolar (ue) to console, comfort
conspiración *f.* conspiracy
constancia *f.* evidence, proof; *f.* & *adj.* unchanging quality; constant
constatar to show; to verify
consternación *f.* dismay; panic; consternation
constituir(se) to form, constitute
construir to build, construct
consuelo *m.* comfort, consolation
consumar to consummate, complete
consumidor, -a *m.* & *f.* consumer
consumir to consume; to use up
consumo *m.* consumption
contagiarse de to become or be infected with
contagio *m.* contagion
contaminación *f.* pollution
contaminador, -a contaminating
contaminante *m.* pollutant; polluting
contaminar to contaminate, pollute
contar (ue) to count; to recount, tell;**—con** to count on; to have
contemplar to watch, gaze at, contemplate
contemporáneo, -a contemporary
contener to contain; to hold in, restrain
contenido *m.* contents
contentamiento *m.* contentment
contestar to answer
continuación: a—as follows; below; following this
continuar to continue, go on
continuidad *f.* continuity
continuo, -a continuous; constant
contorno: *m.* contour;**—s** *pl.* surroundings
contra against; **estar en—de** to be, against;**—ataque** *m.* counterattack
contrabandista *m.* & *f.* smuggler; contrabandist
contrabando *m.* smuggling
contradecir to contradict
contraer to contract
contrapartida *f.* counterpart
contraposición: estar en—to be at odds, in opposition
contrariado, -a thwarted
contrario *m.* opposite, contrary; **al—, por el—**on the contrary
contratar to hire
contrato *m.* contract
contravenir to infringe; to violate
contribuir to contribute
contundente forcible
convencer to convince
convenir (ie) to be necessary; to be agreeable; to suit; to be a good idea
convertir (ie, i) to convert, change;**—se en** to change into, to become
convertidor:—catalítico *m.* catalytic converter
convivencia *f.* living together
convulso, -a convulsed
conyugal conjugal
conyuge *m.* & *f.* spouse
copa *f.* goblet, cup, glass; drink; tree-top
copar to win
copiar to copy; to cheat; to imitate
coraje: le dio—it made him angry
Corán *m.* Koran (sacred book of Moslems)
coraza *f.* armor plate
corazón *m.* heart
corbata *f.* tie
cordillera *f.* high mountain range
cordón *m.* string, cord
coro *m.* chorus
corolario *m.* corollary
corona *f.* crown
correcto, -a proper, correct
corredizo, -a running, slipping
corredor *m.* corridor
corregir (i) to correct; to discipline (children)
correo *m.* mail; postal service
correr to run; to hasten; to throw out;**—riesgos** to run risks
corresponder to pertain, belong; to correspond
correspondiente corresponding
corrida:—de toros *f.* bull fight
corriente *f.* current; *adj.* regular, usual; current
corromper to corrupt
cortar to cut
corte *f.* court; *m.* cut
cortés courteous
cortesano, -a *m.* &.*f.* courtier; courtesan; royal attendant; *adj.* of the court, courtly
cortesía *f.* courtesy
cortina *f.* curtain
corto, -a short
cosa *f.* thing, matter; **no ser gran—**not to be a big thing; not to amount to much
cosecha *f.* harvest, crop
cosechero, -a *m.* & *f.* grower
coser to sew
costa *f.* coast; **a toda—**at all costs; **a mi—(a costa mía)** at my expense
costar (ue) to cost
coste, costo *m.* cost
costoso, -a costly; expensive
costumbre *f.* custom; **como de—, según la—**as usual, as is customary
cotidianamente daily
craneo *m.* skull
creador, -a *m.* & *f.* creator; *adj.* creative; **poder—*m.*** creativity
crear to create
crecer to grow (up)
creciente growing, increasing; *f.* river flood
crecimiento *m.* growth

credo *m.* creed
creencia *f.* belief
creer to believe
crepúsculo *m.* dusk
creyente *m.* & *f.* believer
cría *f.* breeding
criado, -a *m.*& *f.* servant, maid
crianza *f.* raising, upbringing
criar to raise
crimen *m.* crime
cristal *m.* crystal; glass;**—de atrás** rearview mirror
cristiano, -a Christian
Cristo Christ
Cristóbal Christopher (man's name)
criterio *m.* standard, criterion
crítica *f.* criticism
criticar to criticize
crítico, -a *m.* & *f.* & *adj.* critic; critical
crucigrama *m.* crossword puzzle
crueldad *f.* cruelty
crujido *m.* creaking; crunching
cruz *f.* cross
cruzada *f.* crusade
cruzar to cross;**—se** to pass one another
cuadro *m.* painting, picture
cual who, which; **¿cuál?** which? what?
cualidad *f.* quality; characteristic
cualquier, -a any; anyone, anybody; **de—modo** in any case
cuando when; **de vez en—**from time to time; **¿cuándo?** when?
cuanto, -a as much as, as many as; all that;**—más . . . más** the more . . . the more; **en—**as soon as; **en—a** as for, with regard to; **¿cuánto,—a?** how much?; **¿cuántos,—as?** how many?; **¡cuánto!** how much!, how!
cuarta *f.* quarter (part)
cuarto *m.* room; quarter (of an hour)
cubano, -a *m.* & *f.* & *adj.* Cuban
cubículo *m.* cubicle
cubierta *f.* cover
cubrir to cover
cuchillo *m.* knife
cuello *m.* neck; throat
cuenca *f.* basin
cuenta *f.* count; calculation; account; bill; **darse—(de)** to realize; **dar—**to answer for
cuentista *m.* & *f.* short story writer
cuento *m.* short story; story, tale
cuerda *f.* cord
cuerdo, -a sane
cuerno *m.* horn (of an animal); **llevar—s** to have an unfaithful spouse, to be a cuckold
cuero *m.* hide, skin, leather; **en—s** stark naked
cuerpo *m.* body
cuestión *f.* issue; question
cuestionar to question
cueva *f.* cave
cuidado *m.* care, attention; **tener—**to be careful
cuidadoso, -a careful
cuidar (de) to take care of
culebrón *m.* serpent; soap opera (in Venezuela)
culpa *f.* guilt; blame; **tener la—** to be to blame, to be guilty; **echar la—**to blame
culpable guilty; blameworthy
cultivar to cultivate
cultivo *m.* cultivation; crop
culto, -a educated, cultured; *m.* worship
cultura *f.* culture
cumpleaños *m.* birthday
cumplir (con) to perform one's duty; to fulfill; to comply; to carry out;**—años** to turn or become (so many) years old
cupón *m.*coupon
cúpula *f.* dome
cura *m.* priest
curación *f.* cure
curandero, -a *m.*& *f.* quack doctor; charlatan
curar to cure
curiosear to observe with curiosity
curiosidad *f.* curiosity
curioso, -a curious; strange, unusual
cursi cheap, vulgar, flashy
curso *m.* course
custodial custody; escort
cuyo, -a whose

dado:—que given that
dama *f.* lady; noble or distinguished woman
dañar to harm, damage
dañino, -a harmful
daño *m.* harm, damage
dar to give;**—un paseo** to take a walk;**—una vuelta** to take a walk;**—vueltas** to walk in circles;**—muerte a** to kill;**—por bueno y completo** to consider good and complete;**—a entender** to hint, imply;**—a luz** to give birth;**—con uno en tierra** to throw one to the ground;**—le a uno por** to take to;**—le a uno coraje** to make one angry;**—se cuenta** to realize
datar:—de to date from
dato *m.* datum, fact;**—s** data
d. de J.C. A.D. (after Christ)
de of; from; about; concerning;**— . . . en** from . . . to (more commonly written: **de . . . a**)
dean *m.* dean (church official)
debajo under, beneath;**—de, por—de** underneath
debatir to debate
deber to owe; to have to (must, should, ought); **se debe a** is due to; *m.* duty; homework
debidamente properly; appropriately
debido:—a due to
débil *adj. & n.* weak; weak person
debilidad *f.* weakness
debilitación *f.* weakening
debilitar to weaken;**—se** to become weak
década *f.* decade
decaído *p.p. of* **decaer** & *adj.* decayed; declining
decente respectable; decent
decepcionado, -a disillusioned
decir to say, tell; **es—**that is to say
decisivo: con—conclusive
decorar to decorate
decretar to decree
decreto *m.* decree
dedicar to dedicate;**—se (a)** to devote oneself (to)

dedo *m.* finger
defender (ie) to defend
defensor, -a *m.* & *f.* defender
deficiencia *f.* deficiency
definitivo: con—conlusive, final
deidad *f.* deity
dejar to leave; to allow, let; to quit;**—caer** to drop;**—de** to stop, cease;**—en paz** to let alone;**—se matar** to let oneself die or be killed
delante before, in front;**—de** ahead of, in front of
delfín *m.* dolphin
delgado, -a thin
deliberado, -a deliberate, intentional
delicadeza *f.* tenderness; delicateness; **con—**delicately
delicado, -a delicate
delicioso, -a delightful, delicious
delirio *m.* delirium, temporary madness
delito *m.* crime
demás: los, las—the others; *adj.* other; **por lo—**as to the rest, moreover
demasiado too; too much
demográfico, -a demographic (pertaining to the population)
demora *f.* delay
demorado, -a delayed
demostración *f.* proof, demonstration
demostrar (ue) to show, demonstrate
dentro within, inside;**—de** within, inside of, in; **por—**the inside
denuncia *f.* denunciation; accusation of someone to the authorities
denunciar to denounce
depender (de) to depend (on)
dependiente, -a *m.* & *f.* waiter; waitress; clerk
deporte m. sport
deprimente depressing
depuesto (*p.p. of* **deponer**) deposed
derecha *f.* right (side or direction); right wing (in politics)
derechista *m.* & *f.* rightwinger
derecho right; **tener—a** to have the right to; **en—**by law (more commonly written: **por derecho**)
derrame *m.* spill
derribar to overthrow; to tear down, demolish
derrocamiento *m.* overthrow
derrocar to overthrow
derrochar to squander; to waste
derrota *f.* defeat
derruido, -a in ruins
desabilidad *f.* disability
desabrochar to undo
desacostumbrado, -a unusual
desacuerdo *m.* disagreement
desafío *m.* challenge
desagradable disagreeable, unpleasant
desagradecido, -a *n.* & *adj.* ungrateful (person)
desahuciado, -a hopelessly ill
desamparado, -a abandoned
desaparecer to disappear
desarraigo *m.* uprooting
desarrollar to develop
desarrollo *m.* development;**— económico** economic development; **en—**developing
desastre *m.* disaster
desastroso, -a disastrous
desayunar to have breakfast
desazón *f.* annoyance; discomfort
descalzo, -a barefoot
descamisado, -a ragged, in rags; shirtless
descansar to rest
descanso *m.* rest
descaro *m.* brazenness
descender (ie) to descend, go down; to get off (a bus)
descendiente *m.* descendent
descenso *m.* descent
descifrar to decipher
descollar (ue) to stand out; to be prominent
descomponer to ruin; to put out of order
desconcertante disconcerting, disturbing
desconforme *n.* & *adj.* nonconformist; not in agreement
desconocido, -a unknown
descontento, -a unhappy
descontrolado, -a uncontrolled
descortesía *f.* discourtesy; uncouthness
descubierto, -a uncovered; bareheaded; discovered
descubrimiento *m.* discovery
descubrir to discover;**—se** to take off one's hat
descuidar: descuida don't worry
desde from; since
desdén *m.* disdain
desdibujar to fade, to blur
desdicha *f.* misfortune
desdichado, -a *m.* & *f.* wretch, unfortunate person
desdoblar to straighten; to unfold
deseable desirable
desear to desire, wish, want
desechar to reject; to discard
desembarcar to disembark
desembocar to lead or flow into
desempleado, -a unemployed
desempleo *m.* unemployment
desenganchar(se) to unhook, detach (oneself)
desengaño *m.* disillusionment
desenvuelto developed; evolved
deseo *m.* desire, wish
deseoso, -a eager; desirous
desequilibrio *m.* imbalance
desértico desert-like
desesperación *f.* despair
desesperado, -a desperate; despairing
desfavorable unfavorable
desgracia *f.* misfortune
desgraciado, -a unfortunate, hapless
deshacerse(de) to get rid of
deshecho undone; destroyed; beaten
deshielo *m.* thaw
deshonrar to dishonor, disgrace
deshumanizar to dehumanize
desierto *m.* desert
designar to designate, appoint
desigualdad *f.* inequality
desilusión *f.* disillusionment; disappointment
desilusionarse to become disillusioned
desinflado, -a deflated; **rueda/llanta—**flat tire

deslumbrado, -a dazed
desmantelamiento *m.* dismantlement
desmitificación *f.* demythification
desnudar to undress
desnudo, -a naked, unclothed; nude (figure in art)
desobligar to be free
desocupar to empty; to vacate
desodorante *m.* deodorant
desoír to turn a deaf ear to; to refuse
desolado, -a desolate
desorbitado, -a with bulging eyes; out of proportion
desorden *m.* disorder
desorientar to disorient, confuse;**—se** to get or become lost
despacho *m.* dispatch; office; study
despectivo, -a derogatory
despedida *f.* farewell
despedir (i, i) to give off; to dismiss;**—se (de)** to say or bid good-bye (to)
desperdiciar to waste
desperdicios *m. pl.* garbage, waste
despertador *m.* alarm clock
despertar(se) (ie) to awaken, wake up
despierto, -a awake
despistar to throw off the track
desplazamiento *m.* displacement
desplazarse to move; to travel
desplegar (ie) to unfold
desplomarse to fall over; to collapse
despoblado, -a unpopulated
despreciar to look down upon, despise, scorn
desprecio *m.* scorn, contempt
desprenderse to issue from
desprendido, -a loose
desprestigio *m.* loss of credit or prestige
desproporcionado, -a disproportionate
después afterwards; later; then;**—de** after
destacar to make stand out;**—se** to stand out
destape *m.* opening up; uncovering
desterrado, -a destined; fated
destinatorio, -a *m.* & *f.* addressee
destino *m.* destiny
destreza *f.* skill, ability
destruir to destroy
desuso *m.* disuse; obsolescence
desvalido, -a helpless; destitute
desvarío *m.* whim; nonsense
desvelarse to remain awake
desventaja *f.* disadvantage
detalle *m.* detail
detener(se) to stop
detentar (ie) to hold
deteriorado, -a deteriorated
deteriorarse to deteriorate; to become damaged
deterioro *m.* deterioration
determinado, -a certain, particular
determinante decisive
detonación *f.* explosion
detrás (de) behind; **por—**from behind
detuvo *pret.* of **detener** stopped
deuda *f.* debt
devenir (ie) to happen, occur
devolución *f.* return
devolver (ue) to return
devorar to devour
devuelto *p.p. of* **devolver** returned
día *m.* day; **de—**by day; **hoy—** nowadays; **al—siguiente** (on) the following day
diablo *m.* devil
diabólico, -a diabolical, devilish
diagnosticar to diagnose
dialogar to take part in a dialogue
diariamente daily
diario, -a daily; *m.* (daily) newspaper; diary
dibujante *m.* & *f.* line artist, person who draws, sketcher
dibujar to draw; to sketch
diccionario *m.* dictionary
dicha *f.* happiness; good luck, fortune
dicho (*p.p. of* **decir**) said; aforementioned; **mejor—**rather
dictado, -a dictated, given (e.g. **dictado en inglés** given in English)
dictador, -a *m.* & *f.* dictator
dictadura *f.* dictatorship
Diego James (man's name)
diente *m.* tooth
diestro, -a right-handed, skillful
diferencia *f.* difference; **a—de** in contrast to; unlike
diferenciar to differ; to differentiate;**—se** to distinguish oneself; to differ
difícil difficult; hard; improbable
dificultad *f.* difficulty
dificultar to make difficult
difundir to spread
difunto, -a *m.* & *f.* deceased, dead
difuso, -a worthy; dignified
dinero *m.* money
dios *m.* god; **Dios** God; **¡Vaya por—!** God's will be done!
diosa *f.* goddess
diputado, -a *m.* & *f.* representative; deputy
dirección *f.* address; direction
dirigir to lead; direct;**—se a** to address (a person); to go to or toward
discernido discerned; appointed
disco *m.* record; disk
discordancia *f.* discord
discrepante dissenting; discrepant
discreto, -a discreet; clever
discriminar to discriminate (against)
disculpa *m.* apology
disculparse to excuse oneself; to apologize
disculpable excusable
discurso *m.* speech
discutir to discuss, argue
diseñador, -a *m.* & *f.* designer
diseñar to design
diseño *m.* design
disfrutar (de) to enjoy
disgregarse to scatter; be disintegrated
disimulo *m.* reservedness
disminución *f.* drop, decrease
disminuir to diminish, decrease
disolver (ue) to dissolve

disperso, -a dispersed, scattered
disponer to order; to dispose;—**de** to have the use of; to have at one's disposal
disponible available
disposición:a—de at the service or disposal of
dispuesto, -a disposed; ready; fit; smart; clever
disputa *f.* dispute, fight
distinguir to distinguish
distinto, -a distinct, different
distorsionar to distort
distraer to distract;—**se** to amuse oneself
distraído, -a distracted; absent-minded
distribuir to distribute
distrito *m.* district
disyuntiva *f.* alternative; dilemma
divergencia *f.* divergency; divergence
divertirse (ie, i) to have a good time, amuse oneself
dividido, -a separated; spread out
divisar to perceive at a distance
divorcio *m.* divorce
divulgar to divulge, reveal
doblar to fold
doble:—jornada double work day
docena *f.* dozen
docente educational, teaching
dócilmente docilely
doctorado *m.* doctorate
dólar *m.* dollar
doler (ue) to hurt, ache
dolor *m.* pain; grief
dolorido, -a grieving
doloroso, -a painful
domado, -a tamed; conquered
dominante dominant; prevailing
dominar to dominate; to master
domingo *m.* Sunday
dominicano, -a *m.* & *f.* person from the Dominican Republic
dominio *m.* mastery; dominion; domain
don Don (title of respect used before male names)
donde where; **¿dónde?, ¿a—?** (to) where?
dondequiera anywhere; wherever
doña Doña (title of respect used before female names)
dorado, -a golden
dormido, -a sleeping, asleep
dormir (ue, u) to sleep;—**se** to fall asleep
dormitorio *m.* bedroom
dotado, -a endowed
dote *f.* dowry; natural gift, talent
drama *m.* play
dramaturgo, -a *m.* & *f.* playwright
droga *f.* drug
drogadicto, -a *m.* & *f.* drug addict
dualidad *f.* duality
ducha *f.* shower
duda *f.* doubt; **no cabe—**there is no doubt
dudar to doubt
dueño, -a *m.* & *f.* owner; master
dulce sweet
dulcificar to sweeten; to soften
dulzura *f.* sweetness
duplicar(se) to double, duplicate
durante during; for
durar to last
duro, -a hard; severe

e (=**y** before words beginning with **i** or **hi**) and
echado, -a lying down
echar to throw, toss; to throw out;—**a andar** to set or place in motion;—**la culpa** to blame;—**se a reír** to burst out laughing;—**se a perder** to be or become ruined;—**a correr** to run away
eco *m.* echo
ecología *f.* ecology
ecológico, -a ecological
ecólogo, -a *m.* & *f.* ecologist
economía *f.* economy
ecuestre equestrian
edad *f.* age; **de—mediana** middle aged;—**oscura** Dark (Middle) Ages
edénico, -a paradisiacal
edificar to build, construct
edificio *m.* building
educación *f.* education; upbringing
educar to educate; to bring up
educativo, -a educational
EE.UU. (abbreviation for **Estados Unidos**) United States
efecto *m.* effect; **en—**in fact;—**invernadero** *m.* global warming (greenhouse effect)
efectuar to effect, bring about
eficaz (*pl.* **eficaces**) efficient
efímero, -a ephemeral
efusión *f.* effusion, unrestrained expression of feeling
efusivo, -a effusive
egipcio, -a *m.* & *f.* & *adj.* Egyptian
egoísta selfish
ejecución *f.* carrying out; execution
ejecutar to execute
ejecutivo, -a *m.* & *f.* & *adj.* executive
ejemplar exemplary, model
ejemplificar to exemplify
ejemplo *m.* example; **por—**for example
ejercer to exert; to perform
ejercicio *m.* exercise
ejército *m.* army
electorado *m.* electorate
electricidad *f.* electricity
elegir (i) to choose, elect
elemental elementary
elevar to elevate, raise
eliminar to eliminate
ello *pron.* it
embajador, -a *m.* & *f.* ambassador
embarazada pregnant
embarcado, -a engaged (in)
embargo: sin—nevertheless, however
emborracharse to get drunk
embriagado, -a intoxicated
embrutecer to render brutish; to dull the mind
emigrar to emigrate; to migrate
emisión *f.* broadcast
emitir to emit
emocionado, -a moved, touched, affected
emocionante exciting

emotivo, -a emotional
empaquetar to package; to put in a package
empeoramiento *m.* worsening
empeorar to worsen
emperador *m.* emperor; **emperatriz** *f.* empress
empero however; nevertheless
empezar (ie) to begin
empleado, -a *m.* & *f.* employee
emplear to use; to employ, hire
empleo *m.* employment, job; use
emplumado, -a feathered
empobrecerse to become impoverished
emprender to undertake; to begin
empresa *f.* enterprise; company, business
empresario, -a *m.* & *f.* businessman; businesswoman; contractor
empujar to push, shove
en in; on; at; during; to; **de . . .—** from . . . to
enajenar to alienate
enamorado, -a in love
enamorarse (de) to fall in love (with)
enano, -a *m.* & *f.* dwarf
encabezado, -a headed
encabezar to head
encaminarse to start out on a road
encantado, -a delighted; satisfied
encantador, -a *m.* & *f.* sorcerer; sorceress
encanto *m.* enchantment, spell
encarcelado, -a imprisoned
encargado, -a *m.* & *f.* person in charge or entrusted
encargar to entrust;**—se (de)** to take charge (of)
encauzar to channel
encendedor *m.* lighter
encender (ie) to light; to turn on, to switch on
encerrado, -a enclosed; locked up
encerrar (ie) to enclose; to encircle; to shut in, confine; to contain;**—se** to lock oneself up, go into seclusion
enchufar to plug in
encima (de) on; upon; on top of
encinta pregnant
encontrar (ue) to find; to encounter;**—se** to be; to be found;**—se con** to come across, meet up with
encrucijada *f.* crossroads, intersection
encubrir to hide, conceal
encuentro *m.* encounter; **ir al—de** to go to meet
encuesta *f.* poll
endurecimiento *m.* hardening
enemigo, -a *m.* & *f.* enemy
energía *f.* energy
enérgico, -a energetic
enfadar to displease, anger;**—se** to become angry
énfasis *m.* emphasis; **hacer—en** to emphasize
enfático, -a emphatic
enfatizar to emphasize
enfermarse to become sick
enfermedad *f.* sickness, disease
enfermería *f.* nursing
enfermero, -a *m.* & *f.* nurse
enfermizo, -a sickly
enfermo, -a sick; *m.* & *f.* sick person
enfocar to focus
enfrentarse (con) to face, confront
enfrente (de) opposite, in front
engañar to deceive; to cheat
engaño *m.* deceit, fraud
engordar to grow fat; to increase in size
engranaje *m.* gear; connection
enjuagarse to rinse out (mouth)
enlace *m.* tie, connection
enlazarse to link up
enmarañar to (en)tangle, muddle (up)
enmienda *f.* amendment
enojar to make angry
enojo *m.* anger
enorme enormous
enrigidecer to make rigid;**—se** to become rigid
enriquecer to enrich;**—se** to get rich
enrollado, -a wrapped around, coiled around
ensalada *f.* salad
ensangrentarse (ie) to become covered with blood
ensayar to test; to try
ensayista *m.* & *f.* essayist
ensayo *m.* essay
enseñanza *f.* teaching; education; training
enseñar to teach; to show
ensordecer to deafen
ensuciarse to get dirty
entender (ie) to understand
enterarse to find out
entero, -a entire, whole, complete
enterrar (ie) to bury
entibiar to take the chill off;**—se** to cool down
entidad *f.* entity
entonces then
entornado, -a half-closed (eyes)
entornar to half close
entrada *f.* entry
entrante: el año—(the) next year
entrañar to contain; to carry within
entrar to enter
entre between, among;**—líneas** between the lines
entrega *f.* surrender
entregar to hand over;**—se** to devote oneself wholly
entrenamiento *m.* training
entrenar to train
entretanto meanwhile
entretener to amuse; to entertain
entretenido, -a (*p.p. of* **entretener**) amusing, entertaining
entrevista *f.* interview
entristecerse to become sad
entusiasmado, -a enthused
entusiasmo *m.* enthusiasm
entusiasta enthusiastic
envalentonado, -a emboldened
envase *m.* container
envenenamiento *m.* poisoning
envenenar to poison
enviar to send
envidia *f.* envy
envuelto, -a wrapped up; enveloped
época *f.* epoch; age; time; season

equidad *f.* fairness, equity
equilibrio *m.* equilibrium, balance
equipado, -a equipped
equipo *m.* team
equivocarse to be mistaken; to make a mistake
equívoco, -a mistaken, erroneous
erigirse to set oneself up
erosionar to erode
erradicar to eradicate
erróneo, -a incorrect, erroneous
erudito, -a erudite, learned, scholarly
esbozo *m.* outline
escala *f.* scale; **a—menor** on a smaller scale
escalar to scale, climb
escalera *f.* staircase
escalón *m.* step
escandalizar to shock, scandalize
escándalo *m.* tumult, noise; scandal
escandaloso, -a scandalous
escaparate *m.* display window
escapar(se) to escape; to flee; to slip away
escarcha *f.* frost
escasear to be scarce
escasez (*pl.* **escaseces**) *f.* shortage
escaso, -a scarce; scant; in small quantity
escena *f.* scene
escenario *m.* scenery; backdrop
escencia *f.* essence
esclavitud *f.* slavery
esclavo, -a *m.* & *f.* slave
escoger to choose, select
escolar academic, scholastic
escolástico, -a scholastic
esconder(se) to hide
escribir to write
escrito, -a *adj.* written;**—s** *m. pl.* writings
escritor, -a *m.* & *f.* writer
escritura *f.* writing
escrúpulo *m.* scruple
escuchar to listen (to)
escudo *m.* shield
escuela *f.* school
escueto, -a concise
escultura *f.* sculpture
escurrir to drain
esencial essential
esfera *f.* sphere
esforzarse (ue) to make an effort
esfuerzo *m.* effort
esmero *m.* great care
eso that; that thing; that fact; **por—**therefore, for that reason
espacial: nave—*f.* spaceship
espacio *m.* space
espacioso, -a spacious
espada *f.* sword
espalda *f.* back; **a mis—s** behind my back
espantar to frighten, scare;**—se** to become frightened; **No te espantes** Don't get frightened
espanto *m.* fright, horror
espantoso, -a frightful, terrifying
España Spain
español, -a *m.* & *f.* & *adj.* Spaniard; Spanish
especializado, -a specialized
especie *f.* kind, type; species; idea
espectáculo *m.* spectacle; show
espectador, -a *m.* & *f.* spectator; viewer
espejo *m.* mirror
espera *f.* wait, waiting; **en—de** in the expectation of
esperanza *f.* hope
esperar to hope for; to wait for; to expect
espesante *m.* thickening agent
espesar to thicken
espesura *f.* thicket, dense wood
espía *m.* & *f.* spy
espiar to spy, watch
espíritu *m.* spirit
esplendor *m.* splendor; radiance
espontáneo, -a spontaneous
esposo, -a *m.* & *f.* husband; wife; spouse
esqueleto *m.* skeleton
esquema *m.* outline, plan
esquemático, -a schematic, summarized
esquí *m.* skiing
esquina *f.* corner
estabilidad *f.* stability
establecer to establish
establecimiento *m.* establishment
estación *f.* season; station
estadio *m.* stadium
estadística *f.* statistic
estado *m.* state; condition; **Estados Unidos** United States
estallar to explode, burst
estampa *f.* picture; image; print
estampilla *f.* stamp
estanque *m.* reservoir; basin; pond
estar to be, to be present;**—de acuerdo (con)** to agree (with)
estatal (pertaining to the) state
estático, -a static, stationary
estatua *f.* statue
estatura *f.* stature, height
estatuto *m.* statute; by-law
este *m.* east
estereotipado, -a stereotyped
estereotipar to stereotype (someone or something)
estereotipo *m.* stereotype
estéril sterile
esterilización *f.* sterilization
estigma *m.* stigma, mark of disgrace
estilo *m.* style
estimación *f.* esteem
estimar to esteem, respect; to estimate
estimulante stimulating
estimular to stimulate
estímulo *m.* stimulus; stimulation
estirpe *f.* race; breed; stock
esto this; this thing; this matter
estoicismo *m.* stoicism
estómago *m.* stomach
estornudar to sneeze
estrago *m.* havoc, ruin
estrangular to strangle
estratagema *f.* stratagem, trick
estrategia *f.* strategy
estrato *m.* stratum, layer
estrechez *f.* austerity
estrecho, -a narrow; close
estrella *f.* star
estrés *m.* stress (anglicism)
estribillo *m.* refrain
estrictamente strictly
estridencia *f.* stridence, flashiness

estrofa *f.* stanza
estructura *f.* structure
estruendo *m.* great noise
estudiante *m.* & *f.* student
estudiar to study
estudio *m.* study
estupidez *f.* stupidity
ETA Basque separatist group in Spain that sometimes uses terrorist tactics in their campaign for regional independence
etapa *f.* stage; period
etéreo, -a ethereal
eterno, -a eternal
ético, -a ethical; *f.* ethics
etimológico, -a etymological (history of words)
etiqueta *f.* formality; etiquette
étnico, -a ethnic
europeo, -a *m.* & *f.* & *adj.* European
eutanasia *f.* euthanasia, mercy killing
Eva Eve
evitar to avoid
evocar to evoke
exabrupto *m.* impolite outburst
exactitud *f.* exactness
exacto, -a exact; *adj.* exactly
exagerar to exaggerate
excedencia *f.* leave of absence; excess
exceder to exceed
excentricidad *f.* eccentricity
excitación *f.* stimulus; excitation
ex coronel *m.* ex-colonel
excluir to exclude
exhibir to show, display, exhibit
exigencia *f.* demand; requirement
exigir to demand, require
exiliado, -a *m.* & *f.* & *adj.* exile; exiled
exilio *m.* exile
éxito *m.* success; **tener—**to be a success, be successful
éxodo *m.* exodus, mass migration
expedir (i, i) to send, dispatch
experimentar to experience, feel, undergo; to experiment
explicar to explain
explotación *f.* exploitation; development
explotador, -a operating; exploitative
explotar to exploit; to explode; to develop; to operate (a business)
exponer to expound; to expose
expositor, -a *m.* & *f.* commentator
expulsar to expel
éxtasis *f.* ecstasy
extender(se) (ie) to extend; to spread out;**—la mirada** to cast a glance
extenso, -a extensive, vast, spacious
externo, -a external; outside
extinguir to extinguish; to put out;**—se** to go out, die
extradición *f.* extradition (forcible deportation)
extranjerizar to introduce foreign ways in
extranjero, -a foreign
extrañar to miss; to seem strange
extraño, -a strange, foreign; *m.* & *f.* stranger
extraterrestre *m.* extraterrestrial
extremado, -a extreme

fábrica *f.* factory
fabricación *f.* manufacture
fabricar to manufacture; to make
fácil easy
facilidad *f.* ease, facility; **con—** easily
Falange (la) the Fascist Party in Spain
falda *f.* skirt; lap
falsedad *f.* falsehood, lie
falta *f.* lack; absence; **hacer—**to be necessary; **sin—**without fail; **por—de** for want of
faltar to be lacking; **-le a uno algo** to be lacking something;**—al trabajo** to be absent from work; **no faltaba más** that was the last straw
falto lacking, deficient
falsificar to falsify
fama *f.* fame, reputation
famélico, -a hungry, famished
familiar (pertaining to the) family; familiar
famoso, -a famous, well-known
fantasma *m.* aparition; phantom
farmacéutico, -a pharmaceutical
farolillo *m.* small lantern
farsante *m.* & *f.* actor; sham
fascinar to fascinate, charm
fase *f.* phase
fastidiosamente in an annoying or a bothersome way
fatalidad *f.* fatality
fatalista fatalistic
fatiga *f.* fatigue
fatigado, -a tired
favorecer to favor
favor: estar a—de to be in favor of; **por—**please
fe *f.* faith
febril feverish
fecha *f.* date
fecundación *f.* fertilization, fecundation
felicidad *f.* happiness
feliz (*pl.* **felices**) happy
feminidad *f.* femininity
fenicio, -a *m.* & *f.* Phoenician
fenómeno *m.* phenomenon
feo, -a ugly
feroz (*pl.* **feroces**) fierce
ferrocarril *m.* railroad
fervor *m.* fervor, zeal
fervorosa(mente) fervent(ly), ardent(ly)
feto *m.* fetus
fiable reliable
fiar (en) trust (in)
ficción:—científica science fiction (more commonly written: **ciencia ficción**)
ficticio, -a fictitious
fidelidad *f.* faithfulness, fidelity
fiebre *f.* fever
fiel faithful
fiesta *f.* party
figurarse to imagine
fijar to fix;**—se en** to notice
fijeza *f.* firmness; **mirar con—**to stare
fijo, -a fixed, firm, secure
fila *f.* row

filial *f.* subsidiary
Filipinas the Philippines
filólogo, -a *m.* & *f.* philologist; expert in the study of words and their origin; linguist
filosofía *f.* philosophy
filosófico, -a philosophical
filósofo, -a *m.* & *f.* philosopher
filtrar to filter
fin *m.* end; purpose; **a—de** in order to; **al—**at last, at the end; **a—de cuentas** after all;**—de semana** weekend; **a—es de, de—es de** toward the end of; **en—**in short
final *m.* end; **al—**at the end
finalidad *f.* purpose; goal
finalizar to end
financiero, -a financial
finanza *f.* finance
finca *f.* farm
fino, -a delicate
firmamento *m.* sky, firmament
firmar to sign
firme firm, solid; stable
firmeza *f.* firmness
físico, -a physical
fisionomía *f.* facial expression
flama *f.* flame
flamenco *m.* flamingo (bird); rhythmic style of music characteristic of Spanish gypsies
flaqueza *f.* weakness; frailty
flecha *f.* arrow
flor *f.* flower
florecer to flourish; to bloom
florecimiento *m.* flourishing, flowering
flotante floating
fomentar to encourage
fondo *m.* bottom, depth; back;**—s** funds; **a—**deeply
forcejar to strugggle
forestal *adj.* forest
forjar to form
forma *f.* form, shape; **de esta—** in this way
formalidad *f.* formality
formar to form; to constitute, make up
foro *m.* forum
fortaleza *f.* fortress
fortuito, -a accidental
forzar (ue) to force
forzoso, -a obligatory, compulsory
fotografía *f.* photograph
fracasar to fail
fracaso *m.* failure
fragante fragrant
fragilidad *f.* fragility
francés, francesa *m.* & *f.* & *adj.* French person; French
Francia France
franquear to free; to clear
franqueo *m.* postage
frase *f.* phrase; sentence
frecuencia *f.* frequency
frecuente frequent
fregadero *m.* sink (kitchen)
frenar to put on the brakes; to slow down
frenesí *m.* frenzy, madness
frenéticamente frenetically
frente *m.* front; **al—de** in front of;**—a** facing, in front of; *f.* forehead
fresco, -a fresh
frescura *f.* freshness, coolness; ease
frialdad *f.* coldness
frío, -a cold
frívolo, -a frivolous
frontera *f.* border; boundary
fronterizo, -a border
frustrar to frustrate;**—se** to be or become frustrated
fruta *f.* fruit
frutero, -a fruit, of fruit
fruto *m.* result; fruit (any organic product of the earth)
fuego *m.* fire
fuente *f.* fountain; source
fuera outside; away;**—de** outside of, beyond
fuere: sea cual—be what it may
fuerte strong; harsh
fuerza *f.* force, strength; **a—de** by dint of; **de—, por—**by force; **por su propia—**without help, by itself
fumar to smoke
fumarola *f.* hot gas, vapor
funcionar to function; to work, run (said of machines)
funcionario, -a *m.* & *f.* public official, civil servant
fundado, -a founded
fundamentado, -a based
fundamento *m.* foundation
fundar to found, establish; to base
fundir to merge; to melt
funerario, -a funeral
furia *f.* rage, fury
fusil *m.* gun, rifle
fútbol *m.* soccer

galán *m.* & *adj.* suitor; loverboy; gallant
galeote *m.* galley slave
galería *f.* corridor; gallery
Galicia Galicia (province in northwestern Spain)
gallego *m.* language spoken in Galicia
gana *f.* desire; will; **darle la—**to feel like; to choose to; **tener—s** to feel like
ganadería *f.* livestock
ganado *m.* cattle; herd; livestock
ganador, -a *m.* & *f.* winner
ganancia *f.* profit; gain
ganar to gain; to win; to earn;**—el pan,—se la vida** to earn a living
garante *m.* & *f.* guarantor
garantía *f.* guarantee
garantizar to guarantee; to vouch for
garganta *f.* throat
garrotazo *m.* blow
gastar to spend; to wear down
gasto *m.* expense
gato, -a *m.* & *f.* cat; *m.* jack
gaucho *m.* Argentinian and Uruguayan cowboy
general: por lo—generally
género *m.* kind; type; gender; genre, literary form
generoso, -a generous
genética *f.* genetics
genial jovial, pleasant
genio *m.* genius, spirit
gente *f.* people
gentuza *f.* riffraff, scum
gerente *m.* manager

germen *m.* origin, source
gestionar to take steps to arrange
gesto *m.* expression; grimace; gesture
gigantesco, -a gigantic
ginecológico, -a gynecological
girar to rotate, turn
giro *m.* turn
gitano, -a *m.* & *f.* & *adj.* gypsy
Glaciar: Período—Ice Age
globo *m.* globe; world
glorificar to glorify
gobernador, -a *m.* & *f.* ruler
gobernar (ie) to govern, rule
gobierno *m.* government
goce *m.* enjoyment, pleasure
golosina *f.* sweet morsel
golpe *m.* hit, blow; **dar—s** to strike, hit;**—de mano** surprise attack
golpeado, -a bruised; beaten up
gordo, -a fat
gorro *m.* cap
gozar (de) to enjoy
gozo *m.* joy
grabadora *f.* tape recorder
gracia *f.* grace, charm;**—s** thank you
gracioso, -a charming; comical
grado *m.* grade; degree
graduar(se) to graduate
gráfico *m.* graph, chart; *adj.* graphic
grande large, big; great; grand
grandeza *f.* greatness
grandiosamente magnificently, grandiosely
granizo *m.* hail; hailstorm
grano *m.* grain (of cereals)
grasa *f.* grease
gratificación *f.* tip; additional fee
gratificar to gratify
gratis free of charge, gratis
gratuito, -a gratuitous; without justification; uncalled for
grave serious, grave
gravedad *f.* seriousness; gravity
gravitar to press on; to gravitate
griego, -a *m.* & *f.* & *adj.* Greek
grifo *m.* faucet
gris gray
grito *m.* shout, cry; **dar—s** to cry, shout
grosero, -a crude; **palabras—as** dirty words
grupo *m.* group
guagua *f.* (in Cuba) bus
guagüero *m.* (in Cuba) bus driver
guajiro, -a *m.* & *f.* Cuban peasant
guanábana *f.* custard-apple fruit
guante *m.* glove
guarda *m.* & *f.* guard, keeper
guardar to guard, watch over; to keep, save; to take care of
guardería *f.* daycare center
guardia *m.* guard, guardsman;**—de noche** night watchman
guarida *f.* den, lair (of wild animals)
gubernamental governmental
guerra *f.* war;**—mundial** World War
guerrero, -a *m.* & *f.* soldier, warrior
guerrilla *f.* band of guerrilla fighters
guía *m.* & *f.* guide
guión *m.* script, scenario
guisa *f.* manner; way
guitarra *f.* guitar
gula f. gluttony
gustar to like; to please
gusto *m.* pleasure; taste; **estar a—**to be comfortable; **dar—**to please

H

ha (*form of* **haber**) see **haber**
Habana Havana
haber (auxiliary verb) to have;**—de** + *inf.* to be to; to be obliged to ; to be going to, e.g. **si he de morirme** if I am to die
hábil skillful
habilidad *f.* ability, skill; talent
habitación *f.* room; apartment
habitado, -a inhabited
habitante *m.* & *f.* inhabitant
habitar to live in, inhabit
habituarse to become accustomed, get used to
habla: de—española Spanish-speaking
hablador, -a *m.* & *f.* talker
hablar to talk, speak; **el—español** speaking Spanish, the speaking of Spanish
hacer to make; to do;**—buen (mal) tiempo** to be good (bad) weather;**—calor (frío, sol)** to be warm (cold, sunny);**—se** to become, to change into;**—se tarde** to be getting late;— + *time expression* ago, e.g. **hace un siglo** one century ago;**—un papel** to play a role or part;**—saber** to make known;**—manos** to acquire experience
hacha *f.* axe
hacia toward, to
hallar to find
hamaca *f.* hammock
hambre *f.* hunger
hambriento, -a hungry
harto, -a: estar—de to be fed up with, sick and tired of
hasta even; until; to; up to
hastiado, -a (de) weary (of)
hay (*form of* **haber**) there is, there are:**—que** + *inf.* one must . . .
he aquí here is, here you have
hecho, -a made, done; *m.* fact; act
helado, -a *m.* ice cream; *adj.* freezing cold
hembra *f.* female
hembrismo *m.* exaggeratedly feminine actions and attitudes
hembrista *f.* & *adj.* female who believes in or practices **hembrismo**
hemisferio *m.* hemisphere
hemofilia *f.* hemophilia
heredar to inherit
heredero, -a *m.* & *f.* heir; successor
herencia *f.* inheritance; heritage; heredity
herida *f.* injury
herir (ie, i) to hurt; to wound
hermano, -a *m.* & *f.* brother; sister
hermoso, -a beautiful
hermosura *f.* beauty
héroe *m.* hero
heroicidad *f.* heroism

herramienta *f.* tool;—**s** *f. pl.* set of tools
híbrido, -a *m.* & *adj.* hybrid
hielo *m.* ice
hierro *m.* iron
higiénico, -a hygienic
hijo, -a *m.* & *f.* child; son; daughter;—**de la puta** bastard; son of bitch;—**s** children; sons; daughters
hilo *m.* thread; string; thin wire
hinchado, -a swollen
hipocresía *f.* hypocrisy
hipócrita *m.* & *f.* hypocrite
hipoteca *f.* mortgage
hipotecado, -a mortgaged
hispánico, -a Hispanic
hispano, -a *m.* & *f.* Hispanic person, Spaniard or Spanish-American; *adj.* Hispanic
Hispanoamérica Latin America
hispanohablante *m.* & *f.* & *adj.* Spanish speaker; Spanish-speaking
hispanoparlante *m.* & *f.* & *adj.* Spanish speaker; Spanish-speaking
historia *f.* history; story
historiador, -a *m.* & *f.* historian
histórico, -a historical
historieta *f.* story; comic strip
hogar *m.* home
hogareño, -a domestic
hoguera *f.* fire
hoja *f.* leaf; page
holgazán, holgazana *m.* & *f.* loafer, bum
hombre *m.* man; mankind; **¡hombre!** indeed!, you don't say!; **ser muy**—to be a real man
hombro *m.* shoulder
homenaje *m.* homage; tribute
homicida homicidal
homicidio *m.* murder, homicide
hondo, -a deep, profound
honestidad *f.* decency; decorum
honra *f.* honor
honrado, -a honorable; honest
honrar to honor, glorify
hora *f.* hour; time
horario *m.* timetable
horda *f.* horde
horizonte *m.* horizon
hormiga *f.* ant
hormona *m.* hormone
horroroso, -a horrid; hideous
hospedaje *m.* lodgings
hospedar to lodge
hospitalidad *f.* hospitality
hostilidad *f.* hostility
hoy today; nowadays;—**día** nowadays, today
huelga *f.* strike (of workers); rest, merriment; **hacer**—to strike;—**de hambre** hunger strike
huella *f.* track
hueso *m.* bone
huésped *m.* guest
huesudo, -a bony
huevo *m.* egg
huir to flee
humanidad *f.* humanity
humeante smoky
húmedo, -a humid
humildad *f.* humility
humilde humble
humillación *f.* humiliation
humillado, -a humiliated
humo *m.* smoke; fume
humorístico, -a humorous

I

ibérico, -a Iberian (from Iberian Peninsula: Spain and Portugal)
idealizado, -a idealized
idéntico, -a identical
identidad *f.* identity
identificar:—**se** to be identified; to identify
ideología *f.* ideology
idioma *m.* language
ídolo *m.* idol
iglesia *f.* church
ignorar not to know, to be ignorant of
igual equal; the same; similar; **por**—equally;—**que** the same as, similarly
igualdad *f.* equality
igualitario, -a egalitarian
ilimitado, -a unlimited
iluminar to illuminate, light up
ilusión *f.* hopeful anticipation; illusion
ilustrar to illustrate
imagen *f.* image
imaginar to imagine;—**se** to imagine, picture to oneself
imitar to imitate
impaciencia *f.* impatience
impasibilidad *f.* insensitivity; impassivity
impasible impassive
impedido, -a (physically or mentally) handicapped or challenged
impedimento *m.* handicap, physical or mental challenge or impediment
impedir (i, i) to prevent, impede
imperante ruling
imperar to prevail, to reign, rule
imperdonable unpardonable, unforgivable
imperio *m.* empire
impermeable *m.* raincoat
ímpetu *m.* impetus
implicar to imply; to involve
implorar to beg, implore
imponente imposing
imponer to impose
importación *f.* import; importation
importar to be important; to matter
importe *m.* amount (of bill)
imprescindible essential
impresionante impressive
impresionar to impress
impuesto *m.* tax; **cobrar**—**s** to collect taxes; *p.p. of* **imponer** imposed
impulso *m.* impulse; impetus, momentum
impureza *f.* impurity
inalienablemente inalienably
inaugurar to inaugurate
inca *m.* & *f.* Inda (Indian of the Incan culture)
incaico, -a Incan (of or pertaining to the Incas)
incapacidad *f.* incapacity
incapaz (*pl.* **incapaces**) incapable
incauto, -a uncautious, unwary
incendiar to set on fire
incendio *m.* fire
incertidumbre *f.* uncertainty

incierto, -a uncertain
incinerado, -a burned, incinerated
inclinarse to bend over; to bow
incluir to include
incluso including; even
incómodo, -a uncomfortable
incomprehensivo, -a ignorant; not understanding
inconcebible inconceivable
inconfesable unspeakable, shameful
inconformidad *f.* disconformity
inconfundible unmistakable
inconsciente unconscious; unaware
incontenible uncontrollable
incontrolado, -a uncontrolled
inconveniente *m.* objection; drawback; *adj.* inconvenient
incorporarse to sit up; to join
incredulidad *f.* disbelief, incredulity
increíble unbelievable, incredible
incrementar to increase
inculto, -a uneducated, uncultured
indebido, -a improper; unlawful
indefenso, -a defenseless
independista (independentista) *m.* & *f.* supporter of independence
indicado, -a appropriate; proper
indicar to indicate, point out
índice *m.* index
indicio *m.* indication
indigena *m.* & *f.* & *adj.* native inhabitant: Indian
indignidad *f.* indignity
indio, -a *m.* & *f.* & *adj.* Indian
indiscreto. -a indescreet; imprudent
individuo *m.* individual, person
indominable uncontrollable
indudablemente undoubtedly
indulto *m.* pardon; reprieve
industrioso, -a industrious
inescrupuloso, -a unscrupulous
inestabilidad *f.* instability
inestable unstable
inexistente nonexistent
inexpresivo, -a emotionless, without expression
infame infamous
infancia *f.* infancy, childhood
infelicidad *f.* unhappiness
infeliz (*pl.* **infelices**) unhappy
inferioridad *f.* inferiority
inferir (ie, i) to suggest; to infer
infidelidad *f.* unfaithfulness
infiel unfaithful
infierno *m.* hell
infinidad *f.* infinity
influir to influence
influjo *m.* influence; influx
informador, -a *m.* & *f.* informant
informe *adj.* shapeless; *m.* report
infortunado, -a *m.* & *f.* & *adj.* unfortunate (person)
infortunio *m.* misfortune
infracción *f.* violation
inframundo *m.* underworld
infundir to infuse, inspire, imbue with
ingeniería *f.* engineering
ingeniero, -a *m.* & *f.* engineer
ingenio *m.* creative or inventive talent
ingenioso, -a ingenious, clever
ingerir (ie, i) to ingest, take in
Inglaterra *f.* England
inglés, inglesa *m.* & *f.* & *adj.* English person; English
ingrato, -a ingrate
ingresar to enter
ingreso *m.* entrance; income
inhabilidad *f.* inability
inhibición: en estado de—unconscious
iniciador, -a *m.* & *f.* initiator
iniciar to begin, initiate
ininteligible unintelligible, not understanding
ininterrumpido, -a uninterrupted
injusticia *f.* injustice
injustificable unjustifiable
injusto unfair, unjust
inmediato, -a immediate; adjoining; **de**—immediately
inmensidad *f.* vastness; immensity
inmenso, -a immense; limitless
inmigrante *m.* & *f.* & *adj.* immigrant
inmigrar to immigrate
inminente imminent
inmiscuirse to meddle or interfere in the affairs of others
inmortalidad *f.* immortality
inmóvil immobile
inmutable immutable
innegable undeniable
inocuo, -a innocuous
inolvidablemente unforgettably
inoperante inoperative
inquietar to disturb; to worry
inquieto, -a restless; worried
inquietud *f.* restlessness; anxiety; uneasiness
inquilino, -a *m.* & *f.* tenant
Inquisición *f.* (Spanish) Inquisition
insaciable insatiable, incapable of being satisfied
insalubre unhealthy
inscribir(se) to register
inseguridad *f.* insecurity
inseguro, -a uncertain; unsafe
insensato, -a foolish
insensible insensitive
insinuación *f.* innuendo; insinuation
insinuar to insinuate, suggest
insomnio *m.* insomnia, sleeplessness
insoportable unbearable, intolerable
instalaciones *f. pl.* facilities
instalado, -a settled
instalar to install, set up;—**se** to settle
instantáneo, -a instantaneous
instante *m.* instant, moment; **al**—at once
instaurar to establish
instinto *m.* instinct
institivamente instinctively
instrucción *f.* education; instruction
instruido, -a educated
insuficiencia *f.* deficiency; insufficiency
insultante insulting
integrar to form, make up; to integrate
integridad *f.* integrity
intensidad *f.* intensity
intensificar to intensify
intentar to try

intercambiar to exchange; to interchange
interés *m.* interest
interesante interesting
interesar to interest
interferir (ie, i) to interfere
interior inner; inside, interior
intermediario, -a *m.* & *f.* middleman
intermedio, -a intermediate
internar(se) to penetrate into the interior of a country
interno, -a internal
interrogar to question, interrogate
interrumpir to interrupt
intervenir (ie) to intervene
intimidar to intimidate, scare
íntimo, -a intimate; close
intranquilo, -a restless; uneasy; worried
intrigante intriguing
intrincado, -a intricate
introductor, -a *m.* & *f.* introducer; *adj.* introductory
intruso, -a *m.* & *f.* intruder
intuir to sense; to have an intuition of
inundación *f.* flood
inundar to flood, inundate
inútil useless
inutilidad *f.* uselessness
invadir to invade
invasor, -a *m.* & *f.* invader
invencibilidad *f.* invincibility
invento *m.* invention
invernadero *m.* greenhouse; **efecto—**global warming (greenhouse effect)
inversión *f.* investment
invertir (ie, i) to invest
investigación *f.* research; investigation
investigador, -a *m.* & *f.* researcher; investigator
investigar to investigate
invierno *m.* winter
inyectar to inject
ir to go; to be;**—de mal en peor** to go from bad to worse; **se va familiarizando** he begins to become familiar;**—se** to go out, to leave; to go away
ira *f.* anger, ire
irlandés, irlandesa *m.* & *f.* & *adj.* Irish
irreal unreal
irremisiblemente without pardon; irremissibly
irrespirable unbreathable
irresponsabilidad *f.* irresponsibility
irreverencia *f.* irreverence, display of lack of respect
irritar to irritate, annoy
irrumpir to interrupt; to enter abruptly
isla *f.* island
Italia Italy
itinerario *m.* timetable; schedule; itinerary
izquierdista *m.* & *f.* leftist
izquierdo, -a *f.* left (side or direction); left wing (in politics)

J

¡ja! ha!
jadeo *m.* panting, breathlessness
jamás never, not ever
jamón *m.* ham
Japón *m.* Japan
jardín *m.* garden; yard; **—zoológico** zoological gardens (zoo)
jaula *f.* cage
jefe *m.* **(jefa** *f.* **)** chief, leader; boss
jerarquía *f.* hierarchy
jerárquica *f.* hierarchy; hierarchical
Jesucristo Jesus Christ
jíbaro, -a *m.* & *f.* Puerto Rican peasant
jinete *m.* horseman, rider
joder to mess up, to ruin; vulgar expression in some Hispanic countries
jornada *f.* working day; **doble—** double work day; **media—** half day
José Joseph
joven *m.* & *f.* young person, youth
joya *f.* jewel
jubilación *f.* retirement
jubilarse to retire; to be pensioned; to rejoice
judío, -a *m.* & *f.* Jew; *adj.* Jewish
juego *m.* game
juez (*pl.* **jueces**) *m.* & *f.* judge, justice
jugador, -a *m.* & *f.* player
jugar (ue) to play;**—a** + *sport* to play, e.g.,**—al fútbol** to play soccer
jugoso, -a juicy; meaty
juguete *m.* toy
jungla *f.* jungle
juntar to assemble; to bring together
junto, -a joined, united;**—a** near to, close to;**—con** along with;**—s** together;**—de** nearby, next to
juramento:—de Hipócrates Hippocratic oath
jurar to swear, vow
jurídico, -a legal
jurista *m.* & *f.* lawyer; jurist
justicia *f.* justice
justificable justifiable
justificar to justify
justo, -a just, fair
juvenil young, juvenile
juventud *f.* youth
juzgar to judge; to try (in court)

laberinto *m.* labyrinth
labio *m.* lip
laboral (pertaining to) labor
laboriosamente laboriously
labrador, -a *m.* & *f.* peasant, farmer
lacrimoso, -a weeping, tearful
lado *m.* side; **al—**nearby; **por otro—**on the other hand
ladrón, ladrona *m.* & *f.* thief
lago *m.* lake
lágrima *f.* tear
laguna *f.* gap; pond
lamentar to regret, lament
lámpara *f.* lamp
lana *f.* wool

lancha:—motora *f.* speedboat; powerboat
langosta *f.* lobster
lanza *f.* spear
lanzamiento *m.* pitching
lanzar(se) to hurl (oneself); to spout
lápiz (*pl.* **lápices**) *m.* pencil
largo, -a long; **a lo—de** along; throughout
lascivo, -a lascivious
lástima *f.* pity
lastimar to hurt
lastimarse (de) to feel pity (for)
lastimero, -a sorrowful; mournful
lata *f.* tin can
latino, -a Latin-American
latitud *f.* latitude (climate, region)
lavandera *f.* laundress
lavar to wash
Lázaro: San—Saint Lazarus
lazo *m.* knot; lasso; tie
leal loyal
lealtad *f.* loyalty; **Lealtad** the name of a street in Havana, Cuba
leche *f.* milk
lecho *m.* bed
lector, -a *m.* & *f.* reader
leer to read
legumbre *f.* vegetable
lejano, -a distant, far away
lejos far; **a lo—**far away
lema *m.* motto
lengua *f.* language; tongue
lenguaje *m.* language
lenteja *f.* lentil
lentes *m. pl.* eyeglasses
lento, -a slow
leñador, -a *m.* & *f.* woodcutter
letanía *f.* litany
letra *f.* letter (of alphabet)
letrero *m.* sign
levantamiento *m.* uprising
levantar to raise, lift;**—se** to get up, arise; to rebel
leve slight
ley *f.* law
leyenda *f.* legend
liado, -a entangled; complicated
liberar to liberate, set free;**—se** to become free, escape
libertad *f.* liberty
libertador, -a *m.* & *f.* liberator
librar to free, set free;**—se** to save oneself, escape
libre free
libreta *f.* notebook
libro *m.* book
licor *m.* liquor
líder *m.* leader
liderar to lead
liderazgo *m.* leadership
lienzo *m.* canvas
ligar to tie
ligeramente slightly; lightly
limitar to limit; to restrict
limón *m.* lemon
limonada *f.* lemonade
limpiabotas *m.* & *f.* shoe shiner
limpiar to clean
límpido, -a clear, limpid
limpieza *f.* cleanliness; cleaning
limpio, -a clean
linaje *m.* lineage
lindo, -a pretty; delightful
línea *f.* line
lingüista *m.* & *f.* linguist
linterna *f.* lantern
lío *m.* bundle; mess, confusion
liquidar to liquidate
lírico, -a lyrical
lisiado, -a *m.* & *f.* cripple
listo, -a ready; clever
litigioso, -a litigious (fond of litigation)
livianidad *f.* levity; imprudence
lívido, -a livid, purplish
living (colloq.) *m.* living room
llama *f.* flame
llamada *f.* call
llamar to call;**—se** to be named, called;**—a la puerta** to knock at the door
llanta *f.* tire
llanto *m.* crying, weeping
llanura *f.* plain; flatness
llave *f.* key
llegada *f.* arrival
llegar to arrive; to come; to reach; to amount;**—a ser** to become
llenar to fill;**—se** to fill up;**—se de** to get or become filled
lleno, -a full
llevar to carry, bear, transport; to lead; to wear; to carry on;**—al poder** to bring to power;**—se** to carry off, take away;**—su merecido** to get what one deserves
llorar to cry
lloroso, -a tearful, weeping
llover (ue) to rain
llovizna *f.* drizzle
lluvia *f.* rain;**—de ideas** brainstorm
lo + *adj.* the . . . ; that which is . . . ; the . . . thing, part or aspect;**—bueno** the good thing (about it);**—contrario** the opposite;**—indígena** the indigenous (native Indian) part;**—peor** the worst part;**—único** the only thing;**—suficiente** that which (what) is enough;**—que** that which, what
lobo *m.* wolf
lóbrego, -a dark gloomy
localidad *f.* place
localizar to localize, locate
loco, -a crazy; *m.* & *f.* lunatic, crazy person; fool
locura *f.* madness
lógica *f.* logic; reasoning; *adj.* logical
lograr to achieve, accomplish; to obtain;**—** + *inf.* to succeed in
logro *m.* achievement; gain
loza *f.* porcelain; crockery
lozano, -a luxuriant
lúbrico, -a wanton, lascivious, lubricious
lucha *f.* fight, struggle
lucir to seem, appear
lucro *m.* gain, profit
luego then; later;**—que** as soon as; **hasta—**good-bye, so long
lugar *m.* place; **en primer—**in the first place; **tener—**to take place; **en—de** instead of; **dar—a** to give rise to
lujo *m.* luxury
lujoso, -a costly; luxurious
lunar *m.* birthmark; *adj.* on the moon
lunes Monday
lupa *f.* magnifying glass
luz (*pl.* **luces**) *f.* light; lamp; **dar a—**to give birth

M

machete *m.* large heavy knife, machete
machismo *m.* exaggeratedly masculine actions and attitudes
machista *m.* & *adj.* male who believes in or practices machismo; chauvinistic
macho *m.* & *adj.* male, manly
macizo, -a massive; solid
madera *f.* wood
madre *f.* mother
maduro, -a mature
maestría *f.* mastery
maestro, -a *m.* & *f.* teacher; master
magía *f.* magic
magistrado *m.* magistrate
magnífico, -a magnificent, great
mago, -a *m.* & *f.* magician, wizard
maíz *m.* corn
majestuoso, -a majestic
mal *adv.* bad, badly; ill; *m.* evil; *adj.* bad; **ir de—en peor** to go from bad to worse
maldad *f.* evil
maldecir to curse; to damn
maldición *f.* curse
maléfico, -a harmful, evil
malestar *m.* discomfort, uneasiness
maligno, -a evil, malignant
maltratar to mistreat, abuse
maltrato *m.* abuse, mistreatment
manar to spring, flow
mancha *f.* spot; stain
manchado, -a soiled, stained
mancillar to stain, blemish
mandar to send; to rule; to order
mandato *m.* mandate, command
mando *m.* power; control;**—a distancia** remote control (for T.V.)
manejar to drive (car, etc.); to operate, run (elevator)
manera *f.* manner; way
manía *f.* whim; mania
manifestación *f.* demonstration
manifestante *m.* & *f.* demonstrator
manifestar (ie) to reveal, show, manifest
manipular to manipulate
mano *f.* hand;**—s a la obra** (Let's get down) to work;**—de obra** labor; **poner—a** to lay hands on; to grab
manojo *m.* bunch; bundle; handful
manso, -a gentle, soft
mantarraya *f.* mantaray
mantener to maintain; to keep; to support
mantequilla *f.* butter
manufacturero, -a *adj.* manufacturing
manuscrito *m.* manuscript
manzana *f.* apple
mañana *f.* morning; *adj.* tomorrow
mañanita *f.* bed shawl
mapa *m.* map
mapamundi *m.* world map
maquiladora *f.* assembly plant
maquillaje *m.* makeup
máquina *f.* machine
mar *m.* & *f.* sea
maravilla *f.* wonder
maravilloso, -a marvelous; fantastic (of the fantasy or imagination)
marcar to mark
marcha *f.* march; operation; **poner en—**to start up
marchar to travel; to march;**—se** to leave, go out; to march
marco *m.* frame
marfil *m.* ivory
marginación *f.* marginalization
marginado, -a on the fringe
marido *m.* husband
«Marielitos» Cuban refugees named for port town (Mariel) from which they departed in small boats in 1980
marisco *m.* shellfish
marzo *m.* March
más more; most;**—bien** rather;**—o menos** more or less
mas but
masa *f.* mass; **en—**in a body; **las—s** the masses
máscara *f.* mask
mascota *f.* pet; mascot
masculinidad *f.* masculinity
matar to kill;**—se** to kill oneself,
matemáticas *f. pl.* mathematics
materia *f.* subject; matter; material
materno, -a maternal; **lengua—***f.* mother tongue (one's native language)
maternidad *f.* maternity
matricular to register
matrimonio *m.* marriage; married couple
máximo, -a top; highest; maximum
maya *m.* & *f.* & *adj.* Mayan Indian; Mayan
mayólica *f.* Majolica style of chinaware or tile
mayor greater; larger; older; greatest; largest; oldest
mayoría *f.* majority
meca *f.* mecca; goal
mecánico, -a mechanical
mecanizado, -a mechanized
medalla *f.* medal
media: Edad—Middle Ages
mediana: de edad— middle aged
mediante with the help of
medias: a—half; by halves
medicamento *m.* medicine, drug
médico, -a *m.* & *f.* doctor; *adj.* medical
medida *f.* measure
medio, -a half; middle; average; *m.* means; middle; medium; way;**—ambiente** *m.* environment;**—s de comunicación** *m. pl.* the media; **en—de** in the middle of, among;**—de consulta** *m.* means of reference; **por—de** by means of; **Medio Este** *m.* Middle East; **Medio Oeste** *m.* Middle West
mediodía *m.* midday, noon
medir (i, i) to measure
meditar to meditate
Mediterráneo, -a Mediterranean
mejor better; best
mejora *f.* improvement
mejorar to improve, better
melancólico, -a melancholy
memoria *f.* memory
mencionar to mention
mendigo, -a *m.* & *f.* beggar
menina *f.* maid of honor; lady-in-waiting
menor smaller

menos less; **a—que** unless; **al—, por lo—**at least
mensaje *m.* message
mensajero, -a *m.* & *f.* messenger
mentalidad *f.* mentality
mente *f.* mind
mentira *f.* falsehood, lie
mentir (ie, i) to lie
mentiroso, -a *m.* & *f.* & *adj.* lying, deceptive, false (person)
menudo *m.* market
mercancía *f.* merchandise; goods
mercantil commercial; mercantile
merced *f.* grace, favor; mercy
merecer to deserve
merecido (*p.p. of* **merecer**) just deserts or punishment
mérito *m.* merit, worth
meritorio, -a worthy, deserving, meritorious
mero, -a mere
mes *m.* month
mesa *f.* table;—**redonda** round table (discussion)
mesero, -a *m.* & *f.* waiter; waitress
mestizo, -a *m.* & *f.* person of mixed Spanish and Indian ancestry
meta *f.* goal; objective
metafísico *m.* metaphysician
metáfora *f.* metaphor
metano *m.* methane (gas)
meteorología *f.* meteorology, study of climate and weather
meter to put in;—**se en** to get into
meticulosamente meticulously
metido, -a involved
método *m.* method
metro *m.* meter
mexica n. & *adj.* relating to the Mexica tribe in Mexico
méxico-americano, -a *m.* & *f.* Mexican-American
mezcla *f.* mixture
mezquino, -a mean-spirited
miedo *m.* fear
miedoso, -a fearful
miel: luna de—honeymoon
miembro *m.* member
mientras (que) while; whereas;—**tanto** meanwhile
miércoles *m.* Wednesday
migratorio, -a migratory
mil (*pl.* **miles**) thousand
milagro *m.* miracle
milagroso, -a miraculous
militar military; *m.* military man, soldier
milla *f.* mile
millón million
mimado, -a spoiled
mina *f.* mine
minifalda *f.* miniskirt
mínimo, -a minimum, minimal
ministerio *m.* department; ministry
minoría *f.* minority
minoritario, -a minority
minucia *f.* small detail
minuto *m.* minute; **a los pocos—s** a few minutes later
mirada *f.* look, glance, gaze
mirar to look at
misa *f.* mass
miseria *f.* misery; poverty
misericordia *f.* mercy
misericordioso, -a merciful
misionero, -a *m.* & *f.* missionary
misiva *f.* missive (letter)
mismo, -a same; self; very; **a sí—**to oneself; **lo—**the same (thing); **por lo—**for the same reason
misterioso, -a mysterious
mita *f.* drafting of Indian laborers for public works (during Inca period); forced labor
mitad *f.* half
mito *m.* myth
mitología *f.* mythology
mitológico, -a mythological
mixto, -a mixed
moda: estar de—to be in style, fashionable
modelo *m.* & *adj.* model; example
moderado, -a moderate; *m.* & *f.* moderate person
modificar to modify
modismo *m.* idiom
modo *m.* way; manner;—**de vivir** way of life; **de cualquier—**by any means, in any manner; **de—que** so that; **de ese—**like that
mofarse de to make fun of; to sneer at
mojado, -a wet, damp
molestar to bother
molestia *f.* bother
molesto, -a upset, offended
molido, -a worn out; exhausted
momentáneo, -a momentary
monarca *m.* monarch
monarquía *f.* monarchy
monárquico, -a *m.* & *f.* monarchist
moneda *f.* coin
monja *f.* nun, sister of a religious order
mono *m.* monkey
monolingüe monolingual
monolito *m.* monolith
monstruo *m.* monster
montaje *m.* assembly
montaña *f.* mountain
montar to assemble, set up; to mount;—**en bicicleta** to ride a bicycle
monte *m.* mountain; hill; forest; foothill
montón *m.* pile, heap
montura *f.* saddle
morado, -a purple
moraleja *f.* moral
moralidad *f.* morality
morder (ue) to bite
moreno, -a dark; darkskinned, brunette
moribundo, -a dying
morir (ue, u) to die
mortal fatal, terminal (disease); mortal
mosca *f.* fly
mostrador *m.* store counter
mostrar (ue) to show
motín *m.* riot
motivo *m.* motif, theme; motive, reason
motocicleta *f.* motorcycle
mover(se) (ue) to move
movilizar to mobilize
movimiento *m.* movement
mozo, -a *m.* & *f.* young man, woman; waiter, waitress
muchacho, -a *m.* & *f.* boy; girl; child
mucho, -a much, a lot of;—**s** many; *adv.* much, a great deal, a lot

mudarse to move, change residence; change
mudo, -a silent
muebles *m. pl.* furniture
muerte *f.* death; **dar—a** to kill
muerto, -a *p.p. of* **morir** & *adj.* dead; *m.* & *f.* dead person
mugriento, -a grimy, dirty
mujer *f.* woman; wife
mulato, -a *m.* & *f.* person with mixed Negro and Caucasian ancestry
multinacional *f.* multinational company or business
multiplicar to multiply
multitud *f.* crowd, multitude
mundial worldwide; **guerra—** World War
mundo *m.* world; **todo el—** everyone; **tercer—**Third World region (most of Asia, Africa, Latin America)
muñeca *f.* doll
murmurar to whisper, murmur; to gossip
muro *m.* wall
musculatura *f.* musculature
músculo *m.* muscle
musculoso, -a muscular
museo *m.* museum
música *f.* music
musicalidad *f.* musicality
músico, -a *m.* & *f.* musician
musulmán, musulmana *m.* & *f.* & *adj.* Moslem
muy very; very much

n

nacer to be born; to originate
nacimiento *m.* birth
nacional national; *m.* national, citizen; in Spanish Civil War, those seeking to overthrow the Republic
nada nothing, not anything; nothingness
nadar to swim
nadie no one, nobody
narcoguerilla *f.* group of terrorists who aid drug smugglers
narcotraficante *m.* & *f.* drug dealer
nariz *f.* nose
narrador, -a *m.* & *f.* narrator
natación *f.* swimming
natal native
natalidad *f.* birth rate; **control de la—*m.*** birth control
naturaleza *f.* nature
nave:—espacial *f.* spaceship
Navidad *f.* Christmas
necesidad *f.* need, necessity
necesitar to need; to necessitate
negar (ie) to deny;**—se** to refuse
negociar to negotiate
negocio *m.* business; affair
negrilla *f.* boldface
negritud *f.* blackness; Black identity
negro, -a *m.* & *f.* & *adj.* black; dear, darling
nene *m.* baby boy
nena *f.* baby girl
nevada *f.* snowfall
nevar (ie) to snow
ni neither, nor;**—. . .—**neither . . . nor;**—siquiera** not even
nicaragüense *m.* & *f.* & *adj.* Nicaraguan
nido *m.* nest
nieto, -a *m.* & *f.* grandchild; grandson; granddaughter
nieve *f.* snow
ningún, ninguno, -a none; no one; (not) any
niñez *f.* childhood
niño, -a *m.* & *f.* child; (baby) girl; (baby) boy;**—s** children; boys; girls; **de—**as a child
níspero *m.* medlar fruit
nítido, -a sharply defined
nivel *m.* level;**—de vida** standard of living
noble *m.* nobleman; *adj.* noble
nobleza *f.* nobility
noche *f.* night; **de—, de la—, por la—**at night; **ser de—**to be night
nómada *m.* & *f.* & *adj.* nomad, nomadic
nombrar to name
nombre *m.* name
noreste *m.* northeast
noroeste *m.* northwest
norte *m.* north
norteamericano, -a *m.* & *f.* & *adj.* American (from the United States)
notar to notice, note
noticiario *m.* newscast, news program
noticias *f. pl* news; **dar—**to notify
notorio, -a well-known; evident
novedad *f.* novelty; piece of news
novedoso, -a novel
novel inexperienced, new
noviembre November
novio, -a *m.* & *f.* boyfriend; girlfriend; *pl.* engaged couple
nube *f.* cloud
nublazón *m.* gathering of storm
nudo *m.* knot
nuevo, -a new; **de—**again
nulo, -a null, void
número *m.* number
numeroso, -a numerous
nunca never; not ever
nupcias *f. pl.* wedding, nuptials
nutrir to feed, nourish

o or;**—. . .—**either . . . or
obedecer to obey
obispo *m.* bishop
objetivo, -a *m. & adj.* objective
objeto *m.* object; purpose
obligar to obligate; to oblige
obra *f.* work; **manos a la—**get down to work
obrero, -a *m.* & *f.* worker, laborer;**—migratorio** migrant worker
obscenidad *f.* obscenity
obscuridad *f.* obscurity; darkness
obscuro, -a dark; **a obscuras** in the dark
obsequioso, -a obliging, obsequious
observador, -a *m.* & *f.* observer
observar to observe; to watch
obsesionado, -a obsessed

obstaculizar to block, obstruct
obstáculo *m.* obstacle
obstante: no—however; nevertheless
obstruir to obstruct
obtener to obtain, get; to attain
obvio, -a obvious
ocasionar to cause
occidental western, occidental
ocio *m.* idleness; leisure time
ocote *m.* torch pine *(Mex.)*
octubre October
ocultar(se) to hide
ocupar to occupy;**—se de** to pay attention to; to be interested in
ocurrir to occur; to happen;**—se** to occur (to one)
oda *f.* ode
odiar to hate
odio *m.* hatred, hate
oeste *m.* west
oferta *f.* offer; supply
oficina *f.* office
oficio *m.* job; task; duty
ofrecer to offer
oído *m.* (inner) ear
oír to hear;**—decir** to hear it said
ojalá (que) I hope that, would that
ojeada: echar una—to cast a glance
ojo *m.* eye
ola *f.* wave
óleo *m.* oil (painting)
oleoducto *m.* pipeline
olfato *m.* smell, sense of smell
olimpiadas *f. pl.* Olympics
olímpico, -a *m.* & *f.* participant in Olympics
olor *m.* fragrance, smell
olvidar(se) (de) to forget
ombligo *m.* navel; center
omitir to omit; to neglect
onda *f.* wave
oneroso, -a onerous
ONU abbreviation for **Organización de Naciones Unidas,** UN (United Nations)
opaco, -a opaque
opción *f.* choice, option
opinar to be of the opinion; **¿Qué opina usted de . . . ?** What is your opinion of . . . ?
opio *m.* opium
oponer(se) to oppose
oportunidad *f.* opportunity
opositor, -a opposing
opreso, -a *m.* & *f.* oppressed person
oprimir to oppress; to weigh down
oprobio *m.* disgrace; insult
optar to choose
optimista optimistic
óptimo, -a optimal
opuesto, -a opposite; opposed
oración *f.* sentence; prayer
orador, -a *m.* & *f.* speaker
orar to pray
oratorio, -a oratorical
orbe *m.* cirlce; sphere; world
órbita *f.* eye socket; orbit
orden *m.* order (sequence); *f.* order, command
ordenado, -a tidy, orderly
ordenar to arrange, put in order; to order
oreja *f.* (outer) ear
orgullo *m.* pride; **tener—**to be proud
orgulloso, -a proud
oriental eastern
Oriente Orient, East
originario, -a original; native (to a particular place)
originar(se) to originate; to create
orilla *f.* border, bank (of river); edge
oro *m.* gold
orquesta *f.* orchestra; band
ortodoxo, -a orthodox
ortografía *f.* spelling
os you; yourselves
oscilar to fluctuate, oscillate
oscurecer to darken, obscure;**—se** to become cloudy; to become dark
oscuridad *f.* darkness
oscuro, -a dark; **a oscuras** in the dark; **Edad—**Dark (Middle) Ages
ostentar(se) to show; to show off
ostentosamente ostentatiously
ostra *f.* oyster
otoño *m.* fall, autumn
otorgar to grant, give; to award
otro, -a another, other
oveja *f.* sheep
oxígeno *m.* oxygen
ozono *m.* ozone

paciencia *f.* patience
paciente *m. & f. & adj.* patient
pacífico, -a peaceful, pacific
padecer (de) to suffer (from)
padre *m.* father;**—s** *m. pl.* parents
pagar to pay; to pay for
página *f.* page
pago *m.* pay, payment
país *m.* country
paisaje *m.* landscape
paisano, -a *m.* & *f.* peasant
pajarillo *m.* little bird
pájaro *m.* bird
palabra *f.* word
palacio *m.* palace
paleolítico, -a paleolithic
palidecer to turn pale
pálido, -a pale
palma *f.* palm tree
palmada: dar—s to clap hands
palmera *f.* palm (tree)
palo *m.* stick; pole
paloma *f.* pigeon
palpar to feel, to touch
palpitar *m.* beating, palpitation
pan *m.* bread; **ganar el—**to earn a living
pandilla *f.* gang
pantalla *f.* screen
pantalón *m.* pants; **llevar los pantalones** to wear the pants (to be the boss)
pañuelo *m.* kerchief, handkerchief
papá *m.* father, papa, dad
papa *f.* potato; *m.* Pope
papagayo *m.* parrot
papel *m.* paper; role, part; **hacer un—**to play a role, a part
paquete *m.* package
par *m.* pair; **sin—**without equal
para for; in order to;**—qué** what for, why
parado, -a *adj.* stopped; standing up; *m.* & *f.* worker who has been laid off

paradoja *f.* paradox
paradójicamente paradoxically
paraguayo, -a *m.* & *f.* & *adj.* Paraguayan
paraíso *m.* paradise
paranoico, -a paranoic, paranoid
parar to stop
parasitario, -a parasitic
parcela *f.* plot
parecer to seem, appear;—**se a** to resemble; **¿Qué le (te) parece . . . ?** What do you think of . . . ?
parecido, -a alike; similar
pared *f.* wall
pareja *f.* couple, pair; partner
parentela *f.* relations
paréntesis *m.* parenthesis
pariente, -a *m.* & *f.* relative
parque *m.* park
párrafo *m.* paragraph
parte *f.* part, portion; **en**—in part, partially; **en gran**—largely; **la mayor**—the majority, most; **ninguna**—nowhere; **por (de) una**—on the other hand; **por su**—on his/her own; **por todas—s** everywhere
participio *m.* participle;—**pasado** past participle
particularidad *f.* particularity
partida *f.* departure
partidario, -a *m.* & *f.* partisan; supporter
partido *m.* party (political); game (sports)
partir to split; to break; **a—de** from (some specified time) onward
pasado, -a past; **el año**— last year; *m.* past
pasaje *m.* passage; group of passengers
pasajero, -a *m.* & *f.* passenger; *adj.* passing, transitory
pasaporte *m.* passport
pasar to pass; to pass by; to happen, occur; to spend (the day); to cross;—**a ser** to become;—**de** to exceed, surpass; **¿Qué pasa?** What's the matter? What's going on?; **pasársenos** to leave us
pasear to walk; to take a walk
paseo *m.* walk; **dar un**—to take a walk
pasillo *m.* hall
pasividad *f.* passivity
paso *m.* step, pace; pass; passage;—**a**—step by step; **de**—in passing; by the way
pastel *m.* pastry
patentar to patent
paterno, -a paternal
patético, -a pathetic
patria *f.* fatherland, native country; **lengua—*f.*** native language
patriota *m.* & *f.* patriot
patronal patronal; religious
patrón, patrona *m.* & *f.* master; mistress; boss; landlord, proprietor; protector, patron, patroness; *m.* pattern
paulatinamente gradually, slowly
pausa *f.* pause, break
pausado, -a slow
pauta *f.* rule, guide; model, example
pavita *f.* tea kettle
pavo *m.* peacock
paz *f.* peace
pecado *m.* sin
peces (*pl. of* **pez**) *m.* fish
pechera *f.* shirt front
pecho *m.* chest; breast
pedazo *m.* piece
pedir (i, i) to ask for, request; to order (food)
pedrada *f.* hit or blow with a stone
pegar to glue
peinar(se) to comb
pelea *f.* fight, quarrel
pelear to fight, quarrel
película *f.* film; movie
peligro *m.* danger
peligroso, -a dangerous
pelo *m.* hair
pelota *f.* ball; **en**—naked
peluquería *f.* hairdresser's
peluquero, -a *m.* & *f.* hairdresser
pena *f.* punishment; suffering, pain; worry;—**capital,—de muerte** capital punishment; **valer la**—to be worth it
pendiente hanging; pending
péndola *f.* pen; quill
penetrar to enter; to penetrate
penoso, -a hard; burdensome
pensamiento *m.* thought
pensar (ie) to think, to think over;—**de** to think about, of (be of the opinion);—**en** to think about (direct one's thought to);—+ ***inf.*** to plan, intend
peor worse, worst
pepino *m.* cucumber
pequeño, -a small, little
percatarse (de) to be or become aware (of)
percibir to perceive; to make out
perdedor, -a *m.* & *f.* loser
perder (ie) to lose; to ruin, destroy; to miss;—**el tiempo** to waste time;—**se** to be lost
perdición *f.* perdition, ruin
pérdida *f.* loss
perdido, -a lost
perdiz (*pl.* **perdices**) *f.* partridge
perdón *m.* pardon, forgiveness
perdonar to pardon, forgive
perenne perennial; perpetual
pereza *f.* laziness
perezoso, -a lazy
perfeccionar to perfect
perfil *m.* profile
periódico *m.* newspaper
periodista *m.* & *f.* journalist
perjudicar to damage; to injure
perla *f.* pearl
permanecer to remain
permiso *m.* permission; leave of absence
pero but
perplejo, -a perplexed
perro, -a *m.* & *f.* dog
perseguir (i, i) to persecute; to chase, run after
personaje *m.* character (in a novel, play, etc.)
personificar to personify
perspectiva *f.* prospect; perspective
pertenecer to belong, pertain
perturbador, -a disturbing, perturbing
perturbar to disturb, perturb
perversidad *f.* perversity

pesadilla *f.* nightmare
pesado, -a boring, annoying
pesar to weigh; to cause regret; **a—de** in spite of
pesca *f.* fishing
pescado *m.* fish (for eating)
pescar to fish
pese a in spite of
pésimo, -a very bad, terrible
peso *m.* monetary unit of several Spanish-American countries; weight
pesquero, -a fishing
petate *m.* palm-mat
petición *f.* request
petróleo *m.* oil
peyorativo, -a insulting; pejorative
pez (*pl.* **peces**) fish
piadoso, -a compassionate, merciful; pious
pibe child *(Arg.)*
picante (spicy) hot
picar to spur, incite; to bite; to itch
pico *m.* peak
pictórico, -a pictorial
pie *m.* foot; **a**—walking, on foot; **estar de—, ir de**—to be standing, on foot; **ponerse de**—to stand up
piedad *f.* pity; piety
piedra *f.* rock, stone
piel *f.* skin; fur
pierna *f.* leg
pieza *f.* piece; play (drama)
pila *f.* pile
pilar *m.* pillar
píldora *m.* pill
pinchado, -a punctured, flat (tire)
pingüino *m.* penguin
pino *m.* pine tree
pintar to paint
pintor, -a *m.* & *f.* painter
pintoresco, -a picturesque
pintura *f.* painting; paint
piña *f.* pineapple
piquete *m.* picket (of strikers)
pirámide *f.* pyramid
pirata *m.* & *f.* pirate
Pirineos *m. pl.* Pyrenees
pisar to step onto; to tread upon
piscina *f.* swimming pool
piso *m.* apartment; floor
pistola *f.* gun, pistol
placa *f.* license plate *(Mex.)*
placer *m.* pleasure
plaga *f.* plague
planchar to iron (clothes)
planear to plan
planicie *f.* plateau
planificar to plan
plano *m.* level
planta *f.* plant
plantear to establish; to state
plata *f.* silver; money *(L.A.)*
plátano *m.* banana
plato *m.* plate, dish
playa *f.* beach
plaza *f.* public square
plazo *m.* period (of time); deadline
plazuela *f.* small square (in a town or city)
plebe *f.* common people
plegaria *f.* supplication, prayer
pleito *m.* lawsuit
plenitud *f.* fulfillment
pleno, -a full, complete; fulfilled
plomo *m.* lead (metal)
pluma *f.* feather; pen
plumaje *m.* plumage, feathers
población *f.* population
poblado, -a populated
poblar (ue) to populate
pobre poor; unfortunate
pobreza *f.* poverty
poco, -a little;—s few; *m.* a little; **a**—shortly, in a short time; **a los—s minutos** a few minutes later; **tener en**—to hold in low esteem
poderío *m.* power; might
poderoso, -a powerful
poder (ue) to be able, can; to have power or influence; *m.* power; **en—de** in the power of; **no—más** to have had enough
podrido, -a rotten
poesía *f.* poetry; poem
poeta *m.* poet
poetisa *f.* poetess, poet
polémico, -a controversial; polemic
policía *m.* police officer; *f.* police (force)
policíaco, -a (pertaining to the) police
policial (pertaining to the) police
política *f.* politics; policy
político, -a political; *m.* & *f.* politician
poliuértano *m.* polyurethane; plastic foam
Polonia *f.* Poland
polvo *m.* dust
pompa *f.* pageant; pomp
ponderar to extol
poner to put; to place;**—en marcha** to start up;**—se** to become; to place onself; to set (the sun); to put on (clothes);**—se de pie** to stand up
poniente *m.* west; west wind
popularidad *f.* popularity
póquer *m.* poker; poker game
por for; by; through; around; on account of; for the sake of;**—eso** for that reason, because of that;**—ciento** *m.* percent; **¿—qué?** why?
porcentaje *m.* percentage
pornografía *f.* pornography
porque because; *m.* reason; cause
portafolio *m.* briefcase
portarse to behave
portátil portable
poseer to possess; to have
poseído, -a possessed
posibilidad *f.* possibility
postular to postulate; to request; to demand
postura *f.* position
potencia *f.* power; faculty
potro *m.* colt, foal
pozo *m.* hole; well; shaft
práctico, -a practical; *f.* practice
precio *m.* price
precioso, -a precious, valuable
precisar to determine precisely
preciso, -a necessary; precise
precolombino, -a pre-Columbian
predecir (i) to predict, foretell
predicar to preach
predilecto, -a favorite
pre-escolar *m.* & *f.* preschooler

preferir (ie, i) to prefer
pregunta *f.* question; **hacer una**—to ask a question
preguntar to ask;—**se** to wonder
prejuicio *m.* prejudice
preludio *m.* prelude
premiación *f.* the giving of an award or prize
premio *m.* prize
prender to seize; to arrest
prensa *f.* press
preñar to fill
preocupar(se) to worry
preparación *f.* preparation (background, skills)
preparar to prepare, make ready
presencia *f.* presence; appearance
presenciar to see; to witness
presentar to introduce; to present
presente: tener—to bear in mind
preservar to guard, preserve
presidir to predominate over; to preside over
presión *f.* pressure
preso, -a *m.* & *f.* prisoner
prestar to lend;—**atención** to pay attention
prestigio *m.* prestige
presuponer to presuppose
presupuestario, -a budgetary
presuroso, -a in a hurry; quick
pretender to try, endeavor
pretérito *m.* past; past tense
prevalecer to prevail
prevaleciente prevalent
prevenir (ie) to prevent
prever to foresee
previo, -a previous
primavera *f.* spring
primero, -a first
primo, -a *m.* & *f.* cousin
princesa *f.* princess
principio *m.* principle; beginning; **al**—, **a**—**s** at the beginning, at first
priorizar to prioritize
prisa *f.* hurry; haste; **de**—hurriedly; **tener**—to be in a hurry
prisión *f.* prison, jail
prisionero, -a *m.* & *f.* prisoner
pristino, -a pristine, original
privado, -a *adj.* private; *p.p.* deprived
privativo, -a particular; belonging exclusively to
privilegio *m.* privilege
probabilidad *f.* probability
probar (ue) to prove; to try out;—**fortuna** to try one's luck
procedente coming from
proceder (de) to proceed; to originate (from)
procedimiento *m.* procedure
procesador, -a processor
procesamiento *m.* processing
proclamar to proclaim
procurar to try
prodigio, -a prodigy
productividad *f.* productivity
productor, -a *m.* & *f.* producer
profanar to profane; to defile
profecía *f.* prophecy
profesor, -a *m.* & *f.* teacher, professor
profeta *m.* prophet
profetizar to prophesy, predict
profundo, -a profound, deep
programación *f.* programming
prójimo, -a *m.* & *f.* fellow being
prole *f.* offspring
promedio *m.* average
promesa *f.* promise
prometer to promise
promulgar to proclaim; to publish
pronosticar to forecast, fortell; to give a medical prognosis
pronóstico *m.* prediction
prontitud: con—quickly
pronto soon; quickly; **de**—suddenly
pronunciar to pronounce
propaganda *f.* propaganda; advertising, publicity
propiedad *f.* property
propietario, -a *m.* & *f.* owner, proprietor
propina *f.* tip
propio, -a (one's) own; appropriate; proper
proponer to propose
proporcionar to provide, supply, furnish
propósito *m.* intention, aim; purpose; **a**—by the way; **a**—**de** on the subject of
propuesto *p.p. of* **proponer** proposed
prosa *f.* prose
proseguir (i, i) to continue
próspero, -a prosperous
protector, -a protective
proteger to protect
provecho *m.* benefit; **en**—**tuyo** for your own good
proveer to provide
provenir (ie) (de) to come, originate (from)
provinciano, -a provincial
provocador, -a provocative
provocar to provoke
proximidad *f.* proximity, closeness
próximo, -a next; near, close
proyectar to project
proyectil *m.* projectile, missile
proyecto *m.* project
prueba *f.* proof; test
psicólogo, -a *m.* & *f.* psychologist
psiquiatra *m.* & *f.* psychiatrist
pubertad *f.* puberty
publicar to publish
publicidad *f.* advertising; publicity
pueblo *m.* town; people (of a region, nation)
puente *m.* bridge
puerco *m.* pig
puerta *f.* door;—**cancel** inner door
puerto *m.* port; harbor
puertorriqueño, -a *m.* & *f.* & *adj.* Puerto Rican
pues since, because; well; then; anyhow;—**bien** now then
puesto *p.p. of* **poner** placed, put; *m.* job, position;—**que** since
pulmón *m.* lung
punta *f.* point, tip
punto *m.* point; dot;—**de vista** point of view;—**de partida** point of departure; **a**—**de que** at the point when; **en**—exactly, on the dot
puntualidad *f.* punctuality, promptness

puñada *f.* punch, blow with the fist; **dar—s** to punch
pupila *f.* pupil (of eye)
pureza *f.* purity; innocence
purificar to purify
puro, -a pure; clean; mere, only; sheer; **la—verdad** the honest truth
puta *f.* whore; **hijo de**—son of a bitch; bastard

Q

que who; which; that; **lo**—what; that, which; **¿qué?** what? which?; **¿Qué tal?** How are you?; **¿Qué tal te gusta . . . ?** How do you like . . . ?; **¿para qué?** what for?; **¿por qué?** why?
quebrado, -a broken
quebrantado, -a bruised, broken
quechua *m.* Quechua (language of the Inca Indians)
quedar(se) to remain, stay; to be
queja *f.* complaint
quejarse to complain
quejido *m.* moan
quemador *m.* burner
quemar to burn
querer (ie) to want, wish; to love;—**decir** to mean
querido, -a *m.* & *f.* lover; loved one
quien who, whom; **¿quién?** who? whom?
quieto, -a quiet, still; **déjame**—leave me alone (undisturbed)
quietud *f.* quiet; stillness; calmness
quinto, -a fifth; *m.* fifth grade
quirúrgico, -a surgical
quitar to remove; to take away
quizá(s) perhaps, maybe

rabia *f.* rage, fury
racimo *m.* cluster; branches or extensions of the ocean
ráfaga *f.* gust of wind
raíz (*pl.* **raíces**) *f.* root; origin
rama *f.* branch
ramificarse to ramify; to branch off
ramo *m.* branch
rápidamente quickly
rareza *f.* oddity, rarity
raro, -a strange
rascacielos *m.* skyscraper
rascar(se) to scratch
rasgo *m.* trait, feature
rastro *m.* trait
rata *f.* rat
rato *m.* while, little while, short time; **a—s, de—en**—from time to time; **a cada**—very often
ratón *m.* rat; mouse
rayo *m.* ray
raza *f.* race (in the sense of a group of people)
razón *f.* reason; work; **dar la**—to agree with; **tener**—to be right
razonable reasonable
real *adj.* royal; real;—**Academia Española** Spanish Royal Academy; body which rules on proper usage of Spanish language
realidad *f.* reality; **en**—actually, in fact
realista *m.* & *f.* & *adj.* realist; realistic
realización *f.* accomplishment
reaccionar to react
reafirmar to reaffirm, reassert
realizar to accomplish, carry out, fulfill
reanudar to resume, begin again
reata *f.* lariat, rope, lasso
rebajar to lower; to deduct
rebelde *m.* rebel
rebeldía *f.* rebelliousness
rebuscar to search again; to search thoroughly
recalentarse (ie) to reheat, warm up (food)
recelo *m.* fear, distrust
receptor, -a receiving
recetario *m.* prescription
rechazar to reject; to ward off
recibir to receive
reciclaje *m.* recycling
reciclar to recycle
recién:—casado, -a *m.* & *f.* newlywed
reciente recent
recio, -a strong
recíprocamente reciprocally
reclamar to demand; to claim
recluirse to shut oneself away
reclutar to recruit
recobrar to recover
recoger to gather (up); to pick up
recolector, -a *m.* & *f.* collector
recomendar (ie) to recommend
recompensa: en—in return
reconocer to recognize
reconocimiento *m.* gratitude; recognition
reconstruir to reconstruct, rebuild
recordar (ue) to remember; to recall
recorrer to travel over
recreativo, -a recreational
recreo *m.* recreation, amusement
recrudecer to become worse
rectificador, -a *m.* & *f.* reformer, rectifier
rectificar to rectify, correct
recuerdo *m.* memory; souvenir
recuperar(se) to recuperate, recover
recurrir (a) to appeal (to), have recourse (to)
recursos *m. pl.* resources;—**sostenibles** sustainable resources
red *f.* net, network; Internet
redescubierto, -a rediscovered
redonda: mesa—round table (discussion)
reducir to diminish; to reduce
reemplazar to replace
referente referring
referir(se) (ie, i) to refer
refinado, -a sophisticated; refined
refinería *f.* refinery
reflejar to reflect
reflejo *m.* reflection
reflexión *f.* reflection; meditation
reflexionar to think, reflect
refrán *m.* proverb, saying
refrescante refreshing; cooling

refresco *m.* refreshment
refugiado, -a *m.* & *f.* refugee
refugiarse to take refuge
refugio *m.* refuge
regalar to give (as a present); to please, delight
regalo *m.* gift
regañar to scold
regaño *m.* scolding
regar (ie) to water
regiamente sumptuously; magnificently
régimen *m.* government; regime; diet
regir (i, i) to rule, govern
regla *f.* rule
regresar to return
regreso: de—on the way back
reina *f.* queen
reinar to rule; to reign
reino *m.* kingdon
reír (se) (i) to laugh
relación *f.* relation; relationship
relacionado, -a related
relacionar to relate
relajado, -a relaxed
relámpago *m.* lightning
relato *m.* narration, story
reliquia *f.* relic
reloj *m.* clock; watch
reluciente shining, sparkling
relucir to shine
remediar to remedy
remedio *m.* remedy, cure; help, relief; **no hay otro—**nothing else can be done; **sin—**unavoidably; **no tiene—**it can't be helped
remendado, -a mended
remitente *m.* & *f.* sender
remordimiento *m.* remorse, prick of conscience
remover (ue) to remove
remunerar to pay, remunerate
renacer to be reborn; to spring up again
renacimiento *m.* rebirth, renaissance
rencor *m.* rancor, animosity
rendición *f.* surrender
rendimiento *m.* output
rendir (i, i) to give, render (tribute, homage)
renegar (ie) to deny vigorously;**—de** to curse; to deny; to disown
renombrado, -a renowned, famous
renombre *m.* reknown, fame
renunciar to renounce, give up
reñir (i, i) to fight; to quarrel
reparación *f.* repair
reparar to notice; to take heed of; to repair
repartir to distribute, divide, deal out
repasar to review
repaso *m.* review
repente: de—suddenly
repertorio *m.* repertory, repertoire
repetir (i, i) to repeat
réplica *f.* reply
replicar to reply
reponer(se) to recover one's health
reposar to rest, repose
represalia *f.* reprisal
representar to represent; to act, play
representante *m.* & *f.* representative
reprimido, -a repressed
reprimir to repress
reproche *m.* reproach
republicano, -a *m.* & *f.* & *adj.* republican; in Spanish Civil War, those defending the Republic
repudio *m.* repudiation
repugnar to be repugnant
requerir (ie) to require
requisito *m.* requirement
res *f.* steer; head of cattle
resaca *f.* backlash (political)
resbalar (por) to slide (along)
rescatar to recover
resentido, -a resentful; offended; *m.* & *f.* resentful person
resentimiento *m.* resentment
resentirse (ie, i) to resent
reseña *f.* review (of book, movie); description
reserva *f.* reservation; discretion
reservado, -a reserved, reticent
residir to reside, live; to be
resolución: en—in sum, in short
resolver (ue) to solve; to resolve
resonar to resonate
respecto: con—a, con—de with respect to, with regard to
respetar to respect, honor
respeto *m.* respect
respirable breathable
respiración *f.* breathing
respirar to breath
resplandor *m.* brilliance, radiance
responder to answer, respond; to correspond
responsabilidad *f.* responsibility; liability
respuesta *f.* answer, response
restablecer to reestablish; to set up again
restado taken away
restauración *f.* restoration
restringir to restrict
resultado *m.* result
resultar to result, follow; to turn out to be; **resulta que** it turns out that
resumen *m.* summary; **en—** summing up; in brief
resumido *p.p. of* **resumir** summed up; summarized; **en resumidas cuentas** in summary
resumir to summarize
retahila *f.* string
retardar to hold back, retard
retener (ie) to retain
retirado, -a set back, apart
retirar to withdraw;**—se** to retreat; to retire
retornar to return
retrasado:—mental mentally retarded
retrato *m.* photographic likeness; portrait
reunión *f.* get-together, meeting, assembly
reunir (se) to meet, assemble
revelador, -a revealing
revelar to reveal
reverberar (of light) to reverberate
reverencia *f.* courtesy, bow; reverence
reverenciar to revere
revés *m.* setback; **al—**backwards, in the opposite way

revisar to revise; to examine, inspect
revista *f.* magazine
revocar to revoke, repeal
rey *m.* king
riacho *m.* stream
rico, -a rich, wealthy; lovely; *m.* & *f.* rich person
ridiculizar to ridicule
ridículo, -a ridiculous
rienda:—suelta free rein
riesgo *m.* risk; **correr—s** run risks
rígido, -a rigid, stiff; strict
rigor *m.* exactness; rigor; **en—**in fact
rimas *f. pl.* lyric poems
rincón *m.* corner (of a room)
riña *f.* fight, quarrel
río *m.* river
riqueza *f.* wealth, riches
ritmo *m.* pace; rhythm
rito, *m.* rite, ceremony
robar *m.* theft, robbery
roca *f.* rock
rocío *m.* dew
rodar (ue) to roll; to be tossed about
rodear to surround
rodilla *f.* knee
rogar (ue) to ask, beg
rojo, -a red
romance *m.* ballad, narrative or lyric poem
romper to break
ronco, -a hoarse
rondar to go around; to circle around; to threaten
ropa *f.* clothes, garments
rosa *f.* rose
rostro *m.* face
rotura *f.* break; breaking
rubio, -a blond; **tabaco—**mild tobacco
rudo, -a rugged; hard; rough; stupid
rueda *f.* wheel, tire
ruidoso, -a noisy
rumbo: con—a in the direction of
rumor *m.* murmur; rumble; noise
ruta *f.* route
rutina *f.* routine

S

sábado *m.* Saturday
saber to know; to know how, be able;**—a** to taste like
sabiduría *f.* wisdom
sabio, -a wise, learned
sabor *m.* taste; flavor
sabotaje *m.* sabotage
sabroso, -a flavorful, tasty
sacar to take out; to take away; to get;**—a luz** to bring out
sacerdotal priestly
sacerdote *m.* priest
saco *m.* sack, bag; man's jacket
sacrificador, -a sacrificing; self-denying
sacrificar to sacrifice
sacrificio *m.* sacrifice
sacudir to shake
sacudón *m.* tossing and turning
sagrado, -a sacred
sala *f.* living room; room
salario *m.* salary
saldo *m.* remnant; trace
salida *f.* exit; departure
salir (de) to go out, leave; to come out
salón *m.* room
salta *f.* jump; leap
saltar to leap (up), jump
saludador, -a *m.*& *f.* quack doctor; charlatan
saludar to greet
salud ***f.*** health
saludo *m.* greeting
salvar to save
salvo excepting; **estar a—**to be safe
sanar to heal, cure
sangrar to bleed
sangriento, -a bloody
sano, -a healthy
sánscrito *m.* Sanskrit
santo, -a saintly, holy; *m.* & *f.* saint
santuario *m.* sanctuary
sátira *f.* satire
satisfacer to satisfy, please;**—se** to be satisfied, pleased
satisfecho, -a satisfied
sea: o—that is to say
seco, -a dry

secta *f.* sect
secuestrador, -a *m.* & *f.* kidnapper
secuestrar to kidnap
secundario, -a secondary; *f.* high school; **escuela—**high school
sedante *m.* sedative
seductor, -a *m.* & *f.* seducer
segadora *f.* harvester (farm machine)
segregar to segregate
seguida: en—at once
seguido, -a followed; continued
seguidor, -a *m.* & *f.* follower
seguir (i, i) to follow; to continue, go on; to still be; **siga usted** follow, continue, go on
según according to
segundo *m.* second (time)
seguridad *f.* security; safety
seguro, -a sure, certain; *m.* insurance
sello *m.* mark; stamp
selva *f.* forest; jungle
semana *f.* week; **fin de—***m.* weekend
semanal weekly
sembrar (ie) to sow, seed
semejante similar
semejanza *f.* similarity
senado *m.* senate
sencillez *f.* simplicity
sencillo, -a simple
senda *f.* path
sendos, -as each of them
sensibilidad *f.* sensitivity
sensible sensitive
sensualidad *f.* sensuality
sentarse (ie) to sit down
sentenciar to sentence, pass judgment on
sentido *m.* meaning; sense;**—del humor** sense of humor
sentimiento *m.* sentiment, feeling; emotion
sentir (ie, i) to feel; to sense;**—se** to feel oneself; to feel; to be
seña *f.* sign; signal
señal *f.* sign; signal
señalar to point out, indicate; to mark
señor, -a Mr.; gentleman; master, owner; Mrs.; woman; lady; **el Señor** God

señorito *m.* dandy
sepulcro *m.* grave, sepulcher
sequía *f.* drought, period of dryness
ser to be; **a no—que** unless; **llegar a—**to become; *m.* being;**—humano** human being;**—querido** loved one
serenidad *f.* serenity
serie *f.* series
seriedad *f.* seriousness
serio, -a serious; **en—**seriously
sermonear to preach, sermonize
serpiente *f.* snake, serpent
servicio *m.* service
servir (i, i) to serve; to be of use;**—de** to serve as;**—para** to be good for; to be used for
servilmente slavishly; servilely
severo, -a grave, severe
sexto, -a sixth
si yes; certainly; itself, herself, himself, oneself, themselves;**—mismo** oneself, etc.
sibilino, -a a sibyline, prophetic
sicoterapeuta *m.* & *f.* psychotherapist
SIDA (Sindrome de Inmunodeficiencia Adquirida) *m.* AIDS
siempre always;**—que** whenever; **de—**usual; **para—**forever
sierra *f.* mountain range
siglo *f.* century
significación *f.* meaning, significance
significado *m.* meaning
significar to mean, signify
significativo, -a significant
siguiente following; next
sílaba *f.* syllable
silencioso, -a quiet, silent
silla *f.* chair
sillón *m.* easy chair
símbolo *m.* symbol
similitud *f.* similarity, similitude
simio *m.* simian, monkey
simpatía *f.* congeniality; sympathy; friendly feeling
simpático, -a pleasant, nice
simpatizar to sympathize
simple simple; plain; artless
simplista simplistic
simultáneamente simultaneously
simultaneidad *f.* simultaneity
sin without;**—embargo** however, nevertheless
sinceridad *f.* sincerity
sindicato *m.* labor union
siniestro, -a evil, sinister
sino but; except
sinónimo *m.* synonym
síntesis: en—in summary
sintetizar to synthesize
síntoma *m.* symptom
siquiera at least; even; **ni—**not even
sirviente, -a *m.* & *f.* servant, maid
sismo *m.* tremor, earthquake
sistema *m.* system
sitio *m.* place, room, space;**—de estar** sitting or living room;**—de web** web site
situado, -a situated
soberano, -a *m.* & *f.* & *adj.* sovereign; the king and queen
soborno *m.* bribe
sobrado, -a more than enough; plenty
sobrar to be more than enough
sobre on; above; about;**—todo** especially, above all
sobrenatural supernatural
sobrepasar to surpass
sobresalir to excel; to stand out
sobrevivencia *f.* survival
sobrevivir to survive
sobrino, -a *m.* & *f.* nephew; niece
sociedad *f.* society
sociológico, -a sociological
sociólogo, -a *m.* & *f.* sociologist
socorrer to help, aid
socorro *m.* help, aid
sofocante suffocating
sol *m.* sun
solamente only
solar solar, of the sun; plot of ground
soldado *m.* soldier
soleado, -a sunny
soledad *f.* solitude; loneliness
soler (ue) to be in the habit of
solicitar to ask for; to solicit
solícito, -a concerned, solicitous
solicitud *f.* request
solidaridad *f.* solidarity
solitario, -a lonely; solitary; *m.* & *f.* recluse, hermit
sólo only
solo, -a alone; single; **a solas** alone, by oneself
soltar (ue) to set free; to let out
soltero, -a single, unmarried; *m.* & *f.* unmarried person
solterón *m.* confirmed bachelor
solucionar to solve
sombra *f.* shadow
sombrero *m.* hat
someter to subdue; to subject; to force to yield
sometido, -a subdued, put down
son *m.* sound, noise
sonámbulo, -a sleepwalking
sonar (ue) to sound; to ring
sondeo *m.* poll
soneto *m.* sonnet
sonido *m.* sound
sonoro, -a voiced
sonreír(se) (i, i) to smile
sonriente smiling
sonrisa *f.* smile
soñar (ue) to dream;**—con** to dream about
sopa *f.* soup
soportar to tolerate, endure
sorbo *m.* sip
sordo, -a deaf; dull; muffled
sorprendente surprising
sorprender to surprise;**—se** to be surprised
sorpresa *f.* surprise
soso, -a tasteless, insipid
sospechar to suspect
sospechoso, -a suspicious
sostén *m.* support
sostener to sustain; to hold; to support
sostenible sustainable
sótano *m.* basement
Soviética: Unión—Soviet Union
suave gentle; sweet (odor); bland (taste)
subconsciencia *f.* (the) subconscious; subconsciousness
subdesarrollado, -a underdeveloped
subida *f.* rise
subir to go up, rise, ascend, climb; to raise;**—(se) a** to get on (a bus)

súbitamente suddenly
subordinado, -a *m.* & *f.* subordinate
subrayar to underline; to emphasize
subsistir to exist; to subsist
su(b)stancia *f.* substance
suceder to occur, happen
suceso *m.* event, happening
suciedad dirt, filth; dirtiness
sucio, -a dirty, filthy
Sudamérica South America
sudor *m.* sweat
sueldo *m.* salary
suelo *m.* floor; ground
sueño *m.* dream; sleep
suerte *f.* fortune, luck
sufrimiento *m.* suffering
sufrir to suffer; to tolerate; to undergo
sugerir (ie, i) to suggest
suicida *m.* & *f.* suicide (person who commits suicide); *adj.* suicidal
suicidarse *f.* to commit suicide
sujeto *m.* subject
suma *f.* aggregate; sum
sumamente extremely
sumar (a) to add (to); to join; to support
sumergirse to submerge oneself
sumisión *f.* submission
sumiso, -a submissive
suntuosidad *f.* sumptuousness
superar to overcome; to exceed; to surpass
superfluo, -a superfluous
superioridad *f.* superiority
supermercado *m.* supermarket
superpotencia *f.* superpower
supervivencia *f.* survival
suplicar to beg, implore
suponer to suppose; to assume
supranacional beyond one nation
suprimir to eliminate, do away with
supuesto *m.* assumption; *adj.* supposed; **por—**of course, naturally
sur *m.* south
surgir to appear; to arise; to rise, surge
suroeste *m.* southwest
surrealista *m.* & *f.* & *adj.* surrealist; surrealistic
suspender(se) to suspend, stop; to defer; to hang
suspenso, -a astonished; suspense
sustancia *f.* substance; matter
sustantivo *m.* noun
sustentar to support; to sustain
sustituir to substitute, replace
sutil subtle
sutileza *f.* subtlety

T

tabaquero, -a *m.* & *f.* tobacco worker
tabla *f.* board
tabú *m.* taboo
taciturno, -a sullen, taciturn
taco *m.* folded tortilla sandwich (in Mexico)
Tailandia *f.* Thailand
taíno *m.* & *f.* & *adj.* native Indians of Puerto Rico, Haiti, and eastern Cuba who were decimated by Spanish conquerors and the diseases they brought
tal such (a);**—que** such that, in such a way that;**—vez** perhaps; **¿Qué—?** How are you?; **¿Qué—te gusta . . . ?** How do you like . . . ?
talar to fell (trees); to cut down
tamaño *m.* size
tamarindo *m.* tamarind tree (small fruit tree)
tambaleante teetering; tottering; shaky
también also; too
tambo (Mex.) *m.* can; container
tamborete *m.* tambourine
tampoco not either; neither
tan so; such;**—. . . como** as . . . as
tanque *m.* tank
tanto, -a so much; as much;**—como** both . . . and . . . as well as . . . ;**—s** as many, so many; **por lo—**therefore
tapado, -a covered
tapón *m.* sink stopper, drain plug; traffic jam
tardanza *f.* slowness; tardiness
tardar (en) to take a long time or specified time (in doing something)
tarde *f.* afternoon; **por la—, de la—**in the afternoon; *adv.* late; **hacerse—**to grow late, to get late; **más—**later
tarea *f.* task, job
tarjeta *f.* card
tarro *m.* jar
tasa:—de natalidad *f.* birth rate
taza *f.* cup
techo *m.* ceiling; roof
teclear to type
técnico, -a n. & *adj.* technician; technical; *f.* technique; technical ability
tecnológico, -a technological
tejabán (Mex.) *m.* country hut made of reed or adobe, with a tile roof
Tejas Texas
tejer to knit
tejido *m.* weaving; knitting
tela *f.* fabric, cloth;**—metálica** screen
tele *f.* television
teleadicto *m.* TV addict
telefonista *m.* & *f.* telephone operator
teléfono *m.* telephone
telenovela *f.* soap opera
telespectador, -a *m.* & *f.* television viewer
televisor *m.* television set
tema *m.* topic; subject; theme
temblar (ie) to tremble
tembloroso, -a trembling, shaking
temer to fear
temeroso, -a fearful
temor *m.* fear
tempestad *f.* storm; tempest
templado, -a moderate, temperate
templo *m.* temple
temporal temporary
temporáneo, -a temporary
tempranero, -a habitually early or ahead of time
temprano early
tenazas *f. pl.* pliers, pincers

tender (ie) to tend; to extend; to spread out; to stretch out
tener to have; to hold;**—derecho a** to have the right to;**—la culpa** to be to blame;**—lugar** to take place;**—que** to have to, must;**—que ver con** to have to do with;**—razón** to be right
teoría *f.* theory
teóricamente theoretically
teorizar to theorize
tercer:—mundo *m.* third world
tercio *m.* third
terco, -a stubborn
terminación *f.* end; ending
terminar (de) to finish, end
término *m.* term; end
terraza *f.* terrace (agricultural)
terreno *m.* ground, land; terrain
terremoto *m.* earthquake
terrestre earthly; terrestrial
territorio *m.* territory
tertulia *f.* gathering
tesoro *m.* treasure
textilero, -a *m.* & *f.* textile worker
tiempo time; weather; **a—**on time; **al mismo—**at the same time; **hacer buen (mal)—**to be good (bad) weather; **perder el—**to waste time; **poco—**a short time, a while;**—completo** fulltime
tienda *f.* store
tierno, -a tender
tierra *f.* land; earth; ground
tieso, -a stiff, rigid
tigre *m.* tiger
timbre *m.* bell, buzzer; stamp, seal
tímido, -a timid, shy
tinta *f.* ink; hue
tío, -a *m.* & *f.* uncle; aunt
típico, -a typical
tipo *m.* type, kind; fellow, guy
tira:—cómica *f.* comic strip
tiranía *f.* tyranny
tirar to throw
tiritar to tremble
titulado, -a entitled
titulares *m. pl.* headlines
título *m.* title; degree
tiza *f.* chalk
tizanado, -a blackened
tobogán *m.* toboggan
tocar to touch; to play (a musical instrument); to come to know (by experience)**—le a uno** to be one's turn
todavía still; yet;**—no** not yet
todo, -a all; every; everything;**—s** all, all of them, everyone; **del—**entirely; **sobre—**especially, above all; **con—**however, nevertheless
tolerar to tolerate
tolteca *n. & adj.* relating to the Toltec tribe in Mexico
toma:—de posesión *f.* induction into office
tomar to take; to drink; to eat; to seize, take over;**—una decisión** to make a decision
tomatera *f.* tomato factory
tonelada *f.* ton
tono *m.* tone
tontería *f.* foolishness; stupidity
topar to bump into; to find
toque *m.* touch; ringing
tormenta *f.* storm; tempest
tormento *m.* torture; torment
torno: en—a regarding
toro *m.* bull; **corrida de—s** *f.* bullfight
torpe stupid; dull; clumsy; slow
torpeza *f.* stupidity; clumsiness
torre *f.* tower
tortilla *f.* flat cornmeal cake
tortuga *f.* turtle
tosco, -a coarse, harsh
toser to cough
totalitario, -a totalitarian
trabajador, -a hard-working; *m.* & *f.* worker
trabajar to work
trabajo *m.* work; job
trabajoso, -a laborious
traducir to translate
traer to bring; to have; to wear, have on
tragar to swallow
traidor, -a *m. & f.* traitor
traje *m.* suit of clothes
trama *f.* plot (of a story)
trance *m.* critical moment; peril
tranquilidad *f.* tranquility, peace; composure, ease of mind
tranquilo, -a calm, tranquil, peaceful
transformarse to transform, be transformed
transitar to travel; to pass
tránsito *m.* traffic
transmisora *f.* transmitter
tra(n)smitir to transmit; to convey
trasladar to move; to transfer
trasplantar to transplant
trastorno *m.* disorder
tratable courteous; sociable
tratado *m.* treaty
tratamiento *m.* treatment (medical)
tratar to deal with; to treat; to handle;**—de** + *inf.* to try to;**—se de** to be a question of
trato *m.* treatment
través: a—de through
trazar to draw
trazo *m.* line, stroke
tremendo, -a tremendous
tren *m.* train
tribu *f.* tribe
tribuna:—improvisada *f.* soapbox
tribunal *m.* court of justice; tribunal
trinidad *f.* trinity
triste sad
tristeza *f.* sadness
triunfar to triumph; to be successful
triunfo *m.* triumph; victory
trivialidad *f.* triviality
troca (Mex.) *f.* truck
trofeo *m.* trophy
trompa *f.* trunk; horn
tronco *m.* trunk (of tree); branch (of family tree)
trono *m.* throne
tropa *f.* troop
trópico *m.* tropic(s), tropical region(s)
trozar to break into pieces
trozo *m.* piece; selection, excerpt
truco *m.* trick
trueno *m.* thunder
tubo *m.* tube
tumba *f.* grave; tomb
tumbado, -a lying down

turbado, -a embarrassing
turbar(se) to be upset or disturbed
turístico, -a tourist

u

u (= **o** before words beginning with **o** or **ho**) or
¡uf! expression denoting weariness, annoyance, or disgust
úlcera *f.* ulcer
último, -a last, final; **por—**finally; **a—hora** at the last minute; *m.* & *f.* last one
unánime unanimous
único, -a only; unique
unidad *f.* unity; unit
uniformado, -a dressed in uniform
unir to join; to unite
universidad *f.* university
usar to use; to wear
uso *m.* use
utensilio *m.* utensil; tool
útil useful
utilizar to use; to utilize
uva *f.* grape

v

vaca *f.* cow
vacación *f.* vacation (usually used in the plural); **de—es** on vacation
vacilante hesitant; vacillating
vacilar to hesitate
vacío, -a empty
vacuna *f.* vaccine
valenciano, -a *m.* & *f.* & *adj.* Valencian (from Valencia, Spain)
valer to be equivalent to; to be worth; to produce; to be valid; *m.* value, worth
valiente valiant, brave
valioso, -a valuable
valle *m.* valley
valor *m.* value; courage
valoración *f.* appreciation
valorar to value, appraise
vanguardia *f.* vanguard; **de—**in the vanguard, in the lead
vanidad *f.* vanity
vano, -a vain, insubstantial; **en—**in vain
vapor *m.* mist;**—es** *m. pl.* fumes
vaquero *m.* cowboy
vara *f.* rod, stick; staff
variar to vary; to change
variedad *f.* variety
varios, -as various; several
varón *m.* male, man
vasco, -a *m.* & *f.* & *adj.* Basque; **Países Vascos** Basque Country (region in northern Spain)
vaso *m.* glass
vecindad *f.* neighborhood
vecino, -a *m.* & *f.* neighbor; resident
vega *f.* fertile lowland or plain
vegetal *m.* vegetable
vehículo *m.* vehicle
vejez *f.* old age
vela *f.* candle
velador *m.* night table
velocidad *f.* speed
veloz quick
venado *m.* deer; **carne de—***f.* venison
vencedor, -a *m.* & *f.* victor; *adj.* victorious
vencer to defeat, conquer; to win
vencido *p.p. of* **vencer** defeated, vanquished
vendedor, -a:—ambulante traveling salesperson
vender to sell
venenoso, -a poisonous
venerar to worship; to venerate
vengarse to avenge oneself; to take revenge
vengativo, -a revengeful
venida *f.* arrival
venir to come; **¿a qué viene?** what's the point?
venta *f.* sale; country inn
ventaja *f.* advantage
ventana *f.* window
ver to see; **a—**let's see; **tener que—con** to have to do with;**—se** to be seen; to be;**—se obligado a** to be obliged to, be forced to
verano *m.* summer
verdad *f.* truth; **¿de—?** really? is that so?
verdadero, -a true, real
verde green; dirty (joke, etc.)
vergonzante shameful
vergüenza *f.* shame; self-respect; dignity; **sentir—**to be ashamed
verificar to check; to test; to verify
verso *m.* line of poetry; verse
vestido *m.* dress
vestigio *m.* vestige, trace
vestir (i, i) to dress, put on, wear
vez (*pl.* **veces**) *f.* time; occasion; **a la—**at the same time; **cada—más** and more; **de—en—**from time to time; **en—de** instead of; **otra—**again; **tal—**perhaps; **una—**once; **una—más** once again; **a veces** at times, sometimes; **muchas veces** often; **repetidas veces** often
viajar to travel
viaje *m.* trip
viajero, -a *m.* & *f.* passenger; traveler
vibrar to vibrate
vicio *m.* vice
vicuña *f.* vicuna (South American animal)
vida *f.* life
vidrio *m.* glass
viejo, -a old; *m.* & *f.* old man; old woman; term of endearment for mother, father, husband, or wife
viento *m.* wind
vietnamita *m.* & *f.* & *adj.* Vietnamese
vigilar to watch over; to keep an eye on
vinculante binding
viña *f.* vineyard
viñatero, -a *m.* & *f.* grape grower
violación *f.* rape
violar to violate; to rape
virgen *m.* virgin; **¡ay—!** good heavens!
virilidad *f.* virility
virtud *f.* virtue; **en—de** by virtue of
viruela *f.* smallpox

vista *f.* view, sight
vistazo: echar un—a to glance at
vital vital (of life, essential life)
vitrina *f.* shop window
vivencia *f.* intimate or personal experience
viveza *f.* liveliness
vivienda *f.* housing
vivir to live
vivo, -a alive; lively; clever
vociferar to shout; to yell
volante *m.* steering wheel
volar (ue) to fly
volcar to turn upside down
voltear to turn around
volumen *m.* volume
voluntad *f.* will; wish
voluntariamente voluntarily
voluntario *m.* volunteer
volver(ue) to return;**—a** + *inf.* to do again;**—se** to go back; to turn around; to become;**—se loco** to go crazy
vos you
vosotros, -as you (plural form of **tú,** used in most parts of Spain)
votante *m.* & *f.* voter
voz (*pl.* **voces**) *f.* voice; **en—alta** out loud; **en—baja** in a low tone; in whispers
vuelo *m.* flight
vuelta *f.* turn; return trip, **a la—** around the corner; **dar—**to turn; **dar una—**to take a walk; **dar—s** to walk in circles
vuestro, -a your
vulgar common, ordinary; vulgar
vulgaridad *f.* commonness; ordinariness
vulgo *m.* common people
vulnerabilidad *f.* vulnerability

y and
ya now; already; **¡ya!** oh! alas!;**—no** no longer;**—sea . . .—sea** whether . . . or
yacía *f.* place to lie down
yerba *f.* herb; grass
yuca *f.* yucca (plant with fibrous leaf)

Z

zaguán *m.* entry; front hall
zapato *m.* shoe
zona *f.* area; zone
Zurvanitas *m. pl.* followers of Zurván, ancient Persian god of time and destiny

Soluciones

Respuesta al Crucigrama de la página 98

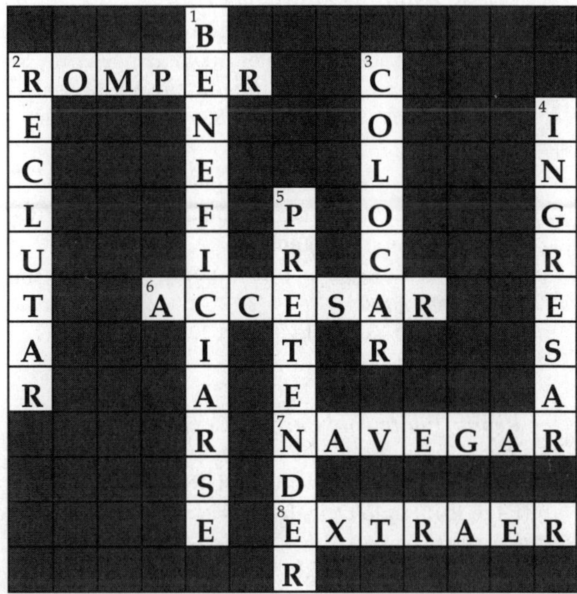

Respuesta al Crucigrama de la página 314

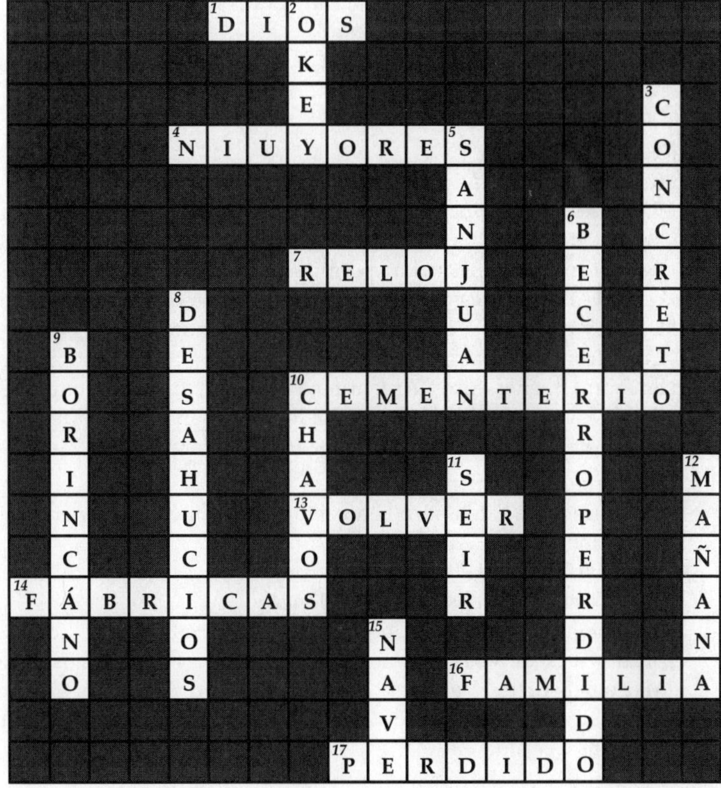

Credits

Chapter 1

Realia, Photo, and Cartoon Credits

Pages 9 and 48: Hugo Díaz, from *Díaz todos los días,* by permission of the artist; Page 11: Reprinted by permission of *Año cero* magazine; Page 13: Roberto Escudero, "Entre Comillas," by permission of Cuidad Nueva Editorial, Buenos Aires, 1989; Page 19: José Luis Martín, "QUICO"; and Page 21: "Camilo's Costa Rica Survival Kit" from Camino Travel.

Literary Credits

"Ecologistas desde casa," by permission of *Año cero* magazine.
Andrea Avila "Navegar por los ríos veracruzanos" from *Contenido* magazine, by permission of Editorial Contenido.
Marío González Feo, "Bucho Vargas, curandero y saludador" from *María de la Soledad y otras narraciones.*
Luis Rosado Vega, "El indio y los animales."

Chapter 2

Realia, Photo, and Cartoon Credits

Page 57: Oli, from *La Vanguardia,* Barcelona; Page 70: Quino, "Mafalda," Copyright © Joaquín Salvador Lavado, (QUINO); Page 91: Photo courtesy of Lourdes Groubet; and Page 101: Hugo Díaz, from *Díaz todos los días,* by permission of the artist.

Literary Credits

Blas Jiménez, "Tengo," "Lamentos," and "Letanía No. 1" by permission of the author.
Luis Sepúlveda, "Impase" from *Komplot,* by permission of Editorial Joaquin Mortiz, S.A.
Kattia Bermúdez Y José Luis Mora, "El Boom de internet" from *Actualidad económica* magazine.
Eva Perón, excerpts from *La razón de mi vida,* Ediciones Peuser, Buenos Aires.
Marco Denevi, "Apocalipsis" Editorial Patria, Barcelona.

Chapter 3

Realia, Photo, and Cartoon Credits

Page 103: Used by permission of María Eugenia Estenssoro, *Mujeres y companía* magazine; Page 105: Rius (Eduardo del Río), Editorial Grijalbo, S.A.; Page 106: Copyright © *Muy interesante* magazine. Used by permission of D. Alexandre Kobbeh; Page 109: Ana von Reuber. Used by permission of María Eugenia Estenssoro, Buenos Aires, Argentina; Page 115: Used by permission of María Eugenia Estenssoro, Buenos Aires, Argentina; Page 116: Cork, from *Muy interesante,* Madrid; Page 118: Used by permission of María Eugenia Estenssoro, Buenos Aires, Argentina; Page 126: Mingote, from *ABC,* Madrid; Page 133: Juan Ballesta, from *Cambio 16;* Page 134: From *Eres* magazine, Mexico, D.F.; Page 142: Kiraz, from *ABC/Blanco y negro;* and Page 154: Xiomara Crespo, Havana, Cuba.

Literary Credits

María Eugenia Estenssoro "La ventaja de ser mujer," by permission of *Mujeres y compañía* magazine, Buenos Aires.
Ana María Matute, "El ausente," from *Relatos de mujeres,* by permission of Agencia Literaria Carmen Balcells, S.A., Barcelona.
Enrique Jaramillo Levi, "Underwood," Editorial Joaquín Mortiz, Mexico, D.F.
Judith Guzmán Vea, "El amor y el deseo," by permission of Imagine Publishers, Inc.
Mario Benedetti, "Viceversa," by permission of Mercedes Casanova Agencia Literaria.
Luis Cernuda, "Qué más da," from *Poesía completa,* Vol. I, by permission of Angel María Yanguas Cernuda.

Idea Vilariño, "Ya no," Ediciones Universal.
Salvador Reyes Nevares, "El machismo en México," by permission of *Mundo Nuevo.*

Chapter 4

Realia, Photo, and Cartoon Credits

Page 157: Chart on animal experiments Antonio Medina, by permission of *Muy interesante* magazine, Madrid; Page 160: Rius (Eduardo del Río), Editorial Grijalbo, S.A.; Pages 165, 173, 180, and 208: Hugo Díaz, from *Díaz todos los días,* by permission of the artist; and Pages 174, 181, and 203: *Muy interesante* magazine, Mexico.

Literary Credits

Erlinda Gonzales-Berry, "Paletitas de guayaba" (fragmento), from *Paletitas de guayaba,* by permission of Academia/El Norte Publishers, Albuquerque, NM.
Helena Rivas López, "El fascinante mundo oculto de los mayas," January, 1991, by permission of *Caribbean News,* Cancún, Mexico.
Isabel Allende, "Walimai," 1990, by permission of Agencia Literaria Carmen Balcells, S.A., Barcelona.
Gonzalo Casino, "¿Nacen o se hacen?" by permission of *Muy interesante* magazine, Madrid.
Marco Denevi, "Génesis," Editorial Universitaria, Santiago, Chile.

Chapter 5

Realia, Photo, and Cartoon Credits

Pages 211, 219, 228, and 235 José Luis Martín, "QUICO"; Page 231 Hugo Díaz, from *Díaz todos los días,* by permission of the artist; and Page 273 Naranjo, *El universal,* Mexico, copyright © Cartoonists and Writers Syndicate.

Literary Credits

Lourdes Muñoz y Natalia Valdés, "La teleadicción" by permission of *Tribuna* magazine.
Federico García Lorca. "La guitarra," by permission of Mercedes Casanova, Agencia Literaria, copyright © Herederos de Federico García Lorca.
Gabriel García Márquez, "La luz es como el agua" from *Doce cuentos peregrinos,* Editorial Sudamericana, Buenos Aires.
Jorge Louis Borges, "Episodio del enemigo," copyright © 1995, María Kodama, reprinted with the permission of The Wylie Agency, Inc.
Mario Benedetti, "La expresión," from *La muerte y otras sorpresas,* reprinted by permission of the author and Mercedes Casanova, Agencia Literaria.
Julio Cortazár, "Casa Tomada" by permission of author.

Chapter 6

Literary Credits

Guadalupe Ochoa Thompson, "Vieja analfabeta," from *Hispanics in the United States, an Anthology of Creative Literature,* Vol. I, edited by Gary D. Keller and Francisco Jiménez, 1980, by permission of Bilingual Press/Editorial Bilingüe, Arizona State University, Tempe, AZ.
Rosaura Sánchez, "Entró y se sentó," from *Cuentos hispanos de los Estados Unidos,* by permission of Arte Público Press, Houston, TX.
Roberto Fernández, "Micky," from *La vida es un special,* Ediciones Universal, by permission of the author.
Bárbara Mujica, "La inmigración: E pluribus unum?," by permission of the author.
Jacobo Morales, "Pasaje de ida y vuelta," by permission of the author.

Alfredo Villanueva-Collado, "El día que fuimos a ver la nieve," from *Cuentos hispanos de los Estados Unidos*, by permission of Arte Público Press, Houston, TX.
Uva A. Clavijo, "Declaración," from *Veinte años de literatura cubanoamericana*, edited by Silvia Burunat and Ofelia García, by permission of Bilingual Press/Editorial Bilingüe, Arizona State University, Tempe, AZ.
Eladio Secades, "Los amigos en Miami," by permission of the author.